20세기 한국 민중 서사

민중은
이야기한다

20세기 한국 민중 서사

민중은
이야기
한다

김경일 지음

성균관대학교
출판부

민중은 시간을 거슬러 올라가 전통 시대에는 백성이나 '민民', 서민이나 서류庶流, 하층, 기층 그리고 최근에는 이른바 서발턴subaltern이나 소수자minorities 등에 이르기까지 다양한 이름으로 역사에서 호명되어왔다. 이 책은 20세기 후반 한국에서 근대화가 시작된 이래 생산된 민중 서사 자료들을 분석 대상으로 삼는다. 이를 통해 근대화와 민주화라는 거대 주류 서사와는 다른 차원에서 20세기 한국 민중의 대안 서사를 제시해보고자 한다.

　제1부 서두에서 보겠지만, 한국 근대의 민중 개념이 진보와 변혁 및 지배와 독재라는 두 계보의 흐름으로 이어져왔다면, 이 책은 이러한 지배와 저항이 교차하는 시공간에서 경합하기도 하고 중첩하기도 하면서 점차 진화해온 민중의 삶과 의식의 현 상태에 주목하고자 한다. 역사 속에서 지배와 저항이 교차하고 경합하는 시공간을 살아온 민중 개념의 복합성과 모순을 염두에 두려는 것이다.

이러한 문제의식 아래 이 책이 대상으로 삼은 민중은 소수의 예외를 제외하고는 생애 주기 전반을 통해 생존에의 집요한 의지나 삶에 대한 능동성을 가지고 근대를 살아간 실체로 이해된다. 그리하여 억압과 한으로서의 민중 지향은 있을지언정, 일정한 목적의식과 가치가 함축된 민중 개념에 흔히 따르는 사회 현실 비판이나 저항의 양상을 이 책의 주인공들에게서 찾아보기는 어렵다. 이는 일제 강점기의 식민 지배나 해방을 위한 투쟁, 한국전쟁에서 이념 대립 혹은 1960년의 4·19혁명과 같이 역사 격변의 주요 국면에서조차 그러하다.

　민중론과의 관계에서 자주 언급되는 민중 의식의 문제도 실제와는 다소 어긋난다. 흔히 1970년대 이후 민중론의 기원과 의미 구조라는 맥락에서 볼 때, 이 책이 대상으로 하는 민중 의식은 현실 비판과 진보 혹은 좌파 이데올로기와 친연성을 보일 것으로 기대할 수 있다. 민중 개념의 내용으로는 흔히 지배와 수탈, 억압에 상응하는 바로서의 강인한 생명력이나 현실 비판, 야유, 풍자, 나아가서 저항이나 혁명과 같은 속성들이 지목되어오곤 했기 때문이다. 그러나 적어도 민중 구술을 통해 본 민중 의식의 실제는 이러한 기대를 배반한다. 상당수의 등장인물이 미신, 억견, 팔자나 운명처럼 전근대적이고 수동적인 체제 순응이나 보수의 성향을 드러내기 때문이다.

　그렇다고 이러한 사실이 실제 역사 현실을 반영한다고 단정하기는 어렵다. 일제의 식민 지배와 미군정 그리고 이승만 독재와 박정희 군부 통치를 거쳐 온 역사 과정은 민중의 전형에 속하는 사람들의 의지와 선택에 거슬러서 작용해왔다. 용케 이를 피해간 인물들조차 생존을 위해 주류 흐름에 적응하거나 동화되어야 했다. 더구나 전쟁과 냉전이 지속된 탓에 현실 비판이나 진보, 좌파 이데올로기를 제외한 극소수의 목소리만이 살아남았다.

이러한 상황 때문에 적어도 1980년대 이전 냉전 시기엔 사회 일반의 정치에 대한 의식적·무의식적 무관심이 일종의 에토스로서 자리 잡았다. 특히 하층민 사이에서는 이념이나 정치는 자기 일이 아니라는 인식이 자연스럽게 받아들여졌다. 오랜 시간에 걸친 수탈과 지배, 식민 지배와 민족 이산, 전쟁과 군사 독재 같은 역사의 톱니바퀴가 민중론의 주류를 이루는 주체와 진보, 급진의 요소들을 서서히 갈아내버렸다. 또 다른 한편에서 그것은 지식인의 기대나 이상의 투영이거나 어긋남일 수도 있다.

이 책에서 다루는 구술 생애사의 주요 자료는 1960년대 서민 생활에 대한 르포의 하나로 기획된 「오늘을 사는 한국의 서민」 연속 기획(이하 「서민 연재」)과 1980년대 나온 『뿌리깊은 나무 민중자서전』(이하 『민중자서전』) 그리고 2000년대에 간행된 『한국민중구술열전』(이하 『민중열전』)이다. 제1부는 『민중열전』을 대상으로 하면서 『민중자서전』을 버금 자료로 활용한다.[1] 제2부의 분석 대상인 「서민 연재」는 1967년 1월에 시작하여 1975년 4월에 이르기까지 100회에 걸쳐 『신동아』에 수록되었다.

지식사회학의 시각에서 보면, 1960년대는 정체된 1950년대를 지나 개발과 성장의 궤도로 접어들면서 사회 전반이 근대화의 물결에 휩쓸려 들어가기 시작한 시기다. 동시에 1960년 4·19혁명과 민족

통일운동, 한미경제협정반대운동, 한일국교정상화를 반대하는 6·3운동과 인민혁명당 '사건' 등으로 이어지는 격렬한 정치 변동과 대립의 시기이기도 했다. 이러한 배경에서 이 시기 『신동아』나 『사상계』, 『세대』, 『여원』 등 주요 잡지들은 르포와 논픽션, 백서, 전기와 같은 기록 서사들을 집중 기획했다.

이들 기록 서사에서 형상화된 민중상은 위로부터 추진된 근대화 동력이나 정치 캠페인과 미디어를 통한 '활력'과는 대조를 이룬다. 이 시기 민중은 정치에 대한 의식적·무의식적 무관심과 함께 삶에 대한 체념과 무기력 그리고 수동의 태도를 보인다. 이는 이 시기 위로부터의 근대화가 사회 전반, 특히 그 하층과 도시 이외 지역에까지 아직 미치지 못하기도 했고, 그렇게 근대화의 물결이 아직 미치지 못한 소외 대상들에게서 민중의 실체를 찾아 나선 때문이기도 하다.

뿌리깊은나무의 『민중자서전』이 기획, 실행한 1980~90년대 초반 민중의 형상화는 이와 사뭇 다르다. 앞 시기와 달리 여기서의 민중 개념은 1970년대로 거슬러 올라가는 복고와 회고풍의 시대 분위기를 반영한다. 여기서는 이제는 되돌릴 수 없이 진행되어버린 근대화의 물결 앞에서 향수를 불러일으키고 고향으로 일컬을 수 있는 어떤 것들과 관련되어 스러져가는 인물과 그들의 삶과 기능·예술을 기록, 보존하려는 의도가 배어난다. 목수나 옹기장이, 농부, 화전민, 어부, 사공, 보부상이나 고수鼓手, 판소리·가야금·강강술래, 한량, 무당과 같이 전통적인 토속 영역에서 살아간 인물들이 등장하는 것이다.

이처럼 『민중자서전』이 1970년대 민중론의 연장에서 그것의 복고 형태를 대변한다면, 2005년부터 2008년에 걸쳐 간행된 『민중열전』은 1980~90년대 현실과 운동 지향 민중론의 세례를 거쳐 온 궤적을 반영한다. 비록 그 결실이 이러한 현실 지향과 반드시 일치하지는 않는다 하더라도 2000년대의 『민중열전』은 1980년대 이후 현실과 변혁 지향 민중론의 편린들을 배경으로 깔고 있다.

연구 방법론 차원에서 이 책은 근대화 시기 민중에 의해서거나 민중에 대해 산출된 구술 생애사, 민중자서전, 르포, 심층 인터뷰 자료처럼 사사私事로서 개인의 내면 의식을 드러내는 자료들을 분석 대상으로 삼는 질적 접근을 지향한다. 특정 인물의 주요 업적이나 주요 사건을 문헌 중심으로 서술해오던 기존의 방식 대신, 구술 자서전이라는 질적 자료를 분석 대상으로 삼아 한국 근대의 인물이나 개인을 조명하는 것이다. 이론과 방법론의 측면에서 프랑스 구조주의나 탈근대주의postmodernism의 문제의식에서 기원하는 새로운 연구들이 주목받고 있는 가운데, 사회사와 미시사, 일상생활사를 배경으로 한 구술사, 생애사를 지향하는 질적 연구 또한 이 부문에서 새로운 시각과 방법을 제시할 수 있다. 이론과 방법론 차원에서 이 책은 이러한 시도들을 적극 활용함으로써 기존 연구에서 공식화, 정형화된 형태로 제시되어온 민중에 대한 인식을 재정향하고, 그에 대한 대안 서사를 탐색하고자 했다.

필자는 자료에 접근하면서 사회과학 분석의 기초 요소들인 세대, 성, 계급/계층 등의 기준에 따라 달라지는 차이와 분열의 양상에 특히 주목하였다. 그리고 이를 전형적으로 드러내는 사건이나 경험들, 주제들, 인물들을 징후 발견의 해독symptomatic reading을 통해 선별, 분류, 해석하고자 했다. 이 연구의 분석 대상이 아니더라도 이러한 기준에 부합하는 다른 구술 자료나 전기·자서전의 내용을 참조, 비교한 것도 이러한 문제의식에서 나온 것이다.

세대와 성, 계급/계층에 따른 이러한 비교는 한국 민중의 실상을 분석하는 데 일정한 준거를 제공한다. 민중이 생애 과정에서 경험한 주요 사건들, 예컨대 일제 강점기의 3·1운동이나 태평양전쟁과 공출, 방공 대피 훈련의 경험, 해방과 한국전쟁, 4·19혁명에 대한 주관적 인식과 대응의 다양한 양상들은 세대에 따라 서로 다른 차이를 보인다. 동시에 이들이 자신의 생애 주기의 일정 나이에서 경험한 사건에 대한 구술과 기억은 당대 현실과 사회상에 대한 구체화·개별화한 정보를 제공한다.

이처럼 특정한 개인이 생애 주기의 어느 시기에 어떠한 사건을 어떠한 방식으로 경험했느냐에 따라 다양한 역사상과 사회상의 파노라마가 펼쳐진다. 『신동아』「서민 연재」를 앞서 분석한 경험이 있는 필자는 이들보다 10년 정도 앞서 살아간 『민중열전』의 등장인물들이 어떠한 세대 경험과 시간차를 갖고 있는지에 관심을 두고 『민중열전』 자료들을 검토하였다. 서로 다른 이들의 경험과 구술 기억은 필자로 하여금 각 시대의 양상과 사회 현실의 차이를 숙고하도록 이끌었다.

성gender에 따른 대상 사례의 변이를 인식하는 것도 중요하다. 1960년대에 진행된 「서민 연재」 기획과 2000년대 들어 추진된 『민중열전』 프로젝트 사이에는 40년 정도의 시차가 있다는 점을 고려

하더라도 후자에서 여성 사례는 두 배 정도 높은 비중을 차지한다. 여성 문제에 대한 사회 인식의 진전을 반영한 결과이기도 하지만, 여전히 『민중열전』에서 여성 사례가 전체의 20퍼센트에도 채 미치지 못한다는 사실은 여성의 역할을 주로 가족과 자녀라는 사적 영역에 한정해온 사회 현실을 보여주고 있다.

여성과 관련해서 필자는 근대 여성을 대표하는 인물 12명의 자서전·전기를 대상으로 그 생애사를 분석하는 연구를 진행한 바 있다.[2] 자서전이나 전기가 있다는 사실에서 짐작되듯이, 이들 여성은 한국 여성계에서는 널리 알려진 지식인이나 엘리트층 혹은 유명인 그룹에 속한다. 이를 준거로 『민중열전』에 등장하는 여성 주인공들과의 사회 계층/계급의 차이에 따른 경험과 인식의 다양성을 비교할 수 있었다. 나아가 이들 사례는 성과 세대가 복합된 교차성의 양상을 보인다. 세대로 보면 이들 지식인 여성은 1890년부터 1910년대 사이에 분포한다. 『민중열전』의 주인공들에 비해 30년 정도 앞선다는 점에서 시간과 세대에 따른 경험과 인식의 차이를 검토할 수 있는 것이다.

이렇게 이 책은 세대, 성, 계급이란 세 변수를 주요 지표로 상정해, 각 시대를 살아온 민중 각자가 어떠한 방식으로 그것을 경험하고 구현해왔는지, 그러한 경험과 기억이 투사하는 시대상과 사회상의 실제는 어떠했는지 심층적으로 분석했다. 제1부에서는 『민중열전』과 『민중자서전』의 전체 인물을 분석 대상으로 삼아, 나이와 성 그리고 계층/계급 변수에 따른 차이를 고려한 생애사 연구를 통하여 한국의 민중 서사를 구성하고자 했다. 제2부의 「서민 연재」에서는 주로 계급/계층 변수에 초점을 맞추어 근대화 캠페인에서 배제되거나 무시되어온 기층 민중의 빈곤과 가계, 기술 등의 쟁점에 주목하고자 했다.

20세기 한국 민중 서사의 구성은 한국 근대화의 성격과 의미를 심층 차원에서 이해하는 단서가 될 수 있다. 무엇보다 근대화와 사회 변동의 와중에 사회 하층민으로서 민중의 현실에 대한 재인식 작업은 역사에 대한 대안의 시각과 통찰을 제공한다. 한국의 근대화는 중상층을 주축으로 한 주류 서사가 중심이 되어왔다. 이러한 중심 서사가 사회 하층민의 현실과 내부 경험을 억압하거나 은폐, 무시해온 것은 유감스럽게도 사실이다. 이러한 의미에서 민중 서사는 주류 서사에 대한 대안 서사이며, 흔히 단선적으로 이해되어온 근대화 서사에 대한 균열이자 도전이다. 주류와는 다른 차원을 준거 삼은 대안적인 근대화 서사의 발굴과 검토는 한국 근대화 과정의 다양성과 복합성 그리고 그 모순과 갈등의 양상을 여실하게 드러낸다.

이와 더불어 이 책은 근대화의 최저변에서 생활해온 민중이 특정한 시대 맥락에서 당면했던 여러 쟁점과 문제들을 검토함으로써 하층민의 시각에서 본 당대 현실과 사회 상황을 드러내 보이고자 했다. 근대 한국 사회라는 드라마는 제국주의 열강의 침탈과 일제의 식민 지배, 민족 이산과 해방, 전쟁과 혁명 그리고 군사 쿠데타와 독재처럼 수많은 사건들이 압축된 채로 숨 가쁘게 전개되어왔다. 그리하여 각 시기는 그 시대에 고유한 문제들과 쟁점들 그리고 과제를 함께 제시해왔다. 따라서 시간에 따른 민중 생활의 변동은 각 시대 현실의 고유성과·독특함을 드러내는 일종의 표본실이라고 할 수 있다.

근대 한국의 민중은 자신에게 내재한 고유의 전통과 중요한 타자로서 등장한 일본, 중국, 미국과의 상호작용을 통해 독특한 자기의식을 형성해왔다. 개인 내면에 존재하는 자아 인식의 규명이라는 미시적 분석은 근대 형성기 민중에 존재하는 인식체계epistemе를 새롭게 재인식하고, 그것이 근대 한국에서 어떠한 의미를 지니는 것인지 되묻는다.

이 책은 근대화의 적극적 추진자이자 최대 수혜자였던 사회 주류층이 아니라, 그로부터 일방적으로 배제되었다고 볼 수 있는 민중들의 자아 인식과 자의식 문제를 탐구한다. 이는 한국 근대화의 성격과 의미를 재평가하고, 그 새로운 지향과 비전을 모색하는 데 준거 자료가 된다. 특히 이렇게 재구성된 대안의 민중 서사는 기존의 주류 서사 및 연구들과는 다른 차원에서 우리가 걸어온 근대화 과정을 되짚어보게 할 것이다.

2024년 여름
김경일

차례

일러두기

1. 인용문 표기는 원 자료의 것을 그대로 따랐다. 다만 아주 어색한 띄어쓰기는 바로잡았고, 단어의 의미가 불분명하거나 단어가 생략되어 의미 전달이 불확실하다고 판단될 경우, [ ] 안에 간단히 추가 설명하고, 필자 주 표기하였다(예: 나민[라면—필자]).

2. 이 책의 제1부는 2020년도 한국학중앙연구원 한국학중점연구 모노그래프 과제(AKSR2020-M01)의 하나로 "20세기 한국 민중 생활의 대안 서사"라는 제목으로 수행되었으며, 제2부의 5장과 7장은 2014년도 한국학중앙연구원 한국문화심층연구 공동연구과제(AKSR2014-C19)인 "미디어에 비친 시대상: 한국 사회의 변동과 자기 재현"의 일부다. 제2부의 6장은 『민주사회와 정책연구』 통권 28호(2015년 6월)에 수록되었다.

구술사와
민중 생애사

1. 민중 개념과 계보

한국 근현대사에서 '민중' 개념에 대해서는 지금까지 많은 논의가 있어왔다. 대개 그것은 사회의 상층 계급이나 지배 계층, 사회 지도층 혹은 지식인이나 엘리트와는 다른 하층이나 하류의 사회 계급 일반을 통칭하는 개념으로 이해되고 있다. 계보학의 시각에서 보면, 민중 개념은 두 가지 서로 다른 흐름을 통해서 형성·발전되어 왔다. 한편에는 자유주의와 사회주의 이념에 터한 진보와 혁명 진영에서의 개념이 있다. 저항과 정치의 주체로서 그것은 1920년대 전반의 민중극 운동이나 1924년 조선청년총동맹과 조선노농총동맹의 결성 그리고 이듬해에 기획된 전조선민중운동자대회처럼 격동기 사회 운동권에서 자주 사용되다가[1] 해방 이후 시간을 다소 뛰어넘어 1960년대 중반 『청맥』 등에서 해방 직후 미군정 시기의 '인민' 개념과 유사한 의미로 전용되기도 했다.

그런가 하면 이 시기 김지하나 조동일, 김수영 등은 민중의 발견과 더불어 민중 전통을 강조하고자 했다.[2] 물러간 일본과 신생 미국이란 두 제국에 의한 전통과 자아의 훼손에 맞서 자아를 재정립하고 전통을 재인식하기 위한 민족 주체의 설정이라는 의미가 민중에 부여되었다.[3] 이러한 맥락에서 여러 민중 서사들이 민족이라는 거대 서사의 흐름을 이루었다. 정치 차원에서 보면, 쿠데타로 집권한 박정희 역시 이 민족 주체성의 흐름에 편승했지만, 1965년 통합 야당으로 민중당이 출현한 이후 박정희는 이 표현을 회피하면서 서민이나 국민이라는 용어를 선호하게 되었다.

1970년대에 들어서면서 민중은 군부 독재의 억압 사회체제에서 수난당하고 또 그에 저항한다는 의미에서 특정한 내용과 가치를 가지게 되었다. 민중문학론은 신경림과 '민중적 민족문학'을 주장한 백낙청이 대표했고, 민중신학은 서남동과 안병무가 대표했다. 그리고 송건호, 박현채, 한완상 등은 사회과학에서 민중 담론을 전개했다. 서구의 신학이나 사회과학에 준거를 둔 이들의 논의는 이 시기 이후 민중론이나 민중문화, 민중사관 등 여러 형태로 개화했다.

주체의 자각이라는 능동적 의미에서 역사를 거슬러 올라가 민중의 기원을 1860년대의 민란이나 1894년의 동학농민혁명으로 설정하는가 하면,[4] 1919년의 3·1운동이나 신채호의 「조선혁명선언」(1923)에서 민중의 등장이 언급되기도 했다.[5] 저항 주체로서 민중 개념은 1970년대에 들어와 대학가를 중심으로 한글이나 탈춤, 민속극이나 민중 연희와 같은 민중 전통의 강조로 계승되었으며, 1980

년대에는 급진주의와 변혁운동을 포괄하면서 민주화 운동의 주요 흐름을 형성했다.[6]

저항 주체로서 형상화된 민중은 지배 권력이나 계급에 의해 억압받고 착취당하는 민중상의 또 다른 모습이기도 하다. 이런 점에서 보면, 지배 계급과 권력에 의한 억압과 착취는 민중의 자각과 저항을 통해 역사의 주체 형성을 야기한다는 역사 경로와 비전을 암묵적으로 전제하고 있다. 그리고 이러한 역사의 전망과 비전이 실천과 저항을 통해 구현되기 전까지 민중은 지배 권력과 계급에 의한 억압과 한을 품고 살아갈 수밖에 없는 존재로 표상된다. 이러한 점에서 저항 주체로서 형상화된 민중은 억압과 한의 민중상과 일종의 선택적인 친화력을 가지고 있다고 할 수 있다.

민중 개념의 또 다른 흐름은 보수주의를 기반으로 하는 지배와 독재, 제국주의와 군국주의에서 찾을 수 있다. 1920~30년대 민중 개념은 동아시아 차원에서 좌와 우, 보수와 진보를 가리지 않고 집합 대중을 지칭하는 의미에서 두루 통용된 용어였다. 일제 강점기 조선을 보더라도 조선총독부를 중심으로 하는 식민지 관료나 지배층을 포함해, 정치, 치안, 군대, 경제, 문화 전반에서 대중 일반을 일컫는 용어로 이 말이 사용되었다.

우가키 가즈시게字垣一成나 미나미 지로南次郎, 고이소 구니아키小磯國昭와 같은 역대 조선 총독들의 취임 훈시訓示나 고사告辭, 유고諭告에서 식민지 민족을 일컫는 용어로 이 말이 사용되는가 하면,[7] 정무총감이나 도지사, 각 도 경찰부장을 비롯해 은행이나 협회, 조합 등의 사회 조직들에 이르기까지 폭넓게 이 개념이 인용되었다. 특히

'경찰의 민중화', '민중의 사표師表' 등에서처럼 치안 경찰과 같은 식민지 억압 기구에서 이 용어를 즐겨 사용한 것이 눈에 띤다.[8] 또 '통계의 민중화'나 '민중 보건', '공채公債 민중화' 등과 같이 사회 각 부문에서도 폭넓게 쓰이고 있었다.[9] 1930년대 이후 전시체제로 접어들면서부터는 '총후 민중', '반도 민중'과 같은 표현에서 보이듯, 전시체제 식민지 대중 동원을 위한 용어로 등장하기도 했다.[10] 동아시아 차원에서 이 용어는 중국이나 일본의 대중 일반을 일컫기도 하지만, '동아 민중'과 같은 집합 단위로도 전용되었다.[11]

이러한 전통은 해방 이후로 이어져서 해방 공간에서 좌파가 민중보다는 '인민' 개념을 자주 사용하게 되면서 민중이라는 표현은 자연스럽게 중도나 우파의 전용어가 되었다. 그러다가 1960년대 이후 앞서 언급한 전통에 대한 재인식과 민중의 재발견을 배경으로 진보적이고 비판적인 집단에서 이 용어를 전용함으로써 1960년대 중반 이후부터 오늘에 이르기까지 우리에게 익숙한 개념으로 정착하였다. 정리해보면 민중 개념은 해방 이전에는 좌와 우, 보수와 진보를 가리지 않고 사용되어오다가 해방 이후에는 우파의 전유물이 되었으며, 1960년대 중후반 이후에는 진보와 좌파에서 전유하여 오늘날까지 전해지고 있다. 이러한 점에서 단순히 사회 하층민에 대한 지칭에 한정하여 이 개념을 이해하는 것은 일정한 한계를 가질 수밖에 없다. 앞서 보았듯이 그것은 조선총독부와 식민지 민중, 박정희 군부 독재와 지식인 같이 지배와 저항이 교차하는 시공간에서 경합하면서 진화해온 용어다. 이 책에서 검토하려는 민중의 삶과 의식은 바로 이러한 경합과 중첩의 효과로서 현 상태다.

이러한 민중 개념의 정의와 계보의 변천을 염두에 두고 이 책은 특정한 역사 시기를 살아나간 민중의 삶과 생활을 분석해보고자 한다. 이 책이 연구 대상으로 삼는 『민중열전』과 『민중자서전』의 내용에 대한 징후 해독 역시 이러한 경합과 중첩의 양상을 잘 드러낸다. 예컨대 전자의 억압과 한으로서 민중 개념을 보이는 전형적 사례로서 『민중열전』에서는 제1권의 이두이나 5권의 성송자, 16권의 심재언, 31권의 서석화, 34권의 최대봉, 36권의 김순현, 46권 홍영수, 그리고 『민중자서전』에서 제5권 유진룡, 7권 박나섭, 13권 송문옥, 14권 김승윤, 16권의 이광용 등을 들 수 있다. 하지만 이들조차도 생애 주기의 후반부에서는 정형화한 민중 개념과는 일정한 거리가 있는 삶을 영위하였다. 이 열전에 포함된 사례 대부분이 그러하듯 이들 역시 생애 주기 후반부에서는 사회 계층이나 지위 상승을 경험한다는 점에서 후자의 대중 일반으로서의 의미에 근접하고 있다. 또한 이들에게서는 가치 지향의 민중 개념에 흔히 따르는 사회 현실에 대한 비판이나 저항의 양상도 거의 나타나지 않는다. 이념적으로 볼 때 해방 정국이나 한국전쟁 시기 좌익 경력과 관계가 있는 인물들조차[12] 흔히 말하는 좌파나 진보 혹은 사회·공산주의 이념과 일정한 거리를 보인다.

그런가 하면 지배와 독재라는 후자 맥락의 민중 개념에 가까운 사례들도 있다. 자라난 가족 배경이나 이후의 사회 지위나 활동 등에서 전자의 민중 개념과는 일정한 거리가 있는 삶을 살아간 경우다. 어릴 때의 가족 배경이나 이후 삶의 경로에 비추어 보더라도 이들 대부분을 오늘날 우리에게 익숙한 민중 개념으로 선뜻 분류하기는 어렵다. 『민중열전』에서 제2권의 김기송이나 7권의 최채우,[13] 13권의 여기원, 21권의 이종윤, 29권 권영섭, 40권 조석장의 경우가 그러하다. 『민중자서전』에서는 제4권의 이규숙, 9권 김명환 혹은 7권 문장원의 사례가 여기에 해당한다.[14] 나아가 현실 비판적인 저항 주체로서의 민중 개념과 대극에 선 사례로는 『민중열전』의 제9권 정원복, 38권 정해주를 들 수 있다. 조선민족청년단(족청)과 미군 정보조직인 KLO부대[15] 혹은 빨치산 토벌대로 살아간 이들은 앞서 말한 빨치산 출신의 박남진이나 나덕운과는 정반대의 위치에서 해방 이후 1950년대에 우익 내지는 극우로 분류되는 이념 지형의 현실을 살았다.

이들 사례는 역사 흐름 안에서 지배와 저항이 교차하고 경합하는 시공간을 살아온 민중 개념의 복합성과 모순을 보여준다. 그러나 생애 주기 전반을 놓고 볼 때, 소수의 예외를 제외하고 이 열전에 포함된 인물 대부분은 일정한 목적의식과 가치를 함축한 의미에서 민중이라기보다, 일반적인 의미에서 생존에의 집요한 의지나 삶에 대한 능동성을 가지고 한국 근현대를 살아간 보통 사람들이라고 말할 수 있다. 특히 『민중열전』의 인물들이 그러하다. 이들 대부분은 극심한 가난과 결핍에서 사회 발전과 근대화의 진전에 따라 전반적인 생활수준 향상을 경험한 한국인 일반의 범주를 크게 벗어나지 않는다. 많은 경우 이들은 권력과 명예, 부와 소유, 지식과 교육, 사회적 존엄과 위신에서 벗어난 존재로서, 해당 사회 저변에서 무지와 빈곤 속에 그날그날 생계를 영위해왔다. 특히 어린 시절과 청년기를 놓고 보면, 민중 구술에 포함된 인물 대부분이 이러한 의미의 자장을 벗어나지 않는다. 그리하여 이들은 지배와 통치의 주체가 아닌 피치자로, 교화와 교육의 수동적 대상으로, 문화와 전통의 창조자가 아닌 수용자로 여겨져 왔다.

이와 관련하여 영국을 대표하는 문학비평가 테리 이글턴Terry Eagleton은 '역사'와 전통'의 두 개념을 구분한다. 그는 지배 계급의 균질한 시간이 역사라면, 전통은 격변과 위기를 알고 있는 억압받고 착취당한 자들의 시간이라고 말한다. 즉, 역사는 지나간 현재를 '영원'의 이미지로 박제하는 물신화의 개념인 반면, 전통은 지나간 현재 속에 존재하는 유일무이한 '경험'의 기억이다.[16] 『기억의 장소 Les Lieux de mémoire』로 유명한 프랑스 역사학자 노라Pierre Nora도 이와 비슷한 견해를 제시한 바 있다. 그는 역사와 기억의 개념을 대치시킨다.[17] 이글턴이 말하는 '전통'에 대응하는 용어로 '기억'의 개념을 제시하는 것이다. 비록 이글턴처럼 평민과 서민 그리고 민중의 시간 개념만을 지칭하지는 않지만, 노라 역시 지배·주류 역사와 구분되는 바로서 기억을 역사의 대안 서사로 제시한다.[18] 그에 따르면, 기억은 무관심이나 망각 때문이 아니라 역사의 이면이자 인식론의 사각지대에 위치하기 때문에, 그리고 그 존재의 기반이자 가능성의 고유한 조건이라는 점 때문에, 기억의 장소를 위한 연구 대상이 되었다.[19] 이러한 노라의 언급은 이 글에서 다루는 기억의 재현으로서 구술에도 마찬가지로 적용될 수 있다.

한국의 경우를 보면, 예컨대 전통 시대에 대한 역사 서술의 주류는 지배 계급과 양반 문화 혹은 유교 같은 사회 상류층에 주로 초점을 맞추어왔다. 공식 역사나 지배 계급의 역사 서술에서 긍지와 자부심을 부여하기 위해 선별하여 강조하는 '빛나는 과거 유산'이나 전통은 이들 상류층에 속하는 것이었지, 결코 민중이나 하층민의 것은 될 수 없었다. 오늘날도 예외는 아니다. 해방 이후 한국 사회에서 가장 커다란 변화를 가져온 두 가지 주요 계기, 즉 근대화(산업화)와 민주화란 거대 서사에 등장하는 이야기와 주요 인물들에서 이들 민중의 역할이나 그에 대한 의미 부여는 사실 찾아보기 어렵다. 유감스럽게도 이러한 경향은 전 지구 차원에서 한류가 융성하고, 팬데믹 이후 도리어 한편에선 자본의 풍요가 온오프 미디어 세계를 지배하는 오늘날에도 여전하다. "가난을 언급하는 말은 많지만, 가난한 사람의 말은 듣기 힘든 게 한국 사회"로서 "가난한 사람의 삶은 바뀌지 않았으며, 가난에 대해 말하는 사람들의 삶만 바뀌었을 뿐"이라고 양창모는 말한다.[20]

2. 민중 생활과 구술 생애사

문자를 통한 공식 '역사'를 통해 기록되거나 보존 혹은 성화되는 sanctify 지배 계급의 서사와는 달리, 민중 이야기는 역사가 아닌 기억과 구술에 주로 의존해왔다. 사실 지배 계급의 역사 서술과는 구분되는 민중 구전이나 구술 전통은 일찍부터 주목받아왔다. 해방 이후에 한정해보면, 한국 사회의 최저변에 위치한 '민중'에 대한 관심은 본격적인 근대화가 시작된 1960년대 중후반 이후 르포reportage

나 논픽션, 수기 혹은 다큐멘터리 등의 기록 서사, 구술이나 심층 인터뷰 등을 통한 생애사 형태로 구체화되어 나타났다. 1960~70년대 기록 서사에 관해서는 이 책 제2부의 도입부에서 자세히 검토할 것이다.

1980~90년대에 들어와서는 민중에 대한 구술 생애사 작업이 궤도에 올랐는데, 뿌리깊은나무 출판사에서 기획한 『민중자서전』(20권) 총서가 이러한 흐름을 대표한다. 구술 생애사 방법을 통해 녹취록을 정리한 형태로 발간한 이 자서전 총서는 농부, 어부, 조선 목수, 보부상, 옹기장이, 고수, 뱃사공, 화전민, 한량, 무당 등과 같이 다양한 기층 민중 이야기들을 수록하였다. 이 연재는 1981~92년 사이에 걸쳐 뿌리깊은나무와 샘이깊은물사업단의 이름으로 간행되었다. 사실 이 연재의 일부는 1977년부터 1980년에 걸쳐 『뿌리 깊은 나무』 지면을 통해서 '숨어사는 외톨박이', '외롭잖은 외돌토리' 연재 혹은 '그는 이렇게 산다'와 같은 기획을 통해 이미 소개되기도 했다.

이어서 2000년대에 들어오면 20세기 민중생활사연구단에서 간행한 46책의 『한국민중구술열전韓國民衆口述列傳』이 2006~8년의 3개년에 걸쳐 발간되었다.[21] 이 연구단에서는 이에 앞선 2005년 여름에 24명의 구술 자료를 바탕으로 "20세기 한국 민중의 구술 열전"이라는 이름으로 여섯 권에 이르는 자서전을 이미 간행한 바 있다. 이듬해부터 간행된 민중 생활 열전을 위한 일종의 예비 연구pilot study의 결과물로 나온 이 자서전 연재는 어민, 농민, 상인, 노동자, 기타(2책) 부문을 각각 설정하고, 각 부문에 속하는 네 명의 인물을 망라해 스물네 명의 사례를 정리했다. 『민중열전』이 각 개인의 이야기를 단행본 분량으로 소개한 것에 비해, 이 자서전 총서는 각 개인의 이야기를 논문 분량으로 정리하고 있다는 점에서 전자보다 소략하다.

『민중열전』의 연구 성과는 민중의 삶의 현장에서 발굴한 자료를 음향과 영상 형태로 기록·분석함으로써 새로운 시각에서 한국 근현대사 연구를 위한 데이터베이스를 구축하고자 했다. 한국 인문·사회과학 분야에서 통합unidisciplinary 패러다임을 모색함으로써 궁극적으로 역사 민주화를 추구하려는 문제의식을 표방한 이 연구는 영남대학교와 전북대학교 등을 비롯한 대학 간 컨소시엄 형태의 대형 과제로 2000년대 초반 학계의 지대한 관심을 받으면서 진행되었다.

국외 연구자(주로 일본인 연구자)를 포함해 무려 100여 명에 이르는 인문·사회과학 연구자와 영상기록 전문가 등이 참여했으며, 2002년에서 2008년까지 6개년간 한국연구재단(당시 한국학술진흥재단)으로부터 총 36억에 이르는 연구비를 지원 받아 그 결과물을 여러 형태로 간행했다. 『민중열전』은 그중에서 가장 중심을 이루는 연구 성과다.[22]

『민중열전』 전체 대상 인물에 나타난 인구학적 특징 가운데 먼저 출생 연도와 세대를 살펴보면, 1920년대에 출생한 사례가 가장 많은 24책으로 전체의 절반이 넘는 52.2%를 차지한다. 이어 1930년대 출생자가 19책으로 41.3%의 비중을 차지한다. 즉, 1920~30년대 출생자 비중이 전체의 94%에 달한다. 이밖에 1900년대, 1910년대 그리고 1940년대 사례가 각각 1건씩이다.

이를 제2부에서 분석하는 「서민 연재」 100편의 대상 인물과 비교해보면,[23] 『민중열전』과 비슷하게 「서민 연재」에서도 1920~30년대에 태어난 세대가 70% 정도로 큰 비중을 차지한다. 그러나 그 내용을 보면 1920년대 출생자가 가장 많은 비중을 차지한 『민중열전』과 달리 「서민 연재」에서는 1930년대 출생자가 40%로 가장 높은 비중을 차지한다. 『민중열전』에 1건밖에 없는 1940년대 이후 출생 세대도 30% 정도로 높은 비중을 차지하고 있다.[24]

성별로 보면 「서민 연재」 전체 99명의[25] 성별 분포는 남성이 90명, 여성이 9명으로 남성이 91%, 여성이 9% 정도다. 『민중열전』은 전체 46명 가운데 남성이 38명(82.6%), 여성이 8명(17.4%)으로,[26] 여성 사례 수는 「서민 연재」와 비슷하지만, 그 비중으로 보면 두 배 정도 높은 비율로 대표되고 있다는 사실을 알 수 있다.

연구 방법과 관련해서 이 책은 근대 형성기 민중에 의해서거나 민중에 대해 산출된 구술 자서전, 민중 자서전, 르포, 심층 인터뷰 자료처럼 사사私事로서 개인의 내면 의식을 드러내는 자료들을 분석 대상으로 한다. 이러한 미시 자료들에 등장하는 인물의 행위와 상호작용, 관계, 사건들, 에피소드 등을 그것이 배태된 역사·사회구조의 맥락에서 이해하고 해석함으로써 거시적인 사회 구조의 궤적안에서 그것이 지니는 역동성을 아울러 분석해보려는 것이다.

이처럼 개인의 구술 생애사나 심층 인터뷰와 같은 개인의 연성soft 자료를 기반으로 하는 연구들은 흔히 방법 측면에서 양적 분석보다는 질적 접근을 택하는 경향이 있다. 사회과학에서 주류를 이

뤄온 양적 접근에 대한 비판과 대안으로서 질적 방법에 관한 관심이 증대되고 있거니와, 최근 이러한 추세는 역사 연구로까지 확장·적용되고 있다. 접근 가능한 자료원으로서 구술 생애사 자료나 심층 인터뷰 등이 근본적으로 제약되어 있기 때문에, 역사 연구에서 질적 접근이 차지하는 비중이 아직은 크지 않다. 하지만 그 맥락과 해석에 초점을 맞추어 개인 내면세계를 심층에서 드러낼 수 있다는 점에서 질적 접근이 역사 연구에 시사하는 의미와 잠재력은 결코 무시할 수 없다.

그런데 자서전이나 열전은 평범한 보통 사람보다 특별한 능력이나 뚜렷한 업적을 남긴 한정된 소수가 대상이라는 인식이 일반화되어 있다.[27] 『민중열전』에 등장하는 대부분의 인물 역시 이러한 방식으로 자서전을 이해하고 있다는 점에서 면담자들이 구술 대상자를 구하는 데 상당한 어려움을 겪어야 했다. 민중 구술자들은 자신들처럼 평범하거나 무식한 사람들이 자서전의 대상이 된다는 사실 자체에 부담을 느끼거나 부정적 반응을 보이는 경우가 많았다.[28]

예를 들면, 정원복은 "지성인들이 저 같은 무식한 사람한테 뭘 들으실 게 있냐"고 말한다.[29] 김기홍의 구술 자서전을 담당한 박규택 역시 이와 비슷한 맥락에서 "자신들의 아픈 경험들과 일상의 사소한 일들은 기록할 가치가 없다고 생각하는 경향이 강했으며, 이러한 인식은 나이 든 여성에게서 더욱 뚜렷하게 나타났다"라고 적고 있다.[30] 그런가 하면 윤영국은 "자식들도 남부럽지 않게 사는데 굳이 옛날에 고생했던 얘기를 내가 뭣 하러 꺼내느냐"라며 구술 생애사 작업을 거부하고,[31] 최대봉은 자신이 평범한 사람이기 때문에 자신의 삶을 기록으로 남길 만한 가치가 없다고 사양했다.[32] 서한금은 이미 간행된 『민중열전』 제1권을 받고서 자신과 비교해서 자기 이야기는 책으로 낼 만한 거리가 못 된다며 손사래를 친다.[33]

때로는 자서전의 대상 자격이 될 수 없다는 생각 자체가 구술 내용의 서술에 미묘한 변화를 낳기도 한다. 예를 들면, 『민중열전』 제9권의 구술자인 정원복을 면담한 정형호는 네 번째 면담에서 자서전 내용을 책으로 출간할 것이라는 사실을 알리자, 구술자의 태도에 "다소의 변화가 감지"되었다는 사실을 보고한다. 이후로는 출판을 의식해서 그러한 사실을 염두에 두고 구술하는 경향이 있었다는 것이다.[34]

그러나 무엇보다 1980년대 구술사oral history의 등장은 민중의 삶에 접근할 수 있는 새로운 시야를 제공했다.[35] 이제 자서전이나 전기는 영웅이나 상류층, 지식인과 같이 특정 계급에 한정되지 않고, 일상의 보통 사람을 대상으로 하는, 일종의 글쓰기의 민주화라는 흐름 안에서 수행되고 있다. 이 연구의 대상인 『민중열전』이나 『민중자서전』은 말할 것도 없고, 최근 진행되고 있는 생애사 작업이나 자서전 편찬 사업, 글쓰기 교실을 통한 자서전 발간 등은 이러한 문제의식을 공유한다.

이렇게 "평범한 사람들의 평범하지 않은 자서전"이 화제가 되는 것에서 보듯이, 자서전은 이제 성공한 사람들만의 전유물이라고 할 수 없다. 이른바 '자전 글쓰기'는 작가와 독자, 구세대와 신세대, 전문적인 문학 종사자나 평범한 사람 등을 가리지 않고, 많은 이들의 주목을 받고 있는 것이다.[36] 20세기 문학비평의 반전기反傳記 경향에도 불구하고, 방송 매체를 통해 타자의 삶이 호기심과 가십 대상이 되어 범람하는 21세기의 현상은 포스트모던한 현실 자체가 이미 자서전 문화의 일부가 되어버렸음을 방증하고 있다.

구술 자서전을 주요 분석 대상으로 하여 민중의 범주로 구분되는 인간과 그들 삶의 유형을 탐색해보려는 이 책의 의도는 이러한 흐름의 연장선에 있다. 동시에 이는 개인의 내면세계와 자각, 결단 그리고 행위 등의 수행 과정을 통해 시대 현실과 사회 조건과의 상호작용 속에서 특정 인물이 형성하는 자아를 구체적으로 이해하게 한다. 이렇게 구술 자서전에서 구술자가 형성하는 자아의 양상과 당대 현실이나 사회 상황과의 상호작용은 다음에 인용한 사례에 잘 드러나 있다. 『민중열전』제11권의 구술자인 박현순은 이렇게 말한다.

> 얘기하다 보니까 참 이상스럽네. 그 얘기들이 새록새록 기억이 나네. 이상한 것은 사투리를 많이 안 쓰는 편인데, 사투리가 막 튀어나오네. 사투리가 나오는 것이 그때 시절의 이야기를 많이 하다 보니까 막 나와. 내가 어디 나가면 사투리를 잘 안 해요. 사투리를 쓰면 촌놈이 되아 부러. 그래서 촌놈 취급 안 당할라고 사투리를 잘 안 쓰는 디 이런 이야기를 하니까 사투리가 나오네. 허허.[37]

제국주의 시대에 식민지를 경험하고 제2차 세계대전 종전 후 탈식민화의 과정을 밟아온 한국 사회에서는 식민 지배와 독재의 영향으로 극도의 혼란과 억압 그리고 불안 경험이 작동하는 기제가 지배해왔다. 최인훈은 『광장』(1960)에서 이러한 일제의 강점과 지배, 민족 이산, 해방, 전쟁 그리고 군사 쿠데타 같은 혼돈의 소용돌이 vortex를 적나라하게 묘사한 바 있다. 불안한 사회일수록 개인의 정체성 욕구는 커지게 마련이며, 개인이 자기 인생을 주제로 삼아 성찰하고 이야기하는 방식은 정체성을 확립하는 데 가장 보편적인 수단이라는 점에서[38] 자서전 분석이 지니는 함의가 있다.

이와 아울러 자서전 연구는 특정 시대의 사회 배경과 현실을 이해하는 데 유용한 접근 수단을 제공한다. 생애사life history로서 자서전 서술은 자아의 본질에 대한 문제로서 '나는 누구인가'라는 의문을 규명하는 데서 출발하지만, 개인의 삶을 구성하는 사회, 문화 혹은 역사 조건들에 대한 설명을 배제하지 않는다.[39] 이러한 맥락에서 스티븐 스펜더Stephen Spender는 자서전을 쓰는 인물들은 자신이 살아가는 시대의 가치를 우회하여 전달한다고 지적한다.[40] 이처럼 특정 인물의 생애에 관한 주요 텍스트로서 자서전은 삶의 경험이 주는 의미와 당대의 사회 구조들을 발견하는 데 중요한 연구 자료로 인정받고 있다. 그것은 역사를 통해 드러나지 않는 서술자의 사회·문화 배경을 잘 보여주는 동시에, 개인과 사회 모두를 징후로 symptomatic 드러내는 특정 시간대를 내포한다.

이러한 점에서 사회과학 일반, 특히 사회학에서 자서전 연구는 그것을 통해 드러나는 "행위나 사건들의 분석을 통한 사회 과정"에 대한 탐구로 이해되어왔다. 1920년대 시카고학파로 알려진 미국 사회학자 토마스W. J. Thomas와 폴란드 사회학자 즈나니에츠키S. Znaniecki의 연구가 그 적절한 사례가 될 것이다. 폴란드의 전통 농업문화에서 미국의 근대화된 산업문화로 이주해온 폴란드 농민들의 의식 변화와 사회적 배경을 분석한『폴란드 농민 The Polish Peasant in Europe and America』(1918)은 이 분야의 고전으로 알려져 있다.[41]

자서전 연구가 갖는 이러한 유용성과 의의에도 불구하고, 자료로서 이를 활용하려는 연구자가 직면하게 되는 몇 가지 방법상의 문제를 염두에 둘 필요가 있다. 무엇보다 자서전과 같은 질적 자료들은 개인의 사사 기록이라는 점에서 그 서술의 객관성과 자의성이 문제가 된다. 즉, 당사자에 의해 구술된 개인 생애사가 주된 분석 대상인 자서전 연구는 다른 연구 방법론을 활용하여 자료에 내재한 한계를 극복해야 하는 어려움이 있다. 예컨대 생략되거나 왜곡된 것으로 보이는 사실을 다른 구술을 통해 교차·대조하거나 가능하다면 문헌 조사를 지속함으로써 그 내용을 보충·확인해야 한다.[42]

그러나 이러한 방식을 통해 서술의 객관성이나 사실성의 문제를 해결한다 하더라도 이와는 다른 차원에서 또 다른 문제들이 발생한다. 이는 다음과 같은 질문들로 표명된다. 먼저 구술자와 면담자의 관계에서 발생하는 문제다. 비유하자면 구술자는 당대를 살아간 수많은 경험과 기억이 누적된 저장고이기도 하지만, 동시에 고통과 슬픔, 기쁨과 즐거움, 분노와 증오와 같은 여러 감정을 가지고 생애 과정을 겪어온 인간이기도 하다. 이러한 점에서 흔히 제기되는 문제 가운데 하나가 이른바 '약탈적·공격적' 구술 자료 수집의 문제다.[43] 면담자가 자신이 필요로 하는 '정보'를 구술자로부터 얻는 데 몰두하다 보면 면담자의 감정이나 인격을 고려하는 데 소홀하게 되는 사례를 흔히 찾아볼 수 있다.『민중열전』에서 최채우를 면접한 면담자는 "구술 자서전 원고를 구성할 만한 이야기를 끄집어내려고 의도적으로 할머니의 이야기를 토막내가는 자신이 죄스럽게 느껴질 정도였다"라고 서술하고 있다.[44]

그다음 구술자와 독자의 관계에서 발생하는 문제가 있다. 구술 자서전이 다루는 '진실'은 화자의 진실인가 아니면 독자가 읽어내는 독자의 진실인가? 만약 화자의 진실이라면 그것은 과거에 이미 경험한 사실의 진실인가 아니면 구술이 이루어진 당시 시점에서의 진실인가? 이러한 일련의 질문들은 '진실과 거짓'의 문제가 자서전 장르의 특성을 부각시키는 주요 주제임을 일깨운다.[45] 첫 번째 질문은 구술자가 자신이 경험한 현실을 거짓 없이 서술하고 있는지, 혹은 침묵을 지키거나 왜곡하고 있는 대목은 없는지를 우선 묻는다. 여기서 자서전과 허구를 구분하는 문제는 결국 텍스트에 서술된 사건을 '현실'에서 확인할 수 있는가 하는 문제로 귀결된다. 진실과 허구, 거짓의 문제가 제기되는 것이다. 지금까지 나온 많은 자서전에서 보듯이 자기 삶을 기술하는 글들은 객관의 시각보다 서술자 주관이 우선 반영되기 때문에 자기 합리화의 위험이 상존한다. 인간 일반이 그러하듯이, 이처럼 서술자가 갖는 첨예한 자의식으로 말미암아 '자신에 대한 정확한 초상화'라는 자서전의 이상을 실제 현실에서 찾아보기는 매우 어렵다.

자서전 연구의 근저에서 제기되는 이러한 질문은 자서전의 요체가 되는 기억의 문제로 이어진다. 구술 생애사를 구성하는 기억은 저자가 어떠한 서사구조에 기반을 두고 자기 삶의 개요를 만들어내고, 이를 뒷받침하기 위해 재현된 기억을 어떻게 활용하는가를 잘 보여준다. 구술자는 자기 인생을 구성하는 무수한 기억들 가운데 일부를 취사선택하여 제시하는 경우가 많다. 따라서 자서전의 기억은 다분히 "편집된 기억들"이라는 점을 명심할 필요가 있다. 이는 자서전에서 등장하고 선택되며 재현되는 기억들이 항상 객관성과 정확성을 담보하지 않으며, 오히려 구술자의 주관과 시간 흐름에 따라 전혀 다르게 서술될 수 있음을 암시한다.[46]

사례들에 대한 구체적인 관찰을 통해서 보면, 기억의 선택과 강조는 구술자가 경험한 사건이나 인물들이 이후 삶의 과정에서 커다란 영향을 지속해서 미칠 때 두드러지게 나타난다. 예를 들면,『민중열전』제4권의 구술자로서 7명의 가족을 먹여 살리고 가르쳐야 했던 박상규는 "고생한 것은 기억이 나는데 편안하게 살던 건 기억이 안"난다고 서술한다.[47] 제10권의 면담자 노용석은 구술자 박희춘이 한국전쟁이 발발하면서 청도군 보도연맹 사건으로 학살당한 아버지에 대해 구술할 때, "자서전에 표현하였던 질서정연함을 잃어버"렸다고 적었다.[48] 그러나 기억 선택이 이처럼 반드시 고통에 대해서만 반응하지는 않는다. 홍성두가 말하듯이 "그때는 사는 게 힘들어가지고 기억나는 거 없"을 수도 있기 때문이다.[49] 이와는 정반대로 홍영수는 자기 과거에서 특히 행복했던 시간을 자주 구술 주제로 삼는다. 이 경우는 그 기억 중에서 특정 부분을 자주 반복하여 구술하는 특징이 있다.[50]

이러한 맥락에서『민중열전』에서 여기원의 사례를 면담한 이양호는 구술의 "개인성, 주관성, 자의성"을 구술 생애사의 특성이자 한계로 지적하면서, 기억력과 구술 내용에 대한 신뢰성 문제를 제기한다. 구술자의 기억과 경험에 의지하여 생애를 회고할 때 자기 중심의 구술을 피할 수 없다는 것이다.[51] 특히 『민중열전』의 구술자 가운데 배움에 대한 경험을 거의 갖지 못한 경우에는 상황이 더욱 악화된다. 성송자의 사례가 이를 잘 보여준다.[52] 그녀의 면담자인 임경희는 구술자가 자신이나 상대방의 나이를 비롯한 일련의 경험을 정확하게 기억하지 못함으로써 시차가 생기거나 내용이 달라질 뿐만 아니라 자신만 이해하고 있는 용어를 사용한다거나 지명을 들었던 대로만 기억한다고 지적한다.[53]

이 사례에서 주목되는 것은 인생의 주요 전기를 이루는 사건들에 대한 기억 방식이다. 예컨대 성송자에게 '해방'은 1945년이라는 시점보다 "나락이 약간 노랬을 때"로 기억된다. 생애 주기에서 부모의 죽음은 개인에게 커다란 사건이다. 이 때문에 구술자는 고향인 성주를 떠나 대구로 입양되는데, 이 시기가 "보리가 누릇하게 될 때"였다. 또 결혼해서 남편을 찾아 살게 된 사건은 "눈이 제일 많이 왔는 해"로 기억되고 있다.[54] 그런가 하면 제11권의 박현순은 한국전쟁 이후 군대 가면 모두 죽는다던 어려운 시기에 힘든 군대 훈련 경험을 코스모스와 관련하여 기억한다. "훈련을 받음서 보니까 코스모스가 이렇게 막 피드란 말입니다"라고 그는 말한다.[55] 구술자에게 기억은 특정한 연도나 사회 상황에 대한 묘사를 통해서가 아니라 사건이 일어날 당시의 생존 조건이나 자연 상태에 의해 환기되는 방식으로 작동한다.

때로는 기억 단절이나 배제, 차단의 기제가 작동하는 예도 드물지 않다. 『민중열전』에서 이러한 경우는 여러 형태로 나타난다. 예를 들면, 앞서 언급한 성송자의 사례에서 면담자는 구술자의 진술이 "오락가락하거나 뭔가 숨기고 있다는 느낌을 받는 때도 있었다"라고 말한다. 개인의 영역이라고 할 수 있는 출생이나 친족 관계에 대한 구술에서 특히 그런 경우가 잦았다고 면담자는 생각하는데, "그녀의 가족은 이런 구술을 달가와하지 않는 눈치여서 달리 도움을 청할 수도 없는 처지"였다.[56] 아울러 『민중열전』제13권에는 한 사람이 아니라 세 명의 구술자가 등장한다. 면담자인 이양호는 이러한 점에서 이 책이 "'1인 구술 자서전'이 되지 못한 실패의 기록"이라고 언급하면서, 그간의 사정을 다음과 같이 밝히고 있다.

> 이십육 세에 혼자가 되어 평생을 수절하면서 자식을 뒷바라지해 온 구술자(공산댁)는 바로 그 자식의 강경한 반대 때문에, 모든 조건이 완비되고 가장 깊이 있는 핵심적인 구술만 남겨두었던 구술자(여기원)는 예기치 않은 병환으로 인한 운명 때문에, 이북에서 월남하여 고단한 삶을 영위했던 구술자(평원댁)는 구술 도중 생긴 급격한 심경 변화 때문에 구술을 하지 못해 미완성이 되어 버린 실패의 기록이라고 할 수 있다.[57]

즉, 자식의 강경한 반대나 병으로 인한 사망 혹은 구술 도중 심경 변화로 인한 거절 때문에 기억이 단절되거나 차단되는 것이다.[58] 그리고 그것은 구술자가 구술로서 가치 있다고 판단하는 특정 사건이나 경험들보다 사적인 자기 삶의 영역에 대해서 특히 그러하다. 김기홍(제19권)을 면담한 박규택은 "대체로 사람들은 일반적인 사건에 대해서 어느 정도 이야기를 하지만 개인의 삶, 가족, 타인과의 관계 등 사적인 영역에 관해서는 의식적으로 회피"하는 경향이 있었다고 지적한다. "자신들의 아픈 경험들과 일상의 사소한 일들은 기록할 가치가 없다고 생각하는 경향이 강"하다는 것이다.[59] 이러한 점에서 그는 "이론적으로 말하는 민중의 좋은 제보자"와 "고단한 삶을 산 현실의 일반 사람" 사이의 크나큰 격차에 주목하고자 했다.[60] 그런가 하면 박민규(제17권)는 스스로 자기 삶을 정리하는 차원에서 자서전 서술의 의지를 갖고 있었음에도 자식들에 관한 내용이 주를 이루는 상세한 가족사는 삭제하기를 원했다.[61] 이 점은 윤영국(제24권)도 마찬가지였다. "논문에 인용"한다거나 "당대 문화에 대해 궁금해서 한 수 배우고자" 하는 내용에 대해서는 선선하게 응했지만, 자기 삶의 "사적인 부분"에 관해서는 구술을 거부했기 때문이다.[62]

이론상 민중과 실제 민중 사이의 괴리에 대해 박규택이 언급하고 있는 것처럼, 제21권의 구술자인 이종윤이 엄격하게 민중 범주에 속할 수 있는가는 의문이다. "유교 문화의 전통을 대대로 고수해나가는 남다른 가풍으로 서부 경남 일대에서는 유세 꽤나 하는 집안으로 명성이 자자"했기 때문이다. "유년 시절부터 고집스런 유가의 전통 예법으로 훈육되어진 그의 몸가짐은 대단히 엄격하여, 3~4시간의 면담에도 흐트러짐이 전혀 없었"다고 면담자는 적고 있다. 문제는 구술자의 이러한 가치와 태도가 기억의 차단과 배제에 영향을 미친다는 점이다. 구술자는 "면담 내용과 앨범 사진의 공개에서도 그 자신으로 한정시킨 원칙론을 절대로 파기하지 않았"으며 따라서 부인과 자녀를 포함하여 구술자의 가족에 관한 "질문들은 면담 초기부터 철저히 차단"하고자 했다.[63] 이종윤과 비슷하게 자신이 스스로 미리 정해놓은 구술 내용 이외의 다른 내용을 제공하려 하지 않는 사례로 이호영(제28권)을 들 수 있다.[64]

대부분이 그렇지는 않지만, 이처럼 『민중열전』의 상당 부분에서 개인과 가족의 사사 이야기가 아예 단절·배제·차단되는 것은 질적 접근으로서 구술사 방법의 근간을 흔든다고 할 수 있다. 구술과 기억의 상당 부분이 공식 역사나 일반 사건에 주로 집중되고 있기 때문이다. 이는 구술 자서전에 수록된 기억 내용이 분절되고 은폐된 사실을 전제한다는 점에서 자서전의 진실 문제를 야기한다. 역사학이나 사회과학은 오랫동안 사실주의 시각의 진실 말하기라는 차원에서 자서전의 가치를 이해해왔다.[65] 자서전은 소설 같은 허구의 양식과 다르다는 전통적 시각에서 사실성과 객관성을 표방하는 자서전 서술의 일관성을 강조해온 것이다. 하지만 이러한 전통은 1970년대 이후 새롭게 대두된 구성주의constructionism나 포스트모더니즘에 의해 비판받고 있다.

서술된 사실과 인물이 실제로 겪은 사실로서의 삶이 어느 정도 일치하는가를 중시하는 사실주의 접근에서는 있는 그대로의 사실만을 말해야 하는 한계를 갖는다. 하지만 구성주의자들은 삶 이야기가 실재나 경험 진리를 반영해야 한다는 사실주의의 주장이 단순한 환상에 불과하다고 비판한다. 이들의 분석에서는 어떤 이야기가 말해지는가보다 어떻게 이야기가 구성되는지가 중요하다.[66] 진실 차원이 아니라 경험이나 체험이라는 '현실' 차원에서 자서전을 이해하려는 것이다. 나아가 1980년대에 이르러 문학 장르의 해체를 주장하는 포스트모더니즘의 대두를 배경으로 자서전 연구는 개인의 삶에 대한 기록과 해석이라는 차원을 벗어나게 되었다. 이에 따라 사실과 진리, 객관성을 대신하여 성실성과 진정성과 같은 덕목이 자서전을 분석하는 주요한 기준으로 등장하고 있다.

이러한 방법론 상의 난점들과 추세 변화를 전제로 20세기 민중 생활사 연구는 한 개인이 자신의 생애 과정에서 경험하는 몇몇 주요 계기들에 근거하여 몇 가지 주제 영역을 설정해볼 수 있다. 먼저 대상 인물이 자신의 개별 인격과 의식을 형성해가는 배경과 조건을 들 수 있다. 이는 자신이 태어난 시대와 지역, 물질 자원과 생계 그리고 교육과 같은 변수들에 의해 주로 규정되는 영역이다. 두 번째로는 가족과 젠더의 주제 영역을 들 수 있다. 세 번째 영역은 성과 사랑 그리고 결혼을 주된 대상으로 한다. 제1부에서는 개인이 생애 주기에서 거쳐 가는 각각의 단계를 염두에 두고 자아 형성의 배경과 조건, 가족과 젠더 그리고 사랑과 결혼이라는 3개의 주요 주제 영역을 먼저 검토해보고자 한다. 그리고 여기에 마지막으로 이들에게서 나타나는 의식과 정치 문제에 대한 분석을 덧붙인다.

제 1 장

시대 배경과
공간 조건

이 장의 시야는 차후 논의들을 위한 배경 설정에 맞춰져 있다. 먼저 개인의 자아가 형성되는 시대 배경과 공간 조건에 대한 검토에서 시작한다. 개인의 자아의식이 형성되는 데 중요한 역할을 해온 바로서, 개인이 사회화 과정에서 경험하는 근대 제도와 형식들이 주요 검토 대상이다. 시공간(과거와 특정 지역)의 고착 현상, 물질과 생계 활동, 재생산과 교육 기회, 빈곤과 결핍 등의 문제가 바로 그것이다. 하층민으로서 민중이 주로 인도되는 일과 직업, 생계 활동과 빈곤의 사례들은 일제 강점기와 해방 이후 한국의 근대가 민중에 대한 차별과 배제로 일관해온 궤적을 드러낸다. 먼저 그 시대와 공간이 만들어온 구조와 조건이 어떻게 형성되었는지 거시의 시각에서 조망해보려 한다. 미시의 관점에서는 구술자의 경험과 기억이 처한 환경과 맥락 안에서 특정 개인의 의식이 형성되어나가는 과정과 그 효과를 드러내 보이고자 한다.

1. 시공간의 제약

인간의 생존 조건은 시공간의 특정 맥락에 제약 받는 숙명을 지닌다. 민중 구술에 등장하는 인물들도 여기서 벗어나지 않는다. 단지 차이가 있다면 개인에게 주어진 사회·경제 조건에 따라 자신이 위치한 시공간 범위와 성격이 각기 다른 방식으로 작동한다는 것이다.

먼저 공간 문제를 보면, 인간은 누구나 일정한 공간 범위 안에서 태어나고 자라서 생활한다는 점에서 공간의 제약을 받는다고 할 수 있다. 특히『민중열전』주인공의 상당수는 공간 범위가 한정된 좁은 영역에서 생애 주기를 영위하는 경향을 보인다. 예를 들면,『민중열전』제5권의 성송자는 평생 "일상의 모든 일이 반경 2km에서 이루어"지는 삶을 살았다. 결혼하고, 여섯 번 이사했음에도 "동네 골목을 벗어난 적이 단 두 차례에 지나지 않을 정도로 한곳에 붙박이"로 오랫동안 눌러 산 것이다.[1] 제16권의 심재언 역시 자기 고향에서 "그대로 그냥 어릴 때부터 아직까지" 80년 정도 되는 오랜 세월을 보냈다.[2] 성송자와 다른 점이 있다면, 1941년 20대 초반 나이에 만주 하얼빈의 선로 공사장에 일하러 갔고, 이어 1944년 강제 징용으로 일본 오키나와에 갔다가 해방된 이듬해인 1946년 3월에 귀향한 일이 있을 따름이다.[3]

박현순(제11권) 역시 이와 비슷한 삶을 살았다. 초등학교를 마치고 중학교 입학해야 하는데 굳이 공부를 계속하려면 인근 대도시로 나갔어야 해서 고향에 "그냥 주저앉"고 말았다. 이에 구술자는 부모를 도와 농사지을 사람이 없었고, 가정 형편이 어려웠으며, 6·25

후유증이 있었다는 등의 이유를 든다.[4] 어릴 때 같이 놀던 친구들 가운데 자신처럼 고향에 남아 있는 사람은 하나도 없다고 그는 말한다. 각박한 세상에서 "좀 배우거나 어쩌거나 하면은 전부 먹고살기 위해서 나가"서 "여기보다 더 나은 도회에 정착을 해버렸"다는 것이다.[5] 먹고살기 위해 뿔뿔이 흩어진 자기 세대 친구들을 떠나보내고 고향에서 혼자 외로운 삶을 살아야 했던 구술자는 다른 친구들처럼 자신도 떠나지 못한 데 회한의 감정을 지니고 있다. 시골에서 "최고 해봐야" 동네 부자에 지나지 않지만, 도회에서 돈을 많이 벌었거나 출세한 친구들 소식을 전해 들으면 그도 부러움을 느꼈다. "나도 공부를 해서 도회로 갔더라면 출세를 할 수 있었는데 나는 무엇인가"하는 생각을 하면서도, "끝끝내 (고향 지킴이로) 남아 있으니까 요즘에는 어떻게 보면은 하나의 큰 보람도 되고" 하기도 해서 "절대 안 간 것이 다행이다"라고 생각하기도 한다.[6]

위의 인물들과 비슷하게 제12권의 김종상 역시 태어난 마을에서 한평생을 살았다. "집에는 조모와 모친만 있었기 때문에 자신이 외지로 직장을 잡아 나가는 것도 쉬운 일이 아니었다"고 그는 말한다. "누님 한 분이 있었지만 집안을 보살필 남자는 자기 자신밖에 없었기 때문"이다. 그래서 "일도 못 배우고 공부도 옳게 못 배웠다"고 하는 대목에서는 박현순과 마찬가지로 회한의 감정이 배어 나오지만, 면담자는 "그는 이런 사정에 불만이 있거나 자신의 삶을 후회하는 분은 아니"라고 적었다.[7]

그런가 하면 제14권의 임창봉은 서울 용산구 원효로와 산천동에서 한강과 함께 평생을 살아왔다. "머리가 깬 분들은 멀리 가고 (…)

특별한 사람들이나 이사 가고 그랬"지만, 한강에서 일거리를 얻고 "특별한 직업도 없고 하니까 어디 가서 정들어 붙일 것 같지가 않"아서 60년이 넘는 세월을 한강에서 살아왔다고 그는 회고한다. "딴 데 가면 쓸쓸할 것 같고, 허전할 것 같고 해서" 다른 곳으로 갈 수도 있었지만, 떠나질 못했다는 것이다.[8]

심재언(제16권) 역시 자신이 태어난 고령군 우곡면 포동鋪洞에서 "그대로 그냥 어릴 때부터 아직까지 살고 있"다.[9] 김숙종(제32권) 역시 10대 말에서 20대 초반 일본에서 취업하여 일하다가 1944년에 귀국한 이래 자신이 태어난 마을에서 살았다. 나이가 들면서 도시로 나가 사는 것이 "옳았던 것은 아닐까" 생각하기도 하지만, 외아들로서 부모를 모시고 사는 것이 도리라고 여겨 마을을 벗어나 도회로 갈 수도 있었으나 그냥 눌러 살아온 것이다.[10] 김순현(제36권)의 면담자인 김철호는 구술자인 김순현 역시 다른 80대 노인들처럼 고향인 영덕에서 전 생애를 보냈다고 말한다.[11]

특정 지역에 고정된 삶의 양식은 여성의 경우 특히 그러했다. 앞서 말한 성송자도 그러했지만, 제23권 홍성두의 아내인 도문남 역시 비록 고향에서 멀지 않은 인근 지역에서 "삽짝(대문) 밖에도 같이 나가본 적 없"는 삶을 살아왔다. 자신이 사는 농촌 지역에서는 "살 길이 또 자꾸 나빠"지는 반면에 도시로 나가야 "출세의 길이 빠"른 성공을 할 수 있다고 언급하면서 홍성두는 평생을 그 지역에서 살아 온 데 회한의 감정을 토로한다.[12] 그가 보기에 자신이 붙박여 있는 농촌과 달리 도시는 '사회'로 일컬어지는 어떤 곳이다. 다음 장에서 서술하듯이 바깥출입을 거의 하지 못했던 박현순(제11권)의 누이들과 마찬가지로 제18권의 서순례 역시 자신은 물론이고 어머니를 비롯한 여자들은 바깥에 나가면 큰일 난다고 생각해서 무서워서 나가보지 못했다고 말한다.

이러한 사정은 『민중자서전』에서도 예외가 아니다. 『민중자서전』의 김점호(제6권)는 안동군 임하면 고곡동에서 태어나 거기서 십 리가 채 떨어지지 않는 금소동에서 시댁으로부터 분가한 1951년부터 40년 남짓의 세월을 살아왔다. 면담자인 유시주는 십 리 안에 있는 고곡동에서 금소동까지 거리가 "그이의 일생을 규정짓고 있는 공간"이라고 썼다.[13] 김점호는 자신이 평생 살아온 공간에서 벗어나 도시에서 사는 삶에 대한 아쉬움과 체념을 다음과 같이 말한다.

> 하는 수 있나. 맹 이런 데서 나가 이런 데 고마 묻채지. 하는 수 있니껴. 옳게는, 이런 데 사다가 도시에 한번 나가가 시언하게 한 번 살아보고 댕거 보는 것도 괘않은데, 안 돼. 마카 하마 팔자에 매이 갖고 요 자리에, 고생하다 요 자리에 죽어야 되지. 되지도 안 해.[14]

그런가 하면 한상숙(제18권) 역시 "애써 누가 가두지 않았어도 시집와서 애 서넛을 낳기까지는 문밖을 나설 줄을 모"르는 삶을 살았다. 서울 옛 북촌 언저리에서 어린 시절을 보내고, 청계천 인근으로 시집가 살았으면서도 그녀에게서는 "종로의 한인 상가 얘기도, 종로 야시장 얘기도, 전찻길 따라 나 있는 그 무렵의 서울 풍경 얘기도 들을 수가 없다"고 면담자 겸 편집자는 적었다. "젊은 아낙이 어딜 나다니냐"는 시선 때문이기도 하겠으나 워낙 집안일에 치여 나갈 새조차도 없었기 때문이고, 그것은 "많은 우리 어머니, 할머니들이 겪은 삶의 공통된 모습"이라는 것이다.[15] 6·25전쟁으로 인한 피난을 제외하고 그녀는 젊어서는 바깥나들이를 "한 번두 안 나가 봤어. 정말이야. 맹세야"라고 말한다. "나가믄 죽는 줄 알구. 나같이 바보는 없다"고 자책을 하면서 그녀는 남편은 "밤나 자기 극장 가고 일본 잡지책 사구. 혼자 그"러고 돌아다녔지만, 자신은 "밥해 먹으믄 바느질허랴, 바느질 아니믄 빨래허랴, 이렇게 앉어 노는 시간이 어딨"었으냐고 반문하는 것이다.[16]

이처럼 이들이 주로 태어난 고향이나 시집간 집안에서 평생을 살아 온 데에는 여러 이유가 있다. 대부분은 일과 직업을 위한 생계 때문이지만, 같은 생계라고 하더라도 가난과 결핍이라는 소극적 동기에서 어쩔 수 없이 고향에 주저앉은 성송자나 심재언, 김점호 등과, 소득과 기회라는 능동적 측면에서 스스로 선택한 임창봉은 그 결이 다르다. 가난은 아니라 하더라도 여성이라는 이유로 "나가면 죽는 줄 알고" 평생을 가부장 집안에서 일해야 했던 수많은 '한상숙'들의 사례도 있다. 그런가 하면 박현순이나 김종상, 김숙중의 사례에서처럼 부모 봉양이나 전쟁 후유증과 같은 사정에서 어쩔 수 없이 주저앉기도 한다. 생계에 떠밀려서 간 사람이 많았지만, 배움과 자원과 욕망을 가지고 도회로 떠난 동시대 친구나 지인들에 대해 이들은 부러움과 질시를 보이며, 곧이어 정당화되고 자위할 것이지만 자기 삶에 대한 회의와 후회 그리고 어쩌면 자기에게 올 수도 있었을 상실해버린 시간과 기회에 대한 아쉬움과 체념을 말한다.

이들이 처한 공간 제약은 한반도 남쪽과 북쪽에서 시작해 만주, 중국과 몽골, 일본, 미국과 유럽 등지의 글로벌한 영역에서 초국적 transnational 이주·이동이라는 삶을 영위한 지식인 여성들과 대조를 이룬다.[17] 이 책의 주인공들보다 한 세대쯤 앞섰을 뿐임에도 이 여성들은 자신이 태어난 공간의 제약을 벗어나 보다 넓은 범위에서 삶을 영위했다. 그러나 어쩔 수 없었든 스스로의 선택이었든 태어난 지역을 벗어나지 않는 공간에서 평생을 살아간 위 인물들의 사정은 궁극에는 사회 신분과 계급 변수가 작용한 결과라는 점에서 주목할 만한 차이를 낳았다.

다음으로 시간 쟁점에서 보면, 비록 자료상의 한계는 있다 하더라도 공간 조건과 시간 배경은 같이 가는 경향이 있다는 사실을 먼저 언급하고 싶다. 즉, 공간 제약은 특정 시간에의 고착과 일정한 친화성이 있다. 앞서 공간 제약의 사례로 언급한 박현순과 임창봉 두 사람은 이러한 사실을 잘 드러내고 있다. 고가구나 문서를 비롯해 주로 서민이 애용하던 고민속품을 취미로 수집하는 박현순은 "이제 이것도 없어져버려, 금방 없어져"라고 말한다.[18] 홀대하는 아내를 향해 자기 취미 활동을 강조하는 내용이지만, 애장하던 고민속품에 그간 고통스럽게 노동하며 살아온 자기감정을 투영하면서 그는 "살아온 것이 참 끔찍한데, 순식간에 가버렸"다고 생각한다. 임창봉 역시 재개발로 인해 '구질구질'해져서 "이제 다 필요 없어 그러고 다들 없애버"린 '옛날 물건들'이 이제는 흔적도 없이 사라져버린 것을 아쉬워한다. "한번 지나가면 그냥 소멸돼 버"린다는 점에서 "온전하게 남기고 싶"었다는 것이다.[19] 그런가 하면 홍성두

(제23권)는 "무식한 우리가 생각해볼 때도" 우리나라 실정에 비추어 "발전이 너무 급속도"라고 비판한다.[20]

가차 없이 진행되어버린 개발과 근대화의 거센 물결 앞에서 신산한 삶을 살아야 했던 이들 구술자에게 현재란 금방 없어지거나 순식간에 사라져버리거나 한번 지나가면 그냥 소멸되어버리는 어떤 것이다. 덧없는 현재 시간 앞에서 이제는 지나가서 더 이상 찾을 수 없는 과거의 어떤 것에 대해 이들은 아쉬움과 애착의 감정을 토로한다. 스러져가는 것들에 대한 향수와 과거에 대한 동경을 표시한다는 점에서 이들이 살아온 현재의 근대는 이들에게 서구로부터 들어온 이질의 낯선 어떠한 것이다. 이러한 점에서 이들은 근대와 현재보다 이제는 흘러가버리고 더는 찾을 수 없는 고유한 전통과 과거의 시간이 더 소중하고 간직할 가치가 있다고 생각한다.

이러한 사실은 제21권의 구술자인 이종윤의 사례가 잘 보이고 있다. 인근에 널리 알려진 유교 전통 집안 출신으로, 자기 동네뿐 아니라 다른 동네에서도 "한학을 하는 사람들이 거의 다 끊"겨버린 사실을 "가슴 아픈 일이 아닐 수 없"다고 하면서 그는 "집안 후손에게도 '옛날 전통을 최대한도로 이용하라! 얄궂게 바꾸지 마라!'고 말하고 싶"다고 언급한다. "이런 상태로 그냥 그대로 내버려둬라! 제발 여기 길도 더 크게 내지 말고, 다른 시설도 하지 말란 말이다. 마을의 정체성을 확보할 수 있게 그냥 그대로 놔둬라. 집안의 고풍을 지멋대로 얄궂게 바꾸지 말"라는 것이다.[21]

이종윤이 보기에 한국의 근대화는 "어찌된 일인지 때려 부수는 게 발전"으로 이해되는 어떤 것이다. 이러한 점에서 그는 "요새 사람들이 발전한다는 개념이 틀렸"다고 하면서, 자신이 강조하는 전통 보존과 과거 존중이 "옳은 발전이 될지도 모"른다고 주장한다. 과거에 대한 향수와 동경은 우리가 추구해온 서구화와 근대화가 옳지 않거나 최소한 자신에게는 어울리지 않은 이질의 낯선 것으로 받아들여지는 인식을 반영한다. 이러한 점에서 이들은 과거 시간을 고수하면서 그에 고정되어 있다고 할 수 있다. 그리고 이러한 과거 시점에 대한 시간의 고착은 공간 제약과 일정한 친화성을 보인다고 할 수 있는 것이다.

그러나 전통과 근대화에 대한 이들의 태도가 반드시 이처럼 한 방향으로만 작용하지는 않는다는 사실을 인식하는 것은 중요하다. 근대화의 가차 없는 진전을 배경으로 자본주의 관계가 일상으로 확산하면서 이들 역시 그러한 영향으로부터 자유롭지는 않았기 때문이다. 이러한 점에서 이들은 한편으로는 전통과 과거를 고수하고 옹호하는 것처럼 보이지만, 다른 한편으로는 근대화와 개발, 발전의 불가피성을 부정하거나 저항하는 차원을 넘어서서 그에 대한 열망과 조바심까지 표출하는 양가의 인식과 모순을 보인다. 이미 언급했듯이 전통 고수를 완고하게 주장한 이종윤조차 동네에서 "금광이나 온천이 발견되면 발전할까? 그 이외는 발전될 것 같지 않"다고 언급하는 것은[22] 이러한 사실을 잘 보여준다.

"가만히 앉아만 있"지 말고 "견문을 넓혀서 한발 앞서가는 것" 이외에는 "살 수 있는 길이 그것밖에 없"다는 박현순(제11권)의 주장[23]에도 박정희 정권이 추진한 경제개발지상주의의 강한 영향력을 배경 삼은 근대화에 대한 조바심과 열망이 짙게 배어난다. 박정희 신화가 우리 사회에 만연해 큰 영향력을 행사하고 있는 만큼 근대화에 대한 열망은 여전히 살아 움직이는 일종의 국민 에토스로서 작용하는 것이다. 복합 개념을 수반하는 근대화에서 자본주의 관계의 확산이 가장 중요한 기초라면, 인간과 사회의 모든 관계를 화폐 중심으로 변환시키고 시장이 일상의 중심으로 부상하는 과정을 도외시한 채, 민중의 삶을 운위할 수는 없을 것이다. 이처럼 근대화와 개발의 진전 그리고 그 불가피성을 어떤 형태로 받아들이건 간에, 이들은 한편으로는 그것을 지켜보거나 간절히 바라면서 다른 한편으로는 그 과정에서 소멸해가는 과거의 전통과 시간에 대해 아쉬움과 애착을 보이는, 이중의 자가당착과 자기모순을 드러내고 있다.

2. 일과 생계

특정한 시공간에 자리 잡고 살아가는 인간은 주위의 다른 인간과 그들에 의해 구축된 사회 그리고 자연 안에서 자기 생명을 유지할 수 있는 물질과 자원을 획득함으로써 생존을 유지한다. 이러한 맥락에서 출현한 일과 직업과 같은 생계 활동은 시대에 따라 양상을 달리하면서 진화·발전해왔다. 이 시기 민중의 일과 생계 활동에서도 근대 이행기의 속성을 반영하는 몇몇 특징들을 찾아볼 수 있다. 가장 먼저 짚어야 할 부분은 특별한 기술이나 기능, 숙련을 요구하지 않고 단순하게 반복되는 일과 활동이 많다는 것이다. 이들 대부분은 일용 노동이나 막노동 혹은 '노가다'나 '잡부'라 불리는 영역에서, 그렇지 않으면 농사나 행상이나 장사와 같은 일들에 종사하면서 생활 방도를 찾았다. 불안정하고 단기에 그치며 저임금을 감수해야 하는 이러한 일들의 속성 탓에 계절 따라 이 일 저 일 옮겨 다니며 여러 일을 해서 생계를 유지하는 경우가 적지 않았다. 전형적인 몇몇 사례를 살펴보기로 하자.

홍성두(제23권)는 농사를 짓는 한편 머슴살이도 하고, 농사와 건설공사 노가다 일을 같이하면서 생계를 꾸려나갔다. 농사보다 수입이 나은 공사장 노가다 일에도 일정한 진입 장벽이 있었다. "힘 없고 일하지 못하는 사람은 들어가지도 못"하는 현장에 아침 일곱 시까지 도착하지 못하면 제명시켜버리기 때문에 새벽 4시에 일어나서 온종일 "질통 메고 운반하는" 일을 하다가 빨라야 밤 열 시에 도착해서 잠자는 시간도 제대로 없었다고 그는 말한다.[24] "천지에 안 해본 일이 없"이 "죽자 사자 (평생) 일해"도 자식들 도움 없이는 생활을 유지할 수 없는 노년의 형편을 그는 하소연한다.[25]

황태순(제26권) 역시 막노동으로 평생을 살아왔다. 스무 살 무렵부터 "나락 농사, 보리농사 외에 과수 농사, 담배 농사"를 지어온 그는 군대를 제대하고 동대구역 건설 현장에서 막노동 인부로 일했다. 그러다가 1970년 대구 본역 대한통운에[26] 하역 작업 인부로 들어갔다. 홍성두도 그러했지만, "삽질, 곡괭이질, 미고 뛰고 (…) 천지 안 하는 일 없(는) 정말 중노동"임에도 불구하고, 여기서 일하는 것조차 쉽지는 않았다. "소 한 마리 판돈 믹이가" 들어간 사업장은 아침 일곱 시부터 시작하지만, 새벽 4시 30분에 가야 "삽이라도 잡아

일하지, 아니면 일(을) 못하"기 때문이다.[27] 시험은 그것으로 그치지 않았다. 처음 들어간 사람은 전체 인부 80여 명이 먹을 수 있도록 "돼지 다리고 뭐고 찌지고 볶고 막걸리도 먹고 (…) 하면은 거의 한 달 월급 반이 날라"가는 신입식을 거쳐야 한다. '새신랑'으로 불리는 이 의례를 하지 않으면 80kg이나 나가는 양곡 가마를 "까꾸리(갈고리)에 찍어가지고 고마 확 집어 던지"면 "첨 든 사람은 퍽퍽 엎어"지는 "식으로 애먹였다."[28]

"일도 많고 탈도 많"은 하역일을 8년 만에 정리한 그는 1976년부터 불기 시작한 사우디 붐을 배경으로 1979년 다시 대한통운 사우디 담맘항 하역 인부로 가서 대형 화물선의 하역 작업을 하다가[29] 돌아와서 농기구상, 섬유공장, 가구공장, 자동차 부품회사, 건설 현장 등의 영세 사업장에서 막일과 경비일을 하면서 전전했다. 2000년대 들어와서는 공공 근로나 농장 일을 틈틈이 하기도 하다가 "답답하면 노가다 나가서 미장, 질통도 지"면서 살아가고 있다.[30] "배운 게 뭐 있노 내가"라고 반문하면서 그는 "그러이 몸 가지고 힘쓰는 거배께" 없어서 "참 일 엄청나게 씨게 했"다고 회상한다. "그래도 돈을 벌지 못해"서 "어떻게 하든 먹고사는 게 걱정"인 삶을 살아온 것이다.[31]

그런가 하면 김순현(제36권)은 "노가다도 해보고 동장질도 오래하고 산림조합 대의원도 하고 별 꺼 다 해" 보며 살아왔다. "재주가 있어 직장에 들어갈 수도 없고 해서" 결국은 새끼를 꼬아서 살아간 세월이 군대 가기 전 3년, 전역해서 대략 20 몇 년에 이르렀다. "배가 부르면 숨이 차서 안 된다고 아침 일찍 식전에 출발"해서 자신은

"열두 문 짊어지고 집사람은 다섯 문을 머리에 이고 마을 뒷산을 넘어가" 20리 거리의 영덕읍으로 가서 팔고 다시 돌아올 때는 150다스의 새끼를 사서 이튿날 또 팔러 가는, "잠잘 여가도 없"이 "고생이 많"은 나날이었다.[32] 위의 홍성두나 황태순도 그러했지만, 그런데도 생활은 여전히 어려웠다. 아침밥도 날마다 먹지 못해서 사흘 만에 먹었는데, 그것도 "나물 앉혀 이래 먹고 낮에는 쑥나물 넣고 뻑뻑하게 죽 써가지고 먹"어서 "밥이라는 거는 구경 잘 못했다"고 그는 말한다.[33] 동네 이장도 두 번 했는데 첫 번째는 "살림이 안 돼 3년하고 사표"를 내버렸고, 두 번째는 12년을 하다가 "월급도 적고 바쁘기만 해서" 그만두고 밤에 겸직으로 하던 공장 경비로 일했다.[34]

새끼 꼬는 일과 판매가 결부된 김순현의 사례에서 보듯이 일용노동과 더불어 행상이나 장사도 흔한 일이었다. 경기도 광주군의 판교보통학교를 졸업한 이종근(제37권)은 "못사는 게 한이 되"어 서울로 가서 양복점과 약방 점원, 용달업 등을 전전하다가 "맏아들이 밖에 나가 있는 게 그때 풍속으로는 굉장한 불효로 생각"되어 다시 판교로 내려와서 "야미 쌀장사, 닭장사"를 하며 살았다.[35] 해방이 되면서 "새 세상이니까 새로 한번 시작해볼 생각으로" 다시 서울에 올라가 이모가 경영하는 포목집에서 일했지만, 바라던 직원이 아니라 동네 머슴처럼 심부름꾼으로만 쓰는 바람에 실망해서 내려와서 땔나무 장사를 했다. 겨울 땔감을 팔아 여름 양식을 장만하기 위하여 청계산에서 밤에 땔나무를 해서 밤 11~12시 사이에 서울로 출발하는데, "지고 가다가 잠시 쉬고, 쉬었다가 다시 가고, 가다가 다시 쉬고" 하다 보면 날이 밝기 한 시간 반쯤에 한강나루에 도착했다. 이태원, 삼각지, 청파동, 염천교 등지의 나무 시장은 동이 틀 무렵에 열리는데, "누가 사느냐에 따라 그날 재수가 결정"된다. "나무를 사는 사람의 집이 어디냐고 묻지 않고 그냥 따라가야만 하는 것이 나무꾼들의 불문율"이었기 때문이다.[36] 결혼하고 나서는 처남에게 배운 목수 일을 봄가을로 하면서 여름에는 농사를 지었다. 나중에 70년대 후반에는 양계도 하고 과수원을 하는 틈틈이 농사와 목수 일을 하면서 살아갔다.[37] 농사나 소 키우기와 더불어 점원, 배달, 쌀장사, 닭장사, 땔나무 장사, 목수, 양계, 과수원 등의 다양한 일을 계절에 따라 병행하면서 생애 주기 평생에 걸쳐 경험한 것이다.

홍성두나 황태순 혹은 김순현이나 이종근이 했던 머슴이나 막노동, 노가다, 점원과 같은 일은 당시 여성에게는 아직은 생소한 영역이었다. 이러한 점에서 여성들은 행상이나 장사 혹은 식모 등의 일에 종사하는 경우가 많았다. 남성과의 차이는 또 있었다. 여성에게는 가사노동의 부담이 따라다녔기 때문이다. 동시에 집안 형편 탓에 경제 활동에 나선다는 점에서 이 시기 남편이나 아버지로 호명되는 남성은 여성 노동의 유발자이자 '가해자'이기도 했다. 유춘성(제41권)은 이러한 점을 잘 보이는 사례 중 하나다. 애초에 그녀는 어머니조차도 농사짓고 살림하느라 "누구 아무도 거들 사람이 없어서" 초등학교를 졸업하고 자신이 나서서 집안 가게 일을 도맡았다.[38] 결혼해서는 "몸서리나는 시집살이"를 하면서도 '보따리 장사'를 비롯해서 "노점, 잡화, 화장품, 양말, 연지, 구리무, 딱분, 로션, 바늘 실, 화장품, 양말, 속옷, 난닝구"에서 사과 장사에 이르기까지 닥치는 대로 일했다. 남편이 "글로 많이 배워가 장사는 본래 못하"는 것은 물론이고, 집안일도 하지 않기 때문이었다.[39] 그래서 생계를 꾸리고 아이들 가르치는 일을 도맡아도 집안일이 면제되지 않았다. 12시에 집에 들어가자마자 "애들 씻겨 가지고 저녁 한 숟가락 해가지고 먹여 재"우고 나서 청소와 빨래를 하느라 하루에 서너 시간밖에 자지 못하는 일상이 되풀이되었다.[40] "사는 이야기하면 말해가 뭐하"느냐고 진저리를 치면서 그녀는 "그 시절 말하면 골치만 아프다"고 손사래를 친다.[41]

어린 나이에 부모와 오빠를 잃고 할머니 밑에서 홀로 자란 하봉연(제42권)은 시집이 너무 못살아서 30대 초반인 1962년에 '산통계 오야'를 시작했고, 3년 후인 1965년부터 장사길 인생에 접어들어 35년에 이르는 긴 세월 동안 전국을 돌아다니며 생선 장사를 하며 살아갔다. 처음 시장에 나와 장사를 시작할 때 어색함과 부끄러움은 여전히 그녀 뇌리에 남아 있다. 밤에는 "'머리치 주소' 카는 소리가 귀에 쟁하는 기 부끄러워가 이불로 훌떡 덮어 쓰고 그래가 마 우에가 궁구다보면(뒹굴다보면) 잠이 들"곤 했다.[42] 가정 경제의 궁핍은 그녀로 하여금 "돈이라 카만 불구덩에도 들어갔던 택으로 쫓아댕기매" 치열한 삶을 살게 했다.[43] "돈 떼일까 봐 일부러 뜨개질을 하"면서 "아침에 날 샐 따나(때까지)" 자지 않고 기차로 전국을 돌아다녔다고 하면서, 그녀는 "내가 살아나온 역사는 참 깊으다"라고 회상한다.[44] "얼마나 가난하게 살았는지 모른다. 참 가난하게 살았다"라고 하면서 그녀는 "고생, 고생 말도 모한다", "참 고생도 마이 했다"라고 되풀이한다.[45]

그런가 하면 『민중자서전』의 김점호(제6권)는 눈먼 남편을 대신해 혼자 일하면서 가계를 꾸려나갔다. 농사일로는 생계를 이을 수가 없어서 장삿길로 접어들었는데, 두부를 만들어 팔거나 고구마 장사나 조작빵, 과자를 떼어다 팔기도 하고, 산판이나 횟돌가루 만드는 데나 정부 취로사업 등 "무슨 짓이든 다 하고 살아 나"갔다.[46] 횟돌가루 만드는 일이나 취로사업 같이 "여자가 할 짓을 아하이께네", "사람 사는 환경이 쪼들리고 하이께네 이 성질이 확 바"뀌어서 "내가 백정이 됐"다고 스스로가 생각할 정도의 일상을 보냈다.[47] "베도 숱한 베 짜고 밭도 숱한 밭 매고"라는 자서전의 표제가 말하듯 안동포 길쌈의 지방문화재 후보자로서 그녀는 힘들고 가난한 삶을 살았다.

다음으로 들 수 있는 특징은 일과 직업 자체가 비교적 짧은 시기 동안만 지속되는 불안정한 성격을 띠고 있다는 사실이다. 이러한 점에서 위의 이종근 사례가 특히 잘 보이듯이 계절에 따라 다양한 일들을 통해 생계를 꾸려가는 속성을 보인다. 이와 관련하여 개인의 생애 주기에 걸쳐 다수의 일과 직업을 경험하는 경향이 나타나는 점도 또 다른 특성으로 지적할 수 있다. 이 시기 민중 대부분은 오늘날 상상하기 어려운 수많은 일자리를 전전하며 생활해야 했다. 우선 아직은 일과 직업 구조가 근대의 형태로 분명하게 자리 잡지 않은 과도기 상황이었다. 따라서 일에 진입 장벽이 높지 않기도 했고, 노동 기회 제한으로 도리어 일정 시간에 다양한 경험이 가능한 장점도 있었지만, 실제로 그것은 개인 의지에 따르는 선택이라기보다 생계의 필요가 강요한 현실이었다.

예컨대 이기범(제6권)은 "한의원, 옷가게 지배인, 옷가게 사장, 인쇄소, 연쇄점, 홍합 양식, 연쇄점이 딸린 횟집, 이불가게, 통닭집, 돼지불고기집, 유선업(遊船業, 낚시배), 낚시업, 옷 난전" 등 생애에서 무려 10여 개가 넘는 직업을 전전하면서 살아왔다. 한의원, 옷가게, 유선업, 낚시업은 구술자가, 이불가게와 옷 난전은 아내가 주도한 직종으로,[48] 옷 장사, 이불 장사로 20년을 살았다. 제17권의 박민규는 어릴 때 고향 무안에서 농사짓고 머슴살이를 했고, 평양에서는 도장 파는 일과 십장, 광부 등을 전전하다가 일본군 군속으로 서울과 평양에서 여러 일을 맡아했다. 그러다가 다시 고향으로 돌아와 비행장 건설 통역 겸 감독으로 일하다 해방을 맞았다. 해방 후엔 미싱사일과 농사일을 겸하며 사진사로 일하다가 30대 중반 이후에야 주로 농업에 종사했다.[49] 나덕운(제20권)은 신문사 교정부 기자, 수리조합 서기, 벽돌공장, 기와공장, 농업조합장 등을 하다가 "소 장사, 나락 장사, 염소 사업, 돼지 사육"을 거쳐 이후에는 "놀고먹고 풍수와 비문 쓰는 일로 소일"하며 살았다.[50]

이처럼 생애 주기에 걸쳐 여러 직업을 전전하는 사례가 많긴 했지만, 그렇다고 모든 사례가 꼭 그런 것만도 아니었다. 대장장이로 평생을 보낸 박상규(제4권)나 50년 동안 행상과 노점상으로 일한 성송자(제5권), 교사로 근무한 박희춘(제10권), 분재·화훼 농사로 평생을 보낸 박현순(제11권), 사진사로 평생을 보낸 윤영국(제24권), 시청 직원으로 일한 김점칠(제25권), 35년 동안 숯 굽는 일을 한 전수원(제44권), 평생을 옹기장이로 일한 홍영수(제46권)나 박나섭(『민중자서전』제7권) 등을 그 사례로 들 수 있다.

그런데 지적할 것은 십여 년에서 수십 년에 걸쳐 한 직종에서 일을 지속하더라도 여러 직종을 전전하는 경우를 함께 찾아볼 수 있다는 점이다. 예를 들면, 이두이(제1권)는 일본 방직공장과 농사일 그리고 사과 장사를 12년 동안 하다가 내외방직에 취직한 이후에도 교대 시간 끝나고 노는 시간에 과자 판매를 했다. 내외방직에서 10년을 일하고 그만둔 이후에는 다시 사과 장사를 시작해서 20년 동안을 했으니 사과 장사를 32년 동안 한 셈이다.[51]

정원복(제9권)은 일제 말기부터 주물공장 노동자, 목욕탕 화부, 강냉이·간장·아이스케이크·고구마 장사 등 다양한 일을 하다가 중년 이후 40년 동안 중개인 사무소를 운영했다.[52] 최한채(제15권)는 소학교를 졸업하고 대구에서 직조공장, 철공소, 프레스공장을 전전하다가 서울로 올라와 오물 수거, 지게 품팔이, 신문팔이, 구두닦이, 과일·생선 좌판 장사, 아이스케이크 장사, 빵 공장 일, 식당 관리, 영화배급 등 다양한 일을 거쳐 50여 년 간 음식 장사를 했으며, 말년에는 여인숙 경영을 병행하기도 했다.[53] 30여 년을 전매청 직원으로 근무한 김기홍(제19권)은 그 이전에 미군 부대에서 일하다가 잡일과 집 장사 등을 전전했다. 전매청을 그만둔 이후에는 복덕방과 청소용역회사, 노인회관 총무, 아파트·고속도로 공사장일 등과 같이 다양한 일들을 계속해왔다.[54]

조풍도(제22권)는 기선회사 매표원, 극장 필름 수송, 제방 공사 인부, 머슴살이, 양계 등을 하다가 양봉업으로 30년 동안 생업을 이어왔다.[55] 광산 전기과와 남선전기회사에서 20여 년을 근무한 최대봉(제34권)은 그 전후로 농사와 한지 제조, 과수원 등의 일을 병행하

조선기계제작소(현 대우중공업)
노동자들(1962)

였으며,[56] 15년 정도를 누비 포데기·이불 일을 한 나영래(제35권)는 그 이전에는 1937년 열다섯 나이에 일본으로 가서 시멘트공장, 석탄 하역 등의 노가다 일을 하다가 양화 직공으로 일했으며, 이불 일을 그만둔 이후에는 과수원과 식당, 기념품 가게를 열거나 농사를 지으며 살았다.[57] 30년 동안을 교직에서 근무한 조석장(제40권)은 초등학교를 졸업하고 목욕탕 종업원에서 시작해서 쌀보따리 장사, 읍사무소 급사, 호적계 서기, 양조장 술 배달, 산림조합 기사 등 다양한 일을 전전했다.[58]

생명 지속을 위해 가족 구성원 모두가 생계 활동에 나서야 했던 것도 또 다른 특성의 하나로 들어야 할 것이다. 근대의 이른바 남성 생계 부양자male breadwinner 체제가 확립되지 않은 시대 조건에서[59] 가족원 모두가 생계 활동에 나서야 했던 것은 제2부의 「서민 연재」에서도 그러하듯이 이 시기 민중 생활의 정형화된 풍경 가운데 하나였다. 다음 절에서 소개되는 교육 차원의 사례에서도 보이듯이, 초등학교 다니던 아이가 농번기에 아버지에 의해 학교에서 끌려나오는 일이 드물지 않았다. 소년은 학교에서 돌아오면 소를 먹이거나 풀을 뽑거나 그렇지 않으면 길에 나가서 생계를 꾸려갈 뭔가를 수집해야 했다. 아내와 딸들의 가사노동도 고려해야 한다. 특히 어머니의 경우가 그러했지만, 가족 내 여성들은 하루 종일 이어지는 가사노동의 부담을 오롯이 짊어졌을 뿐 아니라 동시에 다양한 생계 활동에도 나서야 했다.[60]

자료에 나타난 몇몇 사례들만을 보더라도 이미 언급했듯이 이기범(제6권)은 생애 과정에서 거쳐 온 수많은 직종에서 이불 가게와 옷

난전은 아내가 주도하고 자신이 도왔으며, 군대를 제대하고 노는 동안에는 아내가 미장원을 차려 생계를 꾸려갔다.[61] 마찬가지로 "마누라한테 가게 운영해보라고 남겨놓"았다고 스치듯이 언급한[62] 최한채도 실제로는 생활의 많은 부분을 아내와 공유했다. 천지에 안 해본 일 없이 죽자 살자 일해 왔다는 홍성두(제23권)의 구술에서는 아내가 전혀 언급되고 있지 않지만, 그의 아내인 도분남은 종일 마늘밭, 포도밭을 매느라 아침에 일어날 때는 "오만 전신이 다 아프고 누워서 일어나지도 못한"다면서 "누구든지 한 사람이 죽어야만 그만 둘" 끝없는 노동의 고통을 하소연한다.[63] 막노동으로 평생을 살아온 황태순(제26권)이 '마루보시'에서 하역일을 할 때 그의 아내는 남선알미늄에서 새시 만드는 일을 하고 있으며,[64] 나영래(제35권)의 아내는 고무공장 직공으로 결혼하고도 일을 그만두지 않았다. 이후에도 남편과 함께 이불 일과 식당, 기념품 가게, 과수원과 농사 일을 하면 살았다. 나영래는 "일만 둘이다 새빠지게 하면서도" 숨이 멎을 때까지 그치지 않고 되풀이되는 노동의 삶을 한탄한다.[65] 정해주(제38권)의 아내인 박청자는 남편이 광산 막장에서 채광일을 하는 동안에 감독 눈치 보면서 어린애를 업고 선광장에서 함께 일했다.[66] 그녀의 남편인 정해주는 83세까지 살면서 때때로 살아온 과정에서 고생한 일을 생각하며 잠을 이루지 못하기도 한다.[67] 후술하듯이 서한금(제43권)의 아내 박연례는 일판만 있으면 다 쫓아다니며 온갖 일을 하며 살았다.

마지막으로 "날마다 뭘 해야 밥을 먹고 살"지를 "밤낮으로 그것만 생각"하고 살아왔다는 성송자의 말에서 보듯이,[68] 생계를 위한

삼척탄광에서 선광 작업 중인 여성 노동자(1961)

일과 노동은 이들에게는 일차로 생존 문제였지만, 죽음에 이르기까지 쉬지 않고 행해야 한다는 점에서 죽음에 가까운 어떤 것이기도 했다. 앞서 노동으로 살아온 80여 년의 삶을 생각하며 때때로 잠을 이루지 못하는 정해주, 죽을 때까지 되풀이되는 노동의 굴레에서 벗어날 수 없는 삶을 한탄하는 나영래나 홍성두의 아내 도분남, 일판만 있으면 어떤 일도 마다하지 않고 살아왔다며 자식들에게 짐 될까 싶어 오래 살기 싫다는 서한금의 아내 박연례, 혹은 후술하듯이 구십 하나가 될 때까지 살아온 허망한 세월을 회고하는 박지선의 심정도 이에 가까운 어떤 것이었을 것이다.

그런가 하면 『민중자서전』에서 눈먼 남편을 대신하여 행상과 산판, 공장 일, 공공 취로사업 등에 이르기까지 온갖 일을 하며 가족의 생계를 꾸려간 김점호(제6권)는 "인제 하루라도 빨리 죽어야 도로 폽다고 생각"하면서, "자꼬 고생하는데 오래 사믄 뭐하니껴?"라고 반문한다.[69] 옹기를 구우며 평생을 살아온 박나섭(제7권)은 "일이나 고되고 맴이 고달프고 할 때는 아 내가 죽어버렸으면 이런 고생 안" 할 거라 생각하면서 "이러다가 죽은 것이 젤 편허다 시방 그런 맴밖엔 없"다고 말한다.[70] 온갖 행상과 장사, 품팔이 일로 "숱한 고생 하면서도 살아 나"온 이광용(제16권)은 자신을 '송장'이라 생각하고 가만히 드러누워 잠 못 이루는 저녁을 맞곤 한다.[71] 20권의 채정례 역시 "짠뜩 아푸고 짠뜩 못 견디믄 그저 죽고 잪은 맘도 하루믄 멫 번 썩" 드는 삶을 살았다.[72] 있는 힘을 다해 죽도록 일한다는 의미에서 고된 일상은 그들에게는 죽음과 같은 삶이었다.

3. 재생산과 교육 기회

생계를 위한 물질과 자원 확보가 인간 신체 그 자체의 재생산을 위한 주요한 수단이라면, 인간의 재생산은 두 차원으로 구분된다. 하나는 생식을 통해 다음 세대를 재생산하는 것이고, 다른 하나는 이러한 생명체를 사회적 존재로 사회화하는 과정이다. 첫 번째 차원이 다음 장에서 다루게 될 성과 결혼, 가족에 관련한 영역이라면, 두 번째 차원의 중요한 부분은 근대에 들어와서는 주로 학교를 통한 공식 교육에 의존하는 양상으로 자리 잡았다. 이러한 문제의식에서 이 절에서는 민중 구술자들의 생장 배경 가운데 하나로서 교육 문제를 검토해보기로 하자.

19세기 말 이른바 애국계몽운동이나 1919년 3·1만세 운동 이후 시기에서 보듯이, 제국주의 억압과 식민지 수탈을 배경 삼은 외재와 타율의 방식으로 접근이 제한되어 있었던 만큼, 한국 근대에서 교육에 대한 열망은 강렬한 방식으로 표출되어왔다. 흔히 '교육열'로 일컬어지는 한국 근대의 특이 현상 역시 이러한 맥락에서 동력을 얻었다. 우선 〈표1-1〉에서 보듯이, 『민중열전』 주인공들의 교육 실태는 이러한 시대 제약과 한계를 고스란히 드러낸다.

〈표1-1〉 『민중열전』의 학력에 따른 빈도 분포

구분	무학	초퇴	초졸	중퇴	중졸	고퇴	고졸	대퇴	대졸	계
빈도(명)	7	7	18	3	4	1	3	2	1	46
비율(%)	15.2	15.2	39.1	6.5	8.7	2.2	6.5	4.4	2.2	100.0

전체 46명의 사례에서 무학을 포함해 초등학교를 졸업한 경우는 70%가 넘는 높은 비중을 차지한다. 이어서 중퇴·중졸이 15%, 고퇴·고졸이 8%, 대퇴·대졸이 6% 정도의 비중이다. 이처럼 『민중열전』 인물의 대부분은 아예 배우지를 못하거나 초등학교 중퇴 혹은 졸업 정도의 낮은 교육 수준을 보인다. 이러한 전반의 상황을 고려하면서 개별 사례들을 검토해보기로 하자.

안성만(제3권)은 아버지가 뒤늦게 3대 독자로 낳은 아들이 "학교 댕기면 자식 베린다"라고 해서 서당만 다녔다. 지관이나 사주, 관상 보는 사람을 포함해 선생(훈장)만 대여섯 번 바뀐 서당조차도 결혼하고 나서 더는 다니지 않았다.[73] 면사무소를 가더라도 "학교를 보낸 사람은 알아주지 서당 다닌 사람은 알아주지도 않"는 수모를 당하기도 했지만, 그럼에도 그는 서당에서 배운 서화와 풍수 실력으로 복지관에서 '박사'로 불리는 대우를 받고 있다.[74] 제4권의 박상규는 서당을 반년 다니다가 여덟 살에 보통학교에 입학했다. 그러나 3학년으로 올라가면서 부산으로 이사하는 바람에 더 배우지를 못했다. "그냥 왔다갔다 뜨내기 글을 배웠기 때문에" 신문을 보다가도 딱 막히는 데가 나와서 답답할 때가 많았다고 그는 말한다. "혼자 배운 글이라서 보기는 봐도 쓰지를 못해"서 "어디 가서 안다고 행세를 하지 못"한다는 것이다.[75]

성송자(제5권)는 가난한 집에서 여덟 살 나이에 대구 수양딸로 가서 식모로 살다시피 했다. 양모의 조카로서 학교에 다니던 네 살 위 아이에게 시간에 맞춰 달인 약을 학교에 갖다주곤 했다는 그녀의 회상은 복잡한 감정을 수반한다. 공부 좀 더 배운 거 말고는 자신이 못할 거 없으니 나중에 커서 보자고 하면서 그 조카하고 싸웠던 일을 떠올리면서 구술자는 양모가 "학교도 안 보내주더라"라고 원망한다. 양모로부터 일본어를 잠깐 배운 것과 동네에서 아이들하고 한글을 배운 것이 어린 시절 그녀가 받은 교육의 전부였다.[76] 양모의 학대를 피해 옮겨간 집에서도 그녀는 그 집 아이들은 다 공부를 하는데 자신은 "또 맨날 일만 하"는 생활을 했다. 이어서 들어간 병원 집에서 그녀는 "간호원 그기 돼 보겠다는 욕심으로" 열심히 영어 알파벳을 공부했지만, "못 배았다고 거~를 안 안차(앉혀)주"는 씁쓸한 현실과 마주했다.[77] 배우지 못한 무식한 사람이라는 자의식은 그녀의 평생을 따라다녔다. 남편과 결혼하고 나서도 무식하다고 면박하는 남편 이야기를 하면서 그녀는 면담자에게 자신이 "조금 못 배았으니까 연필이 안 되잖아요?"라고 반문하면서 남편에게 "무식했던 거 몰랐나? 나는 부모가 없어가 그래 배았잖아! 그래(서) 내 니 것은(같은) 거 선택했잖아!"라고 대꾸했다는 일화를 들려준다.[78]

이기범(제6권)은 중학교에 진학할 수 있다는 기대를 품고 한의원을 하던 큰아버지 양자로 갔지만 학교는 보내주지 않고 약방에서 일만 시켰다고 말한다. 나중에 그는 살던 도시인 진해에 야간 중학교가 생기자 여기에 입학해서 낮에는 약방에서 일하고 밤에 학교에 다녔다.[79] 안성만과 비슷하게 제7권의 최채우 역시 아버지의 반대로 학교에 가지 못했다. 학교에서 공부해서 "시집가서 잘 먹고 살으믄 펜지(편지)히서, 펜지지만 자꾸 쓰고 그러믄 못 쓴다"고 학교를 보내지 않았다는 것이다. 그래서 그녀는 동네 총각들이 가르친 야학을 몇 년 다니며 한글과 일본말을 익혔다.[80] 아버지의 반대라는 외양은 같았지만, 안성만과는 달리 최채우의 경우에는 여성에 대한 차별이 내포되어 있다. 최채우와 비슷하게 서순례(제18권) 역시 학교를 다니지 못하고 야학당에서 배웠다. 아버지가 반대해서가 아니라 아버지가 돌아가셨기 때문에 학교를 가지 못한 점이 최채우와 달랐다. 그럼에도 여자들에게 "글 가치믄 (…) 큰일 난다고 안 가르쳤"다는 말에서 보듯이[81] 여성이라는 이유로 배우지 못한 것은 최재우와 다르지 않았다.

아버지가 돌아가셔서 배우지 못한 것은 정원복(제9권)도 마찬가지였다. 아버지의 죽음으로 살림이 어려워져 학교를 쉬다 다니다 하는 바람에 열일곱 살의 늦은 나이에 소학교를 졸업한 그는 동네 사랑방의 야학당에서 선배들에게 한글과 일본어를 배웠다. 그가 초등 교육밖에 받지 못한 것은 가난한 집안 살림에 아버지가 돌아가신데다가 중단될 뻔한 학교 월사금을 내주며 자신을 아껴주던 담임 선생마저 세상을 떠버렸기 때문이다.[82] 가난과 그것이 수반한 현실을 의식하면서 그는 당시 자신이 "상급 학교 갈 자격이 있"었겠느냐고 반문한다. "과부 아들이 상급 학교를 가"느냐고 되물으면서 그는 "제 학비는 제가 벌어서 썼"기 때문에 밖에 나가면 "길거리에서 쇳덩어리라도 주어오는 그런 버릇이 들었"다고 말한다.[83]

박현순(제11권)은 여자들은 문밖 출입하지 않는다는 전통 유제에 따라 누나들이 학교 정규 교육을 받지 못한 것은 물론이고, 장자 위주로 가르친다는 관습의 명령에 따라 자신도 초등학교를 마치고 농사를 지었다. 그러나 이 사례에서 구술자가 더 이상의 학업을 포기한 것은 아버지 뜻이 크게 작용한 박민규(제17권)와는 달리, 어느 정도의 자의도 개입되어 있었다. 중학교 진학을 포기한 이유로는 형이 공부를 뛰어나게 잘해서 서울의 유명 사립대학으로 갔기 때문에 그 비싼 학비를 대느라 자신도 "거기에 뒤바라지 하"기 위해서였다. 굳이 공부를 계속하려면 인근 대도시로 가야 하므로, "가정 형편도 그렇고 육이오의 후유증도 있어서" "여기서 그냥 주저 앉았"다고 그는 말한다.[84] 초등학교를 졸업하고 겨울철에 서당을 다니면서 한학을 배웠다고는 하더라도 그는 "교육과 관련해서는 마음 속에 응어리처럼 쌓이는 그런 것이 있다"고 느낀다.

여기원(제13권)은 어린 시절 자기 마을에서 소학교라도 보낼 형편이 되는 집은 매우 드물었다고 회상한다. 이런 집 아이들 대부분은 "입 덜기 위해서" 열 살이 채 되지 않아 남의 집에 일하러 가서 "고만 소위 말하든 꼴머슴"이 된다고 그는 말한다.[85] 이처럼 초등학교조차도 거의 보내지 못한 실태와 더불어 그는 당시 열악한 교육 환경을 언급한다. 면 전체에서 초등학교 한 학급 60명만 모집했던 상황에 "그 육십 명에 내가 하나 끼었으니 얼마나 다행"이냐고 강조하는 그의 언급에선 식민지 교육 정책에 대한 비판보다 학교에 갈 수 있었던 집안 형편과 더불어 그에 부응하는 자신의 능력을 부각하려는 의도가 읽힌다. 당시는 초등학교라도 "하다못해 구술시험", 지능시험을 봤다면서 "그때는 학교 다닌 자체가 선택된 사람"이라고 그는 말하고 있다. "옛날에 국민학교라도 갈 수 있는 사람은 다 복 받은 사람"이라는 사실을 그는 되풀이한다.[86]

심재언(제16권)은 학교 교육이래야 일제 강점기에 간이학교 한 달 다닌 게 전부다. 자신은 "뭐 큰 글 배울라 카는 게 아니고 간이학교

구두닦이 소년들(1952)

댕기면서 일본말 배울라고" 가기 원했다고 말한다. "농사짓는 거 글로 많이 배운다"는 선생의 말을 듣고 "일본말 좀 알라고 탐을 냈" 다는 것이다. 하지만 그는 아버지의 허락을 얻을 수 없었다. 아들이 학교에 가는 것보다는 농사일을 돕는 것이 가계에 보탬이 된다고 아버지가 생각했기 때문이다. 아무래도 안 되겠다고 생각한 그는 열세 살 늦은 나이에 혼자 학교에 가서 선생에게 학교에 다니고 싶 다는 뜻을 밝혔다. 처음에는 안 된다고 하던 선생이 다음 날 와서 시험을 보라고 해서 가까스로 치르고 나서 4월에 입학해 그는 한 달 남짓을 다녔다. 그러나 곧이어 농사철이 닥쳐왔다. 그는 어느 날 학 교까지 찾아와서 "나오너라 가자"라던 아버지를 따라갈 수밖에 없 었다. 그래서 "학교도 몬 가고 일본말도 몬 배우고" 배우는 것을 "덮 었 붓"다고 말한다. "내가 고때 고것만 했어도"라고 말을 흐리는 그 에게서 배움에 대한 아쉬움과 깊은 회한이 배어난다.[87]

박민규(제17권)는 어려서부터 글공부에 남다른 재능을 보였다. 대 여섯 살 어린 나이에 언문과 천자문을 떼고, 이후 서당에 다니면서 학어집學語集과 사략史略까지 읽어서 선생들로부터 '천재' 소리를 들 었다. 그의 아버지는 전라남도에서 일등 가는 풍수였지만, 아들 삼 형제 가운데 큰아들은 가르치지만 다른 형제들은 일해서 번 돈으로 형을 출세시켜야 한다고 생각했다. 위의 여기원의 경우도 그러했 듯이, 자원이 한정된 상황에서 큰아들을 가르쳐 집안을 유지하거나 흥하게 하는 것은 가족 단위 생존을 위한 전략에서 나온 것이라고 할 수 있다. 하지만 그 피해자인 박민규는 아버지가 "사상을 나쁘 게 갖고 있다"라고 평가했다.[88] 형을 "가르칠라고 아주 목매단" 아버지가 "산에만 미쳐 가꼬 막 돌다"니는 동안 박민규는 어머니를 졸라 서당에 다니다가 사립학교에 입학해 두 번을 월반하여 2년을 다녔다. 그러나 농사철이 되자 그 역시 심재언과 마찬가지로 아버지에게 끌려가 두레로 일하면서 농사를 지었다. "째깐한(작은) 것을 아홉 살 묵은 놈을 세워놓고 물을 품"게 했던 기억을 떠올리면서 "그때를 생각하면 차말로 얼쩌구니가 없"다고 그는 말한다. 그러나 농사일을 하면서도 공부에 대한 그의 집념은 사라지지 않았다. 1939년 열여덟 되던 해에 그는 일본으로 공부하러 가겠다는 것을 허락하지 않는 아버지에게 항의하는 차원에서 열흘 정도 일하지 않고 드러누워 버텼다. "죽여 부러야 쓴다고 목을 잡고 얼마나 후렸든지 패여 가꼬 피가 펄펄 나"도록 때리는 아버지를 떠올리면서 그는 "울 아버지가 나를 안 가르치려고 그렇게 학대를 했"다고 말한다.[89] "공부에 미쳐 있던" 아들을 주저앉히기 위해 그의 아버지는 이듬해인 1940년 서둘러서 그를 결혼시켰지만, "여자에 관심도 없었"던 그는 이듬해인 1941년에 부인을 혼자 두고 장날 서울로 도망가고 말았다.[90]

윤영국(제24권)은 초등학교를 졸업하고 고등공민학교에 진학하기 위해 시험을 치러 합격하였다. 그러나 행상과 식모살이를 하면서 어려운 집안의 생계를 꾸려나간 어머니를 생각해서 진학을 포기하고 사진 기술을 배우게 되었다. "어머니 고생하는 것을 못 보겠"어서 "아서라, 내가 공부해서 뭐 하겠냐"고 생각한데다가 살던 집에서 쫓겨난 것이 "억울해서 반드시 성공하려고 악을 품고" 사진 기술을 배우기 위해 "별 간 데를 다 댕겼"다. 서울에 올라와서 기술을 배우면서 사진관 사장의 호의로 야간고등학교를 가기 위해서 입학은 했지만, 그마저도 "일이 고되 가지고 힘들어서" 포기하고 말았다.[91]

김점칠(제25권)은 중2 때 한국전쟁이 나면서 학교를 그만두게 되었다. 아버지가 "나를 살살 꼬셔가지고 중학교만 나와도 뭐 할 수 있다"면서 가지 못하게 했기 때문이다. 아버지는 등록금을 대주지 않은데다가 전쟁이 났는데 무슨 학교를 가느냐는 이유였지만, 나중에 수복을 해서 학교가 문을 열었는데도 아버지 태도는 변하지 않았다. 어린 나이에도 "중학교는 나와야지 중퇴는 말이 안 된다"고 생각한 그는 억지로 우겨서 중학교를 졸업했다. 공부에 대한 아버지 생각은 여전했기 때문에 중학교를 졸업하고 2년을 놀다가 나무장사를 해서 등록금을 마련한 그는 김천농림고등학교에 진학하였다. 고등학교를 졸업하고 군대에 간 탓도 있었지만, 대학을 가지 못한 그는 때때로 주위에 "거짓말로 대학 나왔다"고 행세하는 것으로 더는 배우지 못한 아쉬움을 달래고 있다.[92]

황태순(제26권)은 고향에서 초등학교를 졸업하고 20리 넘게 떨어진 군위까지 걸어서라도 중학교에 다니고 싶은 마음이 간절했다고 말한다. "농사도 충분히 했"던 집안이어서 "너는 힘이 세서 농사를 짓는 게 낫다"는 부모님의 권유가 사실은 공부를 잘해 사범학교에 다니던 셋째 아들을 위해 양보하라는 속내를 알아차리고 그는 진학을 포기해야 했다. 나중에 면담자에게 그는 "요새 같으면 양보 안하지, 안 할라 카지"라고 자신의 심경을 토로한다. 가난으로 인해 배우지 못한 한을 그는 자식 세대에서도 해소하지는 못했다. 자신이 "못 배운 거는 그렇다 캐도 자식들 공부를 많이 못 시켜가 속상"

하다고 하면서 그는 "재산보다도 실지 공부를 많이 한 기" 제일 부럽다고 말한다. 돈이 있어야 한다고 사람들은 말하지만, "돈 뭐 하노?"라고 반문하면서 그는 배움을 통해 "남 앞에서 지도한다는 게 얼마나 좋은 거고. 그거배께 없다"고 단언한다.[93]

최대봉(제34권)은 어려서 다닌 간이학교에는 여학생이 없었다고 말한다. "'여자는 학교 가면 안 된다'는 그런 풍습이 있"어서, 여자들은 "글 가르치는 게 소용없다고 생각했"기 때문이라는 것이다.[94] 자녀 교육과 관련하여 그는 "가슴에 늘 찡한", "평생 후회하는" 일이 있다. "돈이 있어도 남자는 더 시키고 여자는 덜 시키"는 "우에서 (옛날부터) 내려오는 관행"이 있어서 조카를 학교에 보내고 정작 자기 만딸은 학교에 보내지 않았기 때문이다. 딸 친구까지 "둘이 와서 울고불고 그렇게 애원을 했"는 데도 "딸에 대한 편견이 너무 있"어서 공부를 시키지 못한 일로 "요새 와서 마음이 굉장히 아프"다는 것이다. 한정된 자원에서 가문의 남자를 먼저 배려했지만, 지금에 와서 후회하는 것이다.[95]

구술자가 딸을 학교에 보내지 않은 시점과 후회하는 시점 사이에 급격한 가족 관념의 변화가 있었던 사실을 고려해야 하지만, 여성에 대한 선입견의 영향이 오래 지속된다는 사실에도 주목해야 한다. 구술자가 언급하지 않지만, 그의 아내 말에 따르면 그는 중학교를 졸업한 둘째 딸도 더는 가르치려 하지 않았다. 책을 놓지 않고 배우고 싶어 하는 딸의 책을 불태워버려서 "아[딸—필자]가 울고 난리 났"는데, 시험이라도 보게 하라는 오빠의 말에 학업을 이을 수 있었다.[96] "기집아들은 공부시키마 안 된다"는 친정 할아버지 때문에 배우지 못한 아내가 딸을 학교에 보내자는 의견을 남편인 최대봉에게 관철하지 못한 반면에, "오빠 땜에 학교 갈 수 있었다"고 생각하는 딸의 대조도 주목할 만하다.

하봉연(제42권)은 할아버지가 "학자 집안"이라 딸아이도 배워야 한다고 해서 영천 신녕의 보통학교를 다녔다. 그때는 여자아이가 학교에 들어가면 "가시나 학교 였는다꼬 동네 사람들이 숭했다"고 그녀는 말한다. "그래도 식識자라도 들어 노이 내가 그카고 댕겼지"라는 말에는 배움에 대한 그녀의 자부심이 배어 있다.[97] 실제로 보더라도 시집오면서부터 마을 반장이나 부녀회장 등 온갖 직함을 달고 마을 일을 도맡아 한 것도 자연스러운 귀결이었다. 구술 면담자에 대해서도 그녀는 여러 차례에 걸쳐 훈계조의 말을 늘어놓으며 배움의 중요성을 강조한다.[98] 세 아들을 모두 잘 가르친 것도 자신의 배움 덕분이라고 그녀는 생각한다. "촌이라도 어마이가 배아 놓이 그렇지. 같은 또래 낳은 아들은 마카 농사짓곡 카는데 그래도 농촌에 농군으로는 한 놈도 안 넣었다"는 것이다.[99]

그런가 하면 『민중자서전』의 김점호(제6권)는 "옛날에는 어른들이 여자들 갈채는 거 다 안 좋아 했"다고 말한다. "일해야 되는데 언제 그거 배우"냐는 것이다. 또한 옛날 어른들은 "배우면 사람 버린다"는 그런 생각도 있었고, 집안 형편이 어려운 사정도 있어서 학교를 보내지 않았다고 그녀는 덧붙인다. 비록 그녀는 야학을 가지 않았어도 천자문이나 소학, 동몽선습 등의 글은 조금 배웠다. 이처럼 "엄청 많이 알았"지만 "사니라꼬 골물이 빠져 가주고, 다 잊어버"리고 말았다고 그녀는 말한다. 생활에 여유가 있다면 모르되 그렇지 않아서 책을 들여다볼 시간이 없었기 때문에 모두 잊어버리고 말았다는 것이다. 해방이 되고 나서 여동생과 함께 '문자 해득 시험'을 본 사실을 그녀는 기억한다. 동생하고 함께 갔는데 "마침 우리가 쓸줄 아이께네 모다 가라 캐서 와버맀"다. 학교를 가지는 않았지만 배운 게 있어서였다.[100]

『민중자서전』 제9권의 최소심 역시 "가이나가 글을 배먼 못쓴다는 과거의 통념으로 문맹이 되"었다. 어머니가 같은 이유로 거든 탓도 있었다. 나중에 서울 가서 택시를 타고 기사가 글 배웠냐고 물었을 때 "옛날에는 글을 배우면 가이나 배린다고 글을 못 배나서 이렇게 막막"하다고 응대한다. "어디를 가도 간판 하나도 못 보고 그래서 그것이 한이 되고" 답답한 심정을 그녀는 토로한다.[101] 그녀의 오빠는 글을 배우지 않는다고 야단을 치곤 했지만, 자신은 글 배우기가 싫었다고 그녀는 회상한다. 오빠가 배운 영어에 대해 그녀는 보통 "사람들이 헛짓거리 해놓은 거마이로 꼬부랑꼬부랑"하게 보였다고 말한다. "저놈은 글 배러 다닌다고 해도 먼 저것이 글이여? 저런 놈, 소나 뜯기라 하고 일이나 시켜 묵지"라고 수군대던 집안 어른들의 말을 그녀는 여전히 기억하고 있다.[102]

지금까지 살펴보았듯이 민중 구술에 등장하는 인물의 낮은 교육 수준은 당시 일반이 그러하듯 대부분 빈곤과 가난이라는 현실을 반영한 것이었다. 앞서 살펴본 사례들을 보더라도 상당수가 빈곤이라는 이유로 배우지 못하거나 더 이상의 배움을 포기하고 있다.[103] 그런가 하면 『민중열전』에서 유일하게 대졸 학력을 보유한 조석장조차도 집안이 부유해서라기보다는 고모부 등을 비롯한 주위의 배려와 지원에 힘입어 대학에 갈 수 있었다. 어찌 되었든 직업도 없고 혈혈단신으로 재산도 없었던 그는 대학 졸업이라는 교육 자본을 통해 결혼할 수 있었다.[104]

일반에도 마찬가지였지만, 장자 중시나 여성 차별 같은 가부장제 요인도 무시할 수 없다. 장자 중시는 박현순이나 박민규, 김점칠의 경우에 전형의 양상을 띠고 있지만, 많은 경우 그것은 단독으로 작용하기보다는 빈곤 요인과 겹친 복합 양상을 띠었다. 후자의 여성 차별이야말로 가부장제가 미치는 영향의 본령이라고 할 수 있는데, 예를 들면, 앞서 살펴본 최채우나 서순례, 최대봉, 서한금의 아내 혹은 『민중자서전』에서 김점호, 최소심 등이 그러하다. "여자는 우리 시절에 공부시키는 거도 안하고 아들만 공부시키"고 해서 "만날 쑥 캐러 댕기고" 했다는 이두이의 사례나,[105] 여자가 학교에 가면 "영 베린다"는 조부의 완고한 생각에서 학교에 가지 못한 성춘식의 경우[106]도 여기에 해당한다.

그런가 하면 김점칠은 자신보다 공부를 잘해서 여중에 장학생으로 합격했으나 아버지가 보내지 않아서 이불 쓰고 누워 무언의 항의를 하던 누나를 기억한다.[107] 『민중자서전』의 이규숙은 "여자는 너무 공부하면 못 쓴다"고, "편지할 만큼만 가르키지 더 가리키지 말라"는 할머니의 의견에 따라 배우지 못했다고 말한다. 그녀의 시할머니 역시 차별의 피해자였다. "친정에다 편지질 하면 시집살이가 되니 어쩌니 그런 구차한 소리 한다"고 해서 "아예 국문도 안 가"르쳐서 시집보냈다는 것이다.[108] 초등학교를 졸업하고 중학교를 가고 싶었지만, "시험 볼 때마다 낙방해서 삼 년을 미역국을 먹고 들어 앉"은 오빠를 의식해서 자신도 어쩔 수 없이 진학할 엄두를 내지 못했다는 윤정희의 사례,[109] 혹은 남동생을 가르치는 데 지장이 있겠다는 판단에서 스스로 자신의 진학을 포기해버린 서한금 아내 박연례의 사례[110] 또한 여기에 포함할 수 있을 것이다.

그러나 가부장제를 배경으로 한 여성 차별과 여성의 무교육이 이처럼 한 방향으로만 작용하지는 않았다. 앞서 살펴본 하봉연과 마찬가지로 딸이라 하더라도 "친정아버지가 학자라 한 글자라도 더 가르칠라고 애쓰고, 초등학교에라도 넣었"던 유춘성과 같은[111] 사례들이 있기 때문이다. 그런가 하면 성송자는 여성임에도 불구하고 젠더보다는 빈곤이라는 변수에 더 영향을 받았다. 여성이라고 반드시 젠더 변수에 의해 기계적으로 설명될 수만은 없는 것이다.[112]

전통에서 근대로 이행하던 시대인 만큼 전통에 대한 집착이나 고수, 식민 지배에 대한 반감이나 근대에 대한 거부 등으로 설명할 수 있는 사례도 존재한다. 이미 보았듯이 "학교 다니면 자식 버린다"라고 해서 3대 독자인 아들을 학교에 보내지 않은 안성만(제3권)의 사례, 혹은 알아보지도 못하는 영어를 배우느니 농사나 짓게 하라는 집안 어른들의 조소를 받은 최소심의 오빠 등이 좋은 사례일 것이다.

3·1운동 이후 교육열의 대두는 흔히 지적되어왔지만, 농촌의 경우 달리 생각해볼 수 있는 여지를 제공하는 사례도 있다. 교육에 대한 의지와 욕망을 가진 경우가 보통이지만, 아이들 사이에서 힘든 공부를 회피하려는 동기가 있었던 것도 부인할 수 없었기 때문이다. 이종근이 당시에는 "교육열들이 별로 없으니까 그리고 사실 공

부모다 일하는 게 편하지, 공부하는 게 편하지는 않"기 때문에, 아이들도 집에서 어른들이 "월사금을 안 주길 더 바라"는 측면도 있었다고 지적한 것은 이러한 맥락에서 이해된다.[113] 마지막으로 개별 사례들에서 언급되는 경우는 드물지만 식민 정책에 의한 교육 제도 미비나 교육 기회 제약과 같은 구조 요인의 영향도 염두에 두어야 한다.[114]

이처럼 낮은 교육 수준에서 좌절된 교육에 대한 열망은 예를 들면, 마을 서당이나 야학당, 강습소 혹은 가족이나 지인을 통한 개별 사사, 그렇지 않으면 독학이나 때로는 군대를 통해서[115] 충족하는 경향을 보인다. 비록 공식 교육에서 차별·배제되었다 하더라도 이러한 과정을 통해서 드물기는 하지만 이들 가운데 예컨대 한문 고전을 매개로 한 강학계講學契나 유계儒契, 유림회, 풍수 혹은 생활유물과 같은 전통 영역에서 나름의 안목과 지식을 갖추고 지역 사회 활동에 참여하는 사례도 찾아볼 수 있다.[116]

교육 기회의 박탈에 대해 아쉬움이나 회한이 큰 만큼이나 자식 세대 교육에 각별한 관심을 가지고 치중하는 경향도 이들에게서 공통으로 나타난다. 예를 들면, 배우지 못한 데 대한 성송자의 회한은 아이들을 잘 가르쳐야 한다는 각오로 이어졌다. 젊은 날을 떠올리며 "그때 사는 거는 젊었으니까 살았지, 사는 게 아니라"고 하면서 "나는 죽기 아니면 살기로 노력"했다고 그녀는 말한다. "참말로 내가 못 배았기 때문에 나는 밥 안 먹어도 애들한테는 잘 할라고 노력을 했"다고 그녀는 회상한다. 공부를 많이 하고 싶었지만, "그거를 다 하나도 이루지를 못했으니까 원이 돼"었기 때문에, "애들은 정

대학 입시 광경(1954)

말로 누구보다도 곱게 키우겠다, 공부도 마이 시키겠다"고 결심했
다는 것이다.[117] 그녀에게 삶의 중요한 두 주제는 살아야 한다는 것
과 아이들을 가르치는 것이었다. 그리고 이 둘은 밀접하게 연관되
어 있었다. 즉, 그녀에게는 사는 것이 가르치는 것이었고, 가르치기
위해서 살았다. 어릴 때부터 자신은 살아야 한다는 것밖에 몰랐다
면서 "나는 살아야 된다. 오직 살자, 살자. 어떻게 해도 살아가(살면)
어떤 꿈이 안 있겠나. 살자, 이것밖에 없었어요. 나는 이 애들을 고
생 안 시켜야 된다, 나보다 많이 가르키야 된다. 그거죠"라고 그녀
는 말한다.[118] "아이는 있고, 그거(공부)는 시켜야 되고, 그대로 나는
내가 못 배운 죄로" 어떻게 하면 아이들을 공부시킬 것인가 하는 문
제 외에는 다른 관심이 없었다는 것이다.[119]

성송자와 마찬가지로 박현순 역시 자식들 교육에 삶을 거는 것을 통해 배우지 못한 데 대한 회한을 풀고자 했다. "다른 건 다 잘 지어도 자식 농사 잘못 지으면 헛거 아"니냐고 그는 반문한다. 그리고 여기서 자식 농사 잘 짓는다는 것은 "높은 점수를 얻어 가지고 좋은 학교로 가"는 것을 의미한다. "내가 공부를 마음껏 못해 봐서 그런지 내 자식만큼은 좀 잘해주기를 바라는 그런 마음"이 있다고 그는 말한다.[120] 서한금 또한 "헤어날 희망도 없고 살 희망도 없"는 어려운 형편에서도 아이들이 "공부 잘하는 재미"로 살았다. 빚 없이는 평생을 살 수 없어 일흔이 넘도록 빚을 갚아야 했듯이 "말도 못허게 힘들게 살았"던 살림에서도 아이들을 "기어-이 대학 보낸다고 그 몸부림 치"는 삶을 살아왔다는 것이다.[121]

4. 빈곤과 결핍

제2부의 「서민 연재」도 그러하지만 가난 이야기는 『민중열전』의 곳곳에서 찾아볼 수 있다. 이두이(제1권)는 "옛날에는 사는 기 사는 기 라예?"냐고 반문한다. 해방 이후 한국전쟁 나던 그 무렵에 "묵는 거 입을 거는 말할 수 없이 어려웠다"고 하면서, 그녀는 해방 이후에는 "쌀밥 한 그릇 묵는 기 요새 뭐 그거 녹용 먹는 거 카마 더 힘들었다"고 하면서 "요새는 개를 줘도 안 먹을" 걸 먹고 살았다고 말한다.[122] 이러한 현실은 구술자에게 내핍과 절약의 일상을 강요했다. 사과

장사를 하면서 버스비 3전을 아끼기 위해 먼 길을 종일 걸어서 무거운 사과를 이고 다니며 팔아야 했으며, 겨울에는 차디찬 냇가도 그냥 건너야 했다. 나중에 방직공장에서 일하면서도 그녀는 교통비를 절약하기 위해 먼 길을 걷고 뛰어다녀야 했다.[123]

안성만(제3권)은 부인이 밥도 먹지 못한 상태에서 지푸라기 위에서 낳은 아이들이 배고파서 부황이 들어 일어나지 못할 정도의 처참한 가난을 경험했다.[124] 벽돌 일이나 수도공사를 하기도 하고 배를 타기도 하는 등 닥치는 대로 일하면서 생계를 영위하던 그는 어느 날 선창 선구점에서 그물 매는 일을 맡은 경험을 말한다. 그물이 엉켜 있는 무거운 일감을 메고 힘들게 집으로 오면서도, "비행기 타고 오는 것보담 더 재미"졌다고 말하는 그의 구술에서는 삶의 고단함과 애잔함이 배어난다. 그 일을 마치면 가족들에게 쌀을 사다 줄 생각에 무거운 그물조차 가볍게 느낄 정도의 기쁜 마음으로 집으로 돌아왔다는 것이다. 자신의 구술 자서전에서 그는 이 말을 두 번이나 되풀이하여 회상하고 있다.[125]

성송자(제5권)는 먹고살아야 한다는 절박함에 바깥세상 일에는 무관심한 삶을 살았다. 한국전쟁에 대한 기억조차 친구 집 옥상에서 보았던 불구경을 먼저 떠올릴 정도로[126] 외부와는 절연된 무심한 삶이었다. 식모로 들어가 비참한 생활을 하면서 고생을 너무 많이 해서 키가 크지 않고 목이 내려앉았다고 구술자는 말한다. 못 먹어서 키가 크지 않고, 어린 나이에 무거운 물건을 하도 많이 이고 다녀서 구술 당시인 2000년대에도 목에 통증을 느끼고 있다. 양식이 없어서 "희안한 걸 먹고 밥이라는 걸 못해 먹"어서 누군가가 집을 찾아와도 줄 게 없었다고 당시를 떠올린다.[127] "참말로 비참하게 컸"던 자신의 어린 시절을 회상하면서 그녀는 "남부끄러워서 자식에게도 얘기를 못"한다고 하면서도 "이제 부끄러울 게 뭐가 있겠"느냐고 반문한다. "난 얻어먹기도 했다. 도둑질만 안 하면 괜찮다"는 얘기를 이제는 다른 사람에게도 편안하게 할 수 있다는 것이다.[128]

박남진(제8권)도 어린 시절 가난해서 학교 월사금을 내지 못해 여러 차례 맞고 집으로 쫓겨 온 일을 여전히 기억하고 있다. "지독히 가난하게 살았"기 때문에 연필도 빌리고 공책도 담임이 사주었다고 그는 말한다. 가을 논에 보리를 갈지 못하고 자운영을 심으면 밤에 자운영을 베어 와서 나물로 먹고 배고픔을 달랬다. "희안한 걸 먹고 살았다"는 성송자의 기억처럼 그는 그 시절 먹었던 자운영이나 이목깨, 죽전 등 이제는 생소하게 되어버린 이름들을 나열하면서 기억을 더듬는다.[129]

박희춘(제10권) 역시 가난한 어린 시절 일화를 기억한다. 당시엔 신발이 없었기 때문에 짚으로 엮어서 게다처럼 만들어 신고 다녔는데, 짚으로 만든 끈이 살을 갉아 먹어서 신지를 않고 맨날 맨발로 다니는데, 여름에 뙤약볕에 돌이 햇볕에 달아 있는 상태에서 발을 잘못 디뎌 발바닥이 곪는 고통이 이루 말할 수 없다고 그는 말한다.[130] 여기원(제13권)은 옛날 농촌에서는 한 동네에서 두세 집 정도가 조반석죽朝飯夕粥하면 "견딜 만하다"고 해서 살림살이가 조금 여유가 있는 집으로 통했다고 회상한다. 집에서는 먹을 것도 없고 해서 "입을 덜기 위해서 여나홉 살 먹으면 더 나은 집에 다 소먹이로" 가서 '꼴머슴' 일을 한다는 것이다.[131]

서순례(제18권)가 기억하는 가난의 경험도 이와 비슷하다. "참 지긋지긋해. 참말로 고통받았"다고 구술자는 말한다. 자신의 시대에 비하면 요즘 젊은 사람들이 사는 것은 "눈감고도 산다"고 하면서, 요즘 사람들이 힘들다 어쩌다 하는 소리를 들으면 자신은 "아이고 옛날 같으믄 저 사람들은 기냥 다 기절해서 죽어 버리것네"라고 마음속으로 생각한다. 이전에는 가난의 압박이 그토록 컸기 때문에 "어디 가서 밥만 주면 그냥 죽으나 사나 그거 그날 하루를 자기가 거기 매인 일을 해야"하는 그러한 삶을 살았다고 그녀는 회상한다.[132]

박지선(제30권)은 중국에서 경찰을 했던 남편 덕에 잘 살다가 해방 1년 전에 한국으로 돌아와서 극심한 결핍과 가난을 경험했다. 전시 통제 체제에서 배급제로 공급된 소금을 팔아 생계를 이어갔는데 거주지인 경산 임당에서 청도까지 50리에 이르는 길을 다섯 시간 걸려 걸어가서 다시 마산으로 가서 소금을 사와 쌀로 바꿔먹으며 끼니를 이어가는 고단한 삶을 살았다.[133] 해방 이후에는 대구에서 비누나 포목과 같은 물건을 떼어 와서 동네에서 팔았다. 쌀 한 말을 짊어지고 대구 서문시장까지 걸어서 8시간 걸리는 길을 넘어 다녔다. 지쳐서 쉬어 가면 열 시간도 더 걸리는 길을 사흘 만에 한 번씩 오가며 물건을 파는 한편으로, 한 시간 거리에서 근무하는 남편의 조반을 차리고 아이들도 건사해야 했다. 낮에는 밭일하고 밤에는 바느질하면서 "내 몸이야 부서지기나 말거나" 한 시간도 자고 두 시간도 자는 "거짓말 같"이 힘든 나날이었다.[134] 구술 당시에 대구에서 손자녀를 돌보면서도 그녀는 우산이나 무당들 옷 만드는 부업을 하며

나물 캐는 아이들
(추정, 1963)

살았다. 이처럼 "온갖 풍상을 다 겪"어온 그녀는 "구십 하나가 될 때까지 참 얼마나 허망한 세월"을 살아왔는지를 회고한다.[135]

광산과 전기회사에서 일해 다른 사례들보다 살림 형편이 낫다고 할 수 있는 최대봉(제34권)조차도 "우리는 밥을 먹는 게 문제"라고 말한다. "배불리 밥 먹는 게 문제지. 교육도 없고 딴 것에 정신이 팔 수가 없"다는 것이다.[136] 이종근(제37권)은 자신이 살던 금토동(지금의 성남시)에서 3km 남짓 떨어진 판교의 학교를 다니면서 맨발로 갔다가 학교에 들어갈 때만 잠깐 신었던 깜장 고무신을 지금도 기억한다. "그게 얼마나 소중한지 어디 갈 적에 들고 갔다가 들어갈 적에만 신고 들어가"고 그걸로 물도 떠서 마셨다고 말한다.[137] 어찌되었건 그때는 먹는 것이 생활의 중심인 시기였다. 서순례와 비슷하게 "한 끼만 어디 가서 잘 얻어먹으면 그게 복"이라고, 어려서 외갓집 외할머니가 해준 쌀밥의 기억을 그는 평생 잊지 않는다.[138]

서한금(제43권)의 아내 박연례는 "돈 한 푼이나 되는 것은 안 해본 것이 없"을 정도로 "일판만 있으믄 다 쫓"아 다니면서 "벨 것 다 해 봤"다고 말한다. "애기들 업고 데니면서 이고 지고 데니고 장사 다"니고, 겨울에는 시금치나 봄동 작업하러 다니면서 돈을 벌었다. 봄에는 딸기, 무화과 농사를 짓고 여름에는 옥수수 장사, 고추 장사하느라고 "곧 죽는닥 험스러도 일어나믄 장사 가믄 살아 나"는 나날을 보냈다.[139] 춘궁기에 셋거리(장리벼)를 두고 그녀는 "돈이 돈 번다는 소리가 거그서 나온 것"이라고 말한다. "돈 없는 사람들만 죽어난다는" 것이다.[140] "빚 없이 생전 못 살아"볼 정도로 "얼마나 힘들게 살았는가, 말-도 못허게 힘"든 가난은 평생 그녀를 따라다녔다. 노년에 이르러서도 "내 힘으로 못살고 지금 애들이 주는 생활비(로) 먹고 살"기 때문에 자식들에게 부담을 줄까 봐 "오래 살기 싫"다고 그녀는 말한다.[141]

그런가 하면『민중자서전』의 김점호(제6권)는 가난한 석수의 집에서 자라나서 마찬가지로 가난한 농부의 집으로 출가했다. "살아나가는 거 보이 저래 불쌍"해서 "밥이나 묵는 데 보내준다"고 결혼했지만, 시집 역시 가난해서 "부지런은 궁둥이에 달아 댕기도 밥도 지대로 못 얻어 묵"는 생활이었다.[142] 살림을 따로 나기 전까지 육 년인가 칠 년인가 함께 산 시집에서는 "비(베)도 숱한 비 짜고, 밭도 숱한 밭 매"면서 일 많고 고단한 시집살이를 했다.[143] 다른 사례들에서도 흔한 일이었지만, 가난은 당대에만 그치지 않았다. "하도 쪼들리고 돈은 없"어서 늦은 나이에 시집간 큰딸에게 "나무 귀쩍이(궤짝) 쌀통 하나 사"준 것이 전부였다. 늦게 결혼한 것은 둘째 딸도 마찬가지지만, 큰아들 역시 "돈도 못 벌었는데 남의 식구 데리고 와서 고생 시"킨다고 장가를 가려고 하지 않았다.[144] 가난이 인간의 재생산 자체를 지체시키거나 포기하게 만드는 원리는 여기서도 마찬가지로 작동한다.

『민중자서전』제16권의 이광용은 어린 시절 집에 드나들던 무당 할머니가 이 아이는 명이 짧아서 못사는 집으로 줘야 "고생을 자꾸 떼나가면서 명을 또 잇구, 또 잇구" 한다고 해서 화전민으로 사는 산골로 시집가서 평생을 살았다. 그 덕분인지 오래 사는 복은 누렸지만, "고상 고상 아주 진저리가 나"는 삶이라는 대가를 치러야 했다.[145] 시부모는 돌아가시고 "놀러 다니는 것만 아는" 무능한 남편

을 대신해 자식들을 먹여 살리기 위해 그녀는 술장사, 쌀장사, 빵
장사, 국시 장사, 밥장사, 그릇 장사, 옹기 장사에 남의 집 품팔이에
이르기까지 "벨 짓을 다"하며 살았다. "어떤 날은 전혀 안 팔려 집
에 들어올 적에 눈물이 앞을 가"리는 날도 많았다.[146] 가난은 일상
모든 면에 스며들었다. 거울이라는 걸 사본 역사가 없고 화장이란
걸 모르는 것은 물론이고,[147] 먹고사는 음식으로 "아는 거는 그저
밥허구 국수하고 나민[라면—필자], 밀가루, 옥시기 가루 그런 것만 알
지. 커피라는 걸 몰랐"다.

반찬이란 거, 아, 우리가 그걸 먹어봐. 야 걸 내가 먹어보나, 그걸
내가. 아이구. 어딜 가 먹어봐? 난 여적껀 맛있는 건 짐치, 짠지
밖에 몰라. 그러구 된장, 끓여 먹는 게 그저 나물 같은 거 넣고 장
넣고 국 끓여 먹고 그런 거지, 뭐. 불괴기라는 거 들어보기는 했
다. 불괴길 어디가 먹어보나. 내가. 게 간성 장에 나가잖아? 그러
면 여자들이 그렇게 지껄에. "야 어딜 가서 뭐 놀러가 가지고 불
고기 해서 먹고" 뭐 어찌고 이렇게 지껄여. 그러문 내 혼자 그래.
"불괴기는 불에다가 구워서 먹나?" 내가 혼자 이런다. 뉘기 듣는
데 챙피해서 얘긴 안하고. 내가. 불괴기 그건 불에다가 구워 가
지고 먹는가보지. 난 그런 역산 모르거든. 그저 짐치, 짠지, 된장
뱆이 모르니. (…) 남 먹는 걸 먹어봤나, 남 입고 다닌 옷을 입어봤
나. 남 어디 귀경 댕긴 데를 가봤나? 게 우리 영감하고 난 둘이 있
어도 그래. "남들은 저기 간성 가보니까 어디메 관광 갔다 오고
어쨌다고 그러데, 여보, 우리는 뒷간뱆에 갔다 온 데가 없어."[148]

가난의 시련은 당대에만 그치지 않았다. 가난의 대물림이 인간의 재생산에 미치는 영향은 위의 김점호와 마찬가지였기 때문이다. "초등학교도 못 나온 자식들이 노동판에서, 공장에서 고생고생하며 살아가는" 것이 그녀 "가슴에 맺혀 풀어지지 않는 큰 응어리"로 남아 있다. 그녀의 아이들은 "시방 세상에 눈을 뜨고 배웠으면 왜 돈을 못 버나 그런 세월인데", "아무것도 모르니까 그래서 돈을 못 벌고 어디서 뇌동벌이"나 하는 자신들 신세를 한탄하면서도, "엄마 가슴에다 피맺히는 소린데 내가 뉘기헌테 얘길 허나" 하면서 울 때가 많다고 그녀는 말한다. "때때마다 그래도 춥지 않게 벌어다가 멕여서 목심 살린 것만 해도 어머니 끔찍허다"라고 말하는 홀애비 아들 말을 들으며 "천치가 아닌데 배운 게 없어 벌어먹을 걸 못 벌어먹"는 자식들 처지에 그녀는 깊이 공감하면서 자기 "가슴을 뚜두리고 울 때가 많"다.[149] 노년에 접어든 그녀는 "사람이 타고날 때는 다 똑같이 타고났는데 그렇게 복이 없"는 자기 삶이 서러워 어떤 때는 혼자 눈물을 흘리기도 하고 잠을 이루지 못하기도 한다. "사람이 나며는 한세상 살다가 이 세상 떠나면 고만인데 남들은 저럭허고 댕기고 활개치고 댕기고 돈도 씨는데, 이런 인상(생)은 (…) 이날 이때 이 고생 이 꼴로 허고 살다가 마지막 세상을 뜨는 거나 이런 생각을 허며는" 잠이 오지 않는다는 것이다.[150] "죽지 못해 어쩔 수 없이" 살아가는, "어떻게 해서 먹고살 시망이 없"는 삶을 팔자소관으로 받아들이면서 살아가는 그녀를 두고 면접자는 "한 생애가 결단코 게으르지 않았어도 그이와 후손의 삶이 이리도 고단한 것은 무슨 까닭에서일까?"라고 되묻는다.[151]

김우식(『민중자서전』 제19권)은 어머니가 죽자 어린 세 아들을 집에 둘 수 없어 배에 태우고 옹기 장사를 한 아버지를 따라다녔다. 동네 사람들이 '사부자 배'라고 부르며 측은하게 여긴 것을 그는 아직도 기억한다. 어느 날엔가 옹기 단지에다 넣어둔 옹기판 돈을 도난당하고 "우리는 어쭈고 사 꺼이냐" 하면서 삼형제를 껴안고 울던 아버지 앞에서 덩달아 따라서 같이 울었다는[152] 그의 구술에는 위의 이광용과 마찬가지의 슬픔이 짙게 배어 있다. "광목은 부자나 입는 것"이고 "옷은 순전 미영베"로 만들어 입고, 고무신이 귀해서 "전부 짚새기만 신고 다"닌 시절에 그나마 얻어 신은 고무신조차도 앞서 말한 판교의 이종근과 마찬가지로 "귀헌께 아끼니라고 학교 댕일 때만" 신고 다녔다. "개도 안 묵을 것얼 사람이 묵고 살았인게 차말로 배도 많이 곯고. 그런 더런 시상 살았"다고 그는 말한다. "밥만 놈의 집이로 안 얻어 묵으로 댕엤다 뿐이제 묵고산 것이 형편없"어서 "동냥치도 그렇고 안 살았을 꺼"라는 것이다.[153]

『민중자서전』 제20권의 채정례는 애초에 무당 집안에서 태어났다. 무당 되기를 싫어해서 한사코 피해 다녔지만 "식구들을 먹여 살리기 위해" 결국은 서른셋 늦은 나이에 무당의 길로 접어들었다. 그런데도 그녀에게 이 세상은 "모진 목숨 못 죽고 먹고 살아야 하는 시상"이다.[154] "이 시상, 저 시상 해도 배고픈 설움 위에 더 큰 설움은 없고, 더 큰 일은 없"다면서 그녀는 "이거, 이거 시상 가난이 한정이 없소"라고 하소연한다.[155] "이 세상, 저 세상 해도, 이것 크네, 저것 크네 해도, 배고픈 설움 욱에 더 큰 설움 없고, 끄니 안칠 것 없는 일 말고 더 큰 일이 없"고, "자석(자식) 놔두고 끄니는 닥치는데 안

시장 풍경(1961)

칠 것 없는 욱에 더 큰 일은 없"다는 것이다.[156] 서숙[조—필재]을 빻
을 때 바람이 불면 재가 날아가기 때문에 거친 줄기(부거지)만 내버
리고 "재조차 내려 뿌사서" 먹고 살았다고 하면서 그조차도 "한연
(늘) 먹을 수만 있다면 양반이지라"고 그녀는 말한다.[157] 평생 그녀
는 일하며 살았다. "밤새 가서 굿하고 뒷날[다음 날—필재 놈으 일]"을
하면서[158] 평생 일하는 삶을 산 것이다. 칠순을 바라보는 나이에도
"그 먹고 잡은 밥, 식은 것도 배부르게, 먹고 잦게 못 먹고" 산 것이
제일 억울한 그녀에게 일상은 그저 죽고 싶은 마음이 하루에도 몇
번씩 들 정도로 고통스럽고 견디기 힘든 나날이었다.[159]

지금까지 살펴보았듯이 일제 강점기와 해방 그리고 전쟁이라는
커다란 사건들을 겪으면서 이들이 경험한 가난의 기록들은 민중
구술에 등장하는 하층민 일반이 당면한 결핍과 고통을 보인다. 이
러한 가난과 결핍을 이들이 어떻게 받아들이고 느꼈는지는 위의
사례들에서 보듯이 다양하고 다채롭지만, 궁극에서 그것은 일용할
양식이라는 먹고사는 문제로 귀결된다. 서순례가 말하듯이, 그리
고 채정례에게서 보듯이, 하루 끼니를 잇기 위해서 죽으나 사나 온
종일 땀 흘려 일해야 하는 생활의 연속인 것이다. 그리고 그것은 대
를 이어 다음 세대로 물려졌으며, 이에 따라 가족의 재생산은 심각
하게 위협을 받거나 그렇지 않으면 아예 단절되었다. 비록 빈곤의
정도와 양상은 다르다고 하더라도, 이 책 제2부의 제6장에서 나타
나는 근대화 초기 민중의 실태도 이러한 현실에서 크게 벗어나지
않았다.

제 2 장

가족과
젠더

가족은 특정 개인의 자아 형성에서 중요한 사회 제도 가운데 하나다. 태어나면서 처음 속하는 사회 제도가 가족이라는 사실은 인간 형성에서 가족이 지니는 역할과 비중의 중요성을 시사한다. 한국 근대에서 예외가 되는 소수 사례를 논외로 한다면, 일제 강점기와 해방, 전쟁과 같은 역사의 격랑 앞에서 가족의 생존 문제는 개인과 일상 차원에서 가장 주요한 중심 주제가 되어왔다. 그것은 빈곤과 결핍으로 얼룩진 한국 근대에서 가족 단위로 생존을 도모하면서 살아남아야 했던 보통 사람들 혹은 민중의 삶의 자취를 반영하는 것이기도 하다.

　가족과 젠더를 주제로 한 이 장에서는 가족 배경과 해체의 문제를 먼저 검토한 다음, 이와 밀접하게 관련된 '아버지의 부재' 현상을 논의한다. 가족주의와 가부장제 문제 역시 한국의 가족에서 빼놓을 수 없는 주요 쟁점 가운데 하나로, 이 주제와 관련한 내용은 가부장의 권위에 대한 인정과 존중, 조상 숭배와 가계의 계승, 남아, 특히 장자에 대한 선호와 우대, 어머니 역할과 아버지의 '외재화', 아내의 시집살이와 수절 등과 같은 다양한 쟁점들을 수반한다. 이처럼 다양한 주제와 내용 항목들은 가족주의와 가부장제가 현실에서 작동하고 발현하는 다양성과 변이태를 표현한다.[1] 동시에 이는 비록 세대에 따른 변형이 있다 하더라도 일종의 아비투스로서 가족 전체 구성원들에게 내재화하여 일상에서 실행·작동하고, 전통으로 계승·지속됨으로써 가족 구성원들이 가부장제의 실행자이자 동시에 희생자로 기능하는 과정을 보이고자 했다.

1. 가족 해체와 이산

민중 차원의 가족 문제로 가족 해체와 이산 문제를 가장 먼저 언급할 수 있다. 이는 민중 최하층에서 주로 나타나는 현상으로 빈곤과 박탈로 인해 개별 가족 구성원들이 산산이 흩어져 생계를 영위함으로써 가족 자체를 유지할 수 없는 경우를 말한다. 어떤 의미에서 보면 이러한 경우를 민중의 '전형'으로 일컬을 수도 있겠지만, 이는 걸인이나 노숙자, 부랑배의 역사와도 일부분 겹치는 오랜 역사를 지닌다. 이러한 가족 해체와 이산을 『민중열전』의 사례들에서 찾아보는 것도 드물지 않다.

　예컨대 이두이(제1권)는 1931년 일본으로 먼저 일하러 들어간 아버지를 따라서 6년 후인 1936년에 둘째 언니와 함께 일본으로 갔다. 연락선을 타고 일본에 도착한 그녀는 마중 나온 아버지와 삼촌 등에 업혀 철둑길을 따라 걸어가 아는 집에서 하루를 자고, 고모가 사는 동네에 있는 방직공장 기숙사 주인집에서 생활하면서 일했다. 아버지가 일본으로 간 이후부터 구술자의 가족은 이산 상태에 있었다고 할 수 있는데, 다른 지방에서 일하던 아버지는 2년 후인 1938년 조선에서 어머니가 오면서부터 함께 살게 되었다. 이 시기에 비로소 오사카 하루키에서 가족이 합쳐서 살게 된 것이다. 어머니가 일본으로 오기 이전까지 구술자가 사는 곳에 아버지가 왔다 가면 "가지 말라고 하고 따라가려"고 하면서 "많이 울었"기 때문에 어머니를 비롯한 나머지 가족이 일본으로 빨리 올 수 있었다고 그녀는 말하고 있다.[2]

성송자(제5권)는 가족 해체의 또 다른 양상을 보인다. 두 집 살림하면서 한 동네 조금 떨어져서 따로 산 아버지는 그녀 집에 한 번도 오지 않은 것으로 구술자는 기억한다. 두 오빠가 있었으나 그녀가 태어나기 전에 이미 죽었고 아버지도 나중에 죽었기 때문에 어머니, 동생과 함께 살아야 했던 그녀는 여섯 살 때인 1937년 집을 떠나 남의 집에서 애를 봐주며 생활하였다. 그 집에서 고생과 외로움을 견디다 못한 구술자는 어느 날 삼십 리 길을 하루 내내 걸어 집으로 돌아오고 말았다. 식모로 살던 집에서도 "할매 엄마 아부지 가족 있는 거 그게 젤 부러웠"던 그녀가 돌아온 집은 "엄마는 병이 들었고 참 엉망진창"인 상태였음에도 불구하고, "그래도 집이 좋데요. 훈훈하데요. 엄마란 소리를 할 수 있고"라고 말한다.

집으로 돌아온 그녀는 세 살 아래 동생이 그사이 죽었다는 소식을 어머니에게서 듣는다. 그때는 죽는 게 '예삿일'이라 "죽은 거 비참하게 생각하지도 안하고" 동네에서 밥을 구걸하면서 하루하루를 연명하던 그녀는 이듬해인 1938년에 어머니의 죽음을 맞았다. 병든 몸으로 "너무 아파 힘이 없어서 머리를 풀어 헤치고 두 눈을 뜨고 죽"은 어머니가 "무서워서 [그녀는—필자] 가마니 안에 들어가서" 잠을 자야 했다. "임종이고 뭐고 말 한마디 없이 언제 죽었는지 모르"는 어머니의 시신은 "동네 사람들이 아무렇게나 치워"버려서 "무덤이 어디 어디 있는지도 모"른다.3

그녀의 비극은 이것으로 끝나지 않았다. 한동안 거지 생활을 하던 그녀는 동네 면장 집에서 이름까지 새로 바꾸고 생활하다가 1939년 대구의 성씨 집안에 수양딸로 입양되었다. 입양 가족에서 기다리고 있던 것은 힘들고 '독한 일'에 더해서 술만 먹으면 두들겨 패는 양모였다. 60여 년 세월이 지난 구술 시점에서 그녀는 "알았으면 오지 않았을 것"이라고 하면서, "병신 같은 거 거지같은 거 간게 지금도 후회"된다고 스스로를 자책한다.4 1년 정도 지내다가 도망 와서 고향의 면장 집에서 지내던 그녀는 해방이 되고 나서 대구의 양모가 오라고 들볶는 통에 할 수 없이 다시 대구 집으로 돌아갔다. "노예 짓 하기도 싫"어 연이은 재촉에도 응하지 않았던 그녀는 대구 집에 와서 "마루에 발을 떡 디디 놓으니 그래도 마음으로 이게 집인갑다" 해서 "조금 흐뭇했다"고 말한다.5

한국전쟁이 나고 그 집이 싫어서 도망쳐 나와 병원과 가정집을 전전하며 살아가던 그녀는 1951년 양모의 사망 소식을 듣는다. 자신을 구박하고 괴롭혔음에도 그녀는 "부모라고 있었는데 떠나(가 버려서) (…) 앞이 캄캄하고 얼마나 슬펐는지 그때 피눈물을 흘려 봤"다고 말한다. "슬프기는 참 한량 없"었다는 것이다. 인생의 전반을 거의 보낸 시점에서 구술자는 부모 복이 없어 살아오면서 부모 있는 사람이 제일 부럽기도 했다고 말한다. "그렇지만 이제는 다 잊었"다고 회상하는 구술자의 말에서는 삶에 대한 일종의 달관과 초월조차 느껴진다.[6]

위 사례에서 보듯이 성송자는 부모와 집으로 표현되는 가족에 대해 이중 감정을 지니고 있다. 한편으로 가족은 가난과 결핍(출생 가족), 고된 일과 폭력에 의해 지배되는 세계(입양 가족)지만, 다른 한편으로 그것은 의지할 데 없는 세상에서 정서의 정박처이자 비정한 세계의 안식처로서 기능한다. 자신을 학대하고 폭력을 행사한 양모에 대한 그녀의 태도에서 잘 드러나듯이, 입양 가족에 대한 그녀의 감정은 특히 이율배반의 자기모순을 드러낸다. 양모의 핍박과 학대에도 불구하고 양모의 집에 다시 돌아가서 집에 왔다는 흐뭇함을 느꼈다거나, 그녀가 죽었을 때 "앞이 캄캄하고 한없는 슬픔"을 느꼈다는 언급은 아무리 모순에 찬 것이라 하더라도 비정한 세상에서 그나마 의지할 대상으로서 가족이 기능하는 현실을 역설로 드러낸다.

그런가 하면 윤영국(제24권)은 1941년 아홉 살 되던 해에 아버지가 돌아가시자 집을 비워달라는 집주인의 통첩을 받게 되었다. "눈은 오는데 오갈 데가 없어 이웃 아주머니들이 '너는 이 집 가서 자고 너는 이 집 가서 자고' 각각 나눠가지고 가서 잤"는데, 이것이 가족 이산의 시작이었다. 남의 집에서 따로 지내던 어머니는 나중에 식모살이를 갔고, 여동생들은 초등학교만 졸업하고 "식모살이도 하고 남의 집 애 보러 가기도 하고 해서 뿔뿔이 흩어 졌"다. 형은 방앗간에 들어가서 노가다 일을 하다가 일이 시원찮아 그만두고 결혼해서 처가로 들어갔다. 여동생 중에서 "하나는 서울로 나가 없어져 버리고, 영자는 서울 가서 식모살이 하러 간다고 가서" 생사를 모르고 연락이 끊긴 상태다.[7] 이처럼 아버지가 돌아가시고 남은 여섯 식구 모두가 흩어지는 가족 해체를 경험한 그 시절을 돌아보면서, 그는 "그때 어떻게 살아 나왔는가"를 생각해보면 가족이 뿔뿔이 헤어진 생각만 '까마득'하게 난다고 말한다.[8]

정해주(제38권) 역시 아버지 없이 홀어머니 밑에서 자라면서 살기 어려워 여동생은 어머니와 함께 살고 자신은 작은 집에서 "물머슴(꼴머슴)질 하면서" 허드렛일을 하고 살았다. "거기서 컸고 배우기도 거기서 배"우면서 그는 열 살 무렵부터 열다섯에 이르기까지 줄곧 작은 집에서 자라면서,[9] 가족 해체를 경험했다. 그런가 하면 아내와 아이 둘을 집에 두고 자신은 22년 동안 전국을 돌아다니며 옹기 굽는 일로 생계를 영위한 홍영수의 사례(제46권)도 스스로 가장의 위치에서 일종의 가족 이산을 경험했다고 말할 수 있다.[10]

하봉연(제42권) 역시 위 윤영국이나 정해주와 비슷하게 어린 나이에 아버지의 죽음을 계기로 가족 해체를 경험했다. 아버지가 죽고 나서 고향에서 오빠랑 함께 살던 어머니는 자신이 "어릴 적에 가버려서 언제 죽었는지 모"른다. 자신은 할머니를 따라 아버지의 고향인 영천 신녕으로 와서 자랐다. 아버지나 어머니나 언제 죽었는지도 모르지만, 가족이 "다 죽어 뿌리가 우리 할매가 나를 키우면서 '다 죽고 우예 살꼬' 카면서 업고 다니매 마이 울었"던 사실을 그녀는 기억한다. 오빠도 "우예 됐는고 모르"지만 "지금 죽었지 싶"다고 하면서 그녀는 가족 중에서 "내 하나만 남았"다고 말한다.[11]

그런가 하면 윤정희(제45권)는 어린 시절 언니오빠와 남동생들은 아버지 고향인 시골에서 농사지으면서 살고, 자신은 아버지, 어머니와 셋이서 인접한 도회에서 살았다. 그러다가 한국전쟁으로 아버지와 오빠가 인민군 총에 맞아 사망하면서 가족 이산을 경험했다. 가족과 헤어지면서 병원 허드렛일을 하거나 식모살이와 인삼밭에서 일하면서 영양실조로 고생한 힘겨운 삶을 살면서 그녀는 어머니가 돌아가신 것도 제대로 보지 못했다. 이처럼 그녀는 한국전쟁을 계기로 아버지와 오빠를 잃고 5남 2녀의 형제들이 뿔뿔이 흩어지는 가족 이산을 겪었다. 구술 당시에는 동생 하나하고만 연락되고, 소식 끊긴 "다른 형제나 언니들은 연락들이 없는 거 보니까 끝났는가" 보다고 그녀는 생각한다.[12]

지금까지 언급한 『민중열전』 사례들은 공교롭게도 여성이 주인공으로 등장하는 사례들이 많다. 언급한 일곱 사례 중에서 여성을 대상으로 하는 서사가 네 건으로 전체의 절반이 넘는다. 전체 사례에서 여성이 차지하는 비율인 17.4%에 비추어보더라도 이는 상당히 큰 비중이라고 할 수 있다. 이처럼 가족 해체와 이산에서 여성이 과잉 대표되는 현상은 가족 해체로 인한 영향이 주로 여성에게 집중해서 작용한다는 사실을 시사한다. 나아가 이산된 딸이나 여자 형제들은 남의 집 일이나 식모살이 같이 사회의 최저변에서 노동하지만, 사진사로 살아간 위 윤영국 사례에서 보듯이 남자는 기술·기능을 익혀 어느 정도의 신분 상승을 하는 경우도 적지 않다는 사실도 염두에 두어야 한다. 가족 해체나 이산은 아버지의 죽음이나 부재로 인한 경우가 대부분이지만, 그 영향은 여성에게 불리한 방향으로 차별화되어 나타나는 것이다.

가족 해체나 이산은 『민중자서전』에서도 찾아볼 수 있다. 유진룡(제5권)이 경험한 가족 해체와 이산에도 무능한 아버지의 존재가 있었다. 술과 노름으로 소일하면서 밖으로만 나돌던 그의 아버지는 나중에는 "아예 집얼 처다보시지도 않구 식구덜 굶거나 말거나 내 몰라라 하고는 주막에 들어앉아"버렸다. 훨씬 뒤에 아버지가 임종하면서 상여가 나갈 적에 어머니는 "자식새끼들 나놓기만 하고 키우지도 않고 가"버렸다고 상여에다 주먹질을 했다. 유진룡 자신은 "원체 아버지하고 떨어져 살아서 그런지 눈물"조차 나오지 않았다고 회상한다.[13]

이처럼 사실상 아버지가 부재한 상태에서 남은 가족들의 생계는 어머니가 나서서 해결해야 했다. "입 하나라도 줄일러구" 열두 살 먹은 큰딸은 민며느리로 시집보내고 남은 자식들은 어머니를 따라 외가로 갔지만, 외가도 "목구멍에 풀칠하기도 바쁜 형편"이라 오래 머물지 못하고 나와서 광주리장사를 하며 떠돌이 생활을 했다. 형은 열두 살 때 데려가겠다는 엿장수를 따라 아주 집을 나갔으며, 자신도 "남의 집 애라도 봐주면 나도 밥이라도 한 그릇 죽이고 어머니도 사실 것 아니냐는 생각이 들어" 어린 나이에 집을 떠나 '아이보개'로 4년을 지내다가 아버지 친구 집에서 7년을 머슴살이했다.[14]

시련은 여기에서 그치지 않았다. 일본 징용에서 돌아온 유진룡은 형이나 바로 아래 동생이 일본 탄광에 끌려가버리고, 막냇동생조차 징용으로 가기 위해 연성소에서 대기하는 바람에 "집안에 남자라고는 죄 끌려" 가버린 기막힌 현실과 마주해야 했다.[15]

가족 해체의 불행은 당대에 그치지 않고 대물림했다. 손아래 동생은 "안식구가 바람이 나서 아들 하나에 딸 셋 낳고 도망가 버"리는 바람에 혼자 돌아다니며 엿장수를 하다가 이른 나이에 죽고, 남은 아이들 역시 병들어 죽거나 소식이 끊기고 말았으며, 딸 넷에 아들 하나를 둔 막냇동생도 "안식구가 춤바람이 나서 도망"가버렸기 때문이다.[16] 여기서 '도망'이나 '춤바람'으로 인한 가족 해체의 근저에는 가난이라는 요인이 작용하고 있는 사실을 염두에 두어야 한다.

두 살 때 아버지가 돌아가신 송문옥(제13권) 역시 가족 해체를 경험했다. 어린 시절 형과 누나가 하나씩 있었던 것은 기억하지만, 이름이나 나이는 도무지 떠오르지 않는다. 스무 살 먹은 형은 기약 없이 중국으로 떠나버리고, 대여섯 살 먹은 누나를 민며느리로 보내고, 개가한 어머니를 따라 세 살 때부터 의붓아버지 집에서 살아야했다. 의붓아버지 집 생활은 동시에 그 아버지의 폭력을 견뎌야 하는 것을 의미했다. "시집을 가니까 남자와 똑같이 돼서 같이 두들기"는 어머니로부터도 외면당한 그는 "두들겨 맞아 죽죽 줄이 간 흉터를 안고" 열두 살에 그 집에서 나와 머슴살이를 하고 살았다.[17]

화전민으로 평생 벗어나지 못한 가난을 대물림한 이광용(제16권)의 사례에서는 자식들에게서 가족 해체의 징후가 두드러진다. 3남

3녀 자녀 가운데 큰아들은 아내가 집을 나가버려서 홀아비로 살다가 오래지 않아 폐병으로 죽었다. "가난뱅이 살림해줄 여자가 어드메 있겠소? 돼가는 데로 살다가 죽죠"하는 아들의 평소 말대로였다. 아내 가출이라는 시련은 둘째 아들에게도 찾아왔다. 아들들의 불행을 지켜보면서 이광용은 "시방 세상은 (아내가) 후딱허면 도망"가는 세상이라고 생각한다.[18] 딸들에게도 시련이 닥쳤다. "밥이라도 먹으라고 남의 집 준" 큰딸은 사위가 빚보증을 서다 망해서 서울로 도망가고 말았다. 큰사위는 혼인 때 보고는 서울에서 오지도 않고 자신도 못 가니 얼굴 본 지가 벌써 10여 년이 넘는다. 둘째 딸은 "어려서 남의 집에서 커서 부모 없이 남의 집으로 떠돌아다니며 뇌동벌이하는 남편 만나" 어렵게 살아가고 있고, 막내딸은 남편이 바람나서 이혼하고 몇 년째 혼자 살아가고 있다.[19]

이처럼 민중 구술을 통해 본 가족 이산과 해체는 이들 사례에서 전형적으로 찾아볼 수 있지만, 이들 모두가 생애 주기 전반에 걸쳐 그것을 경험하지는 않는다. 자녀로서 그것을 겪는 경우가 대부분이지만, 부모로서 그에 당면할 수도 있으며, 몇몇 사례들에서는 세대에 걸쳐 대물림하는 양상이 나타나기도 한다. 이들 열전이나 자서전에서 나머지 사례들 대부분의 가족 서사는 가족 자체가 해체되는 파국의 양상을 띤다기보다는 어렵고 가난한 형편을 견디면서 혹은 그것을 이겨내고 궁극에서는 나름대로 가족을 유지해가는 양상을 보인다. 이러한 양상은 심지어 앞서 살펴본 사례들에서도 일부 나타난다. 이러한 가족 서사는 비단 『민중열전』이나 『민중자서전』에 한정되지 않고 근대화 과정을 겪어나간 한국 가족이 경험한 현

가족계획사업 계도(1960)

상 일반의 한 부분을 드러낸다고 말할 수도 있을 것이다. 『민중열전』에 등장하는 인물이 구성한 가족의 가구원 수는 대체로 평균 6.6명 정도인데,[20] 다른 말로 하면 한국의 근대화는 이 정도 규모의 가족 구성원들이 각자 '성공' 서사를 써나간 역사 과정이었다고 말할수도 있을 것이다.

　　그러나 민중 구술에서 가족 해체와 이산을 보이는 사례가 이러한 양상을 띤다고 해서, 그것을 한국의 근대화 과정 전체에 적용·일반화하여 그 시절엔 누구나 다 그렇게 살았다고 말할 수는 없다.

『민중열전』에 등장하는 인물 가운데 진정한 의미에서 민중의 정의에 해당하는 사례들이 어느 정도인지는 앞서 지적한 바 있지만, 『민중열전』 이외에도 근대화 과정에서 가족 해체와 이산을 경험한 다른 사례들을 빈번히 찾아볼 수 있기 때문이다. 근대화의 수레바퀴는 사회 최하층에 위치한 이들의 삶을 짓이겨놓았고, 그에 휩쓸려 들어간 이들은 가차 없이 가족의 이산과 해체라는 고통을 온몸으로 떠안아 견뎌내야 했다.

예를 들면, "20세기 한국 민중의 구술 자서전"의 제4권 노동자 편에 수록된 이종철의 사례가 그러하다. 이 사례의 주인공인 이종철의 가족은 머슴살이하는 아버지와 어머니, 형의 네 식구가 가난한 살림을 이어가다가 아버지가 해방되던 1945년에 죽고 형은 한국전쟁이 나면서 군에 소집되어 실종되어버리는 비극을 겪었다. 형이 군에 갈 적에 형수는 아이를 배어가지고 있었지만, 아이는 낳은 지 닷새 만에 죽어버렸다. "그때는 배가 고파서 죽을 지경"인 세상이어서 살았다 하더라도 '골병 덩어리'였을 거라면서 구술자는 "내 마음이 나빠서가 아니라 못 살면 다 천덕꾸러기가 되"기 때문이라고 덧붙여 말한다. 어려운 집안 형편에서 외벌어 어머니와 형수를 먹여 살리던 그는 신체검사에서 매우 나쁜 시력으로 세 번이나 불합격되었지만 결국 군대에 가게 된다. 군대 이야기를 하면 그는 "헌불(火)이 나서 얘기를 못"한다고 말한다. 돈이나 배경 없는 사람은 "병신만 아니면 군에 막 보낸다"는 사실을 몸으로 깨닫게 되었기 때문이다.[21] 구술자가 군에 입대하자마자 형수는 생활 방도를 찾아 집을 나가버렸고, 그 사이에 그의 어머니도 돌아가시고 말았다. "그

논산제2훈련소
병영 생활(1960)

만 우리 집은 하나도 남김없이 없어져 버렸"다고 하면서 그는 우리 가족은 "내 홀로 인제 딱 남았"다고 말한다.[22]

위의 사례에서 보듯이 가족 해체와 이산은 앞 장에서 논의한 빈곤과 결핍의 반영이자 결과이기도 하다는 점을 말하고 싶다. 『민중열전』이나 『민중자서전』은 말할 것도 없고 위의 이종철의 사례 역시 이 점을 잘 보이고 있다. 이종철의 형의 아이가 태어난 지 며칠 되지 않아 죽어버린 것은 당연히 굶주림을 전제로 하고 있다. 아이의 죽음이 자신이 나빠서가 아니라 못살았기 때문이라면서, 설령 아이가 죽지 않고 살았다 하더라도 천덕꾸러기가 되었을 것이라는 대목에는 이 시기 이들 하층민이 좀처럼 빠져나오기 어려웠던 집요한 가난의 그늘이 짙게 드리워져 있다.

2. 아버지의 부재

가족 해체와 이산, 가난과 결핍에 이어 가족 문제를 검토할 때 제기되는 다음 문제는 '아버지의 부재absent father' 현상이다. 아버지의 부재 문제는 가족 해체 현상 가운데 하나이면서 빈곤과 결핍 그리고 시대 불안으로 거슬러 올라가 설명되는 어떠한 것이기도 하다. 그리고 그 궁극에는 아버지의 부재 현상 배후에서 작동해온 가족주의와 가부장제 문제가 있다. 다음 장에서 논의할 가족주의와 가부장제와의 연동에서 아버지의 부재는 시공간을 초월해서 지속해왔다고 할 수 있는 것이다. 시간 측면에서 보더라도 한국 근대에서 아버지 부재 현상은 이보다 훨씬 이른 1900년대 초 이른바 신소설 시기로 거슬러 올라가는데,[23] 이후 "애비 없고 서방 없었던 삶을 견디"낸[24] 여성들의 응축된 삶의 서사를 담은 1980년 5월 민중항쟁에 이르기까지 참으로 오랜 역사를 지닌다. 한국 근현대사에서 가족이 지니는 주요 특성 중의 하나로서 평론가와 연구자들이 지적해온 이 현상은 비단 개인의 영역에 그치지 않고 공공의 차원에서도 주된 관심과 논의의 대상이 되어왔다.

공간 측면에서 보더라도 '아버지 부재' 현상은 이 시기 지구 차원에서 공조 현상을 보였다. 서구에서도 일찍이 1930년대 후반부터 아버지 역할을 둘러싼 정치 담론들이 아버지 부재론을 중심으로 전개된 바 있다. 제2차 세계대전 동안 아버지들은 전쟁터에서 싸우느라 자식들을 돌볼 기회를 상실했다. 1970년대 이후에는 이혼율 증가와 더불어 한부모 가구가 증가하면서 아버지 부재라는 주제는 다른 의미를 띠게 되었다. 별거 혹은 이혼의 결과 자녀들과 접촉이 어렵게 되거나 부권을 행사할 기회를 잃어버린 아버지의 부재 상황은 특히 이혼율이 높았던 미국과 영국에서 두드러졌으며, 이를 둘러싼 격렬한 논쟁은 아버지 존재의 유고遺故를 선언하였다.[25]

서구 사례에서 보듯이 아버지 부재 현상에 대해서는 각 시기에 따라 그에 대한 상이한 근거와 설명이 제시되어왔다. 한국에서도 예를 들면, 일제 강점기 당시 아버지 부재는 가난이나 그의 또 다른 표현으로서 아버지의 무능에 의해서만 초래되지는 않았다. 열두 명 지식인 여성의 생애사를 살펴보면, 주인공의 아버지들은 국권 상실이라는 민족의 비운 앞에서 빼앗긴 나라를 찾겠다는 일념으로, 이 방인의 지배를 받는 것이 싫다는 이유로, 생활 방편이나 이념, 신앙 을 지킨다는 이유로 조국을 등지고 중국이나 만주 등 해외로 유랑 과 이산의 길을 떠났다.[26] 지역과 계급이 이보다 제약된 이유도 있 겠지만,『민중열전』의 경우는 이와 겹치면서도 다른 근거들을 드러 낸다.

예컨대 제1권에서 5남 2녀의 셋째 아들로 태어난 이두이의 아버 지는 마을에서 한학으로 둘째가라면 섫다 할 정도였지만 조그만 땅 에서 농사를 짓는 것도 "마음에 안 차고 뭐 일라칸께 일이 안 되고" 해서 1931년에 "장사해서 돈 벌라고" 일본으로 들어가 버리고 말았 다. 일곱 살 때 아버지를 떠나보낸 이두이는 아버지가 "농사도 못 짓고 일도 못 해서" 일본으로 들어가 버리니까 "모친 혼자서 농사 짓고 아이들 다섯이나 데리고" 힘들게 사는 바람에 "공부도 못하고 고생스럽게 살았다"고 회상한다.[27] 제2권의 김기송 역시 열여덟 나 이에 결혼한 아버지가 자신을 낳고 얼마 되지 않아 "보따리를 싸" 서 "혼자 줄행랑을 했"다고 말한다. 젊은 시절 보따리 하나 가지고 강원도 금강산 구경을 하면서 그렇게 돌아다니던 아버지는 원산을 거쳐 함경도 정평에 들어가 남의 집 머슴살이를 하다가 다시 만주 까지 흘러 들어갔다. 만주에서 김기송과 그의 가족이 아버지를 다 시 만난 것은 그의 나이 네댓 살 때인 1937, 8년 무렵이었다.[28]

김점칠(제25권)은 아버지가 "일을 안하고" 일본에 머물러서 자신 도 아버지가 없을 때 태어났다고 말한다. 아버지의 부재로 어머니 가 "일꾼들 데리고 농사를 짓고, 아버지가 일본서 계속 뭘 한 게 아니고 들락날락 이랬던 거 같"았다는 것이다.[29] 박지선(제30권)은 남편이 부재한 사례이다. 중국에서 공안을 했던 남편은 해방 이후 한국에 돌아와서 경찰을 하다가 월급이 적고 "난리 피난하는 거뿐"이라고 그만두고 "자유롭게 돈 벌러 간다"고 어디론가 떠나고 말았다. "어데 갔는지 모르고" "사 년씩 오 년씩 있다가 돌아"온 남편의 부재로 인한 가족의 생계는 온전히 아내인 박지선이 도맡아야 했다. 남편이 "만날 뭐 돈 벌러 간다 뭐 핑계하고 나가고 없었"기 때문에 "사람들이 내 혼자 자식 데리고 사는 줄 알았"다고 그녀는 말한다.[30]

그런가 하면 최대봉(34권)의 아버지는 도박이 심한 동네에서 도박으로 파산하고 강원도로 가버려서, 8~9년 동안 소식을 듣지 못하고 살았다. 아버지의 부재로 인해 남아 있는 어머니와 형 그리고 할아버지가 이루 말할 수 없는 고생을 하면서 생계를 이어가야 했다. 객지로 나가버린 종손을 찾기 위해 종조부가 찾으러 나섰지만, 귀향길에 오른 아버지는 "도 경계의 큰 재 아래에서 도박 친구들에게 걸려 다시 돈을 다 잃어 버"리는 바람에 고향으로 돌아오지 못하고 다시 돌아가야 했기 때문에, 할 수 없이 남은 가족들이 그쪽으로 이사 가서 살았다.[31]

앞서 언급한 다섯 사례는 아버지 혹은 남편의 부재가 생애 주기의 일정 기간에 걸쳐 지속한 한때의 현상임을 시사한다. 그리고 부재의 주요한 이유는 역시 가난으로 귀속된다. 그렇다고 하더라도 사례에 등장하는 아버지들 모두는 거의 집안 살림을 돌보지 않기 때문에 가족의 생계는 아내와 자식을 비롯하여 남아 있는 가족들의 몫으로 떠넘겨진다. 박지선이나 최대봉의 사례에서 보듯이 이 경우는 흔히 집 나간 아버지의 방랑과 술 그리고 도박을 수반하기도 한다.[32]

그런데 자료를 꼼꼼히 살펴보면 아버지의 부재 현상은 실제로는 매우 다양한 형태를 띤다는 사실을 알 수 있다. 무엇보다도 먼저 앞서 든 사례와 달리 아버지의 부재가 생애 주기 거의 전체에 걸쳐 일어나기도 한다. 제5권에서 성송자의 아버지는 한 동네에서 각기 다른 두 가족의 가장으로 살았다.[33] 집에는 한 번도 오지 않고 어머니를 포함한 자신과 동생을 돌보지 않은 아버지를 구술자는 원망한다. 아버지가 미워서 이름도 생각나지 않는다면서 그녀는 "우리를 왜 낳아가지고 고생을 시키느냐"고 반문한다. "그런 사람을 가장이라 카면은, 도저히 있을 수가 없는 거"라면서 그녀는 "작년까지도 [아버지의─필자] 묘"를 파버리려 할 정도로 "맨날 미워"했다고 말한다.[34]

성송자의 아버지처럼은 아니지만 박민규(제17권)의 아버지는 풍수 일을 하면서 거의 집안을 돌보지 않았다. "산에만 미쳐 가꼬 막 돌아 다니"느라 집에서 "농사(를) 하든지 말든지 나가"버려서 "집에 안 붙어" 있다는 것이다.[35] 앞 절에서 언급한 『민중열전』의 홍영수나 『민중자서전』의 박나섭 혹은 『민중자서전』의 유진룡도 이와 유사한 사례다. 『민중열전』의 홍영수는 아내와 아이 둘을 집에 두고 자신은 22년 동안 전국을 돌아다니며 옹기 굽는 일로 생계를 영위했으며, 박나섭은 한 달에 한 번, 두 달에 한 번 또는 여섯 달 만에 한 번 집에 들르곤 하며 쉰 해를 살았다. 『민중자서전』에서 유진룡의 아버지는 가족들의 생계를 내팽개치고 아예 집을 쳐다보지도 않고 주막에 들어앉아 살았다. 같은 『민중자서전』에서 이광용은 박지선과 비슷하게 남편이 부재한 사례다. 이미 언급했듯이 그의 남편 역시 술과 여자에 정신이 팔려 "두드리고 소리하고 놀"면서 평생을 보내는 바람에,[36] 이광용은 온갖 장사 일을 하면서 가족을 부양해야 했다.

그런가 하면 아버지가 함께 살면서도 집안일을 거의 하지 않음으로써 실제로는 아버지의 부재와 비슷한 결과를 초래하는 사례도 있다. 흔히 남성은 생산 영역을, 여성은 소비 영역에서 가사노동을 전담한다는 전통 시대 노동 분업에 대한 통념은 이를 반영한 것이기도 하다. 그러나 사례를 통해서 본 아버지의 모습은 생산 노동을 포함한 가족의 생계는 떠맡지 않고 가족노동에 얹혀서 무위도식하면서 실제로는 부재 상태를 초래한다. 예를 들면, 서순례(제18권)는 목수인 시아버지가 집안의 "다른 일은 절대 안 했다"고 강조한다. 목수일을 다녀도 연장 궤짝은 아들인 남편이나 다른 사람이 "새벽이든지 밤중이든지 일 끝나믄 가서" 져 오곤 했다는 것이다. 이에 따라 모내기를 포함한 농사일은 시어머니가 중심이 된 다른 가족들의 몫으로 돌아갔다. 힘든 농사일을 하느라 시어머니가 "욕봤다"는 것이다.[37] 세대가 지나면서 관념이 바뀐 탓도 있겠지만, 다른 구술자들 역시 이와 비슷한 경험을 서술하는 것은 그것이 이들의 기억에 그만큼 인상 깊게 자리 잡고 있다는 것을 보인다,

김숙중(제32권)은 아버지가 보리 같은 곡식을 말리면 비가 와도 쳐다만 보고 있을지언정 절대 걷지는 않는다는 말을 전체 구술에서

세 차례 되풀이하며 언급한다. "세상일(농사일)이 아무리 바빠도 집에만 있는 것도 아니고 놀러 나가고" 하더라도 절대 일을 하지는 않았다는 것이다. 머슴이 있긴 했지만 아버지가 일하지 않아 다른 가족원이 일하느라 "엄청시리 욕봤"고, 자신 또한 "뭐 죽자고" 일해야 했다.[38] 조석장(제40권)의 회고담에서도 일하지 않고 무위도식하는 아버지에 관한 언급은 여러 차례에 걸쳐 되풀이된다. 어머니와는 생이별한 채 할머니 밑에서 아버지와 함께 어린 시절을 보낸 그에게 아버지는 "농사일이나 집안일에 관심이 없이 그냥 무관심"한 사람이었다. 그의 기억에 아버지는 집안 형편은 돌보지 않고 "한가롭게 마을 친구와 읍내로 놀러 다니"곤 했던 사람이었다. "투전놀이를 대단히 즐겨 해서 집에서 혼자 투전놀이를 하시는 것을 자주 본 적이 있"을 뿐더러 손재주가 뛰어나서 퉁소를 만들어 불거나 물고기 잡는 가래를 잘 만들어 주로 '취미생활'에 몰두했다는 것이다. 이러한 상황에서 가족의 생계는 주로 할머니 혹은 김숙중과 비슷하게 자신이 거들어야 했다. "가장이 살림에 오불관언하니 집안에는 늘 어두운 그림자가 지워질 날이 없었고 생활은 점점 어려워만 가"서 나중에 할머니는 인근 도회의 목욕탕을 인수해서 운영했지만, "그 일을 해야 마땅"할 아버지는 돕지도 않고 무관심한 채로 "깨끗한 한복 차림으로 한가히 놀러 다"니기나 했다.[39]

『민중자서전』에서 전동례(제1권)의 아버지도 돈은 벌어다주지만 집에 거의 들어오지 않아 "가정을 돌보지 않"았다. 집 밖으로 나가 돌아만 다니던 그의 아버지가 어쩌다 집에 들어오면 친구들이 찾아와서 손님 대접하느라 어머니는 분주하게 움직이는데도 아버지와 친구들은 골패(마작)만 하고 놀았다. 공교롭게도 아버지 삼형제 중에서 두 형제는 집안에서 일을 잘하므로 "그분들은 남편네가 일을 잘 하니께 늘 덜 하는데 나는 이렇게 일이 세구나"는 어머니의 한탄을 그녀는 늘 들으면서 자랐다.[40]

그런데 이들 사례에서 이러한 아버지를 '선비'와 연결해서 설명하는 방식이 흔하다는 게 또한 흥미롭다. 예컨대 서순례의 시아버지처럼 "그냥 선비로 살아와"서라거나 조석장의 아버지처럼 "선비풍의 섬세한 용모"[41] 혹은 전동례의 아버지처럼 "선생, 생원이고 양반"이라는 식이다. 그렇지 않으면 김점칠이나 김숙중의 사례에서 보듯이 일꾼이나 머슴의 존재가 언급되기도 한다. 아버지의 무無역할을 선비나 일꾼과 연결하는 이러한 연상은 전통 시대 양반은 일하지 않는다는 통념을 반영하고 또 강화한다. 이러한 담론 구조에서 아버지의 실질 부재는 양반 가문이라는 가상의 자부심과 교환되면서 정당화되는 결과를 낳는다.

지금까지 살펴본 민중 구술의 사례를 앞서 언급한 지식인 여성의 경우와 비교하면, 민중의 경우 아버지의 부재에서 가난과 결핍이 더욱더 강한 동기로 작용한 것으로 보인다. 그리고 그것의 현 상태로서 음주나 여자, 도박, 유흥이나 풍류 등이 주로 제시된다. 그렇지 않으면 봉건 유제로서의 축첩이나 풍수 혹은 병역 기피 같은 요인들이 부재의 배후에서 작동하기도 한다. 어느 경우이건 지식인 여성들의 사례에서 보듯이 나라를 찾겠다거나 일본의 지배가 싫다거나 이념이나 신앙을 지키기 위한 동기는 이들 민중 전기에서는 찾아볼 수 없다. 김기송의 사례에서 아버지가 만주에서 "치안대 일을 보셨"다는 언급이나[42] 공안 일을 한 박지선의 남편에서 짐작할 수 있듯이 오히려 만주국의 이른바 '2등 국민'으로서 일본인 편에 서서 신산한 삶을 이어간 것으로 추정된다.

이러한 사실은 아버지 부재 현상이 시간 변화라는 요인만이 아니라 사회 계급과 지위에 의해서도 서로 다른 양상과 동기를 가지고 작용한 결과라는 점을 시사한다. 중상류의 지식인 (여성) 가족과는 달리 하층민 가족에서 아버지의 부재는 보다 직접적으로 빈곤과 결핍의 산물이거나 그렇지 않으면 봉건 제도나 이념의 유제가 작용한 결과로서 볼 수 있는 것이다. 이러한 점에서 20세기 전·중반기와 비교해볼 때 '근대화 이후의 근대화'가 진행되는 듯 보이는 오늘날 한국에서 바야흐로 '아버지의 귀환'이라 할 수 있는, 이와 정반대되는 일련의 현상들을 중간 계급 가족에서 관찰하는 것은 세월의 무상함을 새삼 느끼게 한다.

3. 가족주의와 가부장제

가족주의와 가부장제 문제에서 먼저 가부장의 권위에 대한 인정과 존중은 가족주의와 가부장제의 존속과 유지의 바탕을 이룬다. 시대 조건도 작용했지만 가부장의 권위는 『민중열전』에서도 쉽게 확인된다. 이두이(제1권)는 잘못한 아들을 묶어서 바닷물에 던져버릴 정도로 아버지의 성격이 엄했다고 회고한다. '향교 회장'을 지내면서 글공부만 하고 농사에는 신경 쓰지 않았다는 진술로 미루어[43] 유교의 가부장 전통을 일상에서 체현한 인물이었던 듯하다. 아버지가 출타 후 집에 들어올 때 죽담 밑에 내려가서 인사하지 않으면 "어른은 밑에서 너그는 위에서 인사하는 법이 어디 있냐"고 호통을 치는 바람에 "교육상에 좀 무서윘"고 "예절 교육이 엄했"다고 이두이는 말한다.

가부장제에 대한 복종과 존경은 결혼하고 나서도 그치지 않았다. 일본 시댁에서 살면서 그녀는 시어머니가 "영(명령)하면 대꾸 한번 해본 적이 없고, 하라 카면 해야 하"는 그러한 삶을 살았다고 말한다. "영이 무서워서 시어른에게 조심하고, 시키는 대로 명령 복종"하는 시집살이에서 법도를 지키며 살았다는 것이다.[44] 해방이 되어 귀국한 후 6·25전쟁 발발로 군에 입대한 남편이 전사했다는 소식을 들었을 때조차도 이두이는 "시어른 앞에서 울어 보도 못하고 눈물도 흘려보지 못했"다.[45] 그런데도 이두이는 다음 세대에게 가부장의 이러한 전통을 강조한다. 자신은 이렇게 교육을 받았기 때문에 "시집가거들랑 부모한테 잘해야 한다", "효도해야 한다"고 강조하지만, "요새 사람은 그거 없"다고 한탄하면서 그녀는 부모에게 잘하고 조상 묘소도 잘 모시라고 아들에게 당부한다.[46]

장손으로 태어난 김기송(제2권)의 아내는 시부모 생전에 매 끼니를 "사랑에 있으면 사랑에 가져다 드리고, 안방에 계시면 안방에 가져다 드리는" 일상을 살았다. "이게 보통 힘든 일이 아니"라고 생각한 구술자는 새로 식탁을 사서 집에 들였는데, "몇 년은 아버지가 덜 좋아하"셨던 경험을 피력한다.[47] 하지만 그도 가부장제의 유산

으로부터 자유롭지는 않았다. 구술자는 동생들 도와서 결혼시켜 내보내고 부모의 환갑, 진갑, 칠순 잔치도 모두 해드렸다. 아내가 '모범가정' 표창을 받은 것도 이 때문이다. 그렇다고 해서 그 과정이 순탄한 것도 아니었다. 10년 넘게 써온 농사일기에서 김기송은 "금년에는 아버지 회갑을 해야 할 것이니 걱정이 태산 같다"고 적고 있기 때문이다.[48] 막내딸 결혼할 때에는 "사위가 앞마당에 온 걸 내가 그냥 빠게스에다 물을 부어서 사위 녀석에게 뒤집어 씌"울 정도로[49] 그 자신이 자식의 결혼에 선택권을 행사하고자 한 가부장이기도 했다.

"사람이 살면서 뭔가는 같이 남기는 거"라고 그는 말한다. "아들한테는 아버지 이름 남겨주고, 돌아가신 부모님 이름을 우리가 남겨주고 그래서 그건 효에서 남겨주는" 거라는 말에서 보듯이, 여기서 "같이 남기는 것"은 가족들과 함께라고는 하지만 궁극에 그것은 남성 가부장으로 귀속된다. 그러한 방식으로 자식을 교육했기 때문에 구술자는 "내가 어디 간다면 차 갖다 대라면 갖다 대고 그래주"는 아들을 면담자에게 자랑삼아 말한다.[50]

이미 언급한 바 있듯이 성송자(제5권)는 같은 동네에 사는 아버지로부터 버림받은 경험이 있다. 이러한 그녀의 쓰라린 경험조차도 가부장의 전통에 대한 권위를 훼손하지는 않았다. "시어른의 제사는 항상 지"낸다고 하면서 그녀는 자기 며느리에게도 제수를 많이 해서 제사를 잘 지내라고 당부한다. 자신이 그렇게 힘든 삶을 살았음에도 "가족을 얻은 게 고맙게 생각되"기 때문이라는 것이다.[51] 어린 시절 시련에도 불구하고 노년에 자기 가족을 이룰 수 있었던 데

효자·효녀·효부 표창
(1963)

에 대한 감사의 마음이 결국 가부장의 이름으로 다음 세대로 전달되고 있는 것은 가부장의 관습과 전통 이외에는 가족주의를 경험할 수 있는 다른 대안이 없었기 때문이다.

『민중자서전』의 서영옥 역시 위의 이두이나 김기송의 아버지처럼 엄격한 가부장의 아버지를 기억한다. 한국전쟁에서 형이 경찰에 학살된 후 형 집에서 옮겨온 아버지를 부양하면서 그는 출입할 때마다 아버지에게 문안 인사를 드려야 했다. 어느 날엔가 그는 생업인 고기를 잡고 와서 "아들 줄라고 과자를 사서 그전 같은 줄 알고 방문으로 들어와 있었더니 아버지가 불러 회초리로 막 두들겨팬" 경험을 떠올린다. 아버지 거처에 먼저 들러 문안 인사를 하지 않고 자신의 방으로 갔다는 이유로 성인이 된 아들이 두들겨 맞은 것이다. "내외 살 때하고는 천지 차이"를 느꼈다면서 요즘은 그럴 사람도 없지만 그렇게 하라고 해도 "어림도 없"을 것이라는 그의 말에는[52] 우리가 거쳐 온 근대화의 거침없는 속도와 '눈부신' 변화가 묻어난다.

가부장의 전통과 관습에 따르면 아버지는 집안에서 군림하고 그에 필요한 존중과 권위를 가족 구성원으로부터 받아 마땅한 존재다. 그래서 이두이의 아버지는 말 안 듣는 아들을 물에 빠뜨리며 위협할 정도로 폭력을 행사할 수 있었고, 김기송의 아내는 시부모가 있는 방문을 여닫아가면서 하루 세끼를 차려다주는 일상을 살았으며, 김기송의 아들은 아버지가 필요한 때에는 언제라도 차를 대기시켜 놓는 삶을 살았다. 박상규는 조상들 산소를 이전하면서 상석이나 비석, 망부석도 세우지 못했다고 자책하는 삶을 살았고,[53] 서영옥은 집에 와서 문안 인사를 먼저 하지 않았다고 회초리로 두들겨 맞는 한때를 보냈다. 그런가 하면 심재언은 나이 40이 넘어가면서 어른 대접을 받는다고 "일손 놓고 [농사일을─필자] 안 할라 하"는 아버지를 모셔야 했다. "옛날에 40세 넘으면 다 그만 일 안하고 어른 행세를 하"는 바람에 자신이 집에서 농사짓고 나무하러 가고 소여물 끓이는 온갖 일들을 도맡아야 했다고 그는 말한다.[54]

조풍도는 젊을 때 보았던 "미녀와 야수"라든가 "묵시록의 사기사"와 같은 영화를 기억한다. 후자의 영화에서 그는 "창가에서 아들이 아버지한테 담배를 주고 같이 피우면서 이야기하는 장면"을 보면서, "우리 풍습하고 상당히 다르"다고 느꼈다고 말한다. "우리가 참 봉건적인 관습이 있구나"라는 사실을 깨달았다는 것이다. "담배 피우다가 나이 많은 사람 오면 감추"는 행태에 "상당히 부자연스러"움을 느낀 사실과 아울러, "어머니나 할머니 앞에서는 담배를 피우면서 아버지나 할아버지 앞에서 담배를 피우지 못하는" 관습을 떠올리면서 그는 가부장제와 그에 얽힌 남녀 차별의 부당한 전통을 읽어낸다.[55]

이처럼 가부장 권력의 행사에서 가족 구성원들의 개별 인격에 대한 존중이나 평등 그리고 가족으로서의 자율성이나 사랑 혹은 연대의 요소가 들어설 여지를 기대하기는 힘들다. 가족 안에서 구성원에 대한 억압과 몰개성 그리고 불평등의 행사는 세대에서 세대로 전가되어 이어져 내려오면서 가부장제는 오랜 세월에 걸쳐 끈질긴 생명력을 유지해왔다. 여기원(제13권)은 자기 시대에 이르러 일고 있는 가부장제의 동요와 그에 대한 도전을 개탄한다. 그는 "요새 아이들 가정교육은 제로"라고 말한다. "아버지를 아빠라고 부르면서 친구들하고 대화하는 거 같"다면서 그는 "저래서 되겠나 싶은데 우째 이 애비나 애미는 그걸 더 좋다고 하"는 세태가 "몹시 부당하고 못마땅"하다고 개탄한다. "어른들한테 매 맞는 거 당연한 걸로 받아 들"인 "옛날 우리들 클 때하고 요새 아이들 크는 거하고는 전혀 비교가 안 된다"고 그는 말한다. "요새 할애비가 손자 손녀 그렇게 때려놨으면 그 애미한테 며느리한테 밥도 못 얻어 먹는다"고 하면서도 그는 "가정교육이 잘못 됐다"고 비판한다.[56]

가부장의 전통과 권위는 세대에서 세대를 거쳐 계승되면서 이어진다는 점에서 부모에 대한 공경과 그 표현 양식의 하나로서 조상 제사나 효에 대한 강조는 가부장제를 떠받치는 또 다른 기둥이다. 위 사례들에서 남편 전사 소식에도 시어른 앞에서 눈물조차 보이지 못한 이두이가 부모에 대한 효도와 조상 묘소를 잘 모실 것을 강조하는 것이나 아버지로부터 버림받은 성송자가 조상 제사를 중시하는 것이 적절한 예가 될 것이다. 가부장제에서 딸보다도 아들을, 아들 중에서도 장남을 중시하는 것 역시 전통 계승과 가계 지속을 강조한다는 점에서 조상 숭배와 같은 맥락이라고 할 수 있다. 최채우 (제7권)가 딸이나 나머지 아들들의 결혼식은 바깥 예식장에서 했지만, 큰아들 결혼식만은 "죽어도 마다 하"고 집에서 해야 한다고 남편이 우겨서 집에서 했다고 말하는 것은[57] 이러한 맥락에서 이해된다.

박민규(제17권)의 사례 역시 이러한 사실을 잘 보인다. 세 아들을 둔 박민규의 아버지는 큰아들은 어려서부터 학교를 보내고 나머지 아들은 가르치지 않았다. 형을 가르치려고 "아주 목매단" 반면에 자신은 서당에도 다니지 말고 농사일을 하라는 아버지에 대해 그는 "사상을 아주 나쁘게 가지고 있"다고 평한다.[58] "너는 일해가지고 벌어서 형을 출세시켜야제, 공부하믄 못 쓴다"고 하면서 아홉 살밖에 안 된 자신을 머슴처럼 부리려는 아버지에 대해 그는 "기가 막히게 어처구니가 없"었다고 말한다.[59] 결혼해서 자기 집을 지을 때에도 그의 아버지는 아내인 며느리조차도 "일 시켜 먹을라고" 도와주지 못하게 했다. "혼자 떠다가 이 집을 이렇게 지은 사람"이라고 하면서 그는 "참 그때 생각하믄 불쌍"하다는 자기 연민의 감정을 표출한다.[60]

군이 큰아들이 아니더라도 아들에 대한 선호와 중시는 흔히 찾아볼 수 있다. 스스로가 가부장제로 인한 피해자임에도 불구하고 이두이(제1권)는 "아들 하나 잘 키워가지고 또 좋은 손자들을 낳"았으면 하는 마음으로 평생을 살았다고 말한다.[61] 김기송(제2권)의 아내는 딸을 둘 낳고 다음에 아들을 낳자 그녀의 시아버지가 1년 동안 "인줄을 떼지 않고 미역을 사다 댈" 정도로 대우 받았다. "고추 매단 줄을 내가(구술자—이하 필자) 떼면(떼어 내면) 이 양반(구술자의 아버지)이 또 다시 매달"곤 했다는 것이다.[62] 박상규(제4권)는 아들을 셋이나 두어서 자손이 "확 퍼질 거라고 생각했는데 제대로 [자식—필자] 농사를 못 지"어 "손자가 딸랑 하나"라고 말한다.[63]

성송자(제5권)는 큰아들에 이어 둘째 딸을 낳고 나서 또 딸이라서 강제로 유산한 경험을 말한다. "그때는 아들을 좋아 했"기 때문에 "뭐 남자들이 여자를 가만히 놔두나"라고 반문하면서 그녀는 "유산을 시키고 만날 그래가 살았"다고 말한다. 막내도 "딸 같으면 유산시킬라고 온 데로(온갖 곳으로) 진찰하러 댕겼"는데 아들이라 해서 낳았다.[64] 이기범(제6권)은 집안에 아들이 하나라도 있어야 한다고 해서 아들 없는 큰아버지 집에 양자로 갔다. 당시만 해도 "아들자식 못 낳으면 칠거지악이라고 한참 말들이 많을 때"라서 "고학古學을 많이 한 큰아버지가 옛날 고풍을 많이 따져 남의 가문에 와서 자식 못 낳는 죄인"이라고 큰어머니를 압박하는 바람에 중간에 낀 자신이 힘들었던 기억을 떠올린다.[65] 그런가 하면 딸 둘을 먼저 낳고 세 번째로 아들을 얻은 박현순(제11권)은 "서운해서 하나를 더 낳은 것이 또 딸을 낳"았다고 말한다.[66]

큰아들이 아니라는 이유로 아버지로부터 온갖 차별과 수모를 경험한 박민규(제17권)조차도 아들이 없는 큰딸의 가족에 대하여 "재수가 없을라고 아들은 못나고 다 딸만 낳았다"고 자조한다.[67] 아들이 없고 딸만 낳은 일이 '재수 없는 일'로 치부되는 것이다. 서순례(제18권)는 일제 강점기에 오빠가 강제로 군에 가지 않았느냐는 면담자의 질문에 나이가 어려서 잡혀가지 않았다고 대답한다. 그러나 그녀 역시 자신이 딸로 태어난 여성임에도 불구하고 딸 다섯 중에 아들 하나인 자기 집에서 만약 오빠가 일본군에 끌려갔더라면 집안의 대가 끊어지기 때문에 "참말로 큰일난"다고 되풀이해서 말한다.[68]

김기홍(제19권)은 아들이 이미 둘이나 있는데도 또 아들을 낳으니까 기분이 좋다고 말하는가 하면,[69] 나덕운(제20권)은 딸만 있는 사람은 "젊어서는 얼굴에 그 흔적이 안 나타나는데, 나이 한 육십이 넘어지니까 어딘지 모르게 (…) 가을에 낙엽 칠 누레지듯이(누렇게 되듯이) 생기가 없"다고 언급하기도 한다. "요새는 딸이 더 잘 한다고 하던 부인들도 나이 먹어지면 그 소리는 들어간"다는 이야기를 하면서 그는 이처럼 남자만 그런 게 아니라 여자도 그러하기 때문에 "아들은 꼭 있어야 돼!"라고 강조하는 것이다.[70]

그런가 하면 『민중자서전』의 성춘식(제8권)은 며느리가 첫 손자를 보았을 때 겪은 이야기를 들려준다. 병원에서 며느리의 출산 소식을 기다리던 그녀는 남자아이라는 소리를 듣고 "어떻기 좋든동 손바닥을 뚜드리고 막 춤을 한 분 췄"다고 말한다. 비록 그녀는 기분이 좋았을지 몰라도 함께 있던 친정 가족들은 제왕절개수술을 한 "메누리는 다 죽어가고 정신이 없는데 손자 봤다고 춤을 추더라. 주책없는 할마이 아이냐"고 흉을 보았다. "죽을 병 아인 줄 아는데 손자본 게 좋아서 춤춘기 뭐가 그리 흉이래? 지한테도 맹 아들인데"라고 그녀는 대꾸한다.[71] 그녀의 어머니도 "평생에 한이 죽어서도 한번 [남편을 마음대로─필자] 만내 가지고 다정하게 살아봤으믄 하"고 바랄 정도로 엄격한 가부장제의 희생양이고, 그녀 자신도 "대를 이을 아들을 낳"는 것과 "일부종사와 청상과부의 수절"을 '법'으로 하는 엄격한 가부장 남편으로부터 평생 고통 받았으면서도,[72] 아니 오히려 그렇기 때문에 며느리 집안 눈총까지 받아가면서 그토록 아들을 선호했을 것이다.

가부장 전통의 또 다른 특성 가운데 하나는 가족 내에서 아버지와 어머니 각각 고정된 역할을 기대한다는 점이다. 이에 따르면 가부장 아버지는 주로 바깥에서 가족 생존을 위한 일에 종사한다. 반면 어머니 역할은 집안 살림이나 자녀 교육 같은 가족 내부 일을 맡는 것으로 상정된다. 가족 내에서 이러한 역할 구분과 기대는 오랜 시간에 걸쳐 지속되어온 가부장 전통의 명령에 따른 것이다. 가족 내에서 어머니 역할의 고정화는 시간 차원만이 아니라 공간 측면에서도 한국(나아가서는 동양)만에 한정되지 않았다. 한국과 비슷한 어머니 역할의 전통은 미국에서도 찾아볼 수 있기 때문이다.[73] 이러한 역할 기대는 오랜 세월에 걸쳐 내재화되어 전통과 관습 형태로 스스로 요구를 관철하는데, 특히 어머니 역할은 강제라고 할 수 있을 정도로 강한 부담과 억압을 수반한다.

박상규(제4권)의 사례는 이러한 전통의 작동 방식을 분명한 형태로 드러낸다. 그는 "애들 돈 달라고 하는 거는 내 담당이 아니"라고 말한다. "나와서 일만 하고 밖에 신경 쓰기 때문에 집안 살림은 일절 모른"다는 것이다. "아이들 일에 간섭을 하질 않고 집사람이 그거하고 그랬"기 때문에[74] 그는 아이들 졸업식에도 가본 일이 없고, 아이들이 배우자를 어떻게 만났는지, 결혼식은 어떻게 했는지 기억조차 별로 없다. 어머니가 일찍 죽고 아버지가 혼자 살면서 아이들을 안아주고 한 일이 없으므로, 그는 혼자 사는 아버지 앞에서 아이들을 안을 수가 없어 엄한 아버지가 되었다고 말한다. 아이들과 놀러간 적도 없고, 극장 구경을 자주 하기는 했다 하더라도 가족하고 가지는 않았다. 아버지를 의식해서 자신의 회갑이나 팔순 잔치를 하지도 않았다. 아버지도 "크게 하지 않았는데 내가 어떻게 할 수 있느냐"는 것이다. "아이들이 하자는 걸 마음이 편하지 않아서" 하지 않았다고 그는 말한다.[75]

합동 회갑연(1962)

엄한 아버지가 될 수밖에 없었다거나 자신의 회갑이나 팔순 잔치도 하지 않았다는 박상규의 구술은 다분히 아버지의 존재를 의식한 것이지만, 그 배후에서 가부장제의 음영이 어른거리는 것을 본다. 이 경우 박상규는 가부장제의 구현자이기도 하지만, 동시에 그 희생자이기도 하다. 최채우(제7권)는 가부장제의 명령이 어머니 역할로 체현하면서 그것이 강압을 통해 행사되는 과정을 잘 보인다. 자신의 큰딸을 흠모하는 이웃 총각이 집에까지 찾아와서 쫓아다니던 사건을 회상하면서 구술자는 첫사랑을 잊지 못해 하는 이웃집 총각에게 돈을 주어가며 달래야 했다. "남편이 딸 간수를 하나 못한다고 막 죽일려고" 했기 때문이다. "딸 하나 그것 하나 제대로 못 지켰다고 얼마나 나를 죽일라고 할 것이여"라고 말하면서 그녀는 그래서 부득이 총각의 집에 가서 "죽어도 우리 집에 오지 말라고", "제발 오게 하지 마라고 단속 좀 시키라"는 회유를 되풀이해야 했다.[76]

가부장제가 스스로를 구현하는 마지막 형태로는 아내의 시집살이와 수절의 문제를 들 수 있다. 안성만의 부인인 김춘순(제3권)은 막내딸로 시집와서 "겁나게 거시기한" 시집살이를 살았다. 시어머니한테 "머리 끄댕이까지 잡"히는 수모를 당했는가 하면, 10년 동안을 골목 밖으로도 나가보지도 못하고 집에서만 지내는 생활을 견뎌야 했다.[77] 이기범(제6권)은 드물게도 남편 입장에서 아내의 고단한 시집살이에 공감을 표시한다. 특히 부인들은 "아이들 많이 나아서 키우제, 옷 해 입혀야제, 농사 수발해야 되제, 남편 수발에 시부모 수발에 여자 일이 완전 고역"이라는 것이다. "지독한 시어머니 만나면 그 구박, 말도 못했다"는 언급은[78] 안성만의 부인 사례를 연상시킨다. 쉰셋 나이에 남편의 갑작스러운 죽음을 맞은 최채우(제7권)는 처음에는 집 밖으로 나가면 사람들이 자꾸만 자신에게 "손가락질하는 것 같"이 느꼈다고 말한다.[79] 다음 장에서 서술할 『민중자서전』의 이규숙(제4권)과 비슷하게 아내 때문에 남편이 죽었다는 주위의 시선을 강하게 의식했기 때문이다.

여성의 시집살이는 여성이 자라난 가족에서 출가한 딸에 대해서도 마찬가지로 적용된다. 오랫동안 전통을 거쳐 가족 제도 내에서 인정받고 관습으로 정착되어온 여성에 대한 이러한 태도는 '가부장제의 공모'로 일컬을 수도 있을 것이다. 시집간 딸에 대한 이기범의 구술은 이 문제의 일단을 드러낸다. 신장 이식 수술을 해야 하는 아내에게 자신의 신장을 떼어주겠다는 딸에 대해 이기범은 "처녀 몸으로 그러면 괜찮은데, 결혼했으니까 우리 집을 떠나서 남의 식구가 되었는데 그 사람들[사돈집-필자]한테 할 일이 아"니라고 그는 생각한다. 여자는 시집가면 남이 된다는 옛말의 가르침에 따라서 "내 딸자식이지만 내 권한이 없"다고 생각하기 때문이다.[80]

그런가 하면 오빠가 군에 끌려가서 집안의 대가 끊어지면 참말로 큰일 난다고 생각하는 서순례(제18권)는 정작 자신은 어머니 이름조차도 기억하지 못한다. 이전에는 여자들이 자기 이름으로 불린 경우가 거의 없었다면서 그녀는 어머니의 이름은 떠올리지 못한 채 '동산동댁'으로만 기억한다. 사실을 말하면 구술자는 아버지 이름은 또렷하게 기억하면서도 어머니에 대해서는 심지어는 성조차도 제대로 알지 못한다. 처음에는 '박가'라고 했다가 나중에야

"박이 아니라 주가여 주"라고 하면서 어디 주씨인지는 모른다고 덧붙인다.[81]

　서순례에서 보이는 기억의 선택 작용은 결코 그녀의 문제가 아니다. 가부장제 문화와 그 전승 방식이 남성 중심으로 이루어져 내려오면서 작용한 결과의 산물이기 때문이다. 최대봉(제34권)에 대해서는 앞의 제1장 3절 교육 부분에서 논의한 적이 있지만, 그가 딸을 희생하면서까지 조카를 가르친 사실 역시 가부장제를 빼고는 설명할 수 없다. 그는 옛날 풍습은 아내보다는 부모나 형제를 우선시했다고 말한다. "요새 젊은 사람들은 처를 아주 금덩이처럼 생각"하지만, 그때는 아내를 그렇게 대하면 '욕한다'는 것이다. 옛날에 "여자 희생이 컸"다는 사실을 인정하면서도 그는 아내는 "보통 마음으로 생각"하는 것이지 내색하는 것은 아니라고 말한다. 실제로 그의 아내는 결혼하고 15년 동안을 남편하고 떨어져 시집에서 살면서 시집 일을 도맡아 해야 했다.[82]

4. 남녀 차별과 젠더

지금까지 살펴본 사례들은 가부장제와 남녀 차별 사이에서 보이는 일정한 친연성을 시사한다. 이 절에서 논의할 남녀 차별과 젠더 문제는 앞서 이미 서술한 아들 선호와 장자 중시와도 관련되지만, 여기서는 이러한 논의의 연장에서 가족 일반 차원으로 확장하여 검토해보기로 한다. 따지고 보면 이 주제는 『민중열전』 각 권에서 거의 빠지지 않고 언급될 정도로 자주 등장한다. 이는 한국 사회에서 남녀 차별과 젠더 문제가 그만큼 만연되어온 사실을 시사한다. 특히 여성의 경우 한 세대 이전 중산층에 속하는 지식인 여성보다는 일상에서 자각하고 그것을 표현하는 방식은 달랐다 하더라도, 일상을 살아가면서 경험하는 차별에 대한 감정은 양자가 기본에서 크게 다르지 않았다.[83]

이두이(제1권)는 "김치를 담아도 우짜든지 맛있는 거는 다 남자들 주고 여자는 모두 무시짐치(무김치) 맛없는 그런 거 묵고 옛날에는 그랬"다고 기억한다. 그녀의 회상은 해방 직후 먹을 게 없던 시절로 이어진다. "죽을 끼리면서 나물을 한 뭉티기썩 쩡가놨다가 한분 슥 남자들은 쪼매 섞어도 여자들은 많이 섞어 그라가 먹고 그라데요. (…) 밥하면 그 보리쌀 좀 섞어가지고 우에 인제 아버지들 남자들 이래 떠주고 나면 여자들은 전체 보리밥 섞어가지고 묵"곤 했다는 것이다.[84] 안성만(제3권)의 아내는 신혼 시절 시부모에게 날마다 마당에서 큰절한 경험을 말한다. 아내인 김춘순이 이 말을 언급하자 구술자는 "나는 안하고 며느리만 했다"고 부연하고 있다.[85]

박상규(제4권)는 서울 구경을 갈 때면 큰아들의 아들 손자만 데리고 다닌다. 손녀딸은 "할아버지는 매일 오빠만 데리고 다닌다"고 투정한다. 이에 대한 대답으로 그는 자기 신조는 "여자는 집에서 알뜰하게 살림 잘하고 살면 된다는 거(고) 여자가 나가서 돌아다니면깨(지기 때문에) 집에 가만히 있으면 서로가 편하다"고 말하고 있다.[86] 어릴 적에 동네 면장 집에서 식모 생활을 한 성송자(제5권)는 당시 생

활을 회상하면서 "여자들은 부엌에서 그냥 상(도) 없이 그렇게 먹"었다고 말한다. 남자들처럼 따로 밥상을 차리지 않고 "바가치나 어디 이런 데 비비가지고" 먹었다는 것이다.[87]

이기범(제6권)은 옛날 사람들은 "교육이 문제가 아니고 자식 욕심이 많았"다고 말한다. "아버지는 아들 위주로 남자 위주로 좀 마이 그런, 옛날 사상이기 때문에 딸네들하고 아들하고 상당히 차별을 뒀"다고 그는 생각한다. 딸아이는 "소소한 일이라도 이것저것 마이 시킷"다는 것이다. 이 대목에서 그의 아내인 정순자는 "시동상한테고 신랑한테는 책을 보는 시간도 많고 앉아 노는 시간은 있는데도 아무 일도 안 시키고, 여동생들한테 밭에 가서 일하고 오라 카고, 뭐 나무 같은 것도 해오라"고 하는 언급에는[88] 미묘한 비판의식이 묻어난다. 최채우(제7권)는 어릴 적 부뚜막에서 밥 먹는 친구의 올케들에게 왜 거기에서 밥을 먹느냐고 물었던 사실을 떠올린다. [남자—필자] 어른들이 있는데 방에서 어떻게 밥을 먹을 수 있느냐고 반문하는 그들에게 그녀는 어른들은 방에서 밥을 먹는데 여자들은 부뚜막에서 먹는 법이 세상에 어디 있느냐고 묻는다. "옛날 법인게 헐 수 없은 게 먹어 얀다"는 그들의 대답을 그녀는 아직도 기억한다.[89]

박현순(제11권)은 어린 시절 누나들은 학교나 외지는 말할 것도 없고 문밖에도 출입을 못하게 했다고 기억한다.[90] "그때만 해도 개화가 안 되었던 때"였기 때문이라고 그는 생각한다. 장남인 형 위주로 교육이 이루어져서 자신도 초등학교밖에 가지 못하고 농사일을 도와야 했지만, 누나들은 그나마 초등 교육조차도 받지 못했다.[91] 이러한 남녀 차별은 세대로 전승되어 그에게로 이어졌다. 자기 큰딸이 경찰 시험에 합격했는데도 "여자로서 그런 직장은 아니다"고 반대하고, "바로 시집을 보내버렸"기 때문이다. "니가 갈 길이 아니다"라면서, "너가 뭣을 할라고 하느냐", "엉뚱한 생각하지 마라"면서 못 가게 했다고 그는 말한다.[92]

　바깥출입을 거의 하지 못한 박현순의 누이들과 마찬가지로 서순례(제18권) 역시 자신은 물론이고 어머니를 비롯한 여자들은 장에도 가지 못했다고 회상한다. 여자들이 시장에 다니면 "큰일 나는 것인 줄 알"았기 때문에 "무서워서 안 가 봤"다고 구술자는 말한다. 봉건시대 삼종지도와 마찬가지로 "아버지 살아서는 아버지가 다니"다가 나중에는 오빠가 주로 다녔으며, 결혼한 이후에는 남편이 주로 시장에 다니고 있다는 것이다. 이처럼 집에만 갇혀서 지낸 서순례가 바깥사람을 접할 수 있는 거의 유일한 기회는 방물장사나 보따리 장사가 방문해서 구경할 때뿐이다. "사는 것이 그때는 참 사람 사는 것도 아니"었다고 하면서, 요즘 여자들이 자유롭게 사는 것을 보면 지금은 "눈 깜고도 살" 수 있다고 그녀는 생각한다.[93]

　역대 선거나 새마을운동 같은 일들도 그녀와는 무관하게 지나간 역사일 뿐이었다. 이승만 정권 시절을 회상하면서 그녀는 "그냥 이런 촌에 저렇게 살림하고 들어 백힌 사람들은 선거가 무엇인지도 몰랐"다고 말한다. 바깥에서 하는 일은 얘기를 하지 않으니까 모르지만, 그녀는 남편은 아마도 투표를 했을 거라고 생각한다. 처음으로 투표를 한 시기를 서순례는 박정희 대통령 때로 기억한다. 그러나 투표소라는 공공장소에서 구술자는 자기 의사대로 한 표를 행사하지도 못했다. "모르니까 처음인 게 (⋯) 그 사람들이 어떻게 어떻

게 하라고 알려"주면 그렇게 "시키는 대로만 했"다는 것이다.[94]

"지금은 내 자유"지만 그 시절에는 그렇지 않았다고 하면서 그녀는 지금은 "여자들이 날뛰고 다니지"만 그 시절만 하더라도 "어림도 없"었다고 말한다. 여자들은 "바깥에도 나돌아 다니는 거 아니"기 때문이다.[95] 새마을운동 시절에도 학교 회의나 이웃집 잔치는 남편이 으레 참석해서 어떤 때에는 남편이 하루에 다섯 번을 나다닌 적도 있다고 구술자는 기억한다. "여자가 바깥에 돌아다니면 못쓰는 것"인 줄 알았기 때문에 자신은 집에서 살림만 하고 집 밖으로 나다니지 않았다는 것이다.[96] '자유'나 "날뛰고 다닌다"는 표현에는 여자에 부과된 전통의 명령을 체화한 그녀가 느끼는 불편한 감정이 다분히 배어 있다.

권영섭은 여자는 출가하면 "남 되어버리니까 나중에 없어지지 않"느냐고 반문하면서, 누이동생이 하나 있긴 하지만 자신은 "독신이나 마찬가지"라고 말한다.[97] 이와 비슷하게 김숙중 역시 시집 안 간 여동생이 있었지만 여자는 결혼을 했건 안 했건 "가족으로 안 쳤"다고 말한다.[98] 전수원의 아내인 최선녀는 군대에서 다쳐 입원한 남편에게 가볼 엄두조차 내지 못했다. "그때야 다 남편을 참 무섭게 생각하"기 때문에 시집에는 아예 말도 꺼내지 않았지만 당초에 그럴 생각조차 들지 않았다는 것이다. 위로 딸을 둘 낳았을 때는 시어머니가 서운해 하면서 하도 야단치는 바람에 "밥도 제대로 먹지 못하고 하도 울어서 눈이 이렇게 자꾸 마를 새도 없었"다면서 그녀는 "뭐 세상을 무섭게 지냈는지. 그러고 살았"다고 회상한다.[99] 그런가 하면 장구잡이로 평생을 보낸 『민중자서전』의 신기남은 기생들이 남자 광대들이나 소리꾼에게 "아침저녁으로 문안"하지 않으면 "머리채 감아서 던져놓고 개 패듯이 돼지게 뚜드려 맞"는다고 말한다. "요즘 세상이라 김 여사, 오 여사, 박 여사 모다 이러지 그때는 말국도 없이 뒤지게 패버린"다는 것이다.[100]

같은 『민중자서전』에서 김점호는 시골에서 남자는 나무를 해와도 대단하다고 하지만 "밥해 먹고, 빨래하고 아아 키우고 이라는" 여자의 일은 "축에도 안 옇어주고 알아주지도 안" 했다고 말한다. "옛날엔 어른이라 카마는 하늘이고 미늘[며느리—필재]이라 카는 거는 땅바닥에, 진짜로 고만 벌거지보다 쪼매" 나은 존재로 인식했다고 그녀는 생각한다. "까짓거 뭐 댈 것도 없고. 잘못하믄 뚜디리 맞고, 밥도 안 주고 또 나쁜 소리도 듣고"[101] 살아온 그녀에게 최근의 변화는 새삼스럽다. 그런데도 그녀는 앞서 서순례와 비슷하게 그러한 변화가 마냥 좋지만은 않다. "근데 너무 넘쳤어 글지요?"라면서 면담자의 동의를 구하는 그녀는 "쪼끔만 달라져야 되는"데 "너무 마이 달라졌"다고 말한다. "옛날에는 죽도록 고생하고 살아나왔는데 요새 고마 싹" 바뀌어버린 데에 '억울'한 감정을 토로하면서도 그녀는 "그리도 안즉은 안 된다 글더라. 안즉 쪼끔 더 달라져야 된다 글더라"는 의견을 조심스레 3인칭 형태로 말하고 싶어 한다.[102]

마지막으로 앞에서 언급한 『민중자서전』의 성춘식은 결혼 후 모처럼 방문한 친정에서도 남편을 비롯한 시부모 옷을 준비하느라 쉬지도 못하고 일해야 했던 경험을 말한다. 여자는 길쌈하고 바느질하느라 쉬지 않고 일해야 했기 때문에, 그녀의 친정어머니는 "몬서리나는 애쌈 길쌈이라꼬 배워놓으면 해야 된다고 고생한다고" 해서 딸에게 아예 길쌈을 가르치려고 하지 않았다. 딸로서의 차별은 거기서 그치지 않았다. 6·25전쟁 때 피난 가다가 강을 건너가는데 9개월 된 딸아이를 업고 가는 그녀가 자꾸 처지게 되자, 그녀의 남편은 "고만 물에 옇뿌라, 고만"이라고 하면서 아이를 강물에 버리라고 말한다. "아이구 별 소리 다하네. 내가 죽었음 죽었제 아아를 왜 내던져"라는 그녀에게 남편은 "낳으만 자식이제 뭐, 내던져라"라고 거듭 재촉한다.[103]

이처럼 대를 이은 차별을 경험하면서도 그녀는 아들에 대한 공공연한 선호를 말한다. 첫아이를 "아들로 낳고 보이 세상을 다 얻은 겉이 부러울 게 없어"서 "이쁘기는 얼매나 이쁘고 이상하이 이뺐"다고 하면서, 둘째로 낳은 아들에 대해서도 "하나도 하늘 겉은데 둘을 낳으이 아이고 샛득하(기쁘데, 상쾌하데)"더라는 것이다.[104] "옛날 사람들은 자손보다 조상을 더 위했"다면서 그녀는 "우리도 늙으믄 어른 되고 조상이 되"기 때문에 "우리가 조상한테 잘해야 후손이 본을 받고 우리한테도 잘 하"는 거라고 생각한다. 지금은 딸도 좋다는 세상이 되었지만, "딸은 남우 집에 가면 남우 성 자식을 낳으믄 남우 성이 되고, 그 집이 없어져뿌"린다는 말을 되풀이하는 바람에 그녀는 친정에서조차 자신을 "고만 싫어하는 것 같"다고 말한다.[105] 이러한 그녀였기에 "너무 간소하게 하"는 동생의 제사나 "딸만 둘"인데도 "손자를 안 봐도 된다"는 조카에 대해서 섭섭한 마음을 감추지 않는다. "너무 지나치게 신식에 따라간"다는 것이다.[106]

이처럼 여성에 대한 차별은 민중이나 중산층 지식인을 가리지 않고 가족을 포함한 일상에서 행사되었다. 가족 내에서 이두이가 말하는 김치나 밥 혹은 최채우가 말하는 식사에서 차별은 지식인 중산층 여성인 이봉순이나 권기옥의 경험과 일치한다.[107] 나아가서 김점호나 성춘식에서 보듯이 여성들은 가족 내에서 남자 형제들에 비해 많은 일과 노고를 도맡아야 해야 했다. 그런데도 두 사람의 사례에서 잘 드러나듯이 이들은 여성에 대한 차별의 피해자이면서도 동시에 그것의 실행자이기도 한 역설을 드러낸다. 가족 내에서 여성에 대한 차별은 가족의 경계를 넘어 공공 영역에서 차별과 배제로 이어졌다. 학교나 시장, 투표소 같은 공공 제도나 장소에서, 새마을운동 같은 마을 차원의 동원에서, 그렇지 않으면 사회 진출을 위한 직업 선택에서 이들은 여성이라는 이유로 끊임없는 차별과 배제에 직면하였다.

제 3 장

성과 사랑,
결혼

근대 개인이 실존적으로 당면하는 문제들 가운데 중요한 의미를 가지는 것 중 하나로 사랑과 결혼 문제를 꼽을 수 있을 것이다. 이 장에서는 성과 사랑 그리고 결혼 문제를 검토한다. 이 책이 대상으로 하는 민중 대부분이 사회 하층에 속한다는 점에서 이들에게 나타난 사랑과 결혼은 흔히 우리가 대중 매체나 역사서들을 통해서 알고 있는 주류 서사에서와는 다른 양상을 보인다. 그리고 사례에 따라서는 구술자는 말할 것도 없고 면담자 역시 이러한 문제 영역 자체를 설정하지 않을 정도로 이들에게서 사랑과 결혼 혹은 낭만의 요소들을 기대하지 않는 경우가 많다.

그런데도 자의식 심층에서 이 문제가 어떠한 방식으로 자리 잡고 있으며, 그것이 사회관계를 통해 어떠한 방식으로 표출되는지, 그리고 그와 관련한 사회도덕과 규범, 제도들이 어떠한 방식으로 배열되고, 또 개인이 그것을 어떻게 수용하고 반응하는가에 관한 대안 서사를 이 장에서 제시해보고자 한다. 성과 인종, 계급, 권력이 서로 교차하는 가운데 자유로운 성과 친밀함의 이상과 역설 그리고 결혼의 실제와 양상의 내용을 검토함으로써 근대의 성과 결혼을 통해 본 한국의 근대를 다른 시각에서 이해하는 동시에, 한국식 사랑과 결혼의 다양한 변이형들을 보게 될 것이다.

성과 사랑은 누구에게나 가깝고 모두가 다 아는 것처럼 보이는 개념이지만, 따지고 들어가면 모순과 복합된 문제로 점철되어 있는 미지의 영역이다. 생물학에서 정의하는 유기체의 구조와 기능의 차이를 의미하는 영어 표현 '섹스sex'가 사회 문화 범주로서의 '젠더'와 인간의 본원 욕망으로서의 '섹슈얼리티'라는 이중 의미를 내포한다고 하더라도, 섹슈얼리티 역시 특정 시대나 사회 문화 맥락 안에서 이해되는 일종의 사회 구성물이라는 인식이 설득력 있게 제시되어왔다. 이러한 점에서 성은 정치·경제·문화의 산물이라는 점에서 자기 역사를 지니고 있으며, 인종이나 계급, 권력과의 관계에서 이해되는 어떠한 것이다. 즉, 성은 남성이나 여성에 고유한 속성이라거나 어느 시대에서나 변화하지 않는 보편의 경향성이라기보다 사회 맥락 안에서 양상을 달리하며 끊임없이 변화하는 복합과 모순의 실체라는 것이다.[1]

다른 한편 성과 사랑은 서구와는 다른 맥락에서 이해되는 동아시아나 한국의 특수 문제 영역이기도 하다. 서구 문명을 먼저 받아들인 일본에서는 근대 서구에서 도입된 연애나 사랑이라는 말에 대응하는 현실이 존재하지 않았다. 1910년대 중반에서 1920년대까지 중국의 젊은이들에게도 연애lian'ai나 자유연애ziyou lian'ai는 서구에서 온 새로운 개념이었다. 육체와 감각에 초점을 맞춘 중국 전통의 '색se'이라는 범주와 달리, 근대 연애는 배움과 지식을 통해서만 접근할 수 있는 복잡한 과정이나 기법을 요구한다.[2] 같은 동아시아권에 속하는 조선에서도 이 점은 마찬가지였다. 식민지를 떠나 식민 모국 일본으로 유학 간 젊은 남녀들은 전통의 속박에서 벗어나 근대 자유의 확실한 상징으로서 근대 사조 가운데 하나인 자유연애 사상을 받아들였다.

일본의 문명 개화론에 입각하자면, 전통의 '색'에서 근대의 '애愛'로 이행하면서 남녀 간 불평등이 육체관계에서 비롯된다는 입장이 생겨났고, 따라서 평등한 '문명' 사회를 실현하기 위해 육체적 욕망을 부정하고 정신의 자유로운 결합을 강조하는 주장이 분출했다. 그리하여 연애의 자유는 인정하면서도 육체관계는 부당하다는 새로운 형태의 성에 대한 억압이 생겨났다. 1910년대 일본 신여자들이 주목한 것은 바로 이 지점이었다. 육욕을 천시하는 까닭에 처녀성을 중시한다는 '애'의 관념에 기초한 새로운 성의 억압을 비판하면서, 이들은 여성의 성의 자유를 옹호하고 실천하였다. 이는 전통의 '색' 개념과 통하는 어떤 것이었지만, 이들은 '색'이라는 용어 대신 새로이 '애'라는 근대식 표현을 통해 자신들의 주장을 정당화하였다.[3]

1. 성과 인종, 계급, 권력의 교차

일본이나 중국에서 '색'의 전통이 '애'로 이행했듯이, 1910~20년대 한국에서도 '난봉'이나 '육욕' 같은 전통의 성 개념을 대신해 근대 자유연애가 동경과 이상화의 대상이 되었다. 하지만 배우지 못한 남녀의 성은 '난봉'이나 '바람' 같이 혐오스럽거나 비난받는 어떤 것이 되었다.[4] 이러한 생각을 이 책의 대상인 '민중'에 적용해보면, 민중의 본령이 무식하고 가난한 하층민이라는 점에서 이들 민중의 성과 사랑은 '색' 개념이 여전히 강하게 지배하는 영역이라는 선입견을 가질 수도 있다. 물론 그렇다고 해서 일이 그렇게 단순하지는 않다. 민중 상층부로 분류할 수 있는 일부에서는 이와 달리 색과 애두 개념이 착종한 모순과 복합의 양상을 찾아볼 수 있기 때문이다. 그리고 이들 민중의 성과 사랑은 근대 자유연애 사상을 받아들이고 실천한 1920년대 신여성들과는[5] 확실히 구분되는 양식과 특성을 보였다.

이미 언급했듯이 인종이나 계급, 권력과의 관계라는 역사 맥락에서 성과 사랑의 주제를 이해하려는 문제의식 차원에서 보면, 계급/계층 측면에서 한국의 근대는 '색'–'육욕'과 '사랑'–'친밀함'의 두 세계가 성의 영역에서 공존하는 복합과 모순의 이행기였다고도할 수 있다. 상층 일부나 중간, 지식인 계급에서 사랑과 친밀함에 입각한 성의 기법이 널리 받아들여지고 실행되는 동안, 사회 하층에서 인간 본능의 자연스러운 분출로서 성의 자유분방함이 종종 '문란함'으로 규정되거나 오해되기도 했다. 한국 근대에서 성과 사랑의 독특한 양상은 이 두 세계의 변주곡이 어우러지면서 만들어갔다고 할 수 있다.

나아가 성과 사랑의 복합과 모순은 계급/계층 구별에서만 나타나지 않는다. 거듭 언급하듯이 성은 계급이나 권력과 더불어 인종이 교차하는 영역이기 때문이다. 비록 한정된 사례에 그친다고 하더라도 이 문제 역시 이 글의 대상이 되는 민중 구술에서 찾아볼 수 있다. 마지막으로 이 글은 권력 문제에 대해 남녀 성별 구분에 기반하여 남성 지배 권력과 여성의 성이라는 시각에서 접근해보려 한다. 또 남성과 여성의 사회 지위와 차별이라는 관점과 함께 동성애 사례도 소개한다. 오늘날과 달리 『민중자서전』의 특정 사례들은 19세기 말 근대 이행기나 일제 강점기의 동성애 문제 영역이 성, 권력, 계급 등이 교차하는 복합 현실을 잘 드러내는 지점 가운데 하나임을 보이고 있기 때문이다.

여성이라는 이유로 남성으로부터 억압과 차별을 받는 모습은 앞장 교육이나 가부장에 관한 논의에서도 이미 언급한 바 있다. 성 영역에서 여성이 받는 억압과 차별은 『민중자서전』에서 최소심(제9권)과 함동정월(제15권)의 두 사례가 대표한다. 진도 강강술래의 앞소리꾼으로 이름이 널리 알려진 최소심은 어린 시절 어느 봄날 올케 언니, 친구들과 함께 고사리 꺾으러 다른 동네 산에 갔다가 성희롱을 당한 경험을 말한다.[6] 산에서 지게를 지고 나무하고 내려오던 사내들 세 명이 "가이나들아, 그거 있거라, 거그 있어"하고 쫓아와서 무서움을 느낀 두 친구는 달아나버리고 자기와 올케 언니는 도망가면서 모욕적인 언사와 위협을 꼼짝없이 감수해야 했다.[7] "막 화가 나

갖고 (환장해) 죽겄"는 수모는 동네 사람의 도움으로 지서에서 호출한 이장을 불러 혼을 냄으로써 갚았다 하더라도, 이 일이 있고 나서 "절대 한번 소문이 한번 나봉게" 산에 고사리를 꺾으러 가거나 걸어서 장에 갈 수조차 없는 세월을 그녀는 고스란히 견뎌야 했다. 언젠가는 바닷가에 감태를 매러 갔다가 "고운 옷들을 딱 벗어서 바윗동으다 착착 개서 엲어 놓고 돌로 딱 눌러놓고는" 바다에 들어가 있는데 동네 청년들이 옷을 들고 가버린 일도 있었다.[8]

여성이라는 이유로 당해야 했던 성의 억압과 모욕은 결혼 이후라고 해서 달라지지 않았다. "시집가서도 별시런 놈이 쎘"다고 그녀는 말한다. 양상은 다르다 해도 지금도 계속되고 있는 여성에 대한 남성의 성희롱과 억압은 일상 어느 곳에서나 찾을 수 있었다. 시장에서 집으로 오기 위해 언덕을 넘을 때 마주친 사내들이 "자리 한번 깔고 한번 놀아봅시다"하면서 으슥한 곳에 가서 안아보려는 일이 있었는가 하면,[9] 마음에 없는 결혼을 하고 살다가 거의 반강제로 마을 면장의 세 번째 첩이 된 이후로는 "죽으려고 약도 사다가 베개 밑에다 놓아두"고 "무섭기가 말할 수가 없"는 남편의 감시와 폭력을 견디며 살아야 했다.[10]

무형문화재 예능 보유자로서 가야금 명인으로 이름을 떨친 함동정월은 아마도 여성의 성에 대한 억압과 모멸의 전형을 제공하는 사례일 것이다. 강진 병영의 악사 집안에서 태어난 그녀는 초등학교를 중퇴하고 열한 살 어린 나이에 광주 권번에 들어가 가야금과 판소리를 익히고, 1932년 열여섯 나이에 목포 권번에서 예기 생활을 했다. 일본 도쿄 콜롬비아레코드사가 광주에서 개최한 경연대회에 판소리로 출전하여 입상한 뒤 일본에 가서 음반 녹음까지 했지만, 예기로서 그녀는 무수한 남성들의 유혹과 억압에 시달렸다. 목포에서 열아홉 나이에 첫 아이를 낳은 뒤로는 어머니의 강권으로 아이를 친정에 두고 쫓기다시피 서울로 가서[11] 조선 권번에 이름을 올렸다. "서울 풍기가 안 좋다고 그 말 들어서 내가 죽어도 서울 안 올라 그랬"다는 그녀의 언급은 "나쁜 놈들만 우글거리"는 서울의 유흥 분위기를 얘기한 듯하다. "아, 글쎄 자기들 한번 꺾어보는 거여. 권반이 아니고 못 쓰것어. 그래서 전부 그란께 서울 갈 데가 아니라고 그랬던가봐"라고 그녀는 "몹쓸 염병할 놈들"의 유혹과 강압이 끊이지 않는 1930년대 후반의 서울을 증언한다.[12]

서울에 올라온 지 불과 두 달 반만인 1937년 스물하나 젊은 나이에 서른두 살이나 차이가 나는[13] 53세 정씨의 다섯 번째 첩으로 들어간 그녀는 "애기 배서 배가 불른게 그냥 소매 든 김에 춤추더라고 집에다 딱 하옥시켜 놓았"다고 말한다. 이로써 부모 모시고 예술인으로 활동하면서 살려던 그녀의 계획은 물거품이 되고 말았다. 이 시기의 생활을 그녀는 "예술이 다 뭐여. 아조 그냥 하늘만 쳐다"보고 살았다고 회상한다. 전쟁 나고 남편이 자신과 4남매를 돌보지 않는 바람에 "두레박에 물 푸고 똥바가지 들어서 채마전 가꾸고 가래 찢어지게 심부름 하"는, "머슴도 그런 상머슴이 없"는 세월을 십년 가까이 살았다.

그녀가 공식 활동을 다시 시작한 것은 1954년 대전으로 이사하여 대전 국악원 원장을 하면서부터였다. 이때부터 그만둔 가야금을 다시 시작했는데, 이를 위해 그녀는 20년을 함께 산 정씨와의 헤어짐을 기꺼이 감수했지만, "웬갖 잡놈들이 어찌나 괴롭히는지 살수가" 없어서 정리하고 서울로 올라왔다. 이후 그녀는 클럽을 만들어 요정에 나가며, "춤도 추고, 댄스도 추라 하면 추고, 병신춤이라도 추라 하면 추고, 뭐, 거시기 뭐든지 하라 하면 다 하"면서 네 아이를 키웠다. 이 시기에 그녀는 이 아무개라는 사람과 동거하며 재판까지 가는 사기를 당하면서 착취 받는 비참한 경험을 한다. 아이들을 "업고 댕기면서 피눈물 흘려감서 (…) 애들하고 먹고 살라고 악착같이 모아논 돈"을 몽땅 갈취 당했다는 것이다.[14]

이후 그녀는 생계를 위해 삼양동 튀김 공장에서 일했다. 정악원[15]에 나가기 시작하면서 "박녹주가 소개한 정 아무개의 소개"로 고수鼓手 명인으로 알려진 김명환과 처음으로 대면한다. 그와의 악연이 시작된 것이다.[16] 소개자인 정 아무개와 함께 김명환을 지칭하면서 "둘이 음흉해요. 둘이 날 (유혹하려고) 계획했던 모양"이라고 하면서 "그 찰거머리들, 아구, 그 산 귀신"이라고 그녀는 진절머리를 친다. 한국 예술(국악)의 대중화를 내걸고 접근해온 그는 소개자인 정 아무개가 비원 앞 다방에서 김명환과 동거하라고 강권하다시피 해서 "어떻게 억지로, 억지로 합쳐졌다."[17] 이렇게 해서 김명환과 함께 산 5년 동안을 그녀는 "여그 앉어라, 저기 앉어라 하면 꼬챙이 갖다꽂힌 대로 '예'하(고) 앉"는 생활을 했다고 말한다. 아들이 북을 들고 김명환을 따라다니며 뒷바라지를 하는가 하면 모자가 빈번하게 두드려 맞는[18] 억압과 수모의 세월을 보낸 것이다. "그 사람 기집도 되아도 줬었고, 그 사람 병 나았고, 또 돈도 쥐어다 주고, 문화재까지" 지정되게 했다는 것이다.

주위 사람들의 강요와 압력도 있었다. 소개자인 정 아무개는 "아짐뱆에 없소. 아짐 치맛자락에 매여, 아짐뱆에 없소"라고 하고, 김명환의 형은 "제수씨, 제수씨, 하는 수 있소? 하는 수 있소?"라고 강권한 것은 남성들끼리의 공모로 치더라도 박녹주조차 나서서 "아고, 자네, 조카뱆에 없네. 자네 서방님, 자네 남자 같이 가소"라고 동조하는 말에서 보듯이 어디에서도 그녀에 대한 공감과 지지를 찾기는 불가능했다. 가정생활도 불운했다. "집안에 먹고 살 것도 없어서 난리가 나고 그냥 그러니까는 즈그들끼리 그냥 나가부리"는 바람에 "아들딸들은 다 어디로 뿔뿔이 없어"져서 "첫째 둘째 두 아들 본 지가 삼십 년도 넘었"다는 것이다. 남성에 의한 억압과 지배에도 불구하고 그녀는 이 모든 것이 자기가 "예술(을) 배운 죄" 때문이라고 생각한다. "내 이름으로 내 살고 싶은 대로 한 번도 못살아 봤"지 않느냐고 그녀는 묻는다.[19] 그렇다고 해서 여성의 성에 대한 남성의 억압이라는 사태의 본질을 그녀가 놓치고 있는 것은 아니다.

> 색에서 살인이 오거든. 사람은 색이 과하면 살인얼 해요. (…) 색이라는 거는 그래 눈에다 불 쓰고 싸우고 그러잖아? 질투하는 사람들. 그래서 서로 죽이고 또 그러잖아? 색에 그렇게 치중하는 사람은 바른 길이 어둡단 말이야. 분별력이 어두워. 남녀 하체 무장했으면 무장했지. 저 전통 예술 한 사람이 남녀 하체 무장한 데서 죽어야 하고 예술로 가지 못해야 한다는 결론이 어디가 있어? 하체 무장은 무장대로 하면 누가 뭐라 그래? 다 앞앞이 자기 권한인

데. (…) 그란께 산은 올라가 봐야 알고, 물은 건너봐야 알고, 사
람은 겪어봐야 알거든.[20]

이 말을 마치고 그녀는 "내가 잘 알제? 영웅이제? 헤헤헤"라고
웃는다. 일반인의 생각이나 일상 언어 체계에서 볼 때, 이러한 그녀
의 말은 어딘가 이상하면서 맥락에 따라서는 의미조차 제대로 알
수 없으며 이해가 되지 않기도 한다. 성적으로 억압되고 고통스런
일상 속에서는 왜곡되고 비틀어진 상태로 의사가 전달되기 때문에,
그녀는 단지 비정상의 언어를 통해서만 자신이 경험하고 깨달은 통
찰과 진리를 말할 수 있을 따름이다. 민중자서전 제목으로도 채택
된 바 있고, 얼핏 들으면 진부한 경구로도 들리는 "물은 건너봐야
알고, 사람은 겪어봐야 안다"는 그녀의 말은, 여자라는 이유만으로
성적 억압과 모멸을 그대로 견뎌내야 했던, 긴 세월에 짙게 배인 고
통과 희생을 함축한다.

이 자서전의 공동 편자인 김해숙은 책 말미에 붙인 「함동정월의
예술」이라는 해설에서 "그동안에 많은 세파에 시달리며 영악한 인
간들 사이에서 부대낄 대로 부대"끼면서 함동정월의 삶은 "음악과
는 무관하게 이어지며 여러 남자와의 악연으로 쓰디쓴 고초를 당했
다"라고 적었다.[21] 동일한 직업인으로서 두 사람 사이에서 어정쩡
한 자세를 보인다고는 하지만, 그녀는 같은 여성으로 함동정월의
불행한 삶의 여정에 일정한 연민과 공감을 보인다.

하지만 또 다른 공동 편자인 김명곤이 책머리에 붙인 「서문」은
이와 결이 다르다. 우선 그는 구술 과정에서 함동정월에서 보인 '이

상 행동'에 주목한다. "욕설, 원망, 저주의 말들, 까닭을 분명히 알수 없는 아들의 죽음 이야기, 누가 자신의 방을 열고 무엇인가를 훔쳐간다는 이야기들이 대화 사이에 쉴 새 없이 끼어드는 통에 무척당황스럽고 긴장된 순간"을 겪었다면서, "이는 그이가 오랫동안 고통과 분노에 시달린 삶을 살아왔으며 그 지난 삶이 일흔네 살이 된오늘까지 그이를 괴롭히고 있음을 어렴풋이 알게 해주는 증거"라고 단언한다. 이어서 그는 "그이의 의식 속에는 언제나 그이의 삶을 '지옥'으로 만든 몇몇 사람의 그림자가 따라다닌다. 그이는 그이들이 이미 저세상으로 떠났다는 사실조차도 믿으려 하지 않고, 그 이들이 한 패거리가 되어 늘 자기를 감시하고 괴롭히고 자기 방의 문을 따고서 뭔가를 훔쳐 간다는 느낌에 휩싸이곤 한다"고 말한다. "이 얄궂은 단층의 시대(…)에 한반도의 근세 역사가 그이에게, 그 크나큰 예인에게 건 참으로 억울한 장난"이라고 하면서 그는 "함동정월 씨가 이 시대에 태어났던 것은 참으로 억울하다"고 끝맺고있다.[22] '억울한 장난'이나 '시대' 탓이라는 말에서 보듯이 그녀의삶에 대한 일정한 동정이나 공감은 보이지만, 김해숙과 같이 "여러남자와의 악연"을 직시하고 있지는 않다.[23] 비정상을 통해서만 정상을 말할 수 있는 함동정월의 말이 당혹과 긴장으로 받아들여질지언정, 자기 이름으로는 한 번도 살아보지 못한 여성으로서 억압과고통의 문법은 결코 읽히지가 않는 것이다.

위의 두 사례처럼 전형화된 형태는 아니지만 성의 억압과 금기시된 성은 『민중열전』의 다른 사례들에서 단편이나 어렴풋한 모습으로 드러나기도 한다. 남녀유별을 강조하는 유교 이데올로기가 수

백 년에 걸쳐 지속되어오면서 사회 가장 밑바닥에서 존재해온 이들 민중에게까지 일정한 형태로 그 흔적을 남겼다고 할 수 있다. 최채우(제7권)는 "옛날에는 남자하고 얘기해도 막 그냥 난리가 난"다고 말한다. 한 번은 동네에서 한 살 위인 남자와 읍내 나가서 영화를 보고 왔는데 그 일로 아버지에게서 혼이 났던 일화를 소개한다.[24] 성송자(제5권)는 수십 년 세월이 흐른 구술 시점에도 어릴 때 살던 동네를 떠나 대구로 가는데 고향 남자 친구가 "동네 사람 본다고 몰래 돈을 갖다가 똘똘 뭉쳐서 던져"준 기억이 "평생 잊혀버리지 않"는다고 말한다.[25] 박현순(제11권)은 결혼 전 연애 문제는 "비밀이기 때문에 말을 못"한다고 생각한다. "그런 것에 대해 어떻게 이야기하"냐고 반문하면서 그는 "그 말은 안 할랍니다"라고 입을 닫아버린다.[26]

황태순(제26권)은 "우리 때는 남녀 간에 그런 거 잘 몰랐"다고 하면서 "장가도 부모가 가라 카면 가고 오라 카면 오고 그랬지 그게 없었"다는 것이다. 아울러 그는 장가가서 건넛집에 살던 영감이 "자기 딸 연애했다고 목매 죽었다"는 이야기를 들려준다. "그때는 그기 아주 큰 허물"이라 "고마 동네 누가 연애했다고 하면 (군위)군이 들썩"한다고 하면서, "그때는 딸이 연애하면 못 치운다고 봐야" 하기 때문에 "그런 소문나면 시집 못갔다"라고 말한다.[27] 성송자의 경우에도 그러했지만, 이처럼 억압된 성은 은밀한 방식으로 추구되거나 그렇지 않으면 박현순의 사례처럼 결코 남에게는 말할 수 없는 비밀로서 내면세계에서 수행하는 어떤 것이 되었다.

혹은 여성이 전통 성 역할에서 벗어날 때도 연애나 성은 불가능한 것으로 인식되었다. 하봉연(제42권)의 사례가 적절한 예가 될 것이다. "연애라 카는 거는 모해봤다"는 그녀는 그 이유를 초등학교 다닐 때 남학생을 때린 데서 찾는다. "가스나가 머스마 자꾸 띠띠리 패는 데 무슨 연애가 되"냐는 것이다.[28] 조금은 다른 각도에서이긴 하지만 『민중자서전』의 목수 배희한(제2권)은 "시골로 일하러 내려가면 그냥 쫓겨 올 때가 많다"고 말한다. "주인의 색시가 그냥 눈을 꿈쩍꿈쩍했다가 그냥 별짓별짓 다 하"면서 유혹을 하는데, "눈으루 볼 수(가) 없"어서 "몸이 아파 죽겠다구 괜히 꾀병을 하고설랑 슬그머니 올라"와버린다는 것이다.[29]

이 시기 억압된 성의 또 다른 유형으로는 동성애를 들 수 있다. 방금 언급한 배희한은 이와 관련하여 흥미로운 일화를 소개하고 있다. 그가 목수일을 배운 선생은 전통 표현으로 '남색'이라 일컫는 동성애자다. 그를 포함한 제자들이 선생에게 당한 이야기에 따르면, 동성애는 '벽치기'로 표현되었다.[30] "제자나 뭐나 알 것 없이 말이 제자지 그 양반한테 벽 안 판 사람이 없"다고 배희한은 말한다. 겨울에는 공청 가장 윗자리에 있는 사람이 '통했어요'라고 말하면, 그것은 남녀 역할이 정해진 신호로 통한다. 그러면 "가깝게 지내야한다"라고 통고 받은 당사자는 추운데도 산으로 끌려가 마고자 벗은 위에 엎드려서 '빗장걸이'로 일컫는 항문 성교를 당한다. 당사자는 "아주 아파 죽겠"어서 "아주 쩔쩔 매는"데, 만약 도망하면 "막 갈기고 그러"는 바람에 도리 없이 당하고 만다. 그게 싫어서 자신은 밤에 불러도 "없다구 그래라"고 하고 나가지 않았다고 하면서, "저는 좋아서 허지만 밑에 있는 사람은 뭐냐 말"이냐고 항변한다. 그는 이전에는 남색 사례가 매우 많았다고 말한다. 계절 따라 농사일 하러 다른 지방으로 간 사람이 "남색 좋아하는 사람들한테 붙들려서 오지두 못헌"다고 하면서 남색이 "지금은 싹 없어졌지만 옛날에는 아주 대단"했다는 것이다.[31]

그다음으로 성이 인종·민족과 교차하는 사례는 정원복(제9권)이 대표한다. 일제 강점기 말엽 일본에 징용으로 끌려간 그는 규슈 오이타九州 大分 시 인근 마을에서 미군의 일본 본토 진격에 대비해 땅굴 파는 일에 배당된다. 그곳 마을 사람들도 한 달에 보름씩 일종의 근로 봉사 형태로 판 흙을 운반해 버리는 일을 맡고 있었다. 젊은 남자는 전장에 끌려가 노인만 남아 있었기 때문에 젊은 며느리 아니면 처녀들이 주로 이 일에 동원되었다. 여기서 좋아하는 아가씨가 생기면 "밤에 몰래 병영을 나가서 아가씨네 집에 가서 하룻밤 자"면서 "만리장성 참 여러 번 쌓"았다고 그는 말한다. 자신이 "그 여자를 택하는 게 아니라 저희들이 서로 끌어"간다면서 그는 "일본 처녀들이 정조 관념이 없다"고 평가한다. "일본 사람들은 결혼하기 전에는 뭐 함부로 굴려도 누가 흉보는 사람도 없"어서 "처녀들은 개판"이라는 것이다.[32]

"꽃이 부르면 나비가 안 가겠"냐는 그의 말대로, 어느 날 그는 한 여성의 집에서 자고 일어나 아침에 몰래 들어오다 일본 장교에게 들키고 말았다. 장교는 "한또진(반도인) 주제에 니가 감히 우리 일본 여잘 건드려"라면서, 무단이탈만이 아니라 조선인이 일본 여자랑 동침했다는 사실을 문제 삼아 그의 아랫도릴 벗겨 대검으로 볼기짝까지 때리고 만다. 이튿날 면회 온 일본 여성은 맞아 터진 그의 상처를 보고 "사랑에는 국경도 없고 민족도 없다"면서 울음을 참질 못한다. 과부들하고 노닥거리는 일본 장교들에 대해 "저희들은 그러면서 왜 청춘남녀가 만나는데 그기 무슨 왜 반도진, 일본인이 개입되냐"고 그는 반문하면서 "약소민족이 아니라 나라 없는 민족이 그렇게 서러"웠다고 말한다. "맞아서 서러운 게 아니라 나라 없는 백성이 서러"웠다는 것이다.[33]

해방이 되어 조선으로 돌아오면서 그는 일본 여성들과 헤어지는 아픔을 겪는다. 나중에 돌아와 군대 갈 때나 어디 갈 때 아내하고 이별하면서도 울어보지 않았지만, "그 바짓가랭이 붙잡고 우는 덴, 아무리 강심장이래도 못 당"한다고 그는 말한다. 이때 경험을 회상하면서 그는 "사랑에는 국경도 없다는 말이 그게 전부 거짓말이 아"니라고 하면서, "너는 일본 여자, 나는 조선, 그게 아니"라고 덧붙인다.[34] 그러나 사랑에는 국경이 없다는 정원호나 상대 일본 여성의 언사에도 불구하고, 고국으로 돌아와 결혼하고 가정을 이뤄 산 오랜 세월 앞에서 이 모든 기억은 점차 사라져간다.

같은 일본이지만 1928년 돈 벌러 떠났던 『민중자서전』의 김승윤(제14권)은 또 다른 사례에 속한다. "일본서 만나는 건 노는 년들밖에 다른 건 없었"다고 그는 말한다. 하룻저녁에 3원씩 하는 일본 여자는 "여자와 상대함보다는 그 좋은 구들, 깨끗한 이부자리에 여자 안고 눠 보는 걸 재미를 붙여서 (조선인들이) 많이" 가기도 하는데, 자신은 "한두 번 경험으로 가"보기는 했어도 "살짝치기로 해먹는" 조선 여자를 주로 상대했다. 아무래도 "한국 사람과 서로 궁합이 맞는 인연이 있"기 때문이라는 것이다.[35] 위의 정원복과 달리 그의 일본 체류에는 민족도 국경도 없는 사랑이 없다. 오직 돈 주고 사야 하는 시장 논리의 성이 있을 따름이다. 그러나 이 시장 영역에서는 그도 정원복의 상대역인 일본 여성과 비슷하게 조선인이라는 이유로 차별받지는 않는다. 차별은 단지 시장 영역에서 돈의 유무다과가 결정할 뿐이다. 같은 나라 사람이라 "서로 궁합"이 맞는다고 해서 조선 여자를 찾았다는 그가 만약 시장의 제약이 아니었다면 어떤 선택을 했을까 하는 질문은 성과 인종이 교차하는 복합과 역설의 문제를 제기한다.

2. 자유로운 성과 친밀함의 이상과 역설

성은 본래 자유롭고 다채로운 색깔을 가지고 있다. 『민중열전』은 이러한 생각의 단서를 내비치는 몇몇 사례들을 제공한다. 김기홍 (제19권)은 해방 이전에 남녀 학생이 서로 어울려서 "같이 많이 놀았다"고 말한다. 남녀유별, 그런 건 없었고 누가 연애한다 해도 그렇게 생각하는 정도였지 흉도 보지 않았다는 것이다. 이처럼 일제 강점기에 남녀 구별 없이 놀았는데 해방된 후에는 "많이 구별"해서 "이짝(남자 애들)에서 같이 안 놀라 하고, 저거(여자)는 저거끼리" 어울려 놀았다.[36] 이처럼 해방 전후를 경계로 남녀 관계의 태도가 달라졌다는 김기홍의 구술은 자못 흥미롭지만, 그것이 작동한 특정 사회 조건이나 요인이 있었는지, 그렇지 않으면 개인의 체험 차원에 한정된 특수 사례인지의 여부는 불명확하다. 어쨌든 이러한 진술은 앞서 지적한 남녀유별을 유교 이데올로기의 영향으로 귀속시켜 설명하는 방식을 부정하는 것이면서, 동시에 어느 시대에나 있어왔던 다채로운 성 관념의 변화를 말하는 것이기도 하다.

이종윤(제21권)은 6·25전쟁을 전후해 진주농림학교에 다니던 시절의 다소 특이한 유행을 언급한다. "여학생은 남장하고, 남학생은 여장하는 이런 짓을 참 잘 했"는데, "이웃에 사는 진주여고 여학생들을 찾아가서 어떻게 사정 사정을 해가지고 교복을 한두 벌 빌려오고, 여학생들도 우릴 찾아와서 또 교복을 빌려 가고" 해서 사진관에 가서 사진을 찍는 유행이 있었다는 것이다. 이렇게 찍은 사진은 "친구한테 보여주거나 그런 거는 있어도 누구한테 돌리고 그런 거는 없었"다.[37] '여장 남자'라는 제목으로 친구하고 여자 복장으로 앳된 여자 모습을 하고 찍은 사진을 그는 구술 시점까지 보관하고 있었다.[38] 오늘날 '성도착'으로 정의되는 이러한 성 역할 바꾸기 관행이 이 지방 학생들의 일상에 유행했다는 사실은 흥미롭다. 그것이 단순히 이 지방에 한정된 것인지 아니면 전국에 걸친 현상이었는지, 또한 학생층에 한정되지 않은 일반 현상이었는지 여부는 불분명하다. 특정 지역 일정 계층에 한정된 현상으로 짐작되지만, 왜 그러한 유행이 나타났는지 설명하는 단서를 찾기는 어렵다. 어쨌든 이러한 현상은 억압된 성이 분출하는 한 형태면서, 그것이 그만큼 다채로운 색상을 지니고 있었음을 보이는 사례로 제시될 수 있지 않을까 한다.

최채우(제7권)의 사례도 흥미롭다. 젊은 시절 부부 동반으로 계에서 놀러 가서 그녀와 친구들은 저녁에 여관방에서 여자들끼리 놀다 가 한 사람의 옷을 벗겼다. "못 벗기게 막 몸부림을 치는데 우리가 써서 떼를 할닥할닥 다 벗기버"리고 나서 다른 사람들도 차례로 옷을 "벗어가꼬는양 마악 내둘렀"다고 말한다. 모두가 전라 상태에서 뛰고 놀았다는 것이다. 남자들이 "대처 저 양반들이 뭣을 저케 허는가 허고 문 열러" 와서 계속 두드리는 바람에 무안해서 "놀래가꼬 막 문을 닫고 도망가버"리고 말았는데, '개덕시럽기'는 했어도 그래도 "그때가 좋았"다고 그녀는 말한다.[39] 아울러 그녀는 관광버스나 배를 타고 놀러갔을 때 경험도 언급한다. 남녀 가리지 않고 "춤을 추고 뺑뺑 돌리고, 팔딱팔딱 뛰어대며 인자 한바탕 놀" 때에는 "술 한 컵 안주를 먹으라고 남자에 주고. 입에다 넣어"주기도 했다. 어찌나 흥이 겨운지 아침에 자고 나면 여기저기 온몸에 멍이 들어 있지만, "찧을 때는 아픈지도 모"르고, "앉은뱅이도 일어날 정도로 틀어주"는 기사의 음악에 신이 나서 놀았다는 것이다.[40] 일상에서 억압된 성이 놀이의 장에서는 온몸에 시퍼렇게 멍이 들어도 모를 정도의 자유로움으로 분출하는 모습이다. 성의 자유로운 분출 이면에는 억압된 성이라는 일상의 배후가 있는 셈이다.

이미 언급한 『민중자서전』의 함동정월의 사례는 더욱 절실하고 애잔하다. 남성의 기만과 억압에 평생 시달려온 그녀는 인생 황혼 길에 남녀를 초월하는 친밀한 관계를 절실히 바란다. "내가 좋으면 지금이라도 남자 볼라 그러고, 나도 사람이니까, 같이 친구라도 삼을라 그러고 찾아 댕길 수도 있잖"느냐고 반문하면서 "점점 쫓겨 댕기고 비 막을 데도 없이 해놓고 야들이 그냥 아랫도리로 그냥 막

전쟁 나갖고 나만 없어지라"고 그런다고 하소연한다.[41] 해방 이후 대전에서 서울로 올라와 클럽을 만들어 요정에 다니면서 함께 안무하며 춤추던 시절의 좋았던 감정이나 김명환의 장단에 맞춰 판소리를 하면서 "심적으로 이렇게 딱 호흡이 통"하는 경지를 이따금 경험하기도 했지만,[42] 그러한 경험을 무력화시키는 남성에 대한 뒷바라지와 아내 역할이라는 이름 없는 존재감에 의해 그녀의 일상은 압도되었다.

성의 관점에서 한국의 근대는 '색'-'육욕'과 '사랑'-'친밀함'의 두 세계가 공존하는 모순과 역설의 이행기였다는 말은 이미 지적한 바 있다. 이들 사례에서 언뜻언뜻 내비치는 두 세계는 다음 사례들에서 더 분명한 형태의 대조를 보인다. 먼저『민중열전』의 몇몇 사례들을 보기로 하자. 1957년 부산에서 전시연합대학을 졸업하고 고등학교 교사, 교감을 거쳐 대학에도 출강한 박희춘(제10권)은 "내 친구들이나, 우리 시대 살았던 인생들이 대구 자갈마당이나 부산에 완월동[사창가―필자] 같은 데 구경 안 해본 사람이 없다 카는데 나는 실제로 안 해봤"다고 말한다. "아무런 정신적인 정서, 전혀 인간적인 교합이 이루어지지 않는 상태에서 돈을 주고받고 몸을 거래하고, 이것은 인간이 할 짓은 아니"라고 생각했기 때문이다.[43]

그렇다고 하여 그가 순결을 고집한 것은 아니다. 결혼 전에 이미 많은 여자를 사귀었으며, 결혼할 무렵에도 주변에 몇몇 여자가 있었기 때문이다. 결혼도 "몰려서 어쩔 수 없이 하고", 결혼하고 나서도 "함께 생활하는 것을 자꾸 미룬" 것도 "지저분하게 흐트러놓은 여자관계를 정리"하는 시간을 벌기 위해서였다. 결혼식에서도 '애수의 소야곡'이라는 노래를 부르는가 하면, 식 중간에 뛰쳐나가기도 해서 처가와 아내의 원망을 사고 당혹감을 불러일으키기도 했다.[44] 결혼 이후에도 여자관계를 끊지 못하고 지속하는 바람에 아내의 눈총과 질타를 받는 한편, 상대 여자들 사이의 구설과 원성에 직면해야 했다.

재직하고 있는 학교에는 유부녀를 포함해 여교사가 열일곱 명 정도 있었는데, "일찍 시집가 결국 교육을 받은 수준의 사람들이 대개는 (…) 다시 말하면 배운 것을 핑계로 소위 거 윤리적인 그런 기, 뭣인지, 그런 기 확실히는 몰라도"라고 말을 흐리면서, 그는 지식인 여성들과의 연애가 어떻게 가능하게 되었는지 설명하고자 한다.[45] '교육'과 '윤리'로 배운 것은 핑계라고 그는 말한다. 바꿔 말하면 배워서 알 만한 다수의 여교사가 결혼 여부를 불문하고 성과 사랑을 위한 연애를 불사했다는 것이다. 이처럼 "처한테 성실하지 못했"으며, 자신이 "가정적으로 약간 불행"하다고 생각하는 그가 "외형적으로 남들이 봤을 때는 박 선생(구술자)만큼 가정적인 남자"가 없다는 평을 들었다는 사실은 아이러니하기조차 하다.[46]

조풍도(제22권)는 1951년 생계를 위해 다니던 중학교를 중퇴하고 마산에 있는 기선회사에서 배표를 팔다가 사모하는 사람을 만났다. "그 시절이야 남자 여자 만나고 뭐 이런 게 자유롭지 않으니까 가능하지도 않았지만, 마음에 들어온 사람"이 있었다는 것이다. 조옥희로 불린 "인상에 남은 젊은 여자"로 나중에 알고 보니 고종 누나 집의 식모였다. 당시는 전쟁 때라 걸인이 많았는데, "한 번도 군소리 안하고 많은 양은 못 돼도 빈 그것으로 보내지 아니하는 이런 모습,

이런 것이 참 보기 좋"아 끌린 측면도 있었다고 그는 말한다. "동성동본은 결혼할 수 없다는 생각이 있으니까 연애 감정을 가질 수 없"다고 생각해서 끝까지 고백은 하지 못했다. 하지만 나중에 그는 그녀가 아프다는 소문을 듣고 간병인을 보내주려고도 하고, 병으로 그녀가 일찍 죽은 다음에는 옮긴 주인집을 찾아가서 유골까지 수습해주었다.

그녀 외에도 젊은 시절에 좋아했던 여성들이 몇 명 있었는데, 그 중에서 진주사범 다니던 아가씨도 "오랫동안 마음으로 좋아"했다. "진주여상 다닐 때도 아이들한테 자기 점심 도시락 나눠주고 했다"는 말을 들어서 마음에 들었다는 것이다.[47] 결혼 생활에 대한 불만족도 작용했지만, 그런대로 순수하다고 할 수 있는 젊은 시절의 이런 태도는 결혼 이후 여러 차례에 걸친 '외도'로 이어진다. 아내에 대한 불만을 이유로 자신의 결혼에 대한 "도덕적 책무가 없다고 그래서 외도를 하기 시작"해서 "부부간의 지킬 것을 못 지키는, 부도덕한 그런 모습들"을 연출했다는 것이다.[48]

고등국민학교를 중퇴하고 사진사로 일한 윤영국(제24권)은 사진사들의 연애는 유명하다고 말한다. 당시만 하더라도 찾아보기 힘든 "사진을 다루기 때문에 괜히 여자들이 따"랐기 때문이다. 휴일인 일요일에 그는 사진 찍으러 와서 만난 여자들을 만나 극장도 가고 덕수궁이나 창경원, 비원 같은 데를 데이트 장소로 많이 다니면서 놀았다. "하루는 이 여자 나오고 저 여자 나오"는 식으로 만난 "여자는 한 서너 명, 너댓 명" 된다면서 평일에 번 돈을 일요일에 데이트하고 다 쓰면서 서울에서 생활했다고 그는 말한다.[49]

『민중열전』을 통해 본 위의 세 사례에는 일정한 공통점이 있다. 먼저 세 사례의 주인공 모두 당시 기준으로는 초등학교 이상의 일정 학력을 가진 지식인 범주에 속한다. 결혼 전의 연애나 결혼 후의 외도나 불륜 등의 경험이 있지만, 그것은 흔히 전통사회에 우세하다고 말해진 '색'이나 '육욕'으로 일컫기 어려운 근대식 사랑(애)의 요소를 일정 양식으로 수반하는 양상을 보인다. 예를 들면, 박희춘은 "정신적인 정서"나 "인간적인 교합"을 언급하는가 하면, 교육이나 지성, 윤리도 불사한 혼외정사를 하면서도 차 마시기로부터 시작해서 인근의 사찰이나 딸기밭으로 놀러 가는 일정한 데이트 과정을 수반했다. 젊은 시절 조풍도의 연애에서도 일정한 사랑의 요소를 찾아볼 수 있다. 걸인에게 동정하는 마음씨를 가진 여자를 사모해서 죽은 이후까지 잊지 않고 챙겨 주었다거나 아이들한테 자기 도시락을 나눠주는 모습에 반해서 사랑을 느껴 오랫동안 연모한 것 등이 그러하다.[50] 이들 두 사례에 비해서 상대적으로 교육 수준이 낮다고 할 수 있는 윤영국의 경우도 여성들과의 만남과 연애에서 극장이나 덕수궁, 창경궁, 비원 등으로의 데이트를 수반하고 있다.

『민중자서전』의 다음 사례들에 나타난 성의 세계는 이와는 다른 양상을 보이는 점에서 대조를 이룬다. 배우지 못하고 '아이보개', 머슴을 살다 보부상으로 평생을 보낸 유진룡(제5권)은 보부상들이 번 돈은 "술로 조지"며 다 까먹는다고 말한다. "술 먹고 생각 있으면 지지배하고 살도 섞"는데, 자신의 경험을 이야기하면서 그는 "남의 여자 친할 게 아니다. 고약헌 거"라고 말한다.[51] 마찬가지로 무

학으로 평생을 옹기장이로 살아간 박나섭(제7권)의 구술 편집자인
오현주는 "아내를 고향에 두고 홀몸으로 이리저리 돌아다니는 처
지인 만큼 잠시 잠깐 정을 들이고 살림을 한 각시들도 몇 있었"고,
"잠깐씩이나마 옹기막 부근의 이런저런 여자들과 바람피운 것까지
헤아린다면, 그 평온은 순전히 그 아내의 무던하고 참을성 있는 성
격 덕분"이라고 평하고 있다.[52] 구술자 자신의 표현에 의하면, 스물
다섯인가에 광주에서 열여섯 먹은 여자와 살림을 차렸는데 계집아
이를 낳아 아이가 홍역으로 죽어버리자 "각시도 버려버렸"다. "철
없이들 그렇게 저지른 것"인데, 죽은 아이에 대해 그는 살았으면 결
혼할 때 '말썽거리'가 되기 때문에 "잘 죽었"다고 하면서도 "참 말
할 수 없이 불쌍"하다고 말한다.[53] 이후에도 몇몇 여자를 '바람잡
이(바람둥이)처럼' 얻어 살다가 싫으면 버리고 하는 생활을 그는 되풀
이하며 살았다.[54]

　서영옥(제10권) 역시 위의 사례들과 비슷하게 평생을 배우지 못하
고 어부이자 뱃사공으로 일생을 보냈다. 이 책의 편집자이자 면담
자인 박미아가 서문에서 밝히고 있듯이, "그때의 도덕관념이 엄격
했을 거라는 우리들의 통념과는 달리 무척이나 대담하고 자유로운
연애"를 그는 구가했다. '자유로운 연애'라고는 하지만, 사실 그의
성 편력은 근대 자유연애라기보다는 전통에 우세한 성 개념에 가까
운 어떤 것을 추구했다. 결혼 전에 집과 바다를 오가면서 눈에 띈
'동네 색시'와 대나무밭에서 만나 "연애를 한번 허자"고 해서 2년
간 사귀었는데 여기서 그가 말하는 '연애'란 '산벌(야산)'에서 "그 짓
을 한 것"이었다. 동네가 크니까 색시들이 많아서 그는 그 여자 이

외에도 다른 여자를 "많이 갖고 놀았"다. 그중 한 여자는 그가 장가 간 첫날 밤 "문구녕 뚫구서 들여다보구 허이방 치구(醮妨 놓고)" 일대 소동을 피우기까지 했다.[55] 그런가 하면 그는 뱃사람으로 인근 인천을 다니면서 단골 색시를 두고 신흥동 유곽을 출입하기도 했으며, 평양이나 중국 대련에 가서도 중국과 조선 여자들이 모여 있는 국제 규모의 유곽을 드나들기도 했다.[56]

서영옥과 마찬가지로 송문옥(제13권) 역시 배우지 못하고 평생을 아우라지 뗏사공으로 일했다. 이 책의 편집자인 신경란은 "아침밥이 사자밥"이라고 하나뿐인 목숨을 강물에 맡기고 가는 그 길이 힘든 줄 알면서도 평생 그 일을 구술자가 해온 이유 중의 하나로 "주막집 색시를 한 번 더 만나보는 재미"를 들었다. 생계를 위해서라고 하지만 "목숨을 건 한판 내기"로 하는 일이니 만큼 뗏목 사공은 노름판, 투전판과 함께, "색시와 잠자리를 함께하는" 데에 번 돈을 모두 날려서, 송문옥 역시 "빈털터리가 되어 집으로 돌아와서 (…) 제 땅 한 평 가져보지" 못한 삶을 살았다.

구술 생애사에서 구술자가 회피하려는 주제는 밝혀내기 어렵지만, 면담자는 구술자의 일생에서 확실히 밝혀낼 수 없는 주제 가운데 하나로 이처럼 "만나서 같이 살던 여자들의 이야기"를 꼽는다. 열일곱 나이에 여섯 살 어린 열한 살 여자를 만나 처음 살림을 차린후 "몇 명이라고 딱 부러지게 댈 수 없을 만큼 숱한 여자와 함께 살"아 온 구술자는 "남자라면 누구나 다 해보는 일"을 좀 자주 치른 것쯤에 지나지 않는다는 듯이 "남자가 여자를 열을 두면 안 되오? 스물을 두면 안 되오?"하면서도 그 여자들의 이야기를 끝내 다 털어

내지 않았다.[57]

흥미로운 것은 정선 지방에는 혼인한 사람이 따로 사귀는 상대를 일컫는 독특한 표현이 존재했다는 사실이다. '나지미'는 혼인 외의 이러한 연인을 지칭하는 개념으로, "혼인 생활에 불만이 있는 사람들이 버젓이 다른 상대를 사귀고 있어도 사람들에게 그 만나는 장면을 직접 들키지만 않으면, 그 나지미 사이는 용인"하는 관행이 있어왔다는 것이다. 쉰 예닐곱 나이에 구술자는 한 과부와 나지미 사이를 맺었는데, 환갑이 다 되어 다른 살림을 차렸는데도 그의 부인은 "군소리 한마디 하지 않[고 (…)] 마을 회관에 비어 있던 방 한 칸에 '신접살림'을 차렸을 적에는 쌀 한 말을 이고 와서 도닥거려 주고 가기도 했다."[58]

> 그이에게 여자는 다만 술 마실 때에 없으면 심심해서 못 먹고, 잠자리 곁에 없으면 허전하고 재미가 없어서 아쉬운 '노리개감'에 지나지 않았다. (본부인인) 전씨 부인마저 새해 전에 세상을 떠나고 나서 그이는 '음행'이 끊어졌다. 음행이 끊어진 남자는 사람 구실을 제대로 할 수가 없으며, 더는 여자가 이녁 곁에 가까이 오지 않으므로 이미 죽은 목숨이나 마찬가지이니 별로 살맛이 없다고 한다. 그이에게 여자가 늘 따랐던 것은 뗏사공 시절의 허랑방탕한 생활이나 그이의 타고난 '힘' 때문만은 아니었을 터다. (…) 팔남매 손자들의 할아버지지만 그이는 손자들의 이름을 다 알지 못한다. 며느리 또한 같이 산 적이 없어 만나면 서먹서먹하기만 한, 이래라 저래라 할 수 없는 사이다.[59]

구술자는 친어머니까지 가세해 학대받던 의부 집을 뛰쳐나와 떠돌아다니다가 양양서 첫 여자를 만나 살다가 "아무 재미도 없고 그래서 버리고 나"와서 또 다른 여자를 만나 살다가 "자꾸 싸움이 일고 또 귀찮아지니 나와버"리고 말았다.[60] 유곽 역할을 하는 나루터 영업집에서 경험을 말하면서 그는 여자들이 "몸은 안 빌려줄라고 그레는데, (…) 그래도 한번 데리고 자야 그기 자는 기(거)"라고 하면서도, "일단 한번 버린" 여자는 "못 오게 한다"고 말한다. "내가 일단 한번 버렸으면 그만이지, 그기 뭘 하러 또 온단 말이"냐고 되묻는 것이다.[61] 그러면서도 그는 "아주 못된 늙은 남자"라고 말한다. 여자를 하나 두고도 되먹지 않게 다니면서 '나쁜 짓'을 하기 때문에 "남자라는 건 나쁜 사람"이라는 것이다. 자신의 과거를 염두에 두듯이 그는 남자가 마음을 다른 데 두고 다니니까 차차 멀어져서 또 다른 여자를 찾게 된다고 말한다. 사실을 말하면 그의 아내도 원래는 "나지미랬다가 정을 두고 산 기"였다. 함께 "오래 데리고 있고 자식도 나고 이레니깐 고만 마지막엔 또 싫"어져서 앞서 이미 언급했듯이 환갑 가까운 나이에 "안늙은이를 또 하나 얻었"다는 것이다.[62] 손자들이 많았지만, 그 손자들의 이름을 알지 못한다거나 며느리와도 서먹서먹한 것은 이러한 맥락에서 이해되는 것이다.

마지막으로 배우지 못하고 배 타고 다니며 평생 옹기 장사를 하며 살아간 김우선(제19권)도 비슷한 이야기를 들려준다. 옹기 장사 뱃사공으로 객지 나가서 젊은 나이에 "오입 한 번 안 했다믄 절대 거짓말"이라면서, 기생집에 많이 가본 일을 "한참 때의 헛짓어리"라고 그는 말한다. 옹기가 '여자들 물건'이라 "맨 여자들만 상대헌께, 자우간 여자 꼬시기는 일수"라서, 몸 파는 여자뿐만 아니라 "가정부인들하고도 정이 붙어 갖고 몇번 사구기도 했"다. 동료 중에는 "각 도시마다 여자 한나썩 두고 살림 차리고" 사는 사람도 있었지만, 그렇게 되면 신용을 잃고 배를 타지 못하기 때문에 자신은 "소문 안 날 정도로만 (⋯) 묵어도 안 묵은 척, 안 묵어도 묵은 척 그냥 그러고" 다녔다.[63]

지금까지 살펴본 『민중자서전』의 사례들은 앞에서 검토한 『민중열전』의 사례와는 좋은 대조를 보인다. 후자의 사례에서 보이는 다소의 근대 연애의 요소들이 전자의 경우에는 거의 나타나지 않는다. 이들에게 '연애'란 '살을 섞는다'거나 "야산에서 그 짓을 하"는 거 혹은 "여자를 갖고 논다"든지 '노리개감', '몸을 빌린다', "여자를 먹는" 일련의 일정한 행위다. 전통과 친화력을 갖는 색과 육욕에 탐닉하는 양상을 보이는 것이다.[64] 여기에는 상대방의 마음을 사기 위한 지성이나 노력이 개입하는 과정이 수반되지 않으며, 따라서 여성은 수동적으로 당하는 일방적 존재로 상정된다. 『민중자서전』에서 이러한 양상은 이들의 직업이 보부상이나 뱃사공, 옹기장사와 같이 전통사회에서 멸시 당하던 최하층에 속해 있었다는 점에서 전통의 성 개념과 실천이 여전히 남아 있는 영역이라는 점을 우선 고려해야 한다. 거기에 이들 모두는 학교 문턱에도 가지 못한 무학이라는 학력 특성을 공유한다. 근대 교육과 지식을 통해 연애 개념에 접할 기회조차 가져 보지 못한 환경에서 자라났다는 점도 중요한 설명 요인으로 고려해야 한다는 것이다.

덧붙이자면 성에 대한 이러한 개념은 이들에게 가족 개념이 우리가 알고 있는 근대의 핵가족 제도와는 다소 결을 달리한다는 사실을 시사한다. 남편의 외도를 묵인하는 유진룡의 아내나, 나지미라는 특수 관계를 고려해야 하겠지만, 환갑이 다 된 나이에 새로 얻은 여자와의 관계를 기꺼이 받아들이고 지원한 송문옥의 아내를 우선 염두에 둘 수 있다. 더구나 송문옥은 손자들의 이름조차 제대로 기억하지 못하거나 기억하려는 의지조차 보이지 않는다. 즉, 이들의 가족 개념은 오늘날 우리가 근대화 과정에서 겪어온 핵가족 제도의 친밀성 대신 그 친밀성의 경계가 가족의 범주에 한정되지 않는 양상을 보인다. 이를 앞서 제2장에서 서술한 가족 해체와 이산이 특히 하층민에 두드러지게 나타난 사실과 연관해서 생각해보면, 무엇보다 이들이 근대와는 다른 가족 개념 안에서 생활해왔다는 가설을 제시해볼 수도 있을 것이다.

3. 결혼의 실제와 양상

이제 결혼으로 무대를 옮겨보자. 민중 구술에 등장하는 인물들의 혼인 연령을 보면, 『민중열전』에서 남성의 경우 부인의 혼인 연령이 명기된 경우가 다섯 사례, 반대로 여성은 남편의 혼인 연령을 알 수 있는 경우가 열두 사례에 달한다. 이러한 점에서 남성 43명(『민중열전』 사례 38건과 부인의 사례 5건), 여성 20명(『민중열전』 사례 8건과 남편의 사례 12건) 전체의 혼인 연령 평균을 계산해보면, 남성이 24.8세, 여성

19.0세다. 이를 당시 평균 혼인 연령과 비교해보자.[65] 여성 평균은 19.9세로 『민중열전』의 사례가 19.0세로 약간 낮다. 반면 남성 평균은 24.0세로 『민중열전』의 사례가 조금 더 높다(〈표3-1〉 참조).

『민중자서전』의 경우 전체 20건 사례에서 남성이 11명, 여성이 9명인데, 각각의 평균 혼인 연령은 22.2세와 17.3세로 나타난다. 그리고 이들 대부분의 혼인 연령대는 『민중열전』보다 한 세대 앞선 1920~40년대에 분포하므로(1910년대의 1명 제외), 마찬가지로 이를 권태환·김두섭 평균 혼인 연령의 해당 연대와 비교해보면, 남성과 여성이 각각 21.4세, 17.1세로 『민중자서전』의 경우가 조금 더 높다 (〈표3-1〉 참조). 즉, 성별을 불문하고 『민중자서전』의 평균 혼인 연령이 당시 평균 혼인 연령에 비해 약간 더 높다고 할 수 있다. 대체로 이 연구의 대상인 민중들은 한국인 평균 혼인 연령대에서 큰 차이가 나지 않는 범위 안에서 결혼하고 있다는 사실을 알 수 있다.

혼인 방식은 연애보다 중매를 통한 혼인이 두드러졌다. 『민중열전』을 예로 들면 전체 46명에서 연애결혼 사례는 단 한 건에 지나지

〈표3-1〉 민중 구술과 한국인의 평균 혼인 연령 비교

혼인 연령대	자료	남성(세)	여성(세)
1920~40년대	『민중자서전』	22.2	17.3
	SMAM	21.4	17.1
1940~60년대	『민중열전』	24.8	19.0
	SMAM	24.0	19.9

않았다. 나머지 45명이 중매결혼으로 매우 큰 비중을 차지한다.[66] 이러한 사실은 필자가 일찍이 분석한 바 있는 지식인 여성들의 혼인 방식과 현격한 대조를 보인다. 그에 따르면 12인의 여성 가운데 한 명을 제외한 나머지 열한 명 모두가 부모의 뜻을 거슬러 연애 결혼했다.[67] 당시 사회 인습으로 볼 때 결혼 주도권이 남성들에게 있고,『민중열전』보다 한 세대 앞선 시기의 인물들이라는 사실을 염두에 둔다면, 그 차이는 더욱 극명해진다.『민중열전』이건『민중자서전』이건 이들 대다수가 근대-도시-서울보다는 전통-농촌-지방을 근거로 생활해왔다는 점에서 전통 결혼 양식인 중매결혼이 우세한 것으로 보인다.

중매결혼에서는 주로 친인척이나 친구, 동네 사람 혹은 동네를 드나드는 행상이나 방물장사, 어물 장사, 보따리장수 등이 중매했는데, 말이 중매지 당사자 의견이 고려되지 않는다는 점에서 강제 결혼에 가까운 경우가 많았다. 일찍이 일제 강점기인 1920년대 중반, 자유 결혼에 반하는 강제 결혼을 놓고 열띤 논쟁이 벌어지고 사회 비판이 절정에 달한 바 있다.[68] 당시 도시를 중심으로 젊은 세대의 강력한 비판과 반발에 직면했던 강제 결혼은 당연하게도 중매결혼의 형식을 띠었다. 이 글의 주인공들은 1920년대 도시의 젊은 세대처럼 공론장에서 강제 결혼 논쟁을 벌이기보다 어쩔 수 없이 체념·포기하거나 이를 일종의 운명으로 받아들이는 방식에 적응했다.

오늘날 흔히 생각하는 중매 개념은 주로 특정인이나 기관의 소개를 거쳐 일정 기간 교제한 다음 결혼에 이르는 것이다. 그러나 이

러한 중매결혼은 사실상 이 시기 민중에게 매우 드물었다. 예컨대 『민중열전』의 문대환(제33권)의 사례가 오늘날 중매결혼에 가까운 것으로 거의 유일하다. 즉, 그는 피난지 대구에서 서른한 살 나이에 친구에게 소개받은 여성과 5개월 교제하고 결혼한다. 동시에 그는 사별 아닌 사유로 부부가 이별한 많지 않은 사례 가운데 하나다.[69] 이를 논외로 한다면, 민중에 속하는 사례 대부분은 강제 결혼에 가까운 어떠한 형태로 그것을 받아들였다.

박남진(제8권)은 자신의 결혼은 "할아버지가 결정 보신 거"로서 "내 의지하고는 상관없이 집안끼리" 한 것이라고 말한다.[70] 여기원(제13권) 역시 자신도 "당시 나름대로는 신교육을 받은 세대지만 장가가고 시집가는 거는 내 맘대로 못"했다고 말한다. "연애해가지고 미리 가서 얼굴 보고 처녀 총각 만나보고 그런 건 감히 생각도" 하지 못했기 때문에 "사랑이나 아기자기한 그런 게 아이고 신의로 살았다"는 것이다.[71] 그에 따르면, 결혼해서 아내를 맞아도 합방하지 못하고 살았다. 직장에 자전거를 타고 다니는 까닭에 아내가 보고 싶어 집에 오고 싶어도 사람들이 "저놈 나쁜 놈이다"라고 손가락질하거나 "즈그 마누라한테 미쳐서 그런가 보다"라고 흉을 본다는 것이다.[72] 이종윤(제21권)도 당시 혼인은 "전부 다 집에 어른 지시에 의한 거지. 하나도 지 맘대로 하는 건 없다"고 말한다.[73]

황태순(제26권)은 군 제대를 보름정도 앞둔 어느 날 집에서 부쳐온 "적삼 이래 입고 찍은 어떤 아가씨 사진"을 받았다. 정혼한 '색시'의 사진을 "가만이 보니 같잖지도 않더라"고 그는 회상한다. "옛날 촌닭 아이가?"라고 반문하면서 그는 그래도 "우야노? 어른들이 시키는 대로 어쩔 수 없이" 해야 했다고 말한다. 사정은 그의 아내인 손천봉도 다르지 않았다. "땅은 낮고 하늘은 높으다"라는 친정 아버지의 말을 인용하면서, 그녀는 옛날이라 "아무리 캐도 안 되"서 어쩔 수 없이 결혼했다고 말한다.[74] 김숙중(제32권) 역시 이전에는 마음에 "들고 안 들고"가 없었다고 말한다. "어른들 시키는 대로 하"는 수밖에 없었기 때문이다. 그의 아내인 이복남 역시 "시키는 대로" 결혼해야지 그렇지 않아 "잘못하면 소문난"다고 말한다. "처자가 시집가 도망을 갔단다", "뭐 우쨌단다" 이런 풍문이 나돌기 때문에 억지로 결혼할 수밖에 없었다는 것이다.[75] 최대봉(제34권)은 아버지 친구의 중매로 결혼할 당시를 회상한다. 어느 날 불쑥 찾아온 형이 "니 혼사 됐다"라고 해서 "깜짝 놀랬"다고 그는 말한다. 여러 군데에서 중매가 들어와 결정하지 못하고 있는데 자신의 "의사도 안 물어보"고 결정했다고 해서 "마음이 싫"었다는 것이다. 그러나 아버지 친구가 중매했기 때문에 자신이 "안 간다 하면 아버지 친구와 그 친구 사이가 안 좋게 되겠고, 또 먼 동네도 아니고 가까운 동네에서, 그래가지고 마음에 없어도 결혼하자"고 생각을 굳혔다.[76]

그런가 하면 '바람잡이처럼' 여자를 버리기도 하고 싫다고 버리고 떠나버리기도 하면서 살았던 『민중자서전』의 박나섭(제7권)조차 육촌 누님이 중매를 서서 장가가라는 통에 하고 싶지 않은 결혼을 스물여섯(1942년) 나이에 해야 했다. "그때에는 마음에 들고 안 들고 없이 그냥 살아야지 별 수 없"었다는 것이다.[77] 스물다섯 나던 1948년에 결혼한 김우선(제19권) 역시 "그때는 연애 법도 없었"다고 말한

다. 요즘 세상처럼 "연애 걸고 말이여, 그런 법 절대 없었"다는 것
이다. 자신들 시대만 하더라도 "부모들이 딱 째매주믄 안말 안 허
고 살았"기 때문에 "연애 거는 사람은 흰 쌀에 뉘"라고 할 정도로
찾아보기 힘들었다고 그는 말한다.[78]

집안 사정 탓에, 예컨대 자식의 노동력을 활용하려 집에 붙잡아
두거나 환갑 전에 자손을 보거나 병든 부모가 죽기 전에 자식을 혼
인시키려는 동기에서 강제 결혼하는 경우도 있었다. 심재언(제16권)
은 자신이 결혼하던 때를 "참 웃기"는 일로 회상한다.[79] "선보고 어
데 가보고 뭐 어떻고 그런 것도 없고 우리 아부지하고 저저 아부지
하고 만나가주고 둘이 의논해가주고" 결정짓고 말았다는 것이
다.[80] 전수원(제44권)도 사정은 비슷했다. 객지로 나도는 아들을 집
에 붙잡아두기 위해 자기 아버지가 형하고 의논해서 '강제 결혼'을
시켰다고 그는 말한다. 자신이 "또 집을 뛰쳐나갈까봐서 결혼부텀
시키자"라고 해서 보따리 장사하는 아주머니의 중매가 들어오자
강제로 결혼시켰다는 것이다.[81] 박현순(제11권)은 아버지 환갑 전에
결혼해야 한다는 아버지 뜻에 따라 형은 유학 중이라 '어쩔 수 없
이' 자신이 중매결혼을 해야 했다.[82] 그런가 하면 이일용(제27권)의
부인은 위암에 걸린 친정아버지가 죽기 전에 딸이라도 여의어야 한
다고 해서 "미적미적할 새가 없"이 "쉰 떡 치듯이 금방 해버렸"다고
불만을 토로한다.[83]

일제 강점기 말 전시 동원기에는 이른바 여자 정신대나 종군 위
안부로 공출되는 것을 피하기 위해 어린 여성들이 서둘러 결혼하기
도 했다. 『민중열전』에서도 그러한 사례들을 확인할 수 있는데, 이

역시 일종의 정치 동기에 의한 강제 결혼의 요소를 내포하고 있었다. 최채우(제7권)는 일제 강점기 말을 떠올리면서 "왜정때 기지배들 모집 뽑는다고 그때 한창 모집 뽑는다 난리났"다고 말한다. 아버지가 "차라리 시집을 보내더라도 그건 안 보낸다고 그래서 어려서 17살"의 나이에 "말 몇 마디 하지도 않고 그냥 나를 후딱 여워 버려"서 "서둘러 시집 왔"다는 것이다.[84]

서순례 역시 사정은 마찬가지였다. 당시에는 "쪼금이라도 큰 애들은 다 잡아간다고, 일본 모집 데려간다고 그런 게로 (…) 그냥 여운닥 뭐 볼 것도 없이 (…) 당신네들끼리 뭐 어찌고저찌고 해서" 1944년 아직 생리도 하지 않던 18세의 나이에 결혼했다. 시집가지 않는다고 울면서 떼쓰는 그녀에게 어머니는 "그래도 딸들 다 여우고 너만 남았는데 막내 하나 있는 놈을 모집, 저 일본 사람들이(한테) 어떻게 모집 보내냐"라고, "그러잖으믄 잡아간다고 어쩔 수 없다"라고 해서 결혼하게 되었다. 처녀들 "잡아갈 때"라고 해서 그녀는 밥도 먹지 않고 울면서 떠밀려 결혼한 날을 기억하면서, "일본 사람한테 안 빼앗길라고 그래서 그냥 결혼을 한 거지, 제대로 결혼을 한 것이 아니"기 때문에 그게 "억울하다"고 말한다.[85]

중국 만주에서 일찍이 열여덟 나이인 1935년에 결혼한 박지선(제30권)은 "해방 2, 3년 전에는 처자도 전부 수출하라"는 '처녀 공출'이 있었다고 당시를 떠올린다. 그래서 "그런 데 안 보낼라고 모두 여기 (만주) 사람도 그때 16, 17살 되면 다 시집보냈다"는 것이다.[86] 서석화(제31권)는 일본에서 돌아온 1942년 당시를 회상하면서 "그때는 처녀들 막 뽑아갈 때"라서 "어디 뺏길까 싶어서 덜 컸는데"도 별

수 없이 결혼시켰다고 말한다.[87] 34권 최대봉의 아내인 이종예는 일제 강점기에 정신대로 간 처녀들이 "원해서 가지는 않"아서 "다 붙잡아 갔"지만, 결혼하면 못 데려가기 때문에 "겁이 나가지고 결혼을 일찍 했다"라고 말한다. "철도 모르고 아무것도 모르는데" 그래서 결혼한 처녀가 "우리 집안에도 많았다"라고 그녀는 증언한다. "원래 안 갈라고 했는데 억지로 보내이 우에요. 뺏긴다고(정신대로 간다고) 하도 그래 사이" 열여덟 나이인 1943년에 그녀는 결혼했다.[88] 윤용호(제39권)는 자신은 해방 이후인 1951년 10월, 스물다섯 나이에 결혼했지만, 원래는 열 여덟아홉 나이인 1944~45년에 결혼하려고 했다고 말한다. 왜냐하면 여자 정신대 공출이 있었기 때문에 시집 갈 처녀들이 "좋은 디서 많이 나왔"기 때문이라는 것이다. 그러나 본인이 마음이 있다고 해서 가는 게 아니라 부모들이 "보내줘야" 하기 때문에 "한 해는 넘겨 버"리는 바람에 때를 놓치고 말았다고 아쉬워한다.[89]

무엇보다 식민 지배와 해방 이후 만연한 빈곤과 가난 탓에 치러진 혼인 역시 사회 구조 요인에 강제된 결혼으로 보아야 할 것이다.[90] 가난한 집안의 딸들은 집안에서 한 입이라도 덜기 위해 자기 의사와 상관없이 강제로 떠밀려 어린 나이에 혼인하는 경향이 있었다. 그리고 이 경우 마치 오늘날 동남아 권역에서 오는 결혼 이주 여성들이 그러하듯이, 가난이라는 부負의 자원으로 인해 배우자인 남편의 나이가 더 많은 경향성을 보인다.[91] 비록 모든 사례가 그렇지는 않다 하더라도 『민중열전』과 『민중자서전』의 두 자료에서 부부의 혼인 연령이 명기된 사례 18건에서 다섯 살 이상 차이나는 사례는 절반이 넘는 11건에 달한다. 이들의 평균 혼인 연령도 18.5세로, 〈표3-1〉의 평균 연령인 19~19.9세보다 더 낮다는 사실도 아울러 참조할 만하다.

정해주(제38권)는 이전에 자기 집이 가난하기 때문에 가능하면 한 입이라도 덜기 위해 애썼다고 말한다. "없어가지고 살면서, 입 뗄라 카"면서 "얻어먹고 이러는 판국"일 정도로 여유가 없었다는 것이다. 나이가 차서 중매한 숙모가 "돈 모아 장가가기는 곤란하고 어린 색시 데려다가 키워서 결혼해보라고 권유"했음에도 그가 선뜻 내키지 않은 것은 이 때문이다. 결국 그는 해방되어 일본에서 "전부 거지돼서" 나와 "겨우 얻어먹다시피 아무것도 없는" 집에서 아내를 맞아들였다.[92] 빨치산 활동을 하다 형을 마치고 출소한 나덕운(제20권)이 결혼한 것은 스물여섯으로 접어든 1955년이었다. 결혼은 했지만 "원체 가난해서 거처할 방도 없던 형편"인데다가 신부 집에서도 "갑자기 여우니까 신행을 보낼 만큼 사전 준비가 없"어서 1년 동안 신부를 맞을 준비를 한 다음 처가에서 아내를 데려와야 했다.[93]

대체로 사회 최하층에 놓인 이들 '민중'은 '일생의 대사'로 일컫는 결혼에서조차 일상화된 가난의 영향을 받았다. 이러한 맥락에서 박현순(제11권)은 상견례하는 자리에 나갈 입고 옷이 없어서 "남의 옷을 빌려 입고 가서" 사진을 찍었고,[94] 1939년에 결혼한 심재언(제16권)은 장인이 이장이고 면 협의회 의원인데도 신부는 짚신을 신고 자신은 집에서 지은 무명옷을 입고 혼례식을 치렀다. 교통수단이 드물던 시기이기도 했지만, 역에서 내려 십 리 되는 처가까지 온종일 걸어서 들어가기도 했다.[95] 서순례(제18권) 역시 "이 집(시가) 도 어렵고 우리도 어렵고" 해서 "그냥저냥 예만 올"렸다고 말한 다.[96] 이종근(제37권)은 혼례를 치르기 위해 당시 행정 구역인 광주 군 판교에서 처가인 용인 포곡까지 온종일 걸어서 갔다. 전시 통제 경제의 영향도 있었지만 "옷감을 살 수가 없어서 입었던 옷, 흰 두 루마기를 빨아서 입고", 중절모는 "좀 깨끗한 거"를 동네에서 빌려 쓰고 갔다.[97]

그런가 하면 스물둘이 되던 1937년에 결혼한 『민중자서전』의 유 진룡(제5권)은 당시에는 "없는 놈이면 장가들기가 어려웠"다고 말한 다. "나도 불쌍한 놈이지만" 혼담이 오간 여자 집도 "굉장히 불쌍한 색시"였다는 사실을 알아차린 그는 전술한 정해주와 마찬가지로 결혼을 선뜻 내켜하지 않았다. "데려 오믄 어떡헌대유? 무얼루 멕 이고 무얼로 입히고 살림얼 꾸린대유?"라고 묻는 그에게 "아니다. 방죽얼 파믄 머구리가 뛰어든다고 그래도 저질러 놓으믄 굶어죽지 는 않는다. 데리고 오자"라는 어머니의 말을 "어기기 어려워 할 수 없이 승낙"했는데, 신부인 김동예의 나이는 열넷이었다.[98] 유진룡 과 비슷하게 김우선(제19권) 역시 "그 집도 곤란허게 살고 나도 곤란 허게 살았은께 인자 곤란헌 집대로 중매가 된 것"이라고 말한다. "세력이믄 세력 거시기믄 거시기 다 비등비등헌 사람들끼리" 중매 를 한다는 것이다.[99]

이처럼 관습에 의한 것이건 정치 동기에 의한 것이건, 그렇지 않 으면 구조 요인에 의한 것이건 간에 당사자의 의견과 자발성이 반 영되지 않은 강제 결혼의 성격을 띤다는 점에서, 중매결혼에서 부부 사이 애정이나 친밀성의 요소를 찾기 힘들었다. 결혼식 당일은 말할 것도 없고 배우자의 얼굴을 보는 데도 며칠 걸렸다는 사실을 고려해보면, 이는 당연하다고도 할 수 있다. 예컨대 김기홍(제19권)은 결혼할 때 색시 얼굴도 모른다고 말한다. "첫날밤에도 색시의 얼굴이 우에 생겼는지 모"르고 "처음 결혼해 처갓집에 가봐도 색시 얼굴도 모"르다가 "서너 번 보면 아아 어떻다 알"게 된다는 것이다.[100] 삼촌 중매로 결혼한 이종근(제37권) 역시 혼례를 치르기 전까지 신부 얼굴을 보지 못했다. "혼례청에서는 정면으로 찬찬히 볼 수가 없고, 집에 와서는 잔치통에 정신없고 신방은 전깃불도 없고 컴컴해서 볼 수가 없"는 탓에 이튿날 비로소 신부 얼굴을 볼 수 있었다는 것이다.[101] 최대봉(제34권)의 아내인 이종예는 결혼 몇 달 후에야 신랑 얼굴을 똑똑히 볼 수 있었다. "본래 법이 한번 시집가마 고만이지 다시 가고 이런 거 없"이 "싫건 좋건 살아야" 했기 때문에 "시집갈 때 울기도 마이 울었"다고 그녀는 회상한다. 중매결혼을 해도 부부 사이가 좋은 경우가 간혹 있다는 사실을 부인하지는 않으면서도 그녀는 "우리는 그냥 그렇게 지냈"다고 말한다.[102] 『민중자서전』에서 이규숙은 1921년 열일곱 나이에 결혼했지만, 그로부터 4년이 지난 1924년 스무 살 나이에 와서야 비로소 서로 얼굴을 보았다고 말한다.[103]

이러한 점에서 중매결혼에서 결혼의 효용은 애정이나 친밀함의 추구라기보다는 집안 살림, 요리와 육아 같은 여성 전형의 역할에 한정되었다. 이러한 맥락에서 임창봉(제14권)은 "내가 뭐 어디 데리고 다니고 뭐 할 거 아니잖아. 집에 애도 잘 기르고 몸 튼튼하고 살

희망 합동결혼식(1967)

림 잘 하고, 우리 집사람 음식 잘 만드는 거"는 유명하다고 말할 수 있었고,[104] 김기홍(제19권)은 아예 아내를 '밥쟁이'로 칭하고 있다.[105] 몇 십 년 동안 빠뜨리지 않고 쓴 김기송(제2권)의 「농사일기」를 보면, 1970년 5월 석가탄신일을 맞아 아내와 어머니, 딸에게 각기 용돈을 주고 있는데, 그 액수 차이가 눈에 들어온다. 그는 두 딸에게는 각각 500원, 어머니에게는 300원, 마지막으로 아내에게는 200원을 지급한다.[106] 딸과 어머니에 이어 아내에게는 가장 적은 액수를 할당하고 있는 것이다.

그런가 하면 『민중자서전』 제4권 이규숙의 면담·편집자인 김연옥은 구술자의 남편이 "내외간의 알뜰한 정을 주고받을 대상이 아"니라서, "시어머니가 날짜를 봐서 들여보내는 날에나 잠자리를 함께할 수 있었던 남편은 늘 손님 같기만 하고, 먹는 일과 입는 일에 격식을 까다롭게 따지는 성미를 지닌, 어렵게 모셔야 할 사람"이라고 평했다.[107] 이규숙 자신의 말을 들어보면, 시어머니 생전에는 서로 이야기하지 않고 시어머니를 통해 의사소통했고, 한방에서 자는 것도 날짜를 정해서 했다. "그러니 밤낮 손님"이라고 하면서 그녀는 남편이 "들어오는 게 구찮기만" 했기 때문에, 남편이 좋아서 산 것도 아니었고, 의가 좋아 사는 것도 모르겠고, "이게 법인가 부다" 여기고 "일허구, 애기 나면 길르구, 그릏게 일생을 살았"다고 말한다.[108]

시어머니 사후에는 애들하고 같이 식사를 하기는 했어도 부부가 겸상해서 먹어보질 못했다. "내가 안 먹어지는 걸. 서먹서먹해서 내가 안 먹어져"라고 그녀는 말한다.[109] 내외가 앉아서 얘길 해본 적도 없고, 일요일에 교회 가려고 버스 탈 때도 남편이 먼저 타고 가 버리면 그녀는 "저 양반은 저릏거니" 하고 다음 차를 타고 다녔다. 외지에 가거나 놀러갈 때도 애들하고 할머니는 함께 가는 일은 있어도 그녀를 데리고 가지는 않았다. 때문에 갈 생각조차 하지 않고 살았다. 바로 옆에 있는 "창경원엘 안 가봤다믄 그만이지, 뭐"라고 그녀는 한탄한다.[110] 먼저 죽은 남편의 장례식에도 가지 않으려다 가 자식들과 교인들이 강권해서 마지못해 따라가면서도 "아유 남 부끄러워라"라고 장탄식을 한다. 옛날에는 "과부 되믄 큰 죄 짓는 게구, 사람 못 보는 게라"고 배웠기 때문이다.[111]

성춘식(제8권)도 이규숙과 비슷한 삶을 살았다. "난 신랑을 보믄 겁만 나고 무서운 줄만 알았"다고 그녀는 말한다.[112] 남편을 "하늘 겉이 생각했"기 때문에 "뭐 조금이라도 마음 편찮을까, 뭐 몸이 어데 어뜰까. 낮에 낮잠 자는데 시끄러울까 싶어, 감자 끓는 기 시끄럽다고 저 후면에 가서 깎"을 정도였다.[113] 온다간다 말도 없이 만주로 훌쩍 떠나버린 남편을 찾아 먼 길을 갔지만, 남편의 박대에 그녀는 남편을 원망하면서도 자신이 "못난 탓이라 자탄을 더 했"다. "우리 마음에는 양반은 한번 시집가믄 그 집에서 죽든동, 남편이 버리믄 평생을 혼자 사든동 하지 딴 데 시집가는 법을 몰랬"다고 그녀는 회 상한다. 남편과 함께 산 일생을 "재미도 평생도 없이 살"았다고 하 면서도 그녀는 "내 탓이제, 내 탓. 살기만 하믄 돼"라고 말한다.[114] 이규숙과 마찬가지로 온갖 집안일을 도맡아 하면서도 남편으로부 터 사실상 투명 인간 취급을 받는 부당한 대우를 '법'이라고 생각하 면서 동시에 그것을 자신의 탓이자 '죄'로서 자책하는 것이다.

비록 사랑의 요소가 배제되지는 않았다고 하더라도 『민중열전』과 『민중자서전』을 통틀어 연애결혼의 유일한 사례인 최한채(제15권)조차도 함께 "살면 이롭다", 도움이 될 것이고 해롭지는 않을 것이라는[115] 실용과 생활의 동기에서 배우자를 선택한 사실은 흥미롭다. "처남의 미끼에 걸려들어" 충동으로 결혼했다는 조풍도(제22권)는 "곡절 많았던 결혼 생활" 이야기를 풀어내면서 "보통 시골 사람들 간의 생리적인 내외 관계고, 문학적 분야에 관심을 갖는 이러한 입장의 대화"는 하지 못했다고 평한다. 자녀들에게 "다정한 부부의 모습이 배제된 생활"이라는 점에서 "자식들에게 불행한 부모"였다는 것이다. 전술했듯이 이러한 이유로 나중에 그는 자신의 혼외정사를 정당화한다.[116]

이미 언급했듯이 중매결혼은 당사자들의 의견을 무시하고 부모나 집안의 뜻에 따른 강제 혼인의 성격을 띤다. 그러니 불륜이나 간통 혹은 바로 앞서 조풍도의 사례에서 보듯 혼외정사 같은 사연들을 흔히 수반했다. 불완전하고 불안정한 혼인 방식이자 인간 본성과 역사 진행에 비추어 곧 소멸할 운명의 혼인 행태라고 할 수 있다. 일찍이 엥겔스가 자본주의 사회에서 가부장의 일부일처제가 결과적으로 간통을 제도화시켰다고 통박한 논리로[117] 바꾸어 설명해 보면, 불륜이나 혼외정사 같은 현상들을 통해 비로소 완성되는 역사·사회 제도로 중매결혼을 정의할 수도 있을 것이다.

예를 들면, 안성만(제3권)은 결혼 전에 사귀던 여자가 있는 상태에서 동네를 드나들던 생선 장수가 중신을 서서 결혼했다. 결혼을 하게 되자 안성만은 사귀던 여자에게 "너는 너대로 시집가, 나는 나

대로 장개간 게, 너고(너하고) 나는 못 살어"라고 이별을 통보하고 발길을 끊었다. 동네 술집 여자 딸이라 부모가 며느리 삼으려고 하지 않았기 때문이다. 그러나 그 '애인'이 자신에게 "참 무정허다고, 너무나 무정허다고 지릴힛싸서 한번 간 것이 애를 배아부리"고 말았다. 처녀로 애를 배어 집에서 쫓겨난 그녀를 '예맞이'를 통해서 "사모관대 쓰고" '정식 혼례'를 해서 한집에서 함께 살게 한 것은 그의 아내였다. 돈이 없어 따로 나가 살지 못하고 "한 디서 기냥 살자고 히"서 한 방에서 아기 하나씩 데리고 사는 생활은 둘째 부인 자식이 죽어버리는 바람에 끝나고 말았다. "나는 둘 델꼬 살었으믄 좋은디" 자식이 죽자 둘째 부인이 집을 나가버린 것이다. 그 뒤로 두어 번 연락이 오갔고 지금도 어디 사는지 알지만, 이제는 그 여자를 더 만나려고 하지 않고, 마음으로 "잘 살으라고 빈"다고 그는 말한다.[118]

30여 년을 교사로 재직한 박희춘(제10권)은 유부녀 여선생과 깊은 관계가 있는 상태에서 중매결혼을 했다. 고모부가 자신의 외사촌을 주선해서 선을 보았지만, 유부녀 교사와 내연 관계가 있었기 때문에 결혼식을 자꾸 연기하다가 몰려서 어쩔 수 없이 결혼해야 했다.[119] 박현순(제11권) 역시 "당시 연애한 사람은 따로 있었는데 (…) 말은 못하고 부모들이 중매를 추진"해서 어쩔 수 없이 결혼하고 말았다. 누구하고 연애했느냐는 면담자의 질문에 그는 "그것은 비밀이기 때문에" 말하지 못한다고 대답한다.[120]

『민중자서전』의 사례들은 『민중열전』의 경우보다 훨씬 더 생생하게 드러나는 사실들을 보인다. 예컨대 서영옥(제10권)은 '동네 할

매'의 중개로 결혼할 당시 "먼저 지내던 색시"가 있었다. 첫날밤 신방에 들어가 색시를 보면서 "그 사램 생객이 안 날 수가" 없었지만, "가정을, 색시를 얻었으니께 헐 수 없는 거"였다고 말한다. 장가를 들고서도 "맨날 넘의 색시들만 보러 대니고 이 지랄 허느라구 집이는 신경 뭇 썼지믄, 우리 할매 강짜는 안 부렸"다고 말한다. 하지만 "오순도순 정 있이 살 때도 없었"던 대가는 치러야 했다.[121]

무엇보다 진도 강강술래 앞소리꾼인 최소심(제9권)의 사례는 앞 절에서 언급한 『민중자서전』 송문옥(제13권)의 사례에서 나온 정선 지방의 나지미를 연상할 정도로 불안정한 결합 양상을 보인다. 그녀는 나이 많은 데로 시집가야 죽지 않고 오래 산다는 어머니의 믿음에 따라 열일곱 나이에 열두 살이나 더 많은 스물아홉 남자의 첩으로 들어갔다가 며칠 만에 살기 싫다며 집으로 돌아오고 말았다. "시집이라고 갔는데 내가 아주 당최 살기가 싫어 (…) 한 메칠 돼서 그냥 도망가부리"고 말았다는 것이다. 밭 매는 것처럼 들에 간다고 일부러 나가서 친정으로 돌아온 그녀를 어머니가 다시 쫓아내서 "자꾸 갔다가 또 오고" 했던 중요한 이유는 남자가 원체 못난데다가 "멍청하고 짜잔" 해서 눈에 차지 않았기 때문이다.[122]

시집으로 돌아가라는 어머니의 성화에 그녀는 영산포에 있는 큰 언니의 사돈집으로 가서 지내다가 다른 데로 시집가라는 사돈의 권유로 다른 남자를 보기도 했다.[123] 그렇게 지내던 그녀는 스물여덟 나이에 "억지로 뺏드끼" 한 면장의 소실로 들어갔다. "남편얼 아주 낮참디 낮참게 보고 '내가 저 여자는 뺏어갖고 살아도 되겠다' 그라고 글게 눈에 불얼 써갖고 뺏"어버렸다는 것이다. 이미 본처가 있고 또 다른 첩이 있는 사람이라 내키지는 않았지만, 같이 살지도 않고 술도가를 따로 차려준다고 해서 그녀는 "슬거시(슬며시) 그냥 확답얼 해"주고 말았다.

15년 동안을 이 남자와 살면서 그녀는 자신보다 1년 먼저 온 작은 각시하고 친해서 "나하고 꼭 한 비기(베개) 드러누워서 잠자고. 사이가 여간 좋"게 지냈다.[124] 그러다가 이 남자가 6·25전쟁으로 죽자 전부터 "눈이 맞"아 "관계가 있"었던 세 번째 남편과 정식으로 살기 시작한다. 이장을 하던 이 남편 역시 본처가 있었는데, "첫날밤이고 뭣이고 어니 땐지 알겄냐 그냥 가부렁응께"라고 하면서 그녀는 당시만 해도 젊은 나이라 낮에는 "그저 일이나 알고 밤 되믄 그저 같이 두 각시들하고 서방하고 서이도 자고" 하면서 "평상(평생) 좋게 살았"다고 말한다.

> 내 세상은, 뛰적뛰적하믄서 별 세상 다 살았제. 일부종사 못하면 이부종사 못하리(한 남편만 섬기지 못하면 두 남편도 못 섬기리) 하고 절대로, 살기 싫으믄 안 살아졌어. 그래도, 여러 번 결혼했어도 아무 말도 안 들었어. (…) 시방 호적은 첫 남편한테 있제. 그 사람 어뚱게 되는지 모르고. 그 집 애기들, 그 남편이 다른 디로 장개가서 얻은 애기들은 모두 내 위로 올라 있제. 아들 둘, 딸 싯. 그라고 나는 야네 아부지[세 번째 남편인 이장—필자]한테 동거하는 것 칠로 실려 있제.[125]

세 번의 결혼 모두 첩의 신분이었으면서도 절대로 살기 싫으면 살지 않으면서 별 세상을 다 살아갔다고 그녀는 말한다. 법률로 보면 그녀는 첫 번째 남편의 부인으로 되어 있고 실제로 아무런 가족 관계가 없지만, 그 남편이 낳은 아이들이 자신의 아이들로 올라 있다. 이와 달리 세 번째 남편은 실제로는 해로하면서 자기 소생이 아닌 이 남편의 다른 아이들을 손수 키우며 가족과 같은 친밀함을 유지하면서 지냈다. 남편은 "유성기나 틀어놓고 육자배기만 하고 앉아서 밤낮 먹고 놀"고, "강고하게 상께(가난하게 사니까)" 못 가르치겠다는 본처의 아이들은 자신이 땔나무를 팔아서 가르쳤다. "배가 고프면 밥 요만치나 싸갖고 가서 어디가 의지해가 먹고" 다니며 아이들을 가르치던 당시를 그녀는 "울기도 많이 하"면서 "신세타령 많이 했"다고 회상한다.

아이들의 친어머니는 "자슥들 갈치기럴 했으까, 참 여울제[결혼시킬 때—필자] 멋얼 보태서 하기럴 했으까" 아무것도 하지 않으며 서울 큰아들 집에서 살림해주면서 살았다. 이제는 그녀가 서울 올라가면 다 자란 아이들이 "아주 나뺐에 없는 것칠로[나밖에 없는 것처럼—필자]" 친어머니보다 더 반갑게 맞을 정도로 동네에서 소문이 났다. "낳나 안 낳나 마찬가지"라고 그녀는 말한다.[126] 이처럼 낳아서 기르지는 않았지만, 그보다도 더한 가족 유대를 자랑하는데도 법으로는 여전히 동거인 신분으로 남아 있는 모순을 보인다는 점에서 그녀의 사례는 혼인과 가족의 의미를 새삼 되묻게 한다.[127]

또 다른 의미에서 가족의 의미가 낳은 자식만으로 한정되지 않는다는 점을 보이는 사례가 있다. 이봉원(제12권)이 그러하다. 스물다섯 나이인 1930년에 한 동네 사는 집의 데릴사위로 들어간 이봉원은 마흔셋이 된 1948년에 "한 동네서 논 두 마지기를 주고" 과부인 '김이쁜이'를 작은 부인으로 맞아들였다. 아내가 어디 가서 "자식도 못 낳는디, 지미, 자식도 아덜도 읎는 것이 살림허는 데만 밤에 잠도 안 자고 눈에다 불쓰고 일헌다"는 말을 꽁하게 듣고는 천하 없어도 사람 얻어서 아들을 봐야 한다고 우겨서 싫다는 그에게 강권한 것이었다.[128] 앞서 최소심의 두 번째 남편의 경우처럼 비록 두 아내가 잘 지내지는 못했지만, 아내는 작은 부인이 낳은 2남 3녀의 아이들을 자기 자식처럼 길렀다. "본처가 아덜 못 나면, 재취해갖고 아덜 낳면, 다 큰어매럴 성"기고(섬기고) "외나(오히려) 즉어매(자기 어엄)한테는 잘 안 간"다고 이봉원은 말한다. "작은 어매가 섭섭하다고 그르"지만, "꼭 그룽금 되"게 마련이라는 것이다.[129] 옛날부터 "난 것이 부모가 아니라 키운 것이 부모"라고 이봉원은 말하지만,[130] 아무런 조건 없이 배다른 아이들에게 사랑을 베푼 최소심과는 달리, 이 경우는 아들을 낳지 못한 본처가 일정한 대가를 치르고 자식을 샀다고 보는 것이 사실에 가까울 것이다. 전자의 사례에서 느껴지는 '의붓자식'에 대한 일정한 진정성을 후자의 사례에서는 찾아볼 수 없다. 이러한 차이에도 불구하고 어찌되었든 두 사례 모두 혈연보다 양육을 통해 가족의 연대를 만들어내는 양상은 충분히 주목할 만한 가치가 있다.

지금까지 살펴본 내용이 중매결혼에 대한 부정의 '편견'들만을 제시한다는 비판이 있을지도 모르겠다. 이러한 논의에도 불구하고, 중매결혼에서 부부의 화목과 사랑의 요소가 전혀 없지는 않았다. 전술한 바와 같이 최대봉(제34권)의 아내인 이종예는 중매결혼에서도 부부 사이가 좋을 수 있다는 사실을 언급한 바 있다. 최채우(제7권)는 신혼 첫날밤의 경험을 회상하면서 "부부가 사랑허듯기 그런 맛이 있"었다고 구술한다. 열일곱 어린 나이에 여덟 살 위 신랑이 "어른만 하고 키할라(나이도 훨씬 많고 키까지) 크"고 "생전 안 보던 사람"인데도 불구하고 전혀 무섭지 않은 것이 "참 이상, 희안"했다는 것이다.[131] 첫날밤 묘사에서 그녀는 "포근헌 맘이 있"었다는 말을 십여 차례 이상 되풀이하고 있지만, 그 남편은 혼인에 충실하지는 않았다. "각시도 여러 개 두"고 속을 썩혔음에도 그녀는 남편이 자기에게 잘하니까 작은 각시를 얻고 해도 "스쳐 갔"다[용인했다―필자]고 하면서, 남편이 자기를 "좀 사랑했던 것 같"다고 말한다.[132]

전술했듯이 가난으로 아내를 처가에서 1년 동안 '멕여야(묵혀야)' 했던 나덕운(제20권)은 "그때부터 보고 싶어서 눈이 무를 지경"이었다고 하면서 웃는다. "그 첫정이라고 하는 게 나만 그런가 다른 사람도 그런가 모르지만 (…) 그리고[그렇게―필자] 보고 싶"었다는 것이다.[133] 나덕운과 마찬가지로 결혼하고 1년 동안 처가에 아내를 두고 왔다 갔다 했던 황태순(제26권)도 비슷한 경험을 토로한다. 보고 싶다고 해서 아무 때나 가는 게 아니라 부모들이 가라고 하지 않으면 "보고 싶어도 못 가는 거"라고 그는 말한다. 어느 봄날 그는 부모의 말이 없었는데도 아내가 보고 싶어 자전거를 타고 사십 리 되는 처가에 무작정 갔다. 그러나 보고 싶어 간 그 먼 길을 그는 "혹시 욕할라 싶어가 안 들어가고 그냥 돌아"오고 말았다. "옷도 안 채리 입고 그저 보고 싶어가 갔는데 불쑥 내 왔심더 카고 들어갈 수 있나"라고 반문하면서 그는 "못 들어"간다고 말한다.[134] 부모 허락도 없었던 데다가 처가의 시선을 의식해서 보고 싶은 마음을 가슴에 담은 채 그냥 되돌아오고 만 것이다.

중매결혼에서 배우자에 대한 그리움이나 사랑과 더불어 믿음으로서의 '신의' 역시 중요한 요소로 작용했다. 이미 언급했듯이 『민중열전』의 여기원(제13권)은 부부는 사랑이 아니라 신의로 살았다고 말하고, 『민중자서전』의 이규숙(제4권)은 의가 좋아 살았는지도 모르겠다고 회의를 표시한 바 있다. 또한 『민중열전』의 이두이(제1권)의 사례는 배우자에 대한 신의라는 점에서 아내로서의 애절한 삶을 잘 보인다. 이두이는 6·25전쟁이 나자 7월에 입대한 남편이 몇 개월 후 전쟁터에서 실종되었다는 통보를 받은 후, 하나 남은 외동아들을 악착같이 키우며 평생을 살아왔다. 온갖 고생과 난관을 무릅쓰고 그녀가 살아간 이유는 단 하나, 전쟁터에서 실종된 남편이 언젠가 살아서 돌아올지 모른다는 믿음이었다. 그녀는 남편이 돌아오면 고생해서 돈 벌었다는 "그 말하고 살끼라고 억시 열심히 일"했다. 남편이 돌아오면 "옛말하고 같이 살라고 알뜰살뜰 안 먹고 애끼가 모아논 돈"에는 "피가 피가 어리~가(녹아들어) 있다"고 그녀는 말한다.[135] 그러나 고생과 절약과 절제로 점철된 수십 년의 생활은 언젠가는 남편이 불현듯 돌아올지 모른다는 희망을 배신했다. "많이 기다맀"다고 그녀는 말한다. 누가 뭐라 해도 남편이 돌아오면 "옛말 해가며 살 끼라고 그런 마음만 먹고 돈만 벌이면 된다 카는 그런 결심만 잡고 살"아 왔지만, 칠십이 넘은 시점부터 그녀는 이러한 희망을 접어야 했다.[136]

이와는 정반대로 최한채(제15권)는 사랑으로 살다가 사랑을 위해서 신의를 버렸다는 점에서 연애결혼의 대의에 충실했다고 말해야 할지도 모르겠다. 최한채는 앞서 함께 살면 이롭다는 실용의 동기에서 배우자를 선택한 사례로 잠깐 언급한 바 있지만, 일단 혼인을 결정한 다음에 그는 배우자에게 "예단같이 소중히 여기라"면서 사랑의 편지를 손수 써서 전해주기도 했다. "굳세고 의지적인 성품에 사랑의 노예가 되었"다는 구절에 이어 "우리의 낙원, 우리의 사랑"을 '일편단심'으로 지켜나가자는 내용이었다.[137] 부부가 가게를 마치고 집에 돌아오면 새벽 한 시가 넘는 시간이었는데 여름철에는 밤새워 정사할 정도로 "금슬이 기가 막히게 좋았"다고 그는 말한다. 비록 아내가 살아 있을 때는 바람을 피우지 않았다 하더라도 쉰일곱의 아내를 떠나보내고 12년 되던 해 그는 산악회에서 만난 다른 여자와 "눈이 맞"음으로써,[138] 산 사랑을 위해 죽은 부인에 대한 신의를 저버리고 말았다. 대상은 바뀌었어도 사랑으로 살다가 사랑을 위해 신의를 버린 점에서는 연애결혼의 대의를 따른 삶을 살았다고 할 수 있다.

제4장

의식의 형태와 층위

이 장은 민중 의식의 형태와 층위가 주제다. 태어난 시대와 자연 지리 환경 같은 포괄 요인을 비롯해 개인의 성장 환경, 학교 제도에 의한 교육, 가족 구성원이나 친척, 이웃, 친구와 같은 1차 집단의 역할과 영향 등의 복합 작용을 통해 형성되는 개인의 의식과 이념 등의 문제를 검토한다. 특히 거시 맥락과 미시 경험을 결합해가면서 공간과 시대의 집합 의식에서 개인의 주관 의식과 이념이 어떠한 방식으로 발현하고, 주류 서사의 그것과 어떠한 차이를 보이는지 구명하는 데 관심을 기울일 것이다.

민중론과의 관계에서 보자면, 전통적 의미의 민중 이론에서 민중 의식은 주요한 관심의 대상이 되어왔다. 흔히 1970년대 이후 민중론의 기원과 의미 구조 맥락에서 볼 때, 이 책이 대상으로 하는 민중 의식은 현실 비판과 진보 혹은 좌파 이데올로기와 친연성을 보일 것으로 기대할 수 있다. 민중 개념의 내용으로 흔히 지배와 수

탈, 억압에 상응하는 바로서 강인한 생명력이나 현실 비판, 야유, 풍자, 나아가 저항이나 혁명 같은 속성들이 지목되곤 했기 때문이다. 그러나 적어도 민중 구술을 통해 본 민중 의식의 실제는 이러한 기대를 어그러트리고 또 배반한다. 상당수 등장인물이 미신이나 억견, 팔자나 운명 같이 전근대와 수동에 가까운 체제 순응이나 보수 성향을 보이고 있기 때문이다. 실제로 오랜 시간에 걸친 수탈과 지배, 식민 지배와 민족 이산, 전쟁과 군사 독재 같은 역사의 톱니바퀴가 민중론의 주류를 이루던 주체, 진보, 급진의 요소들을 서서히 갈아버린 이유도 있겠지만, 다른 한편에서 그것은 지식인의 기대나 이상의 투영 혹은 어긋남일 수도 있다.

『민중열전』과 『민중자서전』의 두 자료를 통해 본 민중 의식의 실제는 매우 다양한 복합의 성격을 보인다. 여기서는 이러한 다양성을 포착하기 위해 그 형태와 층위에 주목해 여섯 가지 유형으로 분류하였다. 〈표4-1〉에서 보듯 여섯 유형은 크게 보아 전통과 근대, 성sacred과 속secular의 두 범주로 분류할 수 있는데, 각 범주에 세 형

〈표4-1〉 민중 의식의 형태와 층위

전통 / 신성	미신
	속설·통념
	전설·설화
근대 / 세속	종교
	신념·윤리
	이념·정치

태의 유형이 조응한다. 전통/신성의 범주는 합리주의, 이성, 공식 관료제와 대립하는 바로서의 무지, 억견, 불합리로 정의되고, 근대/세속의 영역은 합리성, 이성, 일정 형태의 형식성[1]을 전제로 한다. 전통/신성의 영역에는 미신, 속설·통념, 전설·설화가, 근대/세속의 범주에는 종교, 신념·윤리, 이념과 정치 이데올로기의 세 유형이 다시 각각 포함된다.

이미 언급한 바와 같이 전통/신성의 영역은 비이성과 불합리한 의식의 지배가 두드러지게 나타나는데 미신, 속설·통념과의 차이는 전자는 영적인 것 혹은 초월적 존재에 대한 믿음을 수반한다는 점에서 후자와 구분된다. 전설·설화에서 전설이란 표현은 전해 내려온다는 의미에서 사용한 개념이지만, 전혀 근거 없거나 황당무계한 이야기에 대한 믿음을 전제로 하는 의식이기도 하다.[2] 후자의 근대/세속의 영역에서 신념·윤리는 신적인 것이 개입하지 않은 바로서 살아가는 과정에서 체험하거나 터득한 의식을 말한다. 종교는 신이나 초월 존재가 개입한다는 점에서 성의 영역에 속하기도 하지만, 여기서는 합리화된 의례와 공식 제도라는 점에서 미신과 구별되는 의식과 믿음의 형태로 보았다. 이념·이데올로기는 정치의식이나 사회의식의 형태로 체화되며 흔히 정당이나 조직에 대한 활동이나 헌신의 형태로 표출되는 경우를 말한다.

개별 구술자들에게서 이들 유형의 발현은 복합성과 중층성을 보인다. 나아가 구술자 개인의 생애 과정에서 그에 대한 태도나 평가가 변화하는 궤적을 보이기도 한다. 예를 들면, 이두이(제1권)와 이기범(제6권), 임창봉(제14권), 황태순(제26권), 권영섭(제29권), 김숙중(제

32권)의 경우는 미신과 종교가 결합한 의식 형태를 보이는데, 사실 여기에는 자기모순과 자가당착의 요소가 있다.[3] 이들 사례 가운데 김숙중은 생애 주기 초기에 미신을 믿다가 후기에 종교로 전향하는데, 이와 반대로 이기범은 그 자신이 종교를 믿으면서도 제사 문제를 계기로 미신의 요소를 보이는가 하면, 황태순은 미신을 믿지 않으면서도 그 '영험'함은 믿는 이중성을 보이기도 한다. 이러한 이중성은 임창봉에게서도 찾아볼 수 있다. 그는 미신을 믿지 않는다면서도 용궁신을 섬기는가 하면, 마을 부군당이나 성황당을 관리하기도 하고, 신념의 요소도 내포한다.

미신과 신념이 결합한 의식 유형은 『민중자서전』의 김점호(제6권)나 이광용(제16권)도 그러한데, 성춘식(제8권)은 이 두 요소에 더해 종교가 결합한 복합 의식의 형태를 보인다. 『민중열전』의 조풍도(제22권)는 종교와 이데올로기가 결합한 의식 형태를 보이며, 박지선(제30권)의 의식은 신념과 종교가 결합한 유형에 속한다. 최대봉(제34권)은 생애 주기 초기에 미신을 믿지만 후기에는 부정하는데,[4] 아울러 설화의 요소가 복합되어 있다. 그런가 하면 윤정희(제45권)는 미신과 (가부장) 이데올로기가 결합한 사례이며, 마지막으로 『민중자서전』의 최소심(제9권)은 성춘식과 비슷하게 세 요소가 복합된 의식을 보이지만, 내용으로 보면 미신과 전설, 설화로 구성되어 있다는 점에서 구별된다.

1. 전통과 신성: 미신

이제 이들 각 요소가 사례에 나타난 양상들을 살펴보자. 먼저 미신은 긍정과 부정의 입장 그리고 양자가 혼합된 형태를 보인다. 미신을 수용하는 사례로서 이기범(제6권)은 기독교 절차에 따라 아버지 제사를 지내지 않고 추도예배를 하다가 장인의 꿈에 아버지가 나타나서 "사돈 내가 배가 고파서 그래"하는 소리를 듣고 국수를 대접했다는 말을 듣는다. 제사를 지내지 않는다고 장인에게 야단맞고 결국 새로 제사를 지내게 되었는데, "제삿날 저녁에 (당자가) 꿈에 나오다니 아무리 생각해도 참 신기"하다고 그는 생각한다.[5] 이기범과 비슷하게 최채우(제7권) 역시 시부모 제사를 앞두고 "흉흉한 꿈"을 꾸었는데, 제사를 지내고부터 "아무 거시기(해꼬지)가 없"었던 경험을 토로한다. 그녀는 음력 보름에 소반에다가 '성짓밥'을 차려 집안 마당이나 당산, 심지어는 문간에 음식을 차려 '문간님'을 대접한다.[6]

나아가 그녀는 사랑하는 아들이 죽고 나서 겪은 경험을 말한다. 꿈에도 보이지 않아 울면서 슬퍼하는 나날을 보내던 그녀는 어느 날 꿈에서 아들이 옆에서 자겠다고 목을 꾹꾹 눌러 숨을 쉬지 못하는 경험을 한다. "이놈의 새끼야 싸가지 없는 자식아, 지어미 목 졸라 죽이려고 그래" 하면서 죽도록 팬 다음에 깨어나서 "소금을 끼얹고 칼을 머리맡에 놓고" 잠든 그녀는 "한 번만 꿈에 뵈면 막 칼로 막 조져 줄텐게 내 꿈에 나타나지 마, 어서 그따위 행동을 하냐"고 말한다. 죽은 아들을 그리워하는 마음을 "가슴속에 항상 묻"고 살

면서도 그녀는 그 뒤로는 꿈에서 아들을 전혀 보지 못했다고 말한
다.[7] 꿈에서라도 보고 싶어 하던 죽은 아들이 정작 꿈에 나타나서
목숨을 위협하자 다시는 꿈에서라도 나타나지 말라고 하는 역설을
연출한 것이다. 애타게 그리워하는 스스로에 대한 애착을 일깨우
려는 무의식이 꿈에서 아들의 형태로 반영되어 나타났는지도 모르
겠다.

그런가 하면 풍수 일을 하는 나덕운(제20권)은 그것이 "일종의 관
념"이라고 말하면서도 "산신령이라는 존재를 아주 부인"할 수 없다
고 생각한다.[8] 권영섭(제29권)은 일제 강점기 조선소년대(보이스카우트
의 전신) 대장을 지낸 지식인임에도 불구하고 점쟁이나 사주를 보다
가 나중에 종교로 귀의했으며,[9] 최대봉(제34권)은 어렸을 때 홍역을
비롯해 병드는 것은 전부 귀신 때문이라고 해서 "귀신 가두면 낫는
다"라고 생각했다고 말한다. 그렇게 해서 간혹 좋아지기도 하지만
끝에 가서는 모두 죽는다고 하면서 "사람들이 하도 답답해가지고"
그런 거를 한다고 그는 말한다. 이는 의식에서는 미신을 일정 부분
긍정하면서도[10] 실제 태도로는 부정한다는 사실을 시사한다.[11]

이종근(제37권)은 음력 보름 전날 저녁은 귀신이 들어오는 날이라
고 생각한다. 그래서 신발을 방안에다 들여놓고 자면서, 밤새도록
밥을 훔쳐다 먹는다. 보름 다음날은 '귀신 닭' 날이라고 해서 귀신
들이 장난하는 날이라고 하는데, 그는 "머슴 사는 사람들이 이제부
터 일만 하니까 하루를 더 쉬려"는 동기에서 그런 날이 만들어졌다
고 생각한다.[12] 전수원(제44권)의 부인인 최선녀는 아픈 둘째 딸에게
귀신이 씌웠다고 해서 "무당을 불러다가 굿을 허고 별짓 다했"다고

말한다.[13] 그런가 하면 "정한수 떠놓고 비는 것을 뭐 모신다"라고 말하는 윤정희(제45권)에게 면담자가 누구를 모시느냐고 묻자 구술자는 "부처님 모신다고 해도 되고, 신령님 모신다고 해도 되고" 혹은 '윗대 조상님'이라고 대답한다.[14]

미신에 대한 믿음은 『민중자서전』의 사례에서도 나타난다. 예컨대 김점호(제6권)는 어느 날 마당에서 빗자루를 매다가 어떤 사람이 들어와서 "회갑을 하만 아주 해롭다"는 말을 듣는다. 설에 1년 신수를 물으러 점쟁이에게 갔다가 같은 말을 듣고 그녀는 회갑을 쇠지 않았다.[15] 성춘식(제8권)의 일생은 미신에 대한 믿음과 실행으로 점철되어 있다. 어릴 때 돌림병인 장질부사를 앓아 "굿하는 사람 데려다 밤새도록 굿을 하고 경 읽고" 해서 낳은 경험에서 시작해서 시집가서 남편이 잠자리를 함께하지 않아 "용한 봉사 점바치"에게 가서 점을 쳐서 굿을 하라는 말을 듣고 남편이 없는 틈을 타 대판 굿을 하는 바람에 경찰서로 끌려가 조사받는 곤욕을 치르기도 했다. 아들을 낳고 싶은 생각이 절실했던 그녀는 "절에 가서 불공드리고. 물에 가면 용왕님을 빌고 산에 가면 산신령을 빌"며 딸을 낳지 않게 해 달라고 빌었다. 첫아들이 죽고 점을 치면서 친정어머니가 데려갔다는 말을 듣고는 간직하고 있던 어머니의 세간과 옷을 점쟁이에게 줘버리는가 하면, 자신이 어머니 속을 많이 썩였다고 생각하면서도 "어매 생각을 고마 딱 끊어 뿌렛"다. "어매가 아들 델꼬 갔다 시워서"였다. 회갑도 쇠고는 싶지만 자손들이 해롭다는 말도 있고 해서 "어데 아는데 용하다 그는 데 한번 물어보고 괜찮다 하면 할" 거라고 그녀는 작정한다.[16] 다음 속설에서도 보듯이 그녀의 일상은 미신과 통념에 대한 믿음에 지배되었다.

성춘식과 비슷하게 최소심(제9권) 역시 어릴 때 아픈 다리가 무당 굿을 해서 나은 경험이 있다. '개 부정'을 타서 "비손하는 당골(무당)"이 와서 잘못되었다고 빌고 간신히 딸을 낳았는데, 그 후로 아이를 낳으면 죽어버리자 무당에게 점을 쳐서 아들이 아니라 딸이어서 그렇다는 말을 듣고 수긍하는가 하면, 마흔이 넘어서는 "칼 맞아 죽은 귀신이 아이 괴롭힌" 경험담을 이야기하기도 한다. 또한 사촌 큰어머니·큰아버지가 한날한시에 함께 죽었는데, 장례식에서 좋던 날씨에 천둥번개가 치자 "하늘사람 되어 올라가느라고" 그런 것이라고 설명한다.[17] 이광용(제16권)은 둘째 아들 혼인에서 무당이 좋다는 말을 듣고 기꺼이 며느리를 맞는다. 그녀의 구술에는 "산신님, 하느님, 무당" 등이 자주 등장한다.[18]

반대로 이들보다는 드물지만, 미신을 부정하고 불신하는 사례도 있다. 이두이(제1권)는 한국전쟁에 참전해 실종한 남편이 죽지 않고 언젠가는 돌아오리라는 신념에서 제사를 지내지 않다가 점쟁이에게 물어보고 나서 비로소 제사를 지내기 시작한다. 절에 다니기도 하지만 "점도 해볼 거 다 해보고 굿도 해봤"던 그녀는 마지막에는 가톨릭으로 귀의한다. 점쟁이가 거짓말을 많이 한다는 사실을 깨달았기 때문이다. "부처님도 교회도 성당도 다 하나님 하나밖에 없지 않느냐"라고 반문하면서 그녀는 "진리는 하나뿐"이기 때문에 "아무 거나 믿어도 한 가지"라고 생각한다. 실제로 그녀가 가톨릭을 선택한 이유도 집 가까이에 성당이 있었기 때문이다.[19] 성송자(제5권)는 "점이나 이런 거는 정말 거짓말, 완전하게 거짓말"이라고 믿는다.[20] 이러한 믿음은 친척, 지인이나 자신이 시행착오를 거치면서 얻은 경험의 산물일 수도 있지만, 삶의 최저변에서 무수한 고난과 고통을 거치며 체득한 깨달음일 수도 있다. 남편이 죽고 나서 육촌 언니가 화장하면 집안이 망한다고 하는 데도 "못살아도 여기서 더 못살지 않을 거고 잘살면 행운이고 그래 화장하는 게 낫다"라고 응답하는 것은 이러한 사실을 시사한다.[21]

박현순(제11권)은 "미신 믿는 사람은 전혀 칙실[화장실—필자]도 함부로 못 짓고, 벽도 함부로 못"한다고 생각한다. 미신에 대한 그의 불신에는 아버지의 영향도 있었던 것으로 짐작된다. 책력을 보시는 아버지는 "남들이 봐주라고 하면 봐주기는 봐주는데 이거 믿지는 마라"라고 당부하고 있기 때문이다. 일상의 모든 부분, 예컨대 "지붕을 이는 날, 어디 나가는 날, 출입하는 날도, 그런 걸 하나하나" 가렸던 전통 미신에 대해 강한 불신을 표현하면서 그는 "그런 신이 다 죽어버린 거 같아요. 귀신도 오래 되믄 죽는다고"라고 말한다.[22] 나중에 동네 새마을 지도자로 일하면서 그는 마을 점쟁이가 "삼살 오구 방에 맞으면 급살 맞아 죽는다"는 이유로 지붕 개량을 반대하자 "죽더라도 하자"고 지붕 개량을 강행해버린다. 그래도 수십 년 동안 죽지 않았다고 그는 말한다. 동네에서 굿을 하면 "신이 어디 있냐고 하면서 막 따지"다가 무당을 쫓아버린 일화를 소개하면서 "그때 당시는 내가 참 미신적인 이야기를 못하게 하는 방해자"였다고 말한다.[23] 김숙중(제32권)은 자기 집을 지으면서 토지신에게 빌기도 했지만, 박현순과 비슷하게 새마을 사업을 하고 나서는 미신이라고 해서 더는 믿지 않는다고 말한다.[24]

이들 사례에서 보듯이 미신에 대한 불신은 밑바닥 삶의 오랜 경험에서 일정한 희생을 대가로 체득한 것이거나 새마을 사업과 같은 '근대화'의 격랑이 미친 영향을 일정 정도로 반영한다. 보통 오늘날도 여전하듯이, 서로 대립하는 이 두 극단 사이에는 양자가 혼합된 복합 사례가 존재한다. 서순례(제18권)는 조왕[竈王, 부뚜막신―필자]을 섬겼느냐는 면담자의 질문에 "어디다 밥도 안 하고 뭐 비는 것도" 하지 않고, 제사 때도 "마당에다 뭐 내놓고 물 떠놓고 그런 것"도 없이 "그냥 깨끗하게 살았"다고 말한다. 굿도 하고 점쟁이에게 비는 사람도 있지만, "우리 같은 사람은 그런 거 누가 거기 아는 사람도 없고, 그런 거 비는 것도 안 좋아" 한다는 것이다. 서낭당이라고 다니면서 미신 믿는 사람은 돌멩이를 던지기도 하지만, 자신처럼 믿지 않는 "대범시런 사람"은 "그런 것도 별시럽게 안 하고" 그냥 평범하게 살았다고 말한다.[25] 미신과 관련한 그녀의 이러한 합리성은 극심한 결핍과 빈곤 속에서 끊임없이 일하며 살아온 자신의 경험과 목수 일을 직업으로 하는 시아버지의 영향[26]에서 온 것으로 짐작된다.

이처럼 그녀의 사례는 부정의 입장에 가깝다. 그러나 의식과 태도에서 이중 모순을 보이는 사례들도 있다. 예컨대 황태순(제26권)은 이전의 산신령 미신에 따르면 집을 다시 지을 때 뒤로는 절대로 안 물리는 전통이 미신이라고 하면서도 "미신도 참 그게 맞을 때는 멋지게 맞"아서 "영험 있는 거는 참 깜짝 놀래게 맞더라"라고 수긍한다. "물 떠놓고 삼신 할매한테 빌면 우예 그리 귀신같이 듣는"지, "그럴 땐 미신 못 믿을 거 아니라"라고 되풀이해서 말한다. 엄격한 유교 집안에서 자라났고 교회에 대해서도 호감을 가지고 있으면서 "미신을 믿지 않는다"는 언급에서 보듯이,[27] 그는 의식에서는 부정하면서도 태도에서는 긍정하는 이중성을 보인다. 이와는 정반대로 하봉연(제42권)은 의식으로는 긍정하면서 태도로는 부정하는 이중성의 사례를 제공한다. 그녀는 병원 다니며 아무리 약을 써도 아픈 아들 때문에 점을 쳤고, "귀신 든 병"이라는 말에 굿까지 했다. 하지만 효험을 보지 못한 그녀는 괜한 짓을 해서 돈만 주고 말았다고 털어놓는다.[28]

2. 전통과 신성: 속설·통념

두 번째는 속설과 통념이다. 이는 오랜 시간에 걸쳐 전해 내려오는 근거 없는 믿음이나 이야기를 가리킨다. 어느 마을이나 도회에서건 가구에서 가구로 세대에서 세대로 전파되어오면서 일종의 믿음으로 굳어지거나 개인이 생애 주기를 살아나가면서 경험과 통찰을 통해 깨달았다고 생각하는 믿음이다. 박상규(제4권)는 열두 살 때인 1933년 5월 집안에 일어난 '이상한 일'을 회고한다. "집이 망할 적에는 집지킴이인 황구렁이가 집주인 눈에 띄는데" 학교에 돌아온 그는 어머니와 함께 그걸 똑똑히 보았다. "집안에 변고가 있을 것을 미리 예고해주는 거"라고 생각했다는 그의 말대로 7월에 대홍수가 나서 집안 전답이 유실되어 12월에 남은 전답과 집을 팔아 온 가족이 동래로 이사했다고 그는 말한다.[29] 성송자(제5권)는 "설날 자면 눈썹이 센다 자지 마라"는 속설을 소개한다. 그러나 곧이어 그녀는 "옛날에는 무식하니까 일 많이 하라고, 더 많이 하라고" 하기 위해서 만들어 낸 말로 "그거는 속임수"라고 생각한다고 말한다.[30]

그런가 하면 식당 영업으로 생계를 꾸려나간 최한채(제15권)는 "난 이상하게 여름에 장사 이동을 하면 잘 된다"고 생각한다. 자신의 사주를 풀어보면 정월 생이라 겨울에는 꽁꽁 얼어붙어서 활동을 잘하지 못하는데 여름에는 불기운이 돋아나서 살아나기 때문이라는 것이다.[31] 심재언(제16권)은 어릴 때 누나들의 잘못으로 발 병신이 된 둘째 아들이 커서 자신은 병원에도 가지 않았다고 말하자, "그기 다 팔자에 짊어진 거"라 하는 수 없다고 대꾸한다. 딸의 실수라는 사실을 인정하고 싶지 않은 마음도 있겠지만, 그것조차 팔자고 운수소관이라 어쩔 수 없다는 것이다.[32]

이일용(제27권)은 만성 학질에 걸리면 "새벽에 일어나서 남의 집 문 잠그는 쇠고리에다 그냥 눈을 비비"거나 그렇지 않으면 "드러누워 바가지에다가 물을 담아가지고 부엌칼을 그 위에 올려서 머리맡에 갖다놓고 칼로 머리를 벅벅 긁어서 담아 내다버리"면 낫기도 하고 예방도 된다고 말한다.[33] 박지선(제30권)은 점 같은 거는 보지 않지만 "토정비결은 기분으로 일 년 신수 좋은지" 해마다 스스로 보는가 하면,[34] 나영래(제35권)는 마흔 넘어 고향으로 돌아오겠다는 사주가 "희안하게도 딱 맞는다"면서 꿈에도 생각하지 못한 그런 일이 일어난 것을 팔자소관으로 돌리고 있다.[35]

유사한 사례는 『민중자서전』에서도 찾아볼 수 있다. 예를 들면,

김점호(제6권)는 착한 며느리와 사위들을 얻은 것은 자신이 고생해서 산 보답으로 여기는가 하면,[36] 지방문화재 안동포 길쌈 기능 보유자 선정에서 탈락한 사실을 두고도 "모든 기 다 사람이 하는 짓인데 안 되는 거는 암만 하고 잡아도 하는 수 없는" 거라고 생각한다.[37] 선정 과정의 부당함조차도 운명이라고 생각하고 자포자기해버리고 마는 것이다. 사실을 말하면 이러한 통설은 하층 민중 일반의 일상생활에서 작동하는 측면이 있었다. 이광용(제16권)은 일상생활에서 하지 말라는 것, 가리는 것이 참 많았다고 회상한다. "오리고기 먹으면 손발이 붙어서 나온다. 깍두기 모서리 진 걸 먹으면 출세 못한다. 토끼고기 먹으면 아이가 눈뜨고 잔다"라는 것 등이 그러하다.[38] 그런가 하면 성춘식은 다음과 같이 말한다.

하루 이틀에는 동에 손이 있고 사흘 나흘에는 남에 손이 있고 (…) 동짝으로는 초이틀날 가지 말고 서짝으로는 닷새 엿새날 가지 말아야 돼. 그런 걸 어기믄 몸이 괴로워. (…) 난 그런 걸 여태도 믿어요. (…) 동짝으로 머리를 두믄 부귈, 서짝으로 두면 빈하고 북짝으로 두만 단명, 아이 낳을 때 애를 쓰고 방향을 돌리가믄서 그랬어. 그런 욕심꺼짐 있었어. 자식에 대한 욕심은 내가 보통은 넘어.[39]

이와는 다소 결을 달리 하지만, 최소심(제9권) 역시 속설과 통념에 대한 잘못된 믿음을 보인다. 그녀의 구술에서는 여수수산학교를 다니다 열넷에 장가가서 졸업하고 지식인이자 지역 유지로 살아가던 오빠가 면서기 하면서 여자를 사귀다가 몇 년 후 성병에 걸려 죽어버리자[40] 그 여자를 쫓아버렸다는 이야기가 나온다. 죽을 당시 이미 세 아이의 아버지인 오빠가 여자를 사귀었다는 진술로 미루어 보아 당시 지식인 남성이 흔히 그러했듯이 새로 사귄 여성은 신여성으로서 이른바 제2부인일 가능성이 다분하다. 최소심은 오빠의 죽음을 "연애 걸면 금방 급병에 걸리는 그런 여자"가 있는데, "그걸 모르고 그 여자하고 연애를 걸어 갖고는 금방 급"사하고 말았다고 말한다.

그녀의 진술은 일찍이 필자가 지적했듯이 전형적인 보수주의 정조관의 단면을 보이는 좋은 예시다. 의학박사조차 결혼하지 않은 여성의 정조 상실은 육체 변화는 물론, 궁극에는 "파경까지 야기하는 재앙"이라고 주장하는 보수색 짙은 의견이[41] 최소심이 살아간 전남 진도 섬마을에까지 미친 일정한 영향력을 가늠할 수 있다. 또다른 하나는 정조 불변에 대한 믿음 탓에 연애로 말미암은 책임을 여성에게만 일방적으로 묻는다는 점이다.[42] 오빠가 죽자 마을에서는 그녀를 다른 곳으로 "쫓아버렸응게 어디로 갔는지 모른"다는 최소선의 구술이[43] 이를 시사한다.

3. 전통과 신성: 전설과 설화

전설이나 설화 혹은 시간을 타고 전승되어 마을을 떠도는 황당무계한 이야기들이 있다.[44] 서석화(제31권)는 보천교를 믿던 아버지가 밤에 집에 돌아오다가 범과 밤새 씨름한 이야기를 들려준다.[45] 최대봉(제34권)의 구술에서도 호랑이 이야기가 나온다. 어릴 적 집 주위에 호랑이가 많이 살았는데 형이 장에 가서 소를 몰고 집에 돌아오다가 호랑이를 만났다. 소는 가지도 않고 해서 형이 불을 붙여 호랑이를 쫓아버렸는데 강을 건너다가 또 호랑이가 와서 역시 불을 싸질러 호랑이를 쫓은 뒤에 강을 건너왔다는 식이다.[46]

『민중자서전』에서 최소심(제9권)의 이야기는 더 황당하다. 『주역』에 능통해서 '주역 할아버지'로 소문난 그녀의 4대조 할아버지가 저수지에서 나막신을 신고 둥둥 떠서 걸어 다녔다거나 "한참, 땀얼 뻘뻘 흘림시로 주역얼 읽어놓믄" 먼 고개에서 떡 동이를 이고 가는 "각시가 신 딱 벗어서 손에다 들고" 앉아 있는 방으로 들어왔다가 다시 『주역』을 읽어서 도로 가게 한다거나, 집안 소유 산에 바깥 동네 사람이 나무하러 가면 『주역』을 한참 읽어서 낫은 낫대로, 사람은 사람대로, 지게는 지게대로 각각 싸움하게 해서 훼방을 놓았다는 이야기 등을 그녀는 그럴듯하게 들려준다.[47]

서울 토박이로 와룡동에서 태어나 창덕궁 건너편인 원서동에서 어린 시절을 보낸 한상숙(제18권) 역시 비슷한 이야기를 전한다. 궁궐 안에 오래도록 있어온 아름드리 은행나무를 일본 사람이 없애기 위해 파니까 "그냥 천둥번개를 하고 비가 쏟아"지고 해서 결국 포기했다거나, 창경궁하고 종묘 사이에 길을 내느라고 나무를 베기로 하니까 나무가 "밤새도록 앓음장을 놓"으며 "우는 소리가 나니까는 안 되겠다고 제사 지내자" 해서 다음 날 베기로 했더니 "그 나무 밑에서 귀가 긴 짐승이 종묘 대궐 담을 훅 넘어"갔다는 이야기 등이 그러하다. "귀가 크고 긴 짐승이니까는 그야말로 용 같은 거"일 것이라고 그녀는 생각한다.[48]

대체로 보아 전통/신성 영역에서 세 번째 범주에 속하는 전설과 설화에서는 호랑이나 용과 같은 영물이나 초월의 신적인 존재들이 등장하며, 그를 통해 일상에서 일어나지 않거나 찾아볼 수 없는 비범한 능력, 신통력, 나무가 운다거나 갑자기 비바람이 친다거나 하는 자연 이변 등이 언급된다. 실제로는 결코 일어날 수 없는 황당무계하고 터무니없는 내용이 대부분이지만, 화자나 청자 모두 그것에 일정한 개연성을 부여하고 사실 내지 준사실로 받아들인다. 이는 모두 실제 자연 세계나 인간 세상에서 인간이 가진 한계를 극복하거나 현실을 부정하고 타개하기 위한[49] 상상력과 바람이 투영된 대안 서사로서, 오랫동안 살아남아 마을 사람들의 입에서 입으로 전해져 내려온다.

4. 근대와 세속: 종교

『민중열전』에서 종교가 있다고 표명한 이들은 전체 46명 가운데 11
명이다. 비율로 보면 23.9%에 지나지 않는다(〈표4-2〉 참조). 세부 내
용을 보면, 개신교가 6명, 가톨릭이 2명으로 넓은 의미의 그리스도
교가 종교 인구의 절반이 넘는 비중을 차지하며, 다음이 불교 2명,
유교 1명이다. 이 중에서 과대 대표된 개신교의 두 사례를 논외로
하면,[50] 종교인은 총 9명으로 그 비중은 19.6%로 더 떨어진다.

〈표4-2〉『민중열전』의 종교인 분포

구분	개신교	가톨릭	불교	유교	무종교	계
빈도(명)	6	2	2	1	35	46
비율(%)	13.1	4.3	4.3	2.2	76.1	100.0

참고: 개신교는 조풍도, 황태순, 권영섭, 이종근, 유춘성, 서한금(아내)이고, 가톨릭은
이두이, 정해주, 불교는 성송자, 최한채, 유교는 박지선임.

이처럼 낮은 종교인 비중은 한국 종교인 전체의 추세에 비추어
보더라도 현저하다. 『민중자서전』에서는 그 경향이 더욱 두드러진
다. 구술로만 보면, 전동례(제1권, 기독교)와 김승윤(제14권, 불교)을 제외
하고 종교가 있다고 표방한 경우는 없다. 하지만 구술 자료에 드러
난 사실에 한정하여 판명한 것이기 때문에, 실제 종교 실행 여부와
반드시 일치한다고 볼 수 없음을 염두에 두어야 한다. 나아가 우리
나라 종교의 특성으로서 한 특정 종교에 귀속하면서도 다른 종교의

부활절 새벽 연합예배(1978)

요소를 함께 받아들이는 경우도 적지 않다. 특히 불교와 유교 혹은 개신교/가톨릭과 유교가 그러하다. 그렇지 않으면 다양한 종교 요소들이 특정 개인의 내면에서 복합, 중층 형식으로 자리 잡은 경우도 드물지 않다. 예를 들면, 최한채(제15권)는 평생 불교를 믿었다고 말한다. 하지만 몸소 절을 사서 관리하는 스님을 두면서 단골무당도 두고 산신 기도를 종종 다니는가 하면, 음양오행이나 성명철학 등의 동양철학과 아울러 도교와 『주역』을 믿기도 한다.[51]

이러한 사실들에서 가늠할 수 있듯이 종교를 믿는다고 하더라도 그에 대한 개입과 헌신의 정도는 각 사례에 따라 다르다. 사례에서 종교인 비중이 작다고는 하지만, 이미 보았듯이 적어도 초월의 존재나 영적 실체에 대한 믿음 역시 종교의 원초 형태로 간주한다면, 무종교를 공식으로 표방한 경우는 홍영수(제46권)를 제외하고 거의 모든 사례에서 사실상 보이지 않는다. 동제(부군당)나 용왕신을 섬긴다는 점에서 미신과 종교의 경계에 있는 임창봉(제14권)에서 보듯이 미신이건 통념이건 이러저러한 형태로 믿음의 일정한 형태와 양식의 편린을 보인다. 개신교의 경우를 보더라도 이종근(제37권)은 그 자신이 목사이고 서한금(제43권)의 아내인 박연례는 열렬한 신자인가 하면, 여기에 포함하지는 않았지만 서순례(제18권)의 경우처럼 교회를 다니다 말다 하면서 형식이나 외피로서 종교를 받아들이기도 한다.

5. 근대와 세속: 신념과 윤리

근대/세속 영역에서 신념과 윤리는 사회화나 교육 혹은 독서 등을 통해, 그렇지 않으면 살아가면서 스스로 깨달은 것을 통해 믿는 사실을 말한다. 이러한 맥락에서 전통/신성 범주의 속설·통념 유형과 유사하다고 할 수도 있다. 하지만 속설·통념이 근거 없거나 허위의 이야기라는 점에서 비사회 혹은 반사회의 성격을 갖는 것과는 달리, 신념과 윤리는 사실이나 진리에 기반한 교훈이나 가르침이라고 할 수 있다.

예컨대 임창봉(제14권)은 사람마다 종교에 대한 믿음이 다 다르지만 행하는 윤리는 똑같다고 말한다. "천당 가는지 극락 가는지 잘 모르지만, 남에게 나쁜 짓 안 하고 좋은 일 하는 건 같은 이치"라는 것이다. "절대 악하게 살"아서는 안 된다고 그는 말한다. 자신에게 이득이 가는 것을 우선 생각하게 되면 남에게 틀림없이 해가 가는데, "그런 게 없이 편히 사니까 겁나는 게 없고 누가 뭐라는 사람도 없고 얼마나 좋"으냐고 반문한다.[52] 자신의 종교가 유교라고 생각하는 박지선(제30권)은 기복 종교들을 다분히 의식하면서 "빌어서 되는 것 같으면 안 될 사람이 어디 있느냐"고 반문한다. 자꾸 허욕을 부려서 자기에게 복 달라고 빈다고 해서 복이 오는 것이 아니고 "내가 잘해가 내가 행하는" 것이 중요하다는 것이다. 그녀는 "남한테 좋은 일 해야 되고, 남한테 해꼬지하지 말고 남을 도울라고 애쓰고. 내 힘으로 살고 남의 도움 받"지 않고 사는 삶의 의미를 되풀이해서 강조한다.[53]

지관 생활을 하는 안성만(제3권)은 "악을 쌓으면 반드시 악이 남"는다고 굳게 믿는다. 자신이 행한 악의 응보는 "자기가 못 받으면 아들이 받고 손자가 받는" 식으로 언젠가는 다시 받게 된다는 것이다.[54] 문대환(제33권)은 형편이 허락하지 않아 아이들 공부를 시키지 못한 사실을 두고 자기의 "운명이니깐 어쩔 도리가 없"다고 말한다. "자유스럽게 지가 제 능력대로 살아나가도록만 해주면" 된다는 것이다. 그러면서도 그가 부유한 집안에서 태어난 아이들은 대부분 잘 되는 경우가 없지만 "웬만큼 고생해서 한 사람들이 다 모든 걸 뭐래도 하나" 이룬다고 말한다.[55] 이 말에는 자신의 체험이 녹아 있다. 한편으로는 운명이나 팔자소관을 말하면서도 다른 한편으로는 자수성가를 강조하는 것이다. 자신의 노동과 근면을 통한 자수성가의 강조에는 육체노동을 통해 자신과 가족의 생계를 이어간 삶의 여정이 반영되어 있다. 이러한 맥락에서 정해주(제38권)는 "국민이 첫째 단결 카는 거 보담도 부지런해야" 한다고 언급하는가 하면, 전수원(제44권)은 "부지런히 일하고 정직하게 살자"는 가훈을 강조한다.[56]

홍영수(제46권)는 불교나 기독교의 기복 신앙을 비판한다. 교회 다니는 아내를 따라 몇 번 가보기는 했지만, 자신은 종교가 없다는 것이다. "두 배 일을 해야 두 배로 돈이 오"는 자기 경험을 바탕으로 그는 "노력 끝에 희망이 있는" 법인데 "노력도 안 하고 돈 많이 주라고 빌기만 하면 되"겠느냐고 반문한다. "나는 나를 믿"는다는 그의 단언에는 노년의 나이에도 새벽 네 시에 나와 저녁 여덟 시에 이르기까지 하루 열여섯 시간씩 일하며 살아온 삶의 경험이 녹아 있다.[57] 그런가 하면 자신의 직업인 옹기 일에서 얻은 깨달음을 말하기도 한다. 가마에서 구운 옹기는 꺼낸 순서대로 열 줄로 늘어놓는 것이 보통인데, 이 중에는 잘 구워진 것도 있고 상품 가치가 떨어지는 것도 섞여 있기 마련이다. 그래서 "옹기를 사서 팔러 갈 사람들끼리 구찌(제비뽑기)를 뽑"는 것인데 이는 "공평하게 할라고 하는 것"이라는 것이다.[58]

나아가 『민중자서전』에서 보부상으로 평생을 살아간 유진룡(제5권)은 팔자가 그것뿐이라 세상사는 자기 뜻대로 살 수 없다고 말한다. 마음을 "똑똑히 써야" 죽어서도 좋은 데 간다고 그는 생각한다. "인간 한평생 사는 것이 (…) 하느님이 도와주지 않으믄 살 수 읎"다는 것이다.[59] 그가 여기에서 말하는 하느님은 기독교나 종교의 하나님이나 하느님이라기보다는 추상의 존재로서 초월자를 의미한다. 인간의 삶이란 자기 뜻대로 되는 것이 아니라는 점에서 현실에 만족하면서 올바른 마음으로 안분지족하는 생활을 해야 한다는 것이다.[60]

서영옥(제10권)의 경우 신념과 도덕 문제는 다소 이중성과 모순성을 보인다. 예를 들면, 어부로서 그는 고기 잡다 경비정 경찰의 단속에 걸리면 잘 봐달라고 돈을 건네는 행위에 대해 위법은 위법이지만 나쁘다고 생각해서는 안 된다고 말한다. 사람이 먹고살아야 하는데 위법으로 고기잡이를 해서 그만큼 벌었으니까 그 몫을 서로 나눠 편리를 도모하는 것을 '도리'로 생각한다는 것이다.[61] 그런가 하면 선수금을 받고도 배를 타러 오지 않아 선주들에게 피해를 주는 젊은 세대의 행태에 대해 그는 신랄하게 비판한다. 선금 받고 떼

먹는 법이 이전에는 절대 없었다고 그는 단언한다. 일단 선수금을 받고 배를 타면 반드시 계약 기간인 1년을 채우고 내렸다는 것이다.[62] 해수욕장에서 여름에 민박하면서 바가지요금을 씌우는 것에 대해서도 그는 비판한다. "그런 거는 도둑놈 짓 하는 것하고 똑같다"라면서 그는 "나 살자고 남의 거 망치"면 안 된다고 말한다. "내 몫 나 먹고살다 죽"으면 그만이라는 것이다.[63]

송문옥(제13권)은 "돈(버는 짓)은 억지로 안 되는 거"라고 말한다. "사람이 사는 대로 살아야지, 돈이 사람을 따를라구 애를 써야지 사램이 돈을 따리면 안 된"다는 것이다.[64] 그런가 하면 김승윤(제14권)은 앞서 말한 유진룡과 마찬가지로 안민낙도의 삶을 강조한다. "가난이 편안이라고, 우린 젊은 때부터도 이익을 취해서 돈을 많이 가지려고는 통 아니 해봤"다는 것이다. "자기 먹을 만치, 자기 살아질 만치 그렇게 하니 죄가 없"는 생활을 해왔다고 하면서 그는 유교나 불교에서도 "가난이 (…) 안빈낙도라고 했"다고 말한다. "먹긴 해야 하니 먹을 만큼만 하라", "먹을 만치 하라"는 말을 인용하면서 그는 "서민은 자급자족하면 그만"이라고 생각하는 것이다.[65] 민중 구술에서 신념과 윤리는 그 대부분이 독서나 교양이라기보다는 자신의 땀과 고통을 통해 체득한 것이라는 점에서, 그리고 그러한 점에서 거기에는 때때로 모순과 자가당착이 수반된다는 점에서 일반의 신념/윤리와 다르다.

6. 근대와 세속: 이념과 정치

흔히 1970년대 이후 민중론의 기원과 의미 구조 맥락에서 이 글이 대상으로 하는 민중의 이념/이데올로기는 현실 비판과 진보 혹은 좌파 이데올로기와 친연성을 갖는 것으로 기대할 수 있다. 하지만 상당수 등장인물이 체제 순응이나 보수 성향을 보인다는 점에서 구술 자료의 실재는 이러한 기대와 어긋나는 경향이 있다. 이른바 해방 정국과 자유당 치하에서 족청(조선민족청년단)에 속한 인물이 있는가 하면, 빨치산 토벌대나 수복동지회 혹은 통일교에 참여한 인물도 있다. 물론 전체가 그러한 것은 아니고 또 시대에 따라 평가가 달라지기도 했지만, 이들 대부분은 반공주의나 극우 이데올로기로 평가되는 활동이나 조직들이라고 할 수 있다.

그렇다고 해서 이러한 사실이 실제 역사 현실을 반영한다고 보는 의견에는 신중한 검토가 필요하다. 왜냐하면 일제 식민 지배와 미군정 그리고 이승만 독재와 박정희 군부 통치를 거쳐 온 역사 과정은 이들 범주에 속하는 사람들만을 선택해서 살아남거나 그렇지 않으면 용케 이를 피해간 인물들조차 생존을 위해 주류 흐름에 적응하거나 동화되어야 했기 때문이다. 이러한 상황에서 적어도 1980년대 이전 냉전 시기에 사회 일반의 정치에 대한 의식, 무의식의 무관심이 일종의 에토스로서 자리 잡게 되었으며, 특히 하층민 사이에서는 이념이나 정치는 자기 일이 아니라는 인식이 자연스럽게 받아들여졌다. 강원도 대한중석에서 광부 일을 한 정해주(제38권)가 "광산 하는 데 무슨 놈의 사상 가진 그런 사람이 어딨는교"라고 반

문한 사실이[66] 적절한 사례가 될 것이다.[67]

나아가 실제 이념과 정치에는 다양한 스펙트럼이 존재할뿐더러 사례를 통해 대립과 갈등으로 점철된 근대를 읽어낼 수도 있다. 이는 보수나 진보 이데올로기 각각은 말할 것도 없고, 각 이데올로기 내부에서조차 그러하다. 어느 경우를 막론하고 그 안에서 다양성과 모순이 중첩된 양상을 보이는 것이다.

아마 가장 극단의 대조를 이루는 사례가 박남진(제8권)과 정원복 (제9권)의 경우가 될 것이다. 박남진은 해방 직후인 1946년 8월 조선공산당 후보 당원으로 시작하는 좌익 활동을 했다. 1946년 대구 10월항쟁 여파로 11월 나주항쟁에 참여하는가 하면, 나주 군당의 선전부, 총무부장 등으로 활동하면서 근로자 신문을 발간했다. 1950년 6월 25일 전쟁이 나면서 군당 위원장 기요과(비서) 요원으로 당원 심사를 맡아 일하다가 같은 해 10월 입산하여 인민유격대 활동을 했다. 백아산에서 '조선인민유격대 남부군' 총사령부 기관지로서 『빨치산』을 발행하다가 휴전이 되고 나서 지리산 일대를 전전하며 남반부 빨치산의 맥을 이어가다가 1954년 12월 말 토벌대에 의해 체포되었다.[68]

정원복은 해방 후인 1947년 봄 극우 반공주의 단체인 조선민족청년단(족청)에 가입하여 지역 훈련부장으로 1949년 2월 호국군 창설에 관여해 2연대에서 활동하다가 정보원으로서 전평을 공격하는 일에 앞장섰다. 그의 말을 빌리면, "빨갱이가 그 얼마나 난리를 치는지" 영등포 공장지대나 용산 철도공작창 등의 공장들을 습격해 "인공기도 많이 빼"앗아 오는 등 "참 많이 싸웠"다. 그러다가 영등포 경성방직 좌익 노조를 공격하는 와중에 "베고 맞고 [하다가—필자] 공교롭게 사람을 하나 죽"이고 말았다. "빨갱이란 건 발붙이면 안 된"다고 생각했지만, "암만 빨갱이라도 사람이 죽으니깐 문제가 발생"해서 일시 피신해 있다가 1949년 남영동 국방부 과학연구소 제1공장(군수공장)에 문관으로 들어가 지뢰, 수류탄 만드는 일에 종사하는 한편, 문관들 제식 교련을 시키는 일을 하다가 1950년 전쟁이 나면서 그만두고 말았다. 한국전쟁이 발발하자 우익 단체 경력으로 힘겨운 피신 생활을 이어가다가 서울 수복 후 국민방위군에 징집되어 1952년 봄 미군 공병대 101사단 소속 노무자 부대를 거쳐 이듬해인 1953년 3월에는 제1부 서두에서 언급한 미군 KLO부대에 입대하여 북한 침투 작전[69] 직전 종전으로 귀환한다.[70]

이처럼 이른바 해방정국과 한국전쟁의 격동기 좌우 두 진영에서 두 사람은 서로 대립하는 삶을 살아야 했다. 박남진이 조선공산당 나주 군당에서 선전부와 총무부 책임을 맡아 활동하는 동안 정원복은 서울 효창공원에서 족청 훈련부장으로 부원들을 훈련시켰다. 박남진이 지역에서 근로자 신문을 발간하여 미군정을 비판하고 지역민의 조직화와 선전 활동에 나서고 있을 때 정원복은 용산과 영등포 일대의 좌익 노조를 습격하여 노조원들과 싸우다가 미군이 접수한 남영동 군수공장에서 일본군이 버리고 간 무기를 재수리하거나 수류탄 같은 무기를 만들었다. 박남진이 지리산에 입산해 인민유격대원으로 조직과 선전 사업 그리고 나중에는 '보급투쟁'에 몰두하며 나날을 보내는 동안 정원복은 인공 치하에서 인민군의 탄압과 감시를 피해 간신히 목숨을 부지해나가다가 미 공병대와 민간유격대원으로 군사훈련을 받으며 북한 '수복'을 위한 가상 공격에 몰두했다. 즉, 1940년대 후반 1950년대에 정원복이 족청이나 경찰, 미군 공병대나 극동군 사령부와 연결되어 살아가는 동안 박남진은 정원복의 '적'이라고 할 수 있는 인민공화국이나 좌익 노동조합의 '빨갱이'들 그리고 인민유격대와 인민군 편에 서서 싸웠다. 그리고 남한 정권이 안정된 1960년대 이후 박남진이 나주에서 경찰의 감시 아래 농사를 지으며 은둔하다시피 살아가는 동안 정원복은 서울에서 부동산 중개업을 하며 생계를 이어갔다.

나아가 이러한 모순과 이중성은 세대에서 세대로 이어지며 불행과 비극의 역사를 만들어냈다. 예컨대 서한금(제43권)은 자신이 사는 명산에 인민군이 진주하면서 마을 감찰부장을 맡게 되었다. "인공 치하에 부서가 조직이 되는데 나보다 나오라 해서 나간께는 그것을 나한테 맡"겼는데, 친구들이라 "마다고 하면은 또 친구들하고는 틈이 나서 갈라"지기 때문에 그러자고 했다는 것이다. 전쟁 나기 전에 그의 아버지가 파출소 소장들하고 가까이 지내는 바람에 우익으로 몰려 잡혀갔기 때문에 "내가 거기 가면 뭔 흐름은 대충 알 수가 있"겠다는 계산도 있었다.[71] 끌려가서 무수히 고초를 당한 아버지의 불행을 떠올리면서 그는 "원인은 하찮은 일 가지고 대립이 되"어 "그냥 그렇게 사람이 많이 죽었다"고 말한다. "그때 태어난 사람들이 운수가 없이 태어"나서 "무조건 몰리면 몰리고 죄도 없이 죽"어갔다는 것이다.[72]

박희춘(제10권)의 사례는 더 비극에 가깝다. 6·25전쟁의 와중에서 학련[73] 간부로서 그는 우익 진영에 가담해서 활동했다.[74] 어느 날 집 앞 논에서 모를 심던 그의 아버지는 영문도 모르고 경찰에 끌려가 곰티재에서 집단 사살됨으로써 무고한 민간인 학살 희생자가 되었다. 지방 우익 단체 소속으로 경찰서 사찰계 형사를 잘 알고 지냈음에도 불구하고 경찰에 끌려간 아버지의 소식을 전해 받지 못해 아버지를 구하지 못한 사실은 평생에 걸친 그의 한이 되었다. 당시를 회상하면서 박희춘은 아버지는 "좌익에 좌자도 우익에 우자도 모르는 사람"으로 "아무 잘못이 없다고 생각하고 따라"갔다가 변을 당했다고 말한다.[75] 그러다가 우여곡절 끝에 전쟁 중 군에 입대한 그는 "군의 상급 기밀을 담당하던 기밀 요원"으로 충무은성무공훈장을 받고 1955년에는 육군 모범 용사로 선발되어 경무대에 대통령을 보러 가기도 했다.[76]

"공식적으로 내 아버지는 빨갱이 하다가 죽었고 나는 군에 있으면서 빨갱이 잡아서 훈장 받았고 이기 도대체 안 맞"는다고 구술자는 말한다.[77] "이 일은 내 인생에서 결정적인 영향"을 주었다고 그는 언급한다. 이때부터 자신이 "상당히 방황을 하기 시작"해서 "아직도 내가 이렇게 논리 있게 이야기하다가도 이 이야기만 나오면 고마 횡설수설한다"는 것이다.[78] 면담자는 해설에서 "전쟁 기간 중 모범 용사로 표창까지 받았던 박희춘과 빨갱이라는 누명을 쓴 채 행방불명된 아버지의 상반된 인생은 20세기 한국 현대사의 가장 큰 모순을 가족이라는 체제 내에서 보이고 있다"고 적었다.[79]

이러한 점을 염두에 두고 이제 보수와 체제 옹호 이데올로기의 사례를 검토해보자. 족청에서 지역 훈련부장을 하고 북한 진격 작전을 위한 민간유격대인 켈러부대원으로 활동한 정원복(제9권)에 대해서는 이미 언급한 바 있다. 박민규(제17권)는 한국전쟁 시기 북한 통치를 비판한다. 글깨나 배우고 머리 좋고 똑똑한 사람들, "그 사람들은 인공이 내려온께 평민 부역하든 놈이 경찰서장, 군수, 서장, 과장 다 그것을 해부렀어. 석 달 동안 다 해먹어"버렸다면서, 그는 "이북물이 든 사람들은 아조 완전히 머리가 돌아"버렸다고 회고한다. 그의 의견에 따르면 "인공 정치는 별 볼 일 없는 정치"다. "농사를 지어가꼬 많이 수확을 보믄 자기 이익을 줘야 한다 말이제. 전부 국가에다가 줘불고 배급 주고 하는디 누가 일을 잘 할라고" 하냐는 것이다.[80]

윤용호(제39권)는 한국전쟁 시기 순창군 복흥면 의용경찰대 제1기로서 빨치산 토벌대로 활약했다. 한국군 4중대의 지원 아래 40명으로 구성된 복흥부대 소속으로 인민군에게 빼앗긴 마을(복흥면)을 수복하는 작전에 나서기도 했는데, 군인들이 "집 조가리가 없"이 동네를 모두 불태워버린 비참한 광경을 증언하면서 그는 잘잘못을 따질 수가 없다고 말한다. 자신들도 합세하여 태웠기 때문이다.[81] 1951년 3월 말 의용경찰대가 정식으로 발족하면서 그는 생포한 인민군을 취조, 심사하는 "제일 중요한 자리"인 총무로 활약했다.[82] 이승만에 대해서도 그는 "제일 제일 잘했"다고 평가하는가 하면, 이장으로서 부정선거도 했다고 말한다. "나라가 혼란이 돼가지고 못쓴"다고 생각하기 때문이다. 새마을운동으로 지붕을 슬레이트로 개량한 일에 대해서도 그는 박정희의 공으로 돌리고 있다.[83]

평생 농민으로 살아온 김기송(제2권)도 박정희에 대해 긍정적으로 평가한다. 새마을운동을 통해 농촌운동을 해온 그는 "우리가 산

새마을운동 작업 모습(1973)

업이 발달돼고 녹색혁명을 해서 배 안 고프고 한 건" 박정희 덕분이라고 생각한다. "박정희가 군사 정권했다고 떠들어대는 사람들"을 "정신없는 사람"으로 규정하면서 그는 교과서에서 박정희의 공적은 분명히 밝히지 않고 "김정일이나 김일성이는 넣어주고 박정희는 안 넣어주"는 교육에 대해서도 비판한다.[84] 박정희에 대한 옹호는 강렬한 반공주의와 북한에 대한 비판으로 이어진다. 1970년 1월 어느 날 일기에서 그는 "김일성 괴뢰도당을 이 땅에서 몰아내야 우리 국민이 잘 살 수 있다"거나 김일성을 "고집불통의 마수"라고 썼다.[85]

박정희에 대한 평가는 최한채(제15권)도 마찬가지이다. 자유당 말기 치안이 불안한 시기에 "군사혁명이 일어나서 깡패들을 다 소탕"하는 바람에 박정희가 "국민한테 얼마나 추앙 받았는"지를 강조하면서 그는 "치안이 확보되니까 우리 상인들은 열렬히 좋아"했다고 말한다. 음식점을 한 그는 당시는 "세 몫 노나묵기" 장사였다고 말한다. 즉, "깡패 한 몫, 경찰 한 몫, 주인 한 몫"으로, "한 몫(깡패)이 없어졌으니까 장사꾼들이 막 좋아서 날뛰고" 군사정부를 열렬히 지지했다는 것이다.[86] 이처럼 그는 전폭으로 박정희 정치에 대한 공감과 지지를 표명한다. 박정희가 "정치하느라고 애를 참 많이 먹었"다고 그는 말한다. 통일벼에 대해서도 "밥맛이 적다 해가지고 뒷전으로 물러가버렸"다고 하면서도 "생산은 적고 먹기는 많이 먹어야 되고" 해서 통일벼가 나와서 생산량이 배로 뛴 것을 높이 평가한다.[87]

전매청 연초공장에 근무한 김기홍(제20권)도 박정희와 새마을운동을 긍정적으로 평가한다. 직장에서 새마을 교육을 한 번에 30명

이상씩 가는데, 군대 가서 교육받으면 사람이 달라지듯이 새마을 교육도 이와 비슷한 효과를 가져왔다고 그는 말한다. 퇴근할 때 담배를 밖으로 몰래 가지고 나오는 것도 "군사혁명 나고는 많이 줄었"고, 우리가 "이만치 발전되어 살기 좋"아진 것도 새마을운동 때문이라고 그는 생각한다. "장기 집권했는 것이 쫌 안 좋"기도 했고, "요새 사람들은 박대통령을 머 어 어떠타고 하"면서도 한국 사회의 근대화와 발전이 박정희와 새마을운동에 힘입은 바 크다고 말하는 것이다.[88]

박정희 시대에 대한 긍정 평가는 다른 몇몇 사례들에서도 단편으로 보인다. 안성만(제3권)의 경우처럼 병역을 기피하다가 일괄 면제 조치를 받은 덕분에 박정희를 무조건 찍어준 사례가 있는가 하면,[89] 시청 직원으로 축정계에서 소 도축 감시 업무를 맡은 김점칠(제25권)은 축산을 장려하느라 암소를 도살하지 못하게 한 정책을 두고, "그걸 하나 봐도 박정희가 머리 쓰는 거 보면 비상"하다고 추어올리고 있다. 이러한 점에서 그에게 5·16군사쿠데타는 '혁명'이었다.[90] 특정 개인의 정치 편향이나 이념의 배후에서 사사로운 이익 동기가 작동하는 것은 보수의 경우와 선택 친화력을 갖는다고 흔히 말하는데, 여기서 보듯이 안성만과 최한채가 이 경우에 속한다고 할 수 있다.

보수에 속하면서도 자신의 이해관계가 걸린 사안에 대해서는 비판의 의견이나 태도를 보이는 경우도 있다. 심재언(제16권)의 사례를 보면, 새마을운동에 대해서는 "잘~했다"고 적극 평가한다. 특히 동네 길 넓히기 사업을 꼽으면서 그는 자신이 간부도 아니면서 총회

의 할 때 여러 차례 참여한 적이 있다고 말한다. 이와 달리 그는 그린벨트 정책은 매우 비판한다. "그린벨트 카는 걸로 묶어놓고 안 푸는 기 아주 나쁜 짓"이라고 그는 생각한다. 살다보니까 "참 희안"한 정책으로 "땅덩어리 헐게 지(집어) 묵을라"고, "농촌 몬 살도록" 하는 정책이라는 것이다.[91] 동일한 새마을운동과 박정희의 시책에 대해 길 넓히기 사업은 긍정의 시각에서 보는 것과 달리 그린벨트 정책은 아주 부정하고 있는 것이다. 농사짓는 홍성두(제23권)의 사례는 부부 사이에 의견이 엇갈린다. 부인인 도분남은 박정희 때는 작물 선택도 마음대로 못했다면서, 포도가 벼농사보다 수익이 세 배나 더 나는 데도 심지 못하게 해서 심었다가 다시 캐내곤 했던 경험을 말한다. 이에 대해 홍성두는 "그 당시에는 식량이 부족하이 정부 시책이 잘못이 아니라"고 하면서 "국민이 먹고살기 위해서 [벼농사를―필자] 지어야 한다는 거"였다고 박정희의 시책을 옹호하고 있다.[92]

황태순(제26권)은 역대 대통령에서 누가 제일 기억에 남는가라는 면접자의 질문에 '당연히' 박정희라고 대답한다. "그만침 우리 대한민국을 위해 일한 사람이 어딧노?"라고 반문하면서 그는 "일할라면 거 강권도 해야지. 너무 민주주의 해 사면 그렇게 일"을 하지 못한다고 말한다. 10월유신 때 양보하고 차기에 나서면 될 텐데 너무 "욕심을 부렸다"고 평가하면서도 그는 국민이 말을 듣지 않을 때는 "참말로 억압도 써야" 하고 "정치하는 데 너무나 자율 줘뿌면 안 된다"고 단언한다. 전두환에 대해서도 그는 "다리는(다른 것은) 몰라도"라는 유보 조건을 달면서도 "실지 경제 정책은 잘한" 것은 알아줘야 한다고 말한다. 두 사람에 대한 평가와는 달리 이후의 민주 정부에 대해서 그는 상소리를 동원해가면서 매우 불편한 심기를 드러낸다. 노인들은 대통령이 여기 왔다 하면 보기 싫다고 "텔레비전 전부 다 꺼뿐다"고 하면서, 몇 년 전부터 자신은 투표도 하지 않는다고 덧붙인다. 이처럼 보수 지향의 그도 이승만 정권 때에는 "정치하는 거 보고 저렇게 하면 안 될다 싶어" 야당에 가입한 경력이 있다. 당시 "야당에 가입하는 건 대단한 거"로 지서장하고 교육부에서 교사로 일하던 그의 형에게 압력을 넣는 바람에 애를 먹었다. "내 동생이 야당에 가면 내가 빨갱이냐고 카면서 교장하고도 한바탕"했다는 것이다.[93]

위의 두 사례에서 보듯이 특정 개인이 지니는 이념이 일관되지 않고 서로 모순되는 복합성을 보이는 것은 민중의 속성 가운데 하나라고 할 수 있을 정도로 다양한 사례들에서 확인된다. 박희춘(제10권) 사례의 비극성에 대해서는 앞서 언급했거니와 한국전쟁에서 모범 용사로 무공훈장까지 받았지만, 아버지와 관련해서는 모순으로 점철한 삶을 살았다. 박정희가 도입한 연좌제로 요시찰 인물이 되어 그에게 박정희는 "세상에 누구보다도 미워하는" 인물이 되었다.[94] 1986년도에는 아버지가 학살된 청도 지역 보도연맹 사건을 고발하는 책을 출간해서 이 일로 중앙정보부 부산 공사에 끌려가 곤욕을 치르는가 하면,[95] 학살 문제의 가족 당사자로서 유족회 활동에 적극 참여하기도 했다.

일찍이 일제 강점기에 조선소년군(보이스카우트 전신)에 입단하여 활동한 권영섭(제29권)은 "과거 내 사상이 배일하고, 스카우트 운동하던 그 사상"이라고 하지만, 1930년대 "대동아전장 만주로 들어가는 기차" 철로 부설을 위한 공사장 인부 감독으로 적극 협조하면서 북선 일대에서 근로 보국대를 현장에서 지휘하기도 하는 모순을 드러내고 있다.[96] 해방 이후 좌우 대립 과정에서도 그는 여운형하고 친분이 있으면서도 "좌익이라는 게 아주 참 좋찮다고 생각하고" 다른 우익 단체들과 함께 소년단 총무부장으로 반탁운동에 가세하였다.[97] 한국전쟁기에는 북한의 정치보위국에 잡혀 있다가 김구를 저격한 안두희가 잡혀 들어오는 것을 보고 "치가 떨리는" 것을 "내색을 못하고 참느라고 애먹"기도 했다.[98]

종전 이후 대구에 정착한 그는 민주당 신파로서 민주당 창당 발기인으로 참여하여 조직부장을 맡기도 하고 부산 민주화기념보존회 민주기념관 고문으로 취임해서도 김대중을 혐오하고 『조선일보』만 계속 구독하였다.[99] 2000년도 이후의 촛불집회에 대해서도 그는 "성스러운 촛불을 왜 데모하는 데 들고 나오고" 하느냐고 반문하면서 "이거는 도대체 말이 안 된"다고 비판한다. 그가 보기에 노동당은 "회비를 착취하고 돈 중간에서 받아가지고 시방 나라를 못살게 구"는 정당이다. "그게 노동자를 위한 일"이냐고 반문하면서 그는 "좌익들 데모하는 기 제일 겁난"다고 말한다.[100]

이념의 모순과 불일치는 정해주(제38권)에게서도 찾아볼 수 있다. 분단과 한국전쟁의 원인에 대해 그는 남·북보다는 미·소 강대국 사이의 문제로 인식하는 통찰을 보인다. 미·소의 두 나라가 "하나는 소련이다 하나는 미국이다 이래가 괜히 갈라놓고 싸움 붙"인 것이고, 한국전쟁에 대해서도 그는 "죽일 놈들 말이지. 전부 뭐 우리

동지끼리 피 흘리고 뜯고 싸우고 하지만, 이기 전부 외국 사람들 때문에 이카지 뭣 때문에 카노"라는 의견에 매우 공감한다.[101] 해방 이후 1950년대의 정치 지형에서 그는 야당을 하면서 당시 여당이던 자유당으로부터 고초를 겪었다. "내 야당 출신이구마 원래" 하면서 그는 "그 당시에 전부 야당"이었다고 말한다. 그러나 1963년부터 동장 일을 맡은 이래 그는 여당 쪽에 서서 일했다. 1960년대 선거에 대해 그는 "전부 부정 아니"냐고 반문한다. 여당[공화당—필자]에서 "야당에 좋은 후보만 나오면 괜히 탄압"한다고 하면서도 자신도 동장으로서 "행정에서 시키니께네 안 할 도리도 없"어 "실제로 우리도 부정 투표도 많이 해봤"다고 말한다.[102]

나아가 박정희 시기 한일협상에 대해서도 그는 비판한다. "우리 한국사람 해가 갔는[징용을 말함—필자] 그 돈, 대가를 협상해가 받아와 가지고 [경부—필자]고속도로도 닦고, 울산 뭐 포항종합제철"을 만들었다고 하는 말을 소개하면서, 그는 "우린 뭐 우예압니까 모르잖아"라고 하면서도 만일 그게 사실이라면 "고상한 사람들 얼마라도 보상을 줘야" 한다고 말한다.[103] 그런데도 그는 박정희 정권을 '혁명 정부'로 일컬으면서 지붕 개량, 전기 사업, 도로 확장 등 새마을 사업을 "전부 박정희가 한 것"이라고 일정한 방식으로 평가한다.[104] 그는 남북 교류 사업의 하나로 민주 정부가 추진한 비료 지원 사업으로 비료 가격이 올라 "농민 죽인다"는 인식을 공유하고 있다.[105]

이처럼 의식과 이념 차원에서 이 글이 대상으로 하는 민중 대부분은 넓게 보아 보수/체제 옹호에 속하는 사례가 많고, 그것도 모순과 불일치가 공존하기도 하는 다양한 복합 양상을 보인다. 반면 지속되는 전쟁과 냉전 탓에 극소수 목소리만 살아남아 전해졌다는 사실을 고려하더라도, 현실 비판이나 진보, 좌파 이데올로기와 관련한 자료는 훨씬 더 드물게 나타난다. 이렇게 주류 서사에 대한 대안 서사의 본령이라고 할 수 있는 목소리는 과소 대표되었다. 그럼에도 불구하고 민중 서사에서 그 사례들의 편린은 드문드문 찾아볼 수 있다. 해방 정국에서 조선공산당과 빨치산으로 활동한 박남진(제9권)에 대해서는 이미 앞에서 언급한 바 있거니와, 이 시기 전개된 신탁통치반대운동에 대해 그는 당시 "공부 못하는, 못된 것들만" 반탁에 참여했다고 지적한다.[106]

1989년 함안농민회가 출범하면서 회장으로 선출되고 민노당원으로 활동하기도 한 조풍도(제22권)는 자신이 사회문제에 관심을 가진 것은 해방 후 함안 지방에서 일어난 둘안사건[107]이 계기가 되었다고 말한다. 1957년 군에 입대하여 운전병으로 복무하던 그는 1960년 4월 차를 타고 가다가 데모 군중과 맞닥뜨린다. 군대 안에서 마주한 3·15부정선거에서 "투표하는 옆에 선임하사나 장교들이 좌석을 같이" 해서 "그 속에서 자기 의사대로 자기가 찍을 수가 없"다는 점에서 "선거의 자유라는 것이 조금 비뚤어져 있는 그런 것을 느낀" 그는 자신도 "저 속에 들어가서 같이 휩쓸려서 (동참하고 픈 그런) 꿈꾸는 충동"을 경험한다.[108] 양봉업으로 생계를 이어가는 생활에서도 "잘못된 거 있으면 싸워야" 한다는 자기 신념을 관철하고자[109] 민주·진보의 길을 그는 걷고자 했다. 조풍도가 3·15부정선거의 실태를 고발하듯이, 1963년 박정희가 군인 신분에서 벗어나 처음 출마한 대통령 선거에 대한 비판도 있다. 점원과 배달, 장사와 목수를 전전하다가 나중에 목회자로 일한 이종근(제37권)은 '살벌한' 당시 분위기를 다음과 같이 전하고 있다.

> 시골 사람들은 관에서 하라는 그대로 할 수밖에 없는 걸로 그렇게 생각했어요. 막강한 군대까지도 장악을 하는데 뭐-어!(웃음) 감히 어떻게 딴 생각할 수가 있겠어요. 여기 시골 사람들은 관에서 이렇게 하라고 시키는 그대로 맹종을 했다고 봐야지요. 그때 선거도 3·15부정선거와 다를 바가 없어요. 거의 비슷비슷해요. (…) 선거를, 투표를 자기가 찍고 싶은 사람이 있어도 자기가 생각하는 그대로 투표를 못했어요. 거의 다 각본대로 놀아난 거지요. 여기서는 선거할 때에 각 조원이 있었어요. 앞에서 나타나는 조원은 없었어도 누군가가 숨어서 감시하고 있다는 정도만 알지! 누군지는 잘 모르지. 서로가 감시하니까. 같이 얘기하면서도 넌지, 난지 모를 정도이니까. 단지 누가 감시원인지는 모르고 있을 뿐이지! 그러니 다른 데 가서 다른 얘기를 아예 할 수가 없지. (…) 더구나 박정희 시절에 대한 얘기는 입 밖에 내면 안 되는 걸로 전부 다 알고 있었으니까. (…) 투표용지를 보자고 안 그래도 여기다가 찍었다고 보여주면서 투표함에 넣을 정도이니까. (…) 야권 운동하는 몇 사람이 [선관위원으로-필자] 들어가긴 했지만, 그 자리에서 입은 있어도 말은 못하고, 눈물만 흘리고 있던 그 광경이 생각이 나네요.[110]

1950년 9월 면 민청(민주청년동맹) 위원장을 하다가 곧바로 입산하여 빨치산이 된 나덕운(제20권)은 훗날 2006년 구술에서 자신이 지향한 공산주의 사회는 이상에 불과했던 것 같다고 회의를 표시한다. "사람의 기본 인성이라고 하는 것이 공산주의식으로 그렇게 통제되고, 말하자면 한 틀을 가지고 사람을 뽑아내듯이 찍어내듯이 (…) 메주 틀에다가 메주 찍드끼 그렇게 사람을 찍어낼 수 있으면 몰라도 그렇지 않으면 공산당에서 말하는 사람 개조를, 인성을 그렇게 개조할 수 없는 것 아니냐"라고 반문한다. 제도를 통해 사회 모순을 일정 정도 조정할 수 있을지언정 "근본적으로 사람이 가진 인성 그것을 무시하고 뭐 기계로 찍어내듯이 그렇게 할 수는 없"다는 것이다. 그렇다고 해서 그는 공산주의의 이상을 전혀 부정하지는 않는다. 돈으로 능력을 인정받고 기회를 포착할 수 있는 자본주의와 달리 "능력에 따라서 평가를 받고, (그에 따라) 잘 살고 조금 못살고 하는" 정도가 용인되는 것이 "마음에 조금 와 닿아서 긍정적으로 느껴졌"다고 그는 말한다. "지금 자본주의 세상에서 얘기하는 것보다는 보다 더 능력을 인정하는 그런 합리"성이 있다는 것이다.[111]

이들 세 사례는 지식인으로도 분류할 수 있는 인물들이라는 점에서 더 정제되고 공식화된 이념을 표현하는 것이다. 이와 비슷한 종류의 비판은 『민중자서전』에서도 그 단편이 보인다. 예를 들면, 판소리 고수鼓手로 널리 알려진 김명환(제11권)의 비판의식이 그러하다. 신기남과 달리 그 자신이 양반 신분으로 일본 유학까지 한 지식인이지만, "그 전에 부자로 살았다는 사람이 다 도둑놈"이라고 단언한다. "넘의 도둑질 안 해갖고는 어떻게 천석, 만석이 넘을 것이" 냐고 반문하는데,[112] 그 비판의 준거가 바로 인근에서 부자로 널리 알려진 자기 집안이었다. 사회 하층에서 부자와 양반 행세를 하는 상류층의 냉대와 멸시를 받아 가면서 평생을 판소리 북채를 잡고 살아온 생활 경험에서 깨우친 진리였을 것이다.

　이들 사례와 달리 배우지 못하고 가난한 하층 혹은 여성으로서 민중에 더 가까운 인물들에게서도 이러한 비판의식의 실마리를 찾아볼 수 있다. 대목으로 평생을 조선집을 지으며 살아간 배희한(제2권)은 구한말 정승보다 높은 권세를 누리며 지방 감사 임명권에서 전횡을 행사한 궁궐 내시 나시환에 대해 "도장 하나 갖구 부자 된 사람"이라면서, "망할 것들 (…) 그렇게 어리석은 세상"이라고 한탄한다. 나시환의 손자로 온갖 부와 권세를 누린 송성진도 그가 보기에는 "아주 무서운 친일파"다.[113] 유명한 농악 장구잡이로 알려진 신기남(제3권)의 구술에서는 "옛날 양반들 눈꼴신 짓"에 대한 통렬한 비판이 이어진다. 그가 보기에 이는 오늘날에도 그러하다. "벼슬 좀 헌다 치면 돈 벌고 권세 부리니라고 눈이 벌건"하다고 하면서, "요새 벼슬허는 놈들은 다 도둑놈들 아니냐"고 반문한다. 양반(상류 지배 계급)과 서울에 대해 그는 강한 반감을 표출한다.[114]

　그런가 하면 외가와 시외가에서 총살을 당하거나 월북한 좌익이 많은 성춘식(제8권)은 북한과 인민군에 대해 적대나 두려움, 반감으로 일관하는 주류 의견과는 다소 결이 다른 평가를 내린다. 한국전쟁 시기 북한 점령 체제의 경험을 말하면서 그녀는 "인민군들도 사귀놓으면 사람은 괜찮"다고 말한다. "달라 그는 [하는―필자] 것도 없고 우리는 뭐 그 사람들한테 별 피해도 없고 득도 못 봤"다는 것이다.[115] 성춘식과 비슷하게 형제들과 조카들이 공산주의자로서 학살당하고, 자신도 그들로부터 "사람대접을 못 받"고[116] 냉대를 경험한 서영옥(제10권)은 해방 정국의 정치인들에 대해 남한 사회의 주류와는 다른 의견을 말한다. "박헌영이가 똑똑하"고 "김구도 훌륭하"지만, 이승만은 "사실 따지고 보면 그때 워디 가서 운동했다는 소리는 듣지 못했"다는 것이다. 해방이 되자 "그냥 느닷없이 지가 뭣 헌다고 튀어 나서서 그렇지 (…) 뭐 운동한 것이 하나도 없"기 때문에 "암 것도 아"니라고 그는 말한다. "운동가도 아니고, 대통령 허지도 못헐 사람"이 독재로 인해 실각한 것은 당연한 결과라고 그는 주장한다.[117]

화전을 일구며 평생 고단한 삶을 살아온 이광용은 앞서 언급한 『민중열전』의 김기송이나 최한채, 김기홍의 박정희에 대한 긍정 평가와는 다른 경험을 구술한다. "박정희가 참 못되게 했"다는 것이다. "뭘 못되게 했느냐면 전부 다 지 떨거지들은 살려놓고" 하층민들을 못 살게 했다고 생각하기 때문이다. 그녀의 구술은 5·16 이후 재건국민운동의 하나로 화전민이나 영세 구호 대상자들을 강제 이주시킨 재건촌에서의 고통스러운 생활 경험을 반영한다. "대통령이 잘못헌 게 아니라 밑엣사람이 잘못"했다는 단서를 달면서도[118] 박정희에 대한 주류 의견과 다른 서사를 보인다. 이는 절절한 생활 체험에서 우러나왔기에 그 진정성을 확보한다. 마지막으로 "예인한테 이렇게 모질게 하는 세상"에서 온갖 세파에 시달리면서도(제3장 참조) '민중 예술'을 지향하며 살아간 함동정월은 군부 통치의 현실에 대한 신랄한 비판을 다음과 같이 내뱉는다.

그런디 지금 한국의 현 정부는 어디 정부여? 돗대기 시장이여,

어디여. 군정은 도둑놈, 강도놈들 아니여? 한국 잊었어, 그 자식들, 전부. 총으로 나라럴 뺏어. 즈그 나라 즈그가 지켜야제, 남의 나라럴 못 뺏는 것들이 즈그 나라럴 작살을 내? 그거 총으로 나라럴 끌고 가잖아. 군인놈이 강도 되어서 어떻게 할려고, 뿌리도 조상도 다 파묵고 벌레만 갖다 부글부글하머는 (…), 폴쎄, 그란께 끝날라고, 말세여. 한 마디로 끝날라고 지랄 떠는 거여. 아, 군인들이 왜 전통 예술얼 간섭얼 해, 말먼 될 거 아니여? 왜 해필 저 전통 예술 가냘픈 데다, 길르고 가꿔야 할, 바람 앞에 등불 되어 갖고 있는 것얼 간섭해, 응? 매럴 맞고 그렇게 쓰라리고 배고파도 그걸 굶주리고 참고 견디는데. 혁명이 어째 오발하느냐 그 말이여. 도배만 했어. 자유당이야, 도로 자유당.[119]

이 구술에서 그녀가 주된 대상으로 삼는 군부 지배에 대한 비판이 정확히 어떠한 맥락에서, 무엇을 말하는지, 심지어 대상 시기조차 알 수 없을 정도로 모호한 것은 사실이다. '혁명의 오발'이라는 구절을 보면 박정희 군사쿠데타 시기를 말하는 것으로 보이기도 하지만, "남의 나라를 못 뺏는 것들이 자기 나라를 작살"냈다는 대목은 전두환의 군부 독재 시기를 지칭하는 것으로 이해되기도 한다. 어찌되었든 다소 이례에 가깝다고 하더라도 순수 예술을 추구하는 그녀가 '전통 예술'을 홀대하는 배고픈 국악인의 현실을 배경으로 예술에 대한 군부의 통제와 폭력으로 집약되는 어떤 것을[120] 이처럼 넋두리하듯 풀어놓는 형식으로 비판하는 것은 주목할 만하다.

제 2 부

근대화 초기
기록 서사와
민중

1. 기록 서사의 형성과 전개

제2부에서는 1960년대에 간행된 주요 미디어에 초점을 맞춰 민중의 실체를 분석하고 재구성한다. 보통 미디어는 신문, 잡지, 문학, 예술작품 등 다양한 매체를 포괄하는데, 여기서는 이른바 '종합잡지'로 일컬어지는 『신동아』와 『사상계』, 『세대』 등의 주요 매체들에 초점을 맞춘다. 종합지라는 이름에 걸맞게 이들 잡지는 특정 대상이나 독자를 대상으로 삼기보다 사회 영역 전반을 다루고, 신문과 달리 저자나 글쓴이의 주관과 해석이 투사되어 있다는 점에서 1960년대라는 특정 역사 국면이 사회 영역과 얽히면서 역동적으로 상호작용하는 변화들을 분석하는 데 유용한 자료다.

이들 잡지에 등장하는 기록 서사는 르포, 논픽션, 수기, 일기, 전기 혹은 기행문이나 여행기 등의 장르를 지칭한다. 이러한 기록 서

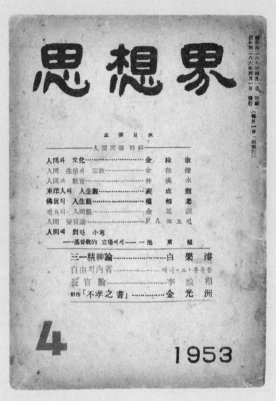

思想界

主要目次

——人間問題特輯——

人間과 文化……………金 桂 淑
人間 生活과 宗敎……金 在 俊
人間과 敎育……………林 漢 永
東洋人의 人生觀………裵 成 龍
佛敎의 人生觀…………權 相 老
칸트의 人間觀…………金 基 錫
人間 演習論……………P A 쓰로킹

人間에 對한 小考
——基督敎的 立場에서—— 池 東 植

三一精神論……………白 樂 濬
自由의 內省……에니·드·루쥬몽
長官論…………………李 殷 相
創作「不孝之書」………金 光 洲

4
1953

『사상계』 창간호(1953년 4월)

사의 글쓰기는 성격상 미묘한 차이를 동반한다.[1] 먼저 사실성과 객관성을 강조한다.[2] 소설처럼 구성 원칙을 바탕에 두고 의식에 따라 사건을 재배열하는 것이 아니라, 있는 그대로 사실을 말하는 서술 태도를 근본 특성으로 삼는 것이다.[3] 그렇지 않았더라면 말해지지 않고 음미되지 않았을 "단순한 진리"의 "편견 없는 증언"으로서, 보고자는 그 자신이 아니라 사실이 스스로를 말하게 하는 방식으로 서술한다.[4] 이처럼 기록 서사는 특정 시대의 사회, 역사 사건이나 현상을 사실에 따라 보고하기 위한 것으로, 당대 주요 사실을 보고하는 것을 주목적으로 한다. 따라서 대상의 동시대성과 사실의 보고성을 주된 특성으로 삼는다.[5]

하지만 이러한 기록 서사는 저자나 글쓴이의 주관과 해석을 배제하지 않는다. 직접 보고 듣고 체험한 내용을 기록하는 형식의 르포가 주관성을 가장 많이 드러내는 기록 장르라는 언급에서 보듯이,[6] 기록 서사는 사실의 장르이자 동시에 현장의 실감과 가치에 입각한 장르다.[7] "특정 사회 현상이나 사건에 대한 단편 서술이 아니라 보고자가 자신의 해석을 기반으로 심층 취재해 종합 기사로 완성"한다는 르포의 정의 역시 이러한 맥락에서 이해된다.[8] 이처럼 저자의 주관, 즉 대상에 대한 작자의 관점과 견해, 감정이 개입한다는 점에서 기록 서사는 고발과 비판 혹은 폭로와 같은 사회적 효용에 기여한다.[9] 나아가 르포 등의 기록 서사는 특정한 역사 국면에서 혁명과 저항의 기능을 수행하기도 한다.[10]

때때로 기록 서사는 지식인이나 전문 저널리스트가 아니라 일상을 사는 평범한 사람에 의해 작성되기도 한다. 이 장르의 옹호자들은 지식인과 일반인 모두가 불충분하게 대변된 사회 현실 차원을 생생하게 탐구·보고할 수 있는 비판 도구를 대중문화에 부여하려 했다.[11] 이러한 점에서 기록 서사의 또 다른 특징으로 창작의 용이성이 지적되기도 한다.[12] 즉, 르포와 같은 형식의 기록물들은 전문가의 독점 영역에서 일어나는 단순 고발 중심의 글쓰기라기보다

"시민들이 일상에서 지속하여 자신을 표현하는 한 방식"으로 정의할 수 있다.[13]

기록 서사를 대표하는 르포르타주가 하나의 장르로 보편화된 것은 20세기 초반에 들어와서다. 이후 지금까지 생활 세계나 사회 현상, 역사 사건을 대상으로 기록 서사는 언론인이나 전문 작가는 물론이고 일반인에 의해 계속 만들어지고 유포되었다. 두 차례 세계 대전으로 인한 세계사 변화, 자본주의의 심화에 따른 생활 세계 분화, 대중매체의 급격한 성장 등을 배경으로, 사실 보도에만 그치는 단조롭고 건조한 기사를 넘어 사건이나 현상에 대한 체험과 심층 보고에 글쓴이의 의견과 감상을 결합한 새로운 양식의 르포와 같은 기록 서사물이 나타났다. 이는 여러 영역과 지역들로 확산해나갔고, 그 형식도 점차 다양해졌다.

20세기에 들어와 미국에서 출현한 업톤 싱클레어Upton Sinclair의 사회 비판 기록 서사는 존 리드John Reed에 의한 혁명의 기록 서사로 이어졌다.[14] 1920년대 이래로 독일 작가들도 사회 비판 르포르타주, 여행 르포르타주, 인물 르포르타주, 산업 르포르타주와 같은 다양한 장르들을 개척해나갔다.[15] 항일 전쟁기에 중국 작가들은 전쟁 르포르타주를 창작했으며, 그것은 20세기 중반 라틴아메리카에서도 성행하였다.[16] 요컨대 이는 전 지구적 차원으로 확산해간 현상의 하나였다.

기록 서사의 본격적인 창작과 수용은 1920~30년대 독일 바이마르공화국 시기에 이루어졌다. 1920년대 문학의 정치·실천 역할과 기능을 강조한 독일공산당KPD의 문화 정책에 따라 프롤레타리아

혁명작가동맹(BPRS, Bund proletarish-revolutionarer Schriftsteller)이 주도하여 노동자 통신원 운동을 전개하면서 생생한 노동 현장의 체험을 전하는 공장 신문 매개의 기록 서사들이 대거 쏟아져 나왔다.[17]

키쉬Egon Erwin Kisch는 이 시기를 대표하는 인물이다. 제1차 세계대전에 참전한 열성 공산주의자로서 프라하 지역 신문 기자로 일하면서 고유한 르포 문학을 발전시켰다. 자신의 작품인 『질주하는 리포터Der rasende Reporter』(1924) 서문에서 그는 '평범한 인간gewöhnlicher Mensch'과 아마추어 리포터에 의한 '소재의 힘vermöge des Stoffes' 그리고 절대적 객관성을 강조하였다.[18] "현실이라는 지형도의 위대한 지리학자"로서 에밀 졸라[19]로부터 배우고자 한 그는 사소한 것, 낮은 것, 일상으로부터 사회와 시대 진실을 포착한다는 원칙에서 객관성과 진리에 대한 의지를 강조하였다.[20]

1920년대 소비에트 러시아에서도 랍셀코르(Rabsel'kor, Рабселькор) 운동으로 불린 노동자 통신원 운동이 전개되었다. 소비에트 작가 트레티야코프Sergei Tretyakov는 사실지factography, 말 그대로 "사실 문학a literature of facts"이라는 개념을 고안해냈다. 르포나 사실주의factism, 기록주의documentarity 등의 다양한 이름으로 불리면서 이러한 기록 서사는 이 시기 러시아의 문화 좌파들 사이에서 점증하는 인기를 누렸다.[21]

그런데 1920년대에 전성기를 맞았던 기록 서사로서의 르포는 1930년에 들어와 벤야민Walter Benjamin과 루카치Georg Lukács에 의해 비판받기 시작했다.[22] 이후 독일공산당의 문화와 문학 정책에서 루카치 이론을 토대로 한 사회주의 리얼리즘이 관철되면서 르포 문학의 가치와 효용성은 더욱 폄하되어갔다.[23] 세계 차원에서 보면, 파시즘에 대항하기 위해 사회민주주의 세력과의 대단결을 강조하는 이른바 인민전선 정책의 채택으로 파시즘과의 투쟁 및 전쟁 과정에서 기록 서사는 점차 퇴조해갔다.

르포를 비롯한 기록 서사는 1960년대 후반 서독에서 다시 부흥기를 맞았다. 데탕트 체제의 도래와 프랑스의 5월 혁명, 미국의 학생운동과 민권운동의 고양 등을 배경으로 서독 사회가 정치화되면서 노동자들 스스로 사회에 대한 발언을 강화해갔다. 이러한 맥락에서 1961년 노동자 글쓰기 모임 형태로 '61집단Gruppe 61'이 출현하였다.[24] 그러나 1968년을 전후로 집단 내부의 노동자 출신 작가들은 집단의 문학 동아리 지향에 비판을 제기하였으며, 이에 따라 1970년 문학보다 운동을 강조하는 '노동계의 문학 작업조Werkkreis Literatur der Arbeitswelt'가 창립되었다. 문학 작업조는 바이마르공화국 시기 프롤레타리아혁명작가동맹BPRS의 노동자 통신원 운동을 통해 표출된 노동 문학의 전통을 비판·계승하고자 하였다.[25]

문학을 통한 서독 사회의 정치 변혁에 우선 관심을 두면서 이 그룹은 노동자들에 의한, 노동자들을 위한 문학을 추구하였다. 이에 따라 현장성과 진실성을 우선시하는 르포, 다큐멘터리, 수기 등과 같은 기록 서사를 공모함으로써 노동자들의 글쓰기를 장려하였다.[26] 61집단 출신인 귄터 발라프Günter Wallraff는 이 집단을 대표하는 작가다. 중간 계급 지식인으로 그는 자신이 직접 노동자로 (위장) 취업하여 노동 현장에서 체험한 사실들을 기록한 『가장 낮은 곳 Ganz unten』을 1985년에 발표하였다.[27] 정확한 사실 제시를 강조하면서 형상화gestalten와 문학성을 거부한다는 점에서 그는 전통 기준으로 보면 키쉬에 비해 문학성이 뒤지는 것으로 평가되기도 하지만,[28] 운동과 실천으로서의 문학관에 기반을 둔 기록 서사를 통한 사회 변혁을 지향하였다.

2. 동아시아와 한국에서 기록 서사와 르포

이러한 서구의 기록 서사 전통은 동아시아 정세에도 영향을 미쳤다. '위험한 문학 장르'로서 르포는 1920~30년대 동아시아의 과열된 정치 환경에 수용되었다. 동아시아 좌파 작가들은 프롤레타리아 문학운동 발전을 위한 새로운 방안을 독일의 키쉬보다 러시아의 트레티야코프처럼 보다 집단주의적인 시도에서 찾고자 했다. 그리하여 동아시아 전역에서 등장한 르포 실험은 노동자 통신원 운동을 야기했고, 결국 전문 저널리스트가 아닌 실제 노동자들이 점차 공장과 노동 현장의 체험을 기록·보고하기 시작했다.[29] 보고 문학으로 불린 르포르타주는 1930년대 중국에서 좌익작가연맹의 문예 대중화 운동의 하나로 본격 창작되었다. 중일전쟁 시기에는 전선 실황 보도와 항일의식 고취를 위해 많은 작가가 르포르타주의 생산에 적극 참여하였다.[30]

　이후 사회 비판과 혁명의 기록 서사는 서구에서와 비슷하게 점차 쇠락해가는 경로를 밟았다. 1930년대 중반 이후 조선에서 기록 저널리스트들은 보다 중립적인 시각에서 먼 고산 지대나 이국의 해변 지역 혹은 자연재해 피해 지역을 대상으로 한 탐방 보고 생산으로 본업을 전환하였다.[31] 1930년대 후반 이후에는 일제의 대륙 침략과 전쟁의 참화 속에서 종군 체험과 전선 기행을 주 내용으로 하는 이른바 관변 르포르타주 기록 서사들이 발표되었다.[32]

1960년대 이후 서구에서 운동과 실천으로서 기록 서사의 부활은 동아시아에도 그 영향을 미쳤다. 중국에서는 1963년 3월 『인민일보』 편집부와 중국작가협회가 공동 주관하여 르포르타주 좌담회를 개최했으며, 이는 1979년 6월 우한武漢사범대학에서 기록 서사의 시대정신과 사실성을 중점 토론한 또 다른 좌담회로 이어졌다. 이 시기를 대표하는 작가인 쉬츠徐遲는 1970년대 르포 작품들을 창작·발표하여 중국 내외에 널리 알렸다.[33] 일본에서도 르포르타주라는 지면을 통하여 일반 사람들이 자유롭게 르포를 창작하고 올릴 수 있었다.[34]

한반도의 경우를 보면, 1920년대 초반의 『개벽』을 비롯해, 이후 『별건곤』, 『동광』, 『삼천리』 같은 대중 잡지들이 서울과 지방을 탐사하는 르포 형태의 글을 연재하였으며, 1920년대 중반 이래 『조선일보』와 『동아일보』는 슬럼, 사창가, 도박장, 그 밖의 도시의 비슷한 어두운 지역들에 관한 일련의 보고를 게재하였다.[35] 물론 이러한 기록 서사들이 1920년대 이후 독서 시장에 자리 잡았지만, 서구와 비교할 때 운동으로서 새로운 전망을 제시하거나 그에 걸맞은 정체성을 유지하면서 활발하게 지속되지는 않았다.[36]

흔히 저널리즘과 관련된 기성 작가나 인물들이 주도한 유럽과 달리, 조선에서 초기 르포는 발행인이 주관하는 집합 프로젝트로서 상업 광고를 통해 널리 선전된 까닭에 주제 선택과 서술 양식 등에서 센세이셔널한 상업주의 의도를 노골화했다.[37] 식민 권력의 감시와 검열에 의한 제약 탓에 식민지 조선의 작가들은 1920년대 세계 르포의 가장 주요한 두 주제인 전쟁과 혁명을 다룰 수 없었으며, 명백한 상업주의적 의도로 정치를 금기시하는 특징을 가지게 되었다.[38]

그럼에도 1930년대 초반 기록 서사로서 르포는 좌파 지식인들의 집단적인 노력으로 절정기를 맞았다. 중국 지식인들과 마찬가지로 조선의 프롤레타리아 작가들은 자신들의 이론 지식과 실제 예술적 실천 사이에 존재하는 거리를 르포라는 새로운 장르로 극복하려 하였으며, 정치 도구로서 그것을 명시하여 이론화하고자 하였다.[39] 점증하는 공업화와 그에 따른 사회 투쟁의 증대를 반영하여 이 시기 기록 서사는 공장의 재현에 집중했으며, 공장 내부 생활에 대한 보다 생생한 재현은 전문 저널리즘 르포보다 노동자들 스스로의 서사 형식을 통해 얻어져야 했다.

독일, 러시아, 중국, 일본에서 노동자 통신원 운동을 상기하면서 『제일선』, 『신계단』, 『혜성』과 같은 잡지들은 '일기'나 '편지', '고백'으로 소개된 노동자들의 증언을 앞 다퉈 게재했다. 이에 따라 감옥 생활 회상기나 노동자 통신원 편지와 일기, 르포 스타일의 소설과 같은 다양한 형식의 기록 서사들이 출현하였다. 그러나 이러한 노동 르포는 1935년 프롤레타리아예술총동맹KAPF의 해체를 계기로 점차 사라져갔으며,[40] 전술했듯이 전시 동원기의 관변 서사가 그

공백을 메웠다.[41]

변혁 지향 기록 서사는 1945년 이후 이른바 해방 공간에서 다시 봄을 맞았다. 앞선 시기에 비해 이 시기에는 르포와 같은 기록 서사들이 대거 등장하였다. 조선문학가동맹의 작가들이나 좌파 계열, 예컨대 조선신문기자회 소속 기자들이 작성한 르포나 현장 보고가 『신천지』, 『신태양』 등의 잡지나 『조선인민보』, 『해방일보』, 『노력인민』, 『중앙신문』, 『문화일보』, 『현대일보』 등의 신문 매체에 게재되었다.[42] 이와 관련해서는 1947년 중반 문화공작단의 활동이 주목되는데, 비슷한 시기에 김오성은 르포 등을 포함한 기록 문학·보고 문학의 이론 근거를 제시하고자 하였다.[43]

김오성에게 르포란 "원초에서 진실을 기록하기 위"한 것이었으며, 그는 진실 보도와 기록이 "민주주의를 위한 절대 조건의 하나"라고 보았다. 따라서 민주주의 운동과 리얼리즘 문학, 나아가 보고 문학·기록 문학은 불가분의 관계를 갖는다.[44] 이러한 점에서 기록 서사는 사회과학(즉, 마르크스·레닌주의)의 방법에 의거해 단순한 경험주의를 넘어섬으로써 "거대한 민족 재건을 위한 투쟁의 서사시"를 지향해야 한다고 그는 주장했다.[45] 그러나 그의 바람과는 달리 기록 서사는 변혁 운동 전반의 쇠퇴를 배경으로 좌파 작가들이 대거 월북하고 대중매체들이 정·폐간 당하면서 1947년 너머로는 찾아보기 어려워졌다.[46]

기록 서사는 산업화가 본궤도에 오른 1960년대 중후반 이후 재등장한다. 마치 1920~30년대와 비슷하게 그것은 서구에서 기록 서사의 부활과 같은 시대에 진행되었다. 주지하듯이 한국의 1960년대는 침체의 1950년대를 지나 본격적인 개발과 성장으로 접어들면서 보다 급격한 사회 변동이 야기된 시대다.[47] 아울러 1960년대 초 군정 연장 반대와 한미경제협정 반대 시위, 굴욕적인 한일회담 반대 운동이 고조되면서 1964년 이른바 6·3사태로 종결되는 격렬한 정치 대립의 시기이기도 했다. 이러한 맥락에서 주요 신문과 잡지 매체를 통해 체험 수기와 르포, 논픽션, 백서, 전기(자전 포함), 실기實記, 일기, 여행기 등의 형식을 빌린 기록 서사들이 앞 다퉈 나왔다.[48]

이 시기 기록 서사를 주도한 대표적인 매체로 1936년 8월 일장기 말소사건으로 정간당한 지 28년 만인 1964년 9월에 복간된 『신동아』를 들어야 할 것이다. 권력과 언론이 가장 격렬하게 대립하던 시점에 복간된 『신동아』는 지면을 통해 수많은 기록 서사들을 생산하면서, 1930년대를 방불케 하는 "제2의 신문잡지 시대를 견인하는 선구적 역할"을 한 것으로 평가되고 있다.[49] 오랫동안 문학에 중점을 두어온 기존 잡지와 달리 『신동아』는 논픽션, 르포르타주, 백서 등이 골자인 편집 체제와 지면 배치를 채택하면서 문학이 더욱 주변화하는 양상을 보였다.[50]

복간과 더불어 『신동아』는 논픽션 공모를 통해 다양한 소재와 형식의 수기를 발굴·소개하였다.[51] 1950년대 대중 오락지를 거점으로 범람한 각종 생활 실화 등이 이데올로기 제약을 반영하거나 가십 수준의 특정 체험에 머문 것과 달리, 『신동아』 수기는 체험의 직접성을 바탕으로 사회 각 부문의 다양한 시민 집필자들이 완성도 높은 내용을 제공하였다. 이 시기 르포는 1960년대 이른바 개발 연대의 모순과 병폐에 초점을 맞춰 『신동아』나 『동아일보』의 기자들

『신동아』(1966년 1월)

이 생산한 기록 서사다.[52] 전문 저널리스트들이 담당했다는 점에서 내용의 심층성과 종합적인 체계성을 갖출 수 있었을 뿐 아니라 신문과 비교해 해석·논평보다는 기록성을 더욱 강화한 특징을 보인다.[53] 논픽션과 르포 이외에도 『신동아』는 자전이나 실기, 기행문 등의 다양한 기록 서사들을 이 시기에 소개하였다〈별표3〉 참조).

『신동아』에 이어『사상계』역시 이 시기에 많은 기록 서사들을 생산하였다.『신동아』가 복간되기 이전인 1960년 12월부터 1966년 1월에 이르는 시기에『사상계』는 르포와 더불어 탐방기나 기행기, 현지 보고, 실태 조사 등 다양한 형식의 기록 서사들을 소개하고 있다(〈별표4〉 참조). 특히 르포의 경우『신동아』와 비교해보면 드물기는 하지만 전문 기자뿐만 아니라 대학교수 등이 생산에 참여하고 있는 점이 눈에 띈다. 이 점은『세대』에서도 어느 정도 그러한데, 『신동아』와 비슷하게 다양한 양식의 르포를 생산하고 있다(〈별표5〉 참조). 여성을 대상으로 하는 통속 대중 잡지에서는『여원』이 1960년대 전 시기에 걸쳐 꾸준히 르포 형식의 기록 서사를 게재하고 있지만(〈별표6〉 참조), 현장성이나 체계 종합성, 주제 의식 등에서는 앞의 잡지들에 비해 수준이 떨어진다고 할 수 있다. 마지막으로 소수이기는 하지만『청맥』에서도 르포가 시도되고 있고, 이밖에『명랑』, 『아리랑』등의 대중 잡지와 종교 잡지 등에서도 르포 류의 기록 서사가 소개되고 있다(〈별표7〉 참조).

대체로 이들 르포는 1960년대 산업화와 근대화의 효과가—긍정적이건 부정적이건—가시화되는 사회 상황에서 전통 지식인들에 한정되지 않은 일반 대중, 그중에서도 특히 기층 민중을 주체로 설정하여 이들의 반응과 대응의 양상을 포착하고 있다.[54] 이러한 맥락에서『신동아』의 논픽션 공모처럼 기층 민중이 주체가 되는 글쓰기는 대중 독자들의 참여를 통한 의미 있는 글쓰기와 글 읽기 제도라는 점에서 문화사에서 중요한 의미를 갖는다.[55] 아울러 이로써 표명된 현실 비판, 특권 거부, 변화 추구의 시도들은 압축 근대화가 낳은 사회 구조적 모순에 대한 고발과 국가 정책에 대한 단순 비판에 그치지 않고, 한국 사회의 대안을 모색하고 민권과 인권에 기초한 민주주의 사회를 전망한 것으로 평가된다.[56]

하지만 이 시기의 르포가 이렇게 긍정적 기능만을 수행한 건 아니다. 대체로 이 시기 서사들은 냉전 체제가 지속되는 환경 탓에 이데올로기의 제약과 구속에서 여전히 자유로울 수 없었으며, 전문 저널리스트나 대학교수, 작가와 같은 지식인들과 기층 민중 사이의 거리와 단절을 문제시하지도 않았다. 특히 통속 잡지나 여성 대상 잡지들에서 그러한 경향이 두드러졌는데, 일방적인 센세이셔널리즘이나 상업주의 편향을 배경으로 대중의 호기심과 욕망을 자극하는 저급한 수준의 기록 서사들이 상존하였다.[57]

기록 서사의 이러한 역사를 염두에 두고 이하에서는 『신동아』에서 100회에 걸쳐 연재한 「서민 연재」를 주요 분석 대상으로, 근대화 초기 민중의 실태를 검토해본다. 빈곤의 현실과 가계 분석, 가족 단위의 생존 전략 그리고 노동과 기술 문제 등이 주요 논의 대상이다.

제5장

근대화 초기
기층 민중의
현실과
빈곤

어느 시대나 빈곤과 가난한 사람은 늘 있어왔다. 그러나 한 시대의 빈곤과 빈민의 생활 세계는 특정 역사 층위에서 서로 얽히면서 작용하는 사회 영역의 장에 따라 각각 고유한 발현 양상을 보이는 경향이 있다. 특히 빈곤과 가난은 흔히 생각하듯 수동적·순응적이거나 정체된 것이 결코 아니다. 어떠한 형태로든 가난의 담지자 스스로가 그에 맞서는 다양한 대응 전략들을 개발해왔고, 또 발전시킬 것이기 때문이다. 그것은 과거의 대응이기도 했지만 현실의 과제이기도 하며 동시에 미래의 투사이기도 하다.

이 장에서는 1960년대라는 특정 역사 국면에서 서민으로 표상되는 기층 민중의 일상생활의 근저를 이루는 빈곤의 실태를 미디어 매체가 생산한 기록 서사로서의 르포를 통해 제시한다. 르포에는 노동자나 영세 자영업자, 도시 빈민이나 농민 등과 같이 근대화 과정에서 배제·소외되고 억눌린 서민의 다양한 초상들이 등장한다.

나아가 기층 민중은 서사의 대상 역할에만 국한되지 않는다. 기록 서사의 생산자, 즉 필자나 작가의 상당수가 기층 민중 출신에서 충당되었기 때문이다.[1]

위로부터의 일방적 강압에 의한 이 시기의 근대화 기획은 새로운 사회 건설을 위한 프로젝트라기보다는 지배를 위한 정치적인 고려에서 비롯되었다는 점에서 사회적 긴장을 야기했다. 사회적 긴장은 막연한 동경이나 상상조차 불러일으키지 않았지만,[2] 기층 민중들은 근대화가 야기한 긴장과 매력이라는 모호한 상상 사이에서 살았다. 이들에게는 흔히 가난과 무기력과 순응 등의 수식어가 따라다녔지만, 근대화의 가차 없는 진행 과정에서 이들 모두는 어떠한 형태로든지 자기 목소리를 남겨야 했다. 기록 서사로서 르포에 대한 글 읽기는 이들 주인공이 경험했으며 또 지금도 겪고 있는 근대 체험의 깊이와 무게에 대한 감각을 제공한다.

1960년대의 가난은 개인이나 가족의 물질적 결핍과 절약, 나아가 가족 구성원의 교육 기회 불평등만 가져온 것이 아니었다. 정도 차는 있었더라도 가난은 서민의 일상 문화와 의식에 어떤 형태로든지 깊은 상흔을 남겼다. 그것이 이 시기에 기원을 둔다거나 이 시기에 들어와 비로소 형성된 것도 아니었지만, 초기 산업화의 문턱에서 서서히 형성되어간 산업 사회의 구성 층위는 앞선 시기에 경험하지 못한 새로운 양상을 일상 문화와 의식의 집단적 형태로 1960년대 역사 국면에 부여하였다.

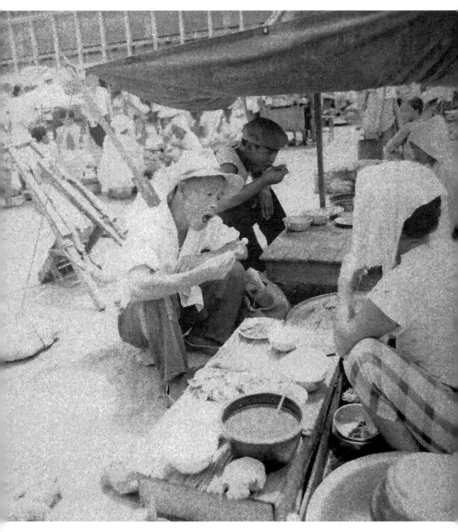

시장 풍경(1961)

1. 기층 민중의 내용과 서민의 얼굴

그렇다면 이들 하층 민중의 실제 모습은 어떠했는가. 『신동아』 논픽션에서 공모 당선자는 교사나 소설가 지망생, 직장인과 같은 소시민이나 지식인도 있지만, 여공, 버스 안내원, 구두닦이, 넝마주이, 고물상, 면도사와 같은 다양한 형태의 하층민을 포괄한다.[3] 독자의 호기심에 영합하는 선정주의 혐의가 다소 있다 하더라도 여기에는 매혈이나 밀수, 소매치기 등과 같이 일상에서 쉽게 경험할 수 없는 이야기들도 등장한다.

1960년대 『신동아』 논픽션의 집필자들을 보면, 목사나 의사, 학병, 면서기, 낙도 교사, 미국 유학자, 파독 간부, 함장, 카추샤, 이민자 등과 같은 지식인이나 소시민의 범주도 포함하지만, 나머지는 상궁이나 전쟁 포로, 징병(용)자, 의용군, 재소자, 나환자, 촌부村婦, 행상인, 과거사 유가족, 엿장수, 화전민, 밀항자, 외항 선원, 운전기사, 파월 사병, 남사당패, 사할린 동포, 조총련계 동포, 대북방송 병사, 암태도 소작쟁의 참여 농민, 맹아, 불우 청소년 등으로, 이들 기층 민중의 다양한 삶의 기록이 논픽션의 대부분을 차지한다.[4]

『신동아』에서처럼 논픽션 성격의 기록 서사는 『여원』 같은 이른바 대중적인 통속 잡지들에서도 찾아볼 수 있다. 공모 같은 공식적 형태로 지속되지 않고 감상에 더 치우친 단편이라는 편향이 있다고는 하더라도 여기에는 다양한 방면의 직업여성이나 식모, 고아원 보모 등의 고백 수기와 버스 차장, 도시 빈민, 거지나 창녀 등에 대한 현장 보고 기록들이 등장한다.[5]

'르포'라는 이름의 기록 서사는 『신동아』나 『사상계』, 『세대』, 『여원』 등 이 시기의 주요 잡지들이 가장 빈번하게 채택한 장르다. 비록 르포라는 같은 장르의 이름을 내걸고는 있지만, 이들은 예컨 대 1920-30년대 르포와도 다르고, 또 각 매체마다 구상과 체제 및 내용도 다르다. 이름만 르포일 뿐 실태 보고나 탐방기, 인터뷰 기사 의 성격을 갖는 경우도 드물지는 않다. 그런데도 이들은 어떠한 형 태로든지 근대화 과정에 대한 이 시기 민중의 경험—참여와 동조, 방관 혹은 배제 등의 다양한 양상을 띠는 바로서—을 표현하고 있 다는 점에서 공통점을 보인다.

『사상계』의 르포는 가차 없는 근대화 진행 과정에 적응하지 못 하거나 소외되고 억눌린 대상에 주로 초점을 맞춘다. 그 대상은 지 역과 인물 별로 크게 구분된다. 지역으로는 탄광 지대, 휴전선, 제 주도, 농촌, 도시 빈민 지역, 미군 주둔 지역 등이, 인물로는 도시 빈 민, 빈농, 부랑아, 매혈자, 외항 선원, 이민자 등이 주인공으로 등장 한다(〈별표4〉 참조). 도시 르뽀르따쥐(광주편, 1964년 7월호), 일본 르뽀르 따쥐(1964년 9월호)처럼 특정 도시나 국가를 심층 취재한 사례, 농촌 시범 부락(1961년 11월호)이나 맹호부대 탐방기(1965년 11월호)처럼 궁극 에서는 국가 정책에 응답하면서 근대화 과정에 영합하려는 보고문 이 수록된 것도 주목할 지점이다.

보다 빈약한 내용을 담고 있다 하더라도 『세대』지가 생산한 기 록 서사는 기자 등의 저널리스트보다 학계의 대학교수나 문단의 작 가 같은 지식인들에게 주로 의존하고 있다는 점이 우선 눈에 띈다. 다루고 있는 거의 모든 대상이 걸인, 창녀, 도시 빈민, 부랑자 등과

『세대』 창간호(1963년 6월)

『여원』(1966년 4월)

같이 근대화 과정에서 소외되거나 적응하지 못한 '지하'나 '습지' 혹은 '음지'의 기층 민중이라는 점에서 『사상계』와는 다소 결이 다르지만, 다음에 살펴볼 『신동아』와는 비슷한 정향을 보인다(〈별표5〉 참조). 그런데도 『신동아』가 시도한 것과 같은 의미에서 민중이 직접 말하게 한다는 대상의 주체화라는 문제의식은 찾아볼 수 없다. 이에 따라 지식인과 기층 민중의 거리와 구분은 엄격하게 유지되고 있다.

『여원』을 통해 생산된 기록 서사는 대체로 『신동아』나 『사상계』 등에 비해 더 소략한 통속 단편에 치우친 경향을 보인다. 「혁명재판」이나 「혁명 1년의 발자취」처럼 정치 이데올로기에 영합하는 기획 르포도 눈에 띈다. 다루는 대상으로는 백화점 여점원 같은 직장 여성도 있지만, 여공이나 식모, 노점상, 도시 빈민, 버스 여차장, 목욕탕 종업원, 다방 레지, 식당 종업원 등과 같이 근대의 최저변에 위치한 사례들이 다수를 차지한다. 근대화 과정에서 배제되고 소외된 대상에 관한 관심이라는 점에서는 『세대』나 『신동아』와 비슷한 경향을 보이는 것이다.

논픽션과 마찬가지로 양과 질 모두에서 르포라는 형태의 기록 서사를 생산한 매체로는 아무래도 『신동아』를 들어야 할 것이다. 이 잡지는 초기에 미군 부대 주변, 폐광촌, 재활용사촌, 서산 자활 정착지, 나환자촌 등과 같이 소외된 특수지대에 대한 탐사를 통해 급격한 근대화 과정이 초래한 사회의 다양한 이면을 고발하는 방식을 택하다가 1967년 2월 이후에는 공론장에서 쟁점이 된 시사 문제를 심층 취재하는 경향으로 바꾸고 있다. 상세 내용에서 보듯이[6]

개발과 성장 위주의 산업화·근대화가 가져온 사회 전반의 문제를 망라하고 있다.[7]

이 장에서는 이들 르포의 하나로 기획된 「오늘을 사는 한국의 서민」 연재에 특히 주목한다. 1967년 1월에 시작하여 1975년 4월에 이르기까지 100회에 걸쳐 연재된 이 기획은 1960년대로만 한정해보면 1969년 12월까지 36회가 소개되고 있다. 대상 인물의 사회 구성은 매우 다양하다. 역장이나 간호원장, 선장과 같이 보다 상층에 속하는 사례들이 있고, 순경, 교사, 면서기, 기관사 등의 소시민, 순회 미용사, 우편집배원, 방물장수, 트럭 운전사, 부두 노동자, 소상인, 어부, 택시 운전사, 과수 전정사, 소몰이꾼, 기와장이, 염수장, 목수, 관광 안내원, 대장장이, 옹기장이, 해녀, 신발 땜장이, 석수, 콩나물 장수, 사리 채반 제조인, 선반공, 사진사, 간장 행상, 정판공, 땅꾼, 농민, 목부牧夫와 같이 여러 직업과 분야의 인물들이 등장한다. 이들 대부분은 어떠한 형태로든지 근대와 연계된 영역에서 살아갔지만, 30% 정도(11건)에 해당하는 사례들은 전통 영역에 속하는 것으로 분류할 수 있다.[8]

이 기획에서 먼저 눈에 띄는 점은 각 연재가 특정 인물에게 초점을 맞추면서도, 그 배경으로 등장하는 다양한 민중의 모습을 일상에서 보이고자 한다는 점이다. 주인공은 물론이고 가족이나 직장 동료, 상사, 일터 주변 인물들, 심지어 무심코 지나가는 현장 사람들 같이 다양한 인물의 등장을 통해 당시 시대상의 형상화를 시도하는 것이다. 예컨대 한적한 시골 역 역장에 대한 기록에서 보고자는 역 주위를 둘러싼 풍경 묘사를 통해 "행색도 '이 없으면 잇몸으로 사는' 빈상貧相인 계피학발鷄皮鶴髮의 한 촌로村老"나 "서울 J대학 약학과를 나와 상주적십자병원 약사로 있다가 그만두고 혼약을 기다리는 아가씨"를 등장시킨 다음, 장날 장꾼들에 관한 이야기를 이어간다.

> 갓 쓴 야로野老들이 차표를 갓 아래 꽂아 간수하는 품이란 어엿하다. 머리에 수건을 동여맨 촌부들 혹은 웅크려 앉았는가 하면 혹은 서서 어느 집 초상 치른 이야기, 아들 낳은 이야기, 벼가 몇 섬이라는 이야기, 빚을 얼마 졌다는 이야기, 그 집 며느리 싹싹하고 일 잘한다는 이야기.[9]

개별 인물들에 대해서는 세세하면서 때로는 주관적인 묘사가 빈번하게 제시된다. 보고자의 이러한 시도는 인물의 구체성에 생기를 불어넣음으로써 기록 서사의 현장성과 사실성을 강화하는 효과를 낳는다. 이를 통해 독자들은 사회 각 영역에서 주인공이 경험했으며 또 지금도 겪고 있는 근대 체험의 깊이와 무게를 느낄 수 있다. 예컨대 염전에서 일하는 염수장은 "1m 67의 '표준' 키에 60kg의 체중. 작달막하고 야윈 듯한 몸집은 오랫동안 햇볕과 소금에 절은 듯 야무진 인상을 풍긴다. 검붉게 탄 얼굴에 굵게 패인 주름은 30년에 걸친 그의 염전 관록을 말"하는 것으로[10] 묘사된다. 2남 4녀의 아버지인 대장장이 김동수는 "마흔 여덟 해의 고된 인생"을 살아왔다.

다섯 자 남짓한 키에 놋그릇 색으로 익어버린 피부, 삼각형의 얼굴에 큰 눈 두 개가 유난히 반짝인다. 이마와 눈가에 수없이 그어진 깊은 주름살은 나이보다 10년을 더 보이게 하지만, 꽉 다문 입술은 열리기만 하면 수없이 애태운 서민의 비애를 쏟아낼 것 같이 팽팽하다. (…) 마흔여덟 해의 생존은 참으로 고달팠던 모양이다. 짧은 등허리가 앞으로 굽어 어깨뼈와 갈비뼈가 유난히 굵게 튀어나왔고 살갗은 뜨거운 풀무간의 열에 익고 익어 새까맣게 되었다.[11]

서민으로서 이들이 살아온 근대의 고단한 삶은 그 자체가 역사로서 한국 근현대사의 일부가 되었다. 이들 기록 서사는 한국 근현대사 굽이굽이에서 만나는 서민들의 삶을 생생하게 제시한다. 예컨대 국립마산병원 간호원장인 김희순은 고향에서 함흥의학전문학교를 졸업한 후 조의사 자격(한지限地의사)을 땄지만, 6·25전쟁이 나면서 1·4후퇴 때 학도의용대에 끼어 단신으로 남하하였다. 거제도 난민수용소에서 1년 반을 지낸 다음 부산의 요양소와 아동병원에 취직하여 일하였다. 병원을 그만두고 양계와 사진업 등의 직업을 전전하다가 1957년부터 이 병원에서 일하고 있다.[12] 면서기로 일하는 배증용은 졸업 후 열여덟 살에 일본 후쿠오카에 있던 일본육군화학기지창의 노동자로 일하러 갔다. 배고픔에 그곳을 뛰쳐나와 개인이 경영하는 자동차 부속품 공장에서 일하다가 1945년 3월에 귀국해서 1952년에 면서기로 취직하여 15년 동안 일하고 있다.[13]

무주 우편집배원인 김은주는 빈농의 아들로 땅을 파고 살다가 사무친 가난을 씻으러 23세 때 현해탄을 건너가 공장 노동자로 일했다. 해방이 되어 돌아온 그는 아버지의 뒤를 이어 농사를 짓다가 땅을 팔아 장사도 해보다가 1947년 무주우체국 집배원이 되어 한국전쟁과 월남전의 '전사 통지'를 전하기도 하면서 20년 동안 일해왔다.[14] 황해도 연백에서 보통학교를 졸업한 이년재는 황해수리조합 수로 감시원으로 4년 동안 일하다 율포栗浦광산에서 계량 감시원으로 일했다. 1·4후퇴 때 남하하여 강화도로 피난 가서 먹고살기 위해 서투른 행상 이발을 하다가 같은 피난민 출신의 서울운동장 장장場長을 알게 되어 서울 수복 이후 서울운동장의 수위를 하다가 수영 경기장의 책임을 맡아 일하고 있다.[15] 일본에서 태어난 권영주는 17세 때 해방을 맞아 같은 해 10월에 부모를 따라 고국으로 돌아왔다. 경북 영천에 정착해 아버지와 함께 달걀 행상을 하다가 영천에 있는 운수회사 조수로 취직한 이래 18년 동안을 트럭 운전사로 생활하고 있다.[16]

평창에 사는 장돌뱅이 방물장수 안봉모는 아홉 살 때 고향인 경북 예천에서 참기름 장사하는 아버지를 따라 함북 온성군으로 이주하였다. 눈앞에 흐르는 두만강을 건너면 바로 만주 땅이었다. 소학교 3학년을 중퇴하고 농사를 짓다가 아버지가 병으로 사망하면서 아오지탄광 건설 현장에서 목수 일을 했다. 장고봉張鼓峰사건으로 한때 무산까지 피난을 가기도 했는데, 평양에서 해방을 맞은 이후 강서군 등 평남 일대를 떠돌아다니며 등짐장사를 하였다.[17] 과수 전정사인 조영생은 17세 때 일본인 나까하라中原과수원에서 5년 동안 일하다가 23세에 만주로 가서 한국독립단의 연락원으로 활동하였다. 5년 후 27세 때 고향에 돌아와 다시 일본인 과수원에서 일했다. 37세 때 일본으로 건너가 아오모리青森의 과수원에서 5년 동안 일하다가 해방을 맞았다.[18] 대장장이 김동수는 "얄궂게도 중국 침략 준비에 바쁜 일제 군수공장에서" 일을 시작해 열네 살 때인 1935년 일본으로 건너가 북해도 무로란室蘭시의 철공소에 취직하였다. "용광로와 주형에서 갓 나온 대형 철판을 색경을 쓰고 정신없이 두드리는 동안 중일전쟁도 일어난 줄 알았고 태평양전쟁도 겪었"다. 해방 후 5년 동안 그대로 북해도 공장에서 일한 김씨는 6·25전쟁이 나기 직전인 1950년 3월 귀국했지만, 16년 동안 식민 모국에서 피땀 흘려 번 돈은 전쟁으로 하루아침에 재가 되었다. "임신한 아내와 11살 먹은 큰아들을 데리고 채소 장수도 하고 날품팔이를 해봐도 전쟁은 이들을 사정없이 짓밟았다."[19]

이처럼 이들은 근대 이후 식민지 한반도와 식민 모국 일본 그리고 분단 한국의 여러 지역을 떠돌았고, 이주와 망명, 피난, 귀향, 월남 혹은 도주하면서 식민 지배의 수탈과 억압, 제국주의 전쟁의 공포와 기아, 해방과 한국전쟁의 참상을 체험하였다. 각 시대는 제 나름의 무게와 색깔을 지닌 채 1960년대를 살아갔던 이들의 얼굴에 깊은 시간의 궤적과 흔적을 남겼다. 이들은 언제나 각 시대 밑바닥에서 결핍과 압박과 고통을 견뎌야 하는 존재였고, 이는 1960년대 민중의 모습으로 되살아났다. 그것은 열한 명의 직원 가운데 최말단 직위인 면 보조수로서 "평범한 서민 생활의 지탱에도 너무 힘겨웠"던[20] 면서기 배증용의 표정이기도 했고, 새벽밥을 해먹고 집을 떠나 이 마을 저 마을을 떠돌면서 고되고 험한 일을 해야 하는 순회 미용사 이옥길[21]의 얼굴이기도 했다. "일반 의미의 서민이라기보다는 '서민 이하'란 서글"프고 고달픈 생활을 했던 부두 노동자 이종술[22]이나 "하루에 천 리 길을 달려야 하는 고달픈 서민의 한 사람"인 트럭 운전사 권영주[23]도 이들 가운데 한 사람이었다.[24]

서러운 삶이 여울진 시간의 물결 속에서 이들의 신경은 점차 무뎌져갔고, 감정 또한 점차 메말라갔다. 일상에서 이들은 감정을 외면하고 살아왔으며, 슬픔이나 기쁨의 느낌은 "삶과 죽음을 건 이별이나 만남"과 같은 커다란 사건들에서나 찾아왔다.[25] 이 시기 민중은 국가 권력과 지배 계급의 눈에서 보면 "영원히 변함없는 투표 용구"에 지나지 않았다고도 할 수 있다. 이들 지배 집단에게 서민은 "가난과 무력과 순응 그리고 착하고 얇은 백성"에 지나지 않았다. 당시 한 기록자는 이 시기 서민은 "어렵지만 소박하게, 억울하지만 묵묵히 참고, 희생당하면서 하늘이나 쳐다보는, 편리하다고 믿기만 할 존재는 아니"었다고 말한다.[26] 그런데도 근대화의 가차 없는 진행 속에서 이들이 가진 비판과 저항의 잠재력은 아직 명확한 형태로 응집되지 않았으며, 다음 시기 다른 장소를 기다려야 했다.

2. 빈곤의 효과와 집단 심성

제1부에서도 보았듯이 이 시기 민중은 만연한 빈곤과 결핍에 시달려야 했다. 얼핏 모순된 듯 보이는 근대화와 빈곤의 동시 경험은 어떤 형태로든 이 시기 민중의 일상 문화와 의식에 깊은 상흔을 남겼다. 궁극에는 개인과 개별 가족 차원에서 작동했다 하더라도, 그것은 1960년대 역사 국면에서 일종의 집합 심성 형태로 사회 영역에 고착되어 시간의 흐름 속에 역사가 되었다. 사회 영역에 응축된 집합 심성의 이러한 형태들이 이 시기에 기원을 둔다거나 이 시기에 들어와 비로소 형성되었다고 할 수만은 없다. 그것은 일제 강점기 식민 수탈, 민족 이산, 전쟁이라는 시대 조건이 초래한 절대 궁핍과 박탈이 누적된 경험의 효과이기도 했기 때문이다.

그러나 근대화 문턱에서 서서히 형성되어간 산업 사회의 구성 층위는 앞선 시기에 경험하지 못했던 새로운 양상들을 1960년대 역사 국면에 부여하였으며, 바로 이것이 1960년대 초기 근대화가 일상 문화와 의식에 초래한 일종의 집단 효과였다. 여기서는 이러한 집단 심성의 형태로서 세 가지 요소에 주목한다. 첫째는 일과 직업의 본원 기능 상실에 대한 향수이고, 둘째는 인간이 누리는 문화 욕구나 취향의 고양에 대한 억제이며, 마지막은 정치 영역에 대한 본능으로서 기피와 무관심이다.

(1) 일과 직업에서 본원 의지의 상실

무릇 인간의 일과 직업은 기본 생계를 위한 경제 수단으로서의 효용과 아울러 그것을 통해 추상적·정신적으로 자기 본성과 욕구를 실현한다는 의미를 지닌다. 후자의 추상적 가치가 개인 차원에서 욕망 구현에 초점을 맞추는 것인지 혹은 그것을 사회 차원으로 확장하여 적용하려는 것인지는 다를 수 있다 하더라도, 인간은 누구나 일과 직업 활동을 통해 어떠한 형태로든지 일정한 즐거움이나 보람을 얻고, 자기 정체성과 아울러 존재 의미를 확인한다.[27] 여기서 언급하는 일과 직업의 본원 기능 상실에 대한 향수란 방금 말한 두 차원에서 전자의 생계를 위한 수단으로서의 일과 직업 활동이 후자의 욕망과 가치를 압도해버리는 현상을 의미한다.

그렇다고 하여 이 장에서 논의하는 「서민 연재」의 모든 사례가 이러한 경향을 일률로 반영하는 것은 아니다. 사물이 늘 그러하듯이 여기서도 차이와 다양성이 존재하기 때문이다. 선반공 홍선종은 "내한텐 노동일이 젤로 편하"다고 말한다. 비록 결핍과 절제를 수반할지라도 30년이 넘는 세월에 걸친 선반 노동은 자신과 가족의 생계를 유지하게 했으며, 나아가 일을 통한 자기실현과 자기 존재 이유의 기반이기도 했다. 회사에서 정년을 맞이하는 55세 이후에도 "선반기를 떠나기 싫"어 그는 어떠한 형태로든지 이 일을 계속할 생각을 하고 있다.[28]

호남선 기관사 한기섭은 "어린 시절 우렁차게 사나이답게 달리는 기차"에 매료되어 철도원이 되었다. 남들이야 알건 말건 동료 철도원들도 "사나이답다"는 고집스러운 자부심에서 이 일을 하고 있다고 그는 생각한다. 부인이 보기에도 그는 "차타는 게 취미"라고 할 정도로 자신이 하는 일을 좋아한다.[29] 철도원으로서 이러한 자부심은 가난한 삶에 대한 일정한 보상과 대안이 되었다. 24년 동안 일을 통한 만족과 보람을 느끼면서 그는 비록 원시 형태로나마 어린 시절의 꿈을 실현하면서 살아가고 있다고 생각한다.

조선 도목수都木手 유영노는 일을 시작할 때 제사를 지내느냐는 기록자의 질문에 "고기 잡는 뱃사람에게 미신이 있지 우리 기술자들에게는 그런 것이 없다고 단호하게 부인"한다. 비록 수공업 단계를 벗어나지 못한 육체노동자이긴 하지만, "과학에 바탕을 둔 기술자임을 은연중에 과시"하는 자부심이 그에게는 있다. '월성', '신영', '해성'호 등 자신의 노동으로 만든 어선들이 물결을 헤치며 바다로 나가는 것을 지켜보는 것이 즐거워 그는 쉬는 시간에 틈틈이 바닷가로 나간다. 배 만드는 일은 중노동에 속해 50세만 지나도 버티기가 힘들다고 하지만, 그는 비록 늙더라도 일할 수 있는 그날까지 일을 계속하고 싶은 꿈을 가지고 있다.[30]

그러나 유감스럽게도 이러한 사례는 소수에 지나지 않는다. 「서민 연재」 대부분은 오히려 그와 정반대의 사례들을 제공하기 때문이다. 염수장 김재순은 "30년 동안 이 짓을 해도 자식 공부도 못 시"키는 일이 자신의 삶에서 어떠한 의미를 갖는지 회의한다. "이제 염전이라면 지긋지긋"하지만, 그에게는 이 일을 계속하는 것 말고는 다른 대안이 없다.[31] 장터를 돌아다니며 신발 땜질을 하는 유지창은 자기 아들에게는 이 일을 결코 시키려 하지 않는다.[32] "농사나 짓고 살아"가는 일이 "실은 허욕 같아서 생각도 않"는다고 말하면서 그는 자신이 내일도 다른 장터를 떠돌아야 한다는 걸 잘 안다.

목부 한상덕은 자기 직업에 대한 소감을 묻는 기록자의 질문에 "인제 목장에는 질려버렸어요. 도무지 고달프고 시간 없고 해서 사람 사는 재미라고는 없"다고 대답한다. 그는 "저축을 좀 더 해서 농토를 장만해가지고 농사를 직접 짓든가 아니면 도회지로 나가서 하다못해 장사라도 해보면 어떨까 하는 생각"을 가지고 있다.[33] 옹기장이 이양현의 집은 조상 대대로 옹기를 빚어왔다. 군대에 다녀온 것을 제외하면 외지에 나간 경험도 없다. 그러나 그는 도자기 일에 매달리기 싫어한다. "나이 30줄의 청춘을 토막 속에 묻고 마는 것 같"아 이 일을 그만두고 양잠을 할 생각을 가지고 있다.[34] 정판공 이상억은 40여 년 동안 이 일을 해오면서도 자신과 같은 인쇄공은 사위로 삼지 않는다고 말한다.[35]

이 사례들은 아무런 보람도 자부심도 느끼지 못한 채, 자기 직업을 단순히 생계 수단으로만 삼아 어쩔 수 없이 일하며 살아가는 삶을 보인다. 이들 사례가 「서민 연재」에서도 보다 하층민에 집중된 점에도 주목해야 한다. 사회에서 많은 노고와 고통을 수반하는 일들에 상응하는 보상이 주어진다기보다 오히려 반대로 그만큼의 박탈과 피해를 감내해야 하는 상황이 현실인 것이다. 이는 '하층'에 속하는 다른 사회 노동에서도 그러했다. 예를 들면,『여원』1966년 3월호 특집에 등장하는 제본소 여공들은 "생활력이 강하고 일에 집착하는 여성도 드물 것이라고 모두들 자랑"할 정도의 평판을 받고 있지만, 정작 당사자들은 "친구가 취직을 시켜달라거나 제책사에 취직을 하겠다면, 도시락을 싸들고 다니며 말리겠다"고 말한다.[36] 이는 『신동아』 이색 지대 르포에 소개된 광산촌 광부들도 마찬가지이다. 광부들에게 광산촌은 "살벌하고 지긋지긋한" 곳이다. 광부 김태룡은 "아버지의 이 비참한 꼴을 다시 물려줄 수는 없다"면서 아이들 교육에 전념한다.[37] 이들에게 공통된 한 가지 소망은 "내 아들에게만은 이 일을 안 시키겠다"는 것이다.[38]

이들 중 일부는 어린 시절이나 한때 자기 일에 품었던 모호한 동경과 향수를 여전히 간직한 채로 가혹한 현실에 압도되어 비록 불가능하다 생각하면서도 거기서 벗어나기를 바라며 대안의 세계를 꿈꾼다. 방직 공장에서 일하는 한 여성 노동자는 "내 손을 거쳐 나온 제품들이 상품화되는 것에 흐뭇함을 느끼며 내 힘으로 영위할 수 있는 생활에 자위"하며 일한다. 그런데도 그녀에게 공장 생활은 "몸서리가 나게 지겨운" 것이다. "직업에는 귀천이 없다지만 직장엔 차별이 엄연히 있다는 것인지 달리 생활을 해결할 수 있는 방법이 있다면 비굴을 성장시키고 열등의식을 키워주는 현재의 위치에서 당장에라도 탈피하고 싶"은 것이 그녀의 꿈이다.[39]

택시 운전사 박성동은 "어렸을 때 신이 나서" 이 직업을 택했다. 생활도 어렵고 "앞으로 더 희망을 갖기도 힘들"다는 "막막한 체념"에서 그는 자신의 아이들에게는 "절대로 운전을 가르치지 않"고 "다른 기술을 가르치겠다"고 마음을 다진다.[40] 등산 안내인 이인선은 "처음은 산을 정복하겠다는 약간의 의욕도 없지 않아 있었으나" 이제 와서 그 꿈은 "그저 덤덤"해진 지 오래다. 가족의 생계조차 보장하지 못하는 이 일에 "이제는 진력이 나지"만, "몸에 배인 생활 방

삼척탄광 광부(1976)

법이 이것밖에 없"어서 "어쩔 수 없이 이 노릇을 하고 있다."[41] 부여의 관광 사진사 이주영은 지금의 자기 처지를 돌아보면서 "지난날 '기사'로서의 자부심은 간 곳 없고, 스스로 '사진쟁이'는 천업이라고 생각"한다. "아들은 때려서라도 자기 같은 사진업은 안 시킨"다고 그는 마음을 다진다.[42]

과수 전정사 조영생은 "예술가의 기질마저 갖춘 숙련 기술자"임에도 대우와 보수에서 보통의 날품삯보다 별로 나은 점이 없다는 사실이 불만이다. 자신의 지식과 기술을 있는 대로 다 보이고 싶어 열중하는 그의 모습에서 "자신의 작업과 기술에 대한 자부와 자긍을 넉넉히 읽을 수 있다"고 기록자는 적었다.[43] 젊었을 때 일본 아오모리 과수원에서 일하던 때를 그는 인생에서 가장 좋았던 시절로 기억한다. "그 사람들은 그래도 기술자 대우를 해주었"다는 것이다. 만약 지나간 30년 동안 농업 기술이 아닌 공업 기술을 익혔다면, 지금과 같은 생활수준에서 살지는 않을 거라고 그는 생각한다. 기술과 기능이 인정받지 못하는 사회를 원망하면서 그는 아들에게는 "전정 기술 아닌 공업 기술을 익혀주고 싶"어 한다.[44] 산업화의 문턱에서 기계 문명이 요구하는 숙련과 기술에 대한 헛된 열망을 품고서 그는 이제는 지나가버린 숙련 농업 기능에 대한 쓸쓸한 자부심과 아련한 향수를 가지고 살아가고 있다.

기와장이 이청우는 1963년 국보 1호인 숭례문 보수에 올린 기와 납품을 계기로, 각종 문화재와 사찰 같은 고적 보수공사가 활발하게 시공되면서 호경기를 맞았다. 그리고 이러한 물질 상 혜택보다도 자기 "직업에 대한 긍지를 발견"한 것에 더 큰 의미를 부여한다.

"가난한 시골 기와 공장의 화부火夫에 불과했던" 어제의 자신이 이 제는 "자못 인간문화재 정도의 대접을 받"게 된 것이다.[45] 이제 그 에게 꿈이 있다면 넉넉한 재료와 충분한 시간을 가지고 전통 기와 를 재현해보는 것이다. "옛날에는 돈 따지지 않고 기와장이 멋대로 나무도 맘대로 쓰고 인부도 맘대로 쓰"면서 기와를 만들었지만, "돈 에 맞춰 물건을 만"들어야 하는 자신의 시대에는 그것이 불가능하 다는 사실을 그는 안타까워한다.[46] "흙에다 운모 가루를 섞"어 잘 구워낸 "빛깔도 좋고 튼튼"한 옛날 기와에 대한 불가능한 꿈과 향 수를 가지고, 그는 주문 금액에 맞춰 마음에 들지 않는 현대식 기와 를 굽는다.

이처럼 이 시기 생계 수단으로서의 일과 직업 활동은 그것을 통 한 자부심과 자기 정체성에 대한 욕구와 가치가 들어설 여지를 거 의 남기지 않았다. 일을 통한 만족과 자기실현의 사례가 전혀 없지 는 않았다 하더라도, 이 시기 기층 민중, 특히 그 하층민 대부분은 자기 일에 아무런 보람이나 자부심을 느끼지 못하고, 단순히 생계 수단으로서 일을 어쩔 수 없이 수행했다. 가혹한 현실에서 벗어나 려는 이들의 바람은 자신이 아닌 다음 세대로 투영되었으며, 이들 중 일부는 한때 자기 일에 가졌던 모호한 동경과 향수를 여전히 간 직한 채로 가난한 현실에서 벗어나기를 바라며 대안의 세계를 꿈꾸 었다.

(2) 문화와 취향에 대한 욕망의 억압

이 시기 결핍과 빈곤은 인간으로서 누릴 수 있는 문화와 취향의 욕구를 인간 심성에서 고갈시켜버렸으며, 그것을 향유하고 고양할 기회를 원천에서 차단하였다. 청리역장 박인태는 자신의 현재 월급으로는 "최하 생활을 유지해나가는 정도"라고 생각한다. 그가 보기에 지금 월급의 배는 받아야 '문화생활'을 영위할 수 있다.[47] 면서기 배중용은 영화 구경을 더러 하느냐는 기록자의 질문에 "좋든 싫든 구경할 데가 없"다고 대답한다. 꼭 보고 싶으면 가까운 진주에 나가면 볼 수 있지만, 아직 그런 일은 한 번도 없다는 것이다.[48] 선반공 홍선종은 자신에게 따로 돈을 쓰지 않는다. 그 역시 영화 구경에 가는 일이 한 번도 없다.[49] 정판공 이상억은 봉급 수준도 그렇고 살기에 가장 좋았던 때로 1950년대 자유당 시절을 기억한다. 당시에는 "여기저기 놀러도 다녔지만 지금은 회사에서 1년에 한 번씩 나가는 야유회 외에는 멀리 나가지 못한다. 지금까지 살아오는 동안 서울에 딱 두 번, 경주 불국사에는 겨우 한 번, 가까이 있는 해인사에도 한 번 가보지 못했다."[50]

어부 김중교는 화장품 쓰는 것은 "부자 생활"이라고 생각한다. 그와 그의 가족에게는 "취미도 약도 정치에의 관심도 아무것도 없다."[51] "멀리 극장 스피커에서는 이미자의 엘레지 가락이 한창"이지만, 시장 바닥에서 졸고 있는 소몰이꾼 윤종렬은 "노래도 취미도 정치도 흥미가 없"다. 굳이 취미가 있다면 "오직 소를 아무 탈 없이 몰아다주는 것"이다.[52] 목부인 한상덕은 영화 구경을 좋아하지만,

가까운 성환읍으로 나가야 해서 고단하고 시간이 없어 하지 못한다. "취미라면 동네에 돌아다니는 책, 월간지건 주간지건 닥치는 대로 주워 읽는 것"이다. 그의 절실한 소망은 "잠을 실컷 자는 일과 라디오가 있어서 세상 돌아가는" 일을 아는 것이다.[53]

사정은 탄광에서 일하는 광부들도 비슷하다. 강원도 장성탄광의 노동자들에게는 "먹고 자는 것 외엔 생활이 없"다. 고단한 노동으로 일하는 시간을 제외하고는 잠을 자거나 술을 마신다. 탄광에서 운영하는 노조 회관에서 이틀에 한 번씩 입장료 80원의 영화를 상영한다고는 하지만 정작 노동자는 거의 없고, 당구장이 있다고는 하나 이 역시 별로 이용하는 사람이 없다.[54] 서산 자활 정착지 주민의 사정도 크게 다르지 않다. 개척단 공동 프로그램에 있는 '교양 시간'은 이름만 있을 뿐 실행 계획이나 공간이 없다. 개척단 사무실의 마을문고를 둘러본 기록자는 "서가엔 다 빌려 갔는지 책 한 권 없이 텅 비었고, 기존 세대의 서가엔 전국에서 판매 금지된 외설 서적만 두서너 권 꽂혀 있을 뿐"이라고 적었다.[55] 농민 역시 문화와 취미, 여가로부터 소외되어 그를 위한 소양이 싹틀 토양은 찾아보기 어렵다. 경기도 화성 화산리 협동조합 구판부의 판매 1위 품목은 술이다. 이는 "오락 없는 농촌의 당연한 귀결"이라고 기록자는 적고 있다.[56] 모범 농촌 모전리에는 40평의 돌로 만든 '문화관'이 있다. 동네 큰 모임에 이용하기 위한 강당이지만, 실제로는 "사용 빈도가 적어 실효성이 희박"한 편이다.[57]

그렇다고 하여 이 시기의 기층 민중들이 문화와 취향 혹은 여가에 대한 욕구가 없다고 말할 수는 없다. 가난에 의해 그러한 욕구가 억압된 상황에서도 이들은 어떠한 형태로든지 그것을 누리고자 하였다. 앞서 말한 청리역장 박인태는 문화생활에 대한 강렬한 욕구를 보이면서 큰아들이 대학을 졸업하고 나면 라디오를 장만하고 싶어 한다. 영화를 보고 싶어 하는 목부 한상덕은 동네에 돌아다니는 책이나마 손에 잡히는 대로 읽으면서 취미에 대한 욕구를 발산하고 있다.

면서기 배증용은 신상 카드에 독서가 취미라고 적었다. 그러나 독서라고는 하지만 『아리랑』 잡지에서 야담 같은 것이나 읽고 면에서 보는 반공 잡지인 『자유공론』을 읽는 것이 고작이다.[58] 초등학교 교사인 이승철은 인근의 전주에 나가야 볼 수 있는 영화는 거의 보지 않는다. 대신 라디오 연속 방송극을 좋아하는 어머니와 함께 때때로 그것을 듣는다. 책은 교육 잡지를 주로 보고 있으며, "관심을 가지고 가끔 매만지는 것이 한시"다.[59] 간호원장 김희순은 주말에는 남편과 함께 마산 시내에 나가 시장을 보거나 영화 감상을 하는 정도의 여유는 누리고 있다.[60] 택시 운전사 박성동은 쉬는 날에는 집에서 낮잠을 자거나 라디오를 듣는다. 그가 주로 듣는 프로그램은 연속 방송극이나 옛날 노래. 영화는 변두리 극장에서 한 달에 한 번쯤 본다. 정기 구독하는 신문은 교통사고를 중심으로 한 사건 기사와 정치면을 주로 본다.[61] 기관사 한기섭은 영화 보기를 좋아한다. 호남선의 목포, 광주, 이리 등지의 안면 있는 극장에서 무료로 영화를 본다.[62] 대천해수욕장의 전상수는 여가로 산책과 음악 감상을 즐긴다.[63]

석수인 김삼득은 술·담배를 하지 않는 대신 영화 구경을 좋아한

시민들을 위한 공보부 영화 상영(1961)

다. 한 달에 두세 번 버스 타고 이리까지 20리를 나가 영화 구경을 하는 것이 유일한 오락이다.[64] 충남 서산의 염수장 김재순 역시 영화를 좋아해서 한 달에 평균 두 번씩 영화 구경을 하는 '문화생활'을 하고 있다.[65] 부두 노동자 이응칠은 "취미는 없다"고 말한다. "놀기는 퍽 좋아하나 일 년 열두 달 일이 있건 없건 부두에 나가 대기해야 되니 그럴 시간도 없다. 다만 비오는 날 동료들과 같이 15원짜리 영화 구경이 유일한 오락"[66]이다. 정판공 이상억은 일찍 들어오는 날은 "동네 친구들과 어울려 바둑을 즐기거나 재롱둥이 막내의 말동무가 되"기도 한다. 영화 구경을 좋아하지는 않지만 일요일 같은 때는 아내나 딸들의 "방패역으로 극장에 따라간다. 그것도 희극일 경우."[67]

이처럼 비록 제한된 기회이기는 하지만 이 시기의 기층 민중들 사이에서 가장 흔한 형태의 문화생활과 여가의 영역은 영화 보기였다. 라디오 시청이나 신문 구독, 독서 등의 활동도 이보다 드물기는 하지만 찾아볼 수 있다. 그럼에도 불구하고 대체로 볼 때 이들에게 문화나 취미, 여가의 기회는 매우 한정되어 있었다. 하루의 대부분을 생계를 위한 노동에 투여해야 했던 이들에게 문화생활과 취향의 만족을 위한 여유 시간은 생소했다.[68] 빈곤은 이들에게 문화나 취향과 여가의 기회를 제공하지 않았다.

(3) 정치에 대한 기피와 무관심

마지막으로 빈곤은 정치 영역에 대한 본능적인 기피와 무관심을 초래했다. 앞서 보았듯이 어부 김중교는 취미와 마찬가지로 정치에 관심이 전혀 없으며, 소몰이꾼 윤종렬도 "오직 소를 아무 탈 없이 몰아다주는 것"을 제외하고는 정치에 흥미가 없다. 방물장수 안봉모 역시 "정치라면 이번 선거에 아무개 아무개 나왔는데 그 사람이 그 사람이란 무관심한 한두 마디가 고작"이다.[69] 조선 도목수 유영로는 이미 1개월 전에 있었던 김종필의 공화당 탈당을 전혀 모르고 있다. 이런 그를 두고 기록자는 "정치에는 관심 이전以前"이라고 평가한다.[70] 그런가 하면 부두 노동자 이종술은 "선거 때는 공화당을 밀어야 부두에 유리하다는 말을 노조 사람들에게서 듣기도 하고" 따라서 공화당 유세장에 한 번 가본 경험이 있음에도 불구하고[71] 정작 정치에 대해서는 "먹고 살기 바쁘니 어떻게 돌아가는지 모"른다고 말한다.[72] 엿수장 김재순은 인터뷰 도중 기록자가 화제를 정치로 옮기자 "약간 조심스런 표정"을 지으며, "김종필 씨의 정계 은퇴에 대해서도 그는 남의 일이라는 듯 무관심"을 보인다. 기록자는 이 장면에서 "그저 "정치는 모른다"는 식"이라고 적었다.[73]

엄밀히 말하면 김재순에게서 보이는 정치 무관심은 무관심 자체라기보다는 정치에 대해 언급하기를 짐짓 꺼리는 태도를 함축하는 것인데, 보다 상위 계층에서 이는 좀 더 명확한 형태로 표출된다. 면서기 배중용은 1967년 6월 제7대 총선 이후 "학생들이 데모를 하고 산청에서 당선된 국회의원도 선거 소송"을 당한 사실에 대해 "잘 모르겠"다는 답변으로 일관한다. 이에 대해 기록자는 "정치 문제에 이야기가 번지니 조심하는 빛이 뚜렷하다"고 적었다.[74] 초등학교 교사 이승철은 사회나 정치에 흥미가 없다고 말한다. 지난 대통령 선거에서 누구를 찍었는지, 이번 국회의원 선거에 어느 정당을 선택했는지 묻는 기록자의 거듭된 질문에도 그는 무응답으로 일관한다. "상부 당국의 장학 방침"이나 "월남 파병에 이어 기술자들도 많이 가고 있지 않"느냐는 다소 정치색을 배제한 기록자의 질문에도 그는 "네, 잘하는 짓이겠지요"라고 간단히 응답하고 만다. "도무지 뚫고 들어갈 여지가 없다"고 기록자는 적었다. 오히려 "우리 국민들이 정치에 너무 관심이 많지 않"느냐고 반문하는 그도 "자기의 교육성과에 만족할 만한 사건의 사례"에 대해서는 말을 아끼지 않는다.[75]

청리역장 박인태는 국회의원에 대하여 "건방지다"고 논평하면서도 "국민들 특히 서민층의 '내면의 인심 동향'을 잘 파악해서 의정 단상에 반영시켜 선도"해야 한다고 말한다. '내면의 인심 동향'이라는 말을 세 번이나 거듭 강조하면서도 그는 자세한 내용을 설명하기를 회피한다. "무엇일까?"라고 기록자는 그 의문을 독자들에게 떠넘긴다.[76] 우편집배원 김은주는 정치에 대해서는 말을 아낀다. 이를 두고 기록자는 "정치에 대한 반감이나 혐오에서가 아니라 냉담 내지 무관심 상태"라고 진단한다. 월남전에 대하여 그는 위의 이승철과 비슷하게 "국가적으로는 충분히 납득이 간"다고 대답한다. 이 말은 개인의 희생에 대한 비판이라는 의미를 함축하고 있다.[77]

비록 빈도는 덜하더라도[78] 1970년대 「서민 연재」에서도 정치에 대한 무관심을 찾아볼 수 있다. 유리공 최용배는 뉴스 정도는 듣는 편이지만, 정치 같은 건 "알 수도 없고 관심도 없다"라고 말한다.[79] 양조 기술자 하재후는 신문을 가끔 보긴 하지만, 정치면이나 경제면은 흥미도 없고 읽어야 무슨 소린지 알 수도 없어서 아예 보지도 않는다. "정치야 높은 사람들이 하는 게고, 나야 하루하루 술이나 만들면 된다"는 식이라고 면담자는 적었다.[80]

특정 시대를 살아가는 사람들 사이에서 정치에 대한 무관심이 왜 생기는지 그리고 그것이 어떠한 의미와 지향을 가졌는지는 대체로 각 시대 맥락에 의존하는 경향이 있다. 해방 이후 급변하는 정국에서 빚어진 극심한 좌우 대립과 갈등, 6·25전쟁을 전후해 통치 주체가 여러 차례, 심지어 낮과 밤사이 뒤바뀌던 역사 경험, 이승만에 이은 박정희 군부 정권의 억압과 감시 하에서 기층 민중은 정치에 대한 기피와 외면을 생존 방도의 하나로서 자연스럽게 체득해왔는지도 모른다.

이러한 점에서 보자면, 예컨대 1980년대의 정치 무관심이 누적된 정치 과잉에 대한 일종의 집단 혐오감과 냉소주의 요소를 포함하는 것이라면, 이 시기―1960~70년대―정치 무관심은 행정의 과잉(및 정치의 결핍)을 배경으로 정치에 대한 외면과 회피의 의도를 가진 것으로 해석할 수 있다. 여기에도 시기에 따른 미묘한 차이가 있어서 1960년대에는 정치에 관한 관심이 저변에서 억압되고 왜곡된 형태로 표출되는 반면에, 유신 체제로 접어드는 1970년대에는 그러한 잔영조차 찾기 어렵다. 1980년대의 정치 무관심이 민주화의 진전을 배경으로 정치에 대한 가치 평가와 비판을 내포한다는 점에서 역설적으로 주체로서의 민중이 활성화된 적극성과 능동성의 성격을 띤다면, 근대화 초기의 정치 무관심은 정치 과정으로부터의 소외와 그에 따른 일정한 피해의식을 반영하는 바로서 다분히 회의와 부정, 도피, 때로는 냉소로서의 성격을 갖는다. 그리고 여기에는 억압과 감시를 배경으로 다소는 정체된 수동적 민중상이 자리 잡고 있다.

소몰이꾼 윤종렬은 장날 이동을 위해 조치원강에 다리를 놓아준다는 국회의원 입후보자의 말을 기억한다. "선거에서 당선되고는 깜깜 무소식"인 국회의원에 대해 그는 "인제 두 번 다시는 안 속"는다고 다짐한다.[81] 제주도 부두 바닷가에서 만난 중년의 아낙네는 "서울의 그 라지오들 거짓말 좀 하지 말라"고 말한다. "쌀 준다 돈 준다 비료 준다 대고 말만 했"다는 불평에는 중앙 정치에 대한 비난과 아울러 일정한 체념의 심경이 담겨 있다.[82] 충주 중원군 풍덕리 농촌 지도원은 "정부라고 하면 하도 속아 와서 믿지 않기 때문에 아무리 선의로 일을 하려도 처음에는 힘들었다"고 말한다.[83] 마장동 빈민 지역에 사는 한 여인네는 왕십리까지 옥수수 가루를 타러 갔다가 세 번이나 허탕을 치고 나서 지친 나머지 "정부에 대해선지 마구 욕지거리를 퍼부어댄다."[84]

무엇보다 이 시기의 정치 무관심은 개체와 그 가족의 생계와 생존을 주요 내용으로 하는 경제 동기에 압도되었다. 정치에 관한 관심을 표명한 택시 운전사 박성동의 드문 사례에 대해서는 이미 언급한 바 있다. 정치(와 국가)에 대한 그의 요구는 "세금도 내려줘야 하고 운전사도 사람 구실하도록 돌봐줘야 하"는 것인데, 그것은 궁극으로는 "우선 좀 잘 사는 게 원"이라는 바람으로 수렴된다.[85] 정치에 대해 짐짓 무관심을 표명하던 염수장 김재순 역시 경제 문제에 가장 관심이 있다. 그가 "신문은 경제면부터 쉬운 것을 골라 보고 라디오 뉴스도 경제 소식에 제일 귀를 기울"이는 이유는 "경제가 민생과 직결"된다고 생각하기 때문이다.[86] 해수욕장 보트상 전상수는 "살기에 바빠서 정치나 사회엔 관심이 없"다고 하면서, "한마디 하고 싶은 말은 "영세 농민에게 정부에서 살 수 있는 방도를 마련해주었으면 좋겠다"는 의견을 피력한다.[87] 그 역시 생계에 쫓겨 정치에 관심을 가질 여유를 가지지 못하면서도, 국가나 정치에 대해서는 그에 대한 대책을 요구하고 있다.

대구 인쇄소의 정판공 이상억은 기록자가 삼선 개헌을 언급하자 "요즘의 답답한 정치 같은 것에는 관심이 없다면서 누가 하든 우리 서민들을 잘살게만 해 달라"고 당부한다.[88] 지서 순경 강홍기에 대한 인터뷰에서 기록자는 "경찰을 정권 유지의 도구로 삼"았던 자유당 정권에서 경찰이라는 직업을 통해 생존해야 했던 그에 대하여 일정한 공감을 표명한다.[89] 당시로서는 민감한 정치 쟁점인 베트남 파병에 대한 찬반 의견에 대하여 그는 "좀 희생이 있어도 많이 벌 수만 있다면" 어쩔 수 없는 일이 아니냐고 대답한다. 이에 대해 기록자가 "젊은 사람이 외지에서 상하는데" 그래도 되겠느냐고 재차 묻자, "안됐습니다. 허나 나라가 가난"하니까 라는 답변으로 응대한다.[90]

사실 정치 무관심이 경제 동기를 수반하는 사례는 1980년대 이후에도 일정한 형태로 지속된다. 예를 들면, 김수박이 발표한 『메이드 인 경상도』라는 소설에서 주인공 갑효는 1980년 5월 광주의 일을 대구에 사는 아버지에게 묻는다. 아버지는 "전두환이가 경상도 군인들 보내가 광주 사람 죽인다꼬" 알고 있다. "아부지, 그때 알았다면 […] 막아야 하지 않았겠습니꺼? 사람 못 죽이게?" 되묻는 갑효에게 아버지가 대답한다. "묵고 살아야 될 거 아이가?! 묵고 살아야 […]."[91] 그럼에도 불구하고 이 시기 경제 동기는 산업화에 따른 성취를 바탕으로 경제 안정이 깨지는 것에 대한 두려움이나 생활 불안에 대한 우려가 주류를 차지하였다. 이와는 달리 1960년대 경제 동기는 산업화 문턱에서 가계 기반 자체가 정착되지 않은 상태에서 다수를 차지하는 기층 민중들이 택할 수밖에 없었던 생존 전략 가운데 하나였다.

이처럼 가난은 정치 영역에 대한 본능적인 기피와 무관심을 초래하였다. 보통 특정한 시대 조건은 그 시대 정치 무관심을 결정하며, 거꾸로 그 시대의 정치 무관심은 그 시대의 현실을 반영한다. 이 시기 정치 무관심은 정치 과정으로부터의 소외와 그에 따른 일정한 피해의식을 반영하여 정치에 대한 고의적인 외면과 회피를 수반했다는 점에서 다분히 회의와 부정과 도피로서의 성격이 짙었다. 무엇보다 이 시기의 정치 무관심은 개체와 그 가족의 생계와 생존을 주요 내용으로 하는 경제 동기에 압도되었다. 산업화 문턱에서 가계 기반 자체가 정착되지 않은 상태에서 다수의 기층 민중은 생존 전략의 하나로, 의도했던 그렇지 않았든, 때로는 가장되기도 한 정치적 무관심을 행사했다.

제6장

기층 민중의
생계와
가족의
생존 전략

인류의 긴 역사 속에서 인간은 노동을 통해 생존을 유지해왔다. 근대에 들어서선 노동의 대가인 임금을 가계 소득으로 운용하며 생활하였다. 이러한 점에서 일하는 인간에게 가계 수지는 자신과 가족의 생존에 중요한 의미를 지니고 있었고, 산업화 이후 근대 국가는 여기에 지속해서 관심을 표명하였다. 영국의 산업화 과정에서 하층민들의 생활수준을 둘러싼 논쟁standard living controversy은 1830년대 이후 20세기 말까지 지속되어왔으며,[1] 관련하여 최근에는 최저 생활비나 기본소득basic income 등의 문제가 제기되고 있다. 그런가 하면 산업화 과정에서 남성 생계 부양자male breadwinner 모델은 근대 가족과 젠더 이데올로기 혹은 복지국가의 관점에서 일정한 성찰과 비판의 대상이 되고 있다.[2]

한국에서 이와 관련한 최초 조사는 일제 강점기로 거슬러 올라가는데,[3] 해방 이후 한국전쟁기인 1951년 7월엔 전시 소비 수준을 측정하기 위해 부산에서 약 60가구의 생계비를 조사하였다. 이후 1954년부터 1959년 사이 서울에서 노동자 200가구를 표본으로 몇 차례 조사해오다가 전국 도시를 대상으로 한 가계 동향 조사가 1963년 이래로 지속되고 있다.[4] 최저임금위원회에서도 1987년부터 「단신 근로자 생계비 조사」를 실시해오다가 2007년에 폐지하였다. 그런가 하면 한국노총에서는 1988년 이래로, 민주노총에서는 1996년 이래로 각각 생계비 조사를 해오다가 2004년부터 두 조직이 합동으로 생계비를 산출하고 있다.[5] 2006년에 출범한 보건사회연구원의 「한국복지패널」 조사에도 최저 생계비나 가구 경제와 같은 항목이 설정되어 2023년에 제18차 조사를 완료했다.

이처럼 가계와 생계비 실태 조사는 1980년대 후반 이후 계량 자료로 축적되어 각 방면에서 활용되고 있다. 급격한 사회 변동을 경험한 1950년대 이전은 말할 것도 없고, 산업화 초기에 해당하는 1960~70년대 가계 관련 자료는 이러한 추세에 비추어볼 때 더 희소하며 정리되지 않은 상태라고 할 수 있다. 이러한 점에서 이번 장은 앞 장의 연장선상에서 1960년대에 초점을 맞추어 노동자와 기층 민중 범주에 속하는 가계와 그 빈곤 문제를 조명한다. 이러한 논의를 통하여 1960년대 기층 민중의 빈곤의 실상과 이를 극복하려는 다양한 가족 전략의 양상들을 제시하고, 그 의미를 되짚어보고자 한다.

먼저 자료는 1960년대 대한조선공사(현 한진중공업) 노동자의 생계비 실태 조사표를 들 수 있다. 대한조선공사는 1950~60년대 부산의 중공업 산업체를 대표하는 회사로서, 이에 관해서는 경영조직, 노

대한조선공사 선박 건조 광경
(1966)

동조합, 노동운동 등에 관한 연구들이 상당수 나와 있다.[6] 대한조선공사 노동조합은 1960년대에 소속 노동자들의 생활환경 조사 및 단체교섭을 위한 자료 수집의 일환으로, 조합원들의 가계 조사를 연차로 시행해왔다. 비록 개별 사업장의 사례이기는 하지만, 이 시기 노동자들의 가계와 생계비 실태를 파악할 수 있는 유용한 자료라고 할 수 있다. 덧붙여 『신동아』 르포의 하나로 기획 연재된 「서민 연재」를 들 수 있다. 노동자를 비롯해 다양한 배경의 하층 민중이 등장하는 이 르포 연재는 가계 상태 정보를 상당 부분 포함하고 있어서[7] 비록 소략한 형태라고는 하더라도 가계에 관한 유용한 자료를 제공하고 있다.

대체로 이들 자료는 조사 방법이나 항목 등에서 각기 다른 기준들을 채택하고 있기 때문에 일관된 방식으로 비교하기는 어렵다. 그러나 비록 단편들이지만 이들 자료를 통해 1960년대 하층 민중의 가계와 생계비 실태의 단면을 파악하고 거기에 함축된 의미를 검토하는 작업은 이 시기 하층민의 일상생활 연구에서 일정한 의의를 확보한다. 특히 『신동아』 「서민 연재」 자료들은 생계비 조달이나 보완 방식, 가족 구성 등에 관한 구체 정보를 추가로 제공한다는 점에서 이 주제에 관한 양적 통계와 질적 접근을 함께 시도할 수 있는 이점이 있다.

1. 가계와 빈곤의 실상

「서민 연재」는 각 기사에 따라 차이는 있지만 피기록자 본인의 가계 수입 정보를 포함하고 있다. 임금과 소득이 가족 생계에서 아주 중요한 근거임에도 불구하고, 그에 관한 일관된 자료가 의외로 적다는 사실에 비추어보면 이러한 자료는 충분히 주목할 만하다. 그러나 모든 자료가 각각의 방식으로 작성되었고 단편에 그친다는 점에서 비교 준거로서 일관된 기준을 갖춘 표준 자료가 절실하다. 드물지만 이러한 종류의 자료로 1955년도에서 1957년도까지 3개년에 걸쳐 노동자의 임금과 생활비 실태를 조사한 〈표6-1〉이 있다.

〈표6-1〉 전국 노동자의 생계비 실태 조사 결과(1955~57, 단위 환)

연도	세대수	평균 가족 수	수입(A)	생활비(지출, B)	차감액(A-B)
1955	19,624	4.6	16,763	25,655	-8,892
1956	7,015	5.2	27,331	40,509	-13,171
1957	4,833	5.2	30,585	41,779	-11,194

자료) 보건사회부 노동국: 1957, 2-3쪽.

〈표6-1〉에서 보듯이 전국 노동자의 수입과 생활비 지출에서 차감액이 가계 적자에 해당하는 수치인데, 어느 해이건 지출이 수입보다 많은 경향을 보인다. 대체로 1만 환을 기준으로 편차를 보이면서 전체 수지에서 만성 적자 상태를 보이는 것을 알 수 있다. 이 표의 조사 결과를 염두에 두고 1960년대 중·후반 대한조선공사 노동자들의 생계비 실태를 조사한 〈표6-2〉를 검토해보자.

<표6-2> 대한조선공사 노동자의 생계비 실태 조사표(1965~70)

구분			1965	1966	1967(전국)	1968	1969[5]	1970
수입	세대주 수입		9,604	8,994	13,390	12,400	16,390	26,106
	가족 수입		927	1,457	1,720	2,100 (기타 가구원 수입)	2,277	
	잡수입		136	369	5,610		399	
	총계		10,667	10,820	20,720	14,500	19,067	
지출	식비	주식비	4,366	4,313	8,600	5,450	6,902	7,139
		부식비	2,529	2,823		3,480	3,422	5,413
		기호품비	435	414		2,050	2,240	2,776
		소계	7,330	7,631		10,980	12,564	15,328
	주거비	주택비	891	753	3,350	2,930	1,304	1,903
		가구 집기	320	509		630[4]	461	
		소계	1,211	1,262		3,560	1,765	
	잡비	광열비	644	650	1,100	1,150	1,647	1,941
		피복비	1,212	1,310	1,980	1,700	2,512	2,887
		보건 위생	661	749	590	960	2,374	10,757
		교통 통신	552	654	600	1,180	1,226	
		교육	1,230	1,380	950	1,900	1,920	
		오락	311	455	402[2]	650[2]	898	
		연초	537	640[1]	540	750		
		기타 부조금	570	620	1,050[3]	980	1,615	
		공과금	1,282	609[1]	880	1,050	1,766	1,571
		소계	5,143	5,107	4,950	7,470	9,799	12,328
	총계		15,540	15,960	19,980	24,860	28,287	34,387
	차감액		-4,873	-5,140	740	-10,360	-9,220	-8,281

자료) 대한조선공사 정기대의원대회 회의자료, 각 년도 및 1967년의 전국 통계는 경
제기획원 조사통계국 자료로 대한조선공사 자료에 수록된 것을 전재함.
주1) 원 자료가 잘못 계산되어 바로 잡은 수치임.
  2) 교양·오락비로 표기됨.
  3) 서비스료 860원, 기타 190원임.
  4) 가구 집기는 350원으로, 수도료 등 280원을 포함한 수치임.
  5) 소득액은 특근 수당 등이 달라서 달에 따라 다소의 변동이 있다. 1969년에는
    1, 2월의 두 통계가 있는데 여기에서는 2월분 자료를 택하였다.
  6) 1965년은 614세대(5.8명), 1966년은 689세대(임시공 포함, 5.7명), 1967년은
    996세대(전국, 6명), 1968년 105세대(5.6명), 1969년은 1,444세대(5.6명), 1970
    년은 684세대(5.8명) 기준으로 괄호 안은 평균 가구원 수임.

1965년부터 1970년에 이르는 이 자료는 1962년의 화폐 개혁 이후 통화 단위가 원으로 바뀐 이후 수치이기 때문에, 〈표6-1〉의 수치와 직접 비교가 어렵다.[8] 대략의 추세를 보면 1950년대와 마찬가지로 노동자의 가계는 1967년 정부 통계를 제외하고는 만성 적자를 기록하고 있으며, 1968년 무렵까지는 적자 폭이 확대되다가 이후 격차가 더 줄어드는 경향을 관찰할 수 있다. 덧붙이자면 〈표6-2〉에서 세대주의 수입은 정규 급여 이외에 연장 근무 등을 통한 특근 수당을 포함한 수치다. 따라서 정규 급여만을 계상하면 적자 폭은 대폭 확대된다. 예컨대 1965년 정규 급여만 계상한 17세대(6인 가족) 세대주 직장 수입에 대한 조사표에 따르면, 수입이 8,113원, 지출이 14,418원[9]으로 차감액은 −6,305원에 달해, 〈표6-2〉에서의 −4,873원과 차이를 보인다. 1969년의 경우도 동일 표본(1,444세대)에서 특근 수당을 제외한 세대주 수입은 12,400원인데, 따라서 총 수입액 15,077원과 총 지출액 28,287원을 고려하면 차감액은 −13,062

원에 달해 규모가 대폭 늘어난다.[10]

이 표들을 염두에 두고 『신동아』 「서민 연재」의 가계 내역을 검토해보자. 먼저 「서민 연재」에서 서민의 생활수준은 대한조선공사 노동자들과 비슷하거나 오히려 그에 미치지 못한다는 점이 먼저 눈에 띤다. 서민층 내부에서 상위 범주에 속하는 이들은 공식 부문에서 일하는 이른바 화이트칼라다. 예컨대 역장이나 간호원장, 초등학교 교사, 면서기, 지서 순경 등이 여기에 속한다. 청리역장 박인태는 본봉과 더불어 시간외 근무, 야근, 휴일 근무, 작업, 특수 작업 등의 각종 수당을 합하고 공제액을 빼면 월 1만 원 내외의 수입이 있다.[11] 지출도 월 1만 원 내외이므로[12] 4남 1녀의 자녀로 구성된 7인 가족의 생계는 적어도 겉으로는 수지가 맞는다. 그러나 여기에는 부식비 일부, 주거비, 교통 통신비, 오락비 등이 포함되지 않았다는 사실을 고려해야 한다.[13]

간호원장 김희순은 명색은 원장이지만 당시 공무원 봉급 체계에서 4급 갑으로 분류되는 하급 공무원이다. 간호직 수당을 합쳐서 14,000원가량의 봉급을 받는데, 이것으로는 3녀 1남 6인 "가족의 기본 생계를 유지할 뿐"이다.[14] 초등학교 교사인 이승철도 어린 세 아들과 부인, 모친과 팔순이 넘은 외할아버지의 7인 가족이다. 23호봉의 월급은 본봉 11,980원에 교재 연구비 1천 원을 합쳐 12,980원인데, 여기서 1,899원의 제세공과금을 제외하면,[15] 실소득은 11,081원에 지나지 않는다.[16]

면서기 배증용은 실제 지위가 면의 보조수이기 때문에 봉급 수준이 낮은 편이다. 월봉이 7,440원인데, 갑근세(572원)와 직장 저축

조선기계제작소(현 대우중공업)
노동자들(1962)

금(150원)을 공제하면 실수령액은 6,600원 정도에 지나지 않는다. 주식비는 자경하는 논밭의 양곡으로 충당하더라도 교육비, 영농비, 의료비, 잡비 등을 감당 못해 월평균 1,000원 정도의 적자를 보고 있으며, 이 때문에 3만여 원의 사채에 더해 부채가 늘어가고 있다. 가족은 4남 2녀로 8명이다.[17] 지서 순경인 강홍기의 봉급도 면서기와 비슷하다. 6남 1녀의 9명으로 구성된 이 가족 가장의 수입은 처우 개선 수당(1,000원)과 특근 수당(860원)을 포함해서 7,850원인데 제세공과금을 제외하면 실수령액은 면서기와 비슷한 6,4000여 원에 지나지 않는다.[18]

공식 부문의 육체노동 범주에 종사하는 이들로는 철도 기관사와 우편집배원, 선장, 염수장, 트럭 운전사, 택시 운전사, 선반공, 인쇄공, 부두 노동자 등을 들 수 있다. 철도 기관사 한기섭은 1등 기관사로서 총수입은 15,867원이고 제세공과금을 빼면 실제 받는 금액은 12,754원이다.[19] 우편집배원 김은주는 한 달 일삯으로 본봉 5,800원, 특근 수당 1,000원, 시간외 수당 1,200원에서 세금 등을 공제한 7,500원 정도를 받는다. "이 꺼질 듯한 봉투나마 쥐기 위해서" 그는 아침부터 해질 때까지 가파른 낭떠러지에 거친 계곡이 겹쳐 있는 무주 산중을 하루에 20km 정도 걷는다.[20] 충무시 인근의 외딴 작은 섬들을 왕래하는 신성호 선장 김준식은 선원 생활만 41년을 하고 있지만, 9,200원 월급이란 빈약한 수입으로 4남 1녀 7인 가족의 생계를 꾸려가고 있다.[21] 서산에서 일하는 염수장 김재순은 5급 7호봉의 월급으로 14,100원을 받는다. 여기서 세금과 막걸리 외상값을 제하고 나면 9,600원이 남는다.[22]

공식 부문에서 일하더라도 트럭 운전사나 택시 운전사, 선반공, 인쇄공, 부두 노동자, 목부 등은 월급이 아니라 도급제 형태의 일당으로 일한 대가를 받는다. 트럭 운전사 권영주의 한 달 수입은 1만 원에 미치지 못하는 수준인데, 이 돈으로 대지 24평, 건평 11평에 방 두 개짜리 작은 전셋집에서 부모님, 부인, 1남 2녀 7인 가족이 살아간다.[23] 서울에서 택시를 모는 운전사 박성동은 이보다 두 배 정도 많은 2만 원 내외의 수입으로 살아가는데, 주식비(쌀 한 가마 4,000원), 세 자녀 학비 3,500원(공납금 제외), 연료비 2,000원, 부수비 4,000원에 더해 곗돈과 재봉틀 월부 대금을 공제하면 매달 적자 가계를 면치 못한다.[24] 충남 천원군(현 천안시) 국립 종축장에서 임시 고용원으로 일하는 목부 한상덕은 일당으로 280원을 받는다. 월 2회 쉬는 날을 빼면 8,000여 원이 되는데, 여기에 수당을 보태면 월수입은 1만 원 내외가 된다.[25]

　　마산의 진일기계공업사 선반부에서 30여 년을 일한 선반공 홍선종의 일당은 480원이다.[26] 한 달에 격주로 일요일 이틀을 쉬지만 회사에서 33일 분으로 계산해주기 때문에 잔업 수당 등을 가산하면 실수령액이 월평균 최하 1만 5~6,000원에서 2만 원을 넘기도 한다.[27] 인쇄공인 이상억의 경우는 하루 일당이 5백 원이 채 되지 않는다고 하는데, 상세 액수는 밝혀져 있지 않다. "오랜 근무 햇수에 비하면 일당은 너무 적다"고 하지만, 작업 성격 때문인지는 몰라도 숙련 선반공보다는 높은 수준이다. 잔업 수당은 2시간 이내는 50%, 4시간 이내는 100%의 수당이 가산되지만, 한 달 평균 수입은 2만 원이 채 되지 않는다.[28] 부두 노동자 이종술은 인터뷰 시점이 연중

최고 수입 달이어서 13,129원을 받았다. 그러나 전차금 1만 원과 이자 1천 원을 갚았기 때문에, 식대와 노조비 등을 빼면 330원이 오히려 부족한 적자 상태다.[29]

　공식 부문 숙련공으로서 마찬가지로 성과급 형태의 임금을 받지만, 단절되어 불규칙한 노동을 하는 경우도 있다. 강원도 주문진의 동선조선소에서 일하는 유영노는 어선 한 채를 도급으로 맡아 월평균 17,000원을 벌지만, 일하는 날이 한 달 평균 보름 정도밖에 되지 않기 때문에 실수입은 그 절반에 지나지 않는다.[30] 기와장이 이청우는 경기도 용인군의 기와 공장에서 공장장 겸 화부로 일한다. 고도로 숙련이 필요한 일의 대가로 가마당 1,100원을 받는데, 경기가 좋은 봄가을에는 한 달 평균 25가마를 구워 월수입이 대략 35,000여 원에 이른다. 여름 장마 때와 겨울철엔 수요가 줄고 쉬는 날이 많아 수입이 거의 없다.[31]

　불규칙의 성과급 노동을 한다는 점에서는 이들과 비슷하면서도 이 계층의 가장 밑바닥에는 일정한 소속 없이 여기저기 떠돌아다니면서 비정규의 일을 불규칙으로 하는 막벌이 노동자들이 있다. 장돌뱅이 안봉모는 하루에 고작 4~500원을 벌지만, 그나마 "가끔 대포잔에 여인숙 숙박비, 타고 다니는 나귀의 여물값을 치르"고 나면 겨우 2~300원을 가지고 살아간다.[32] 과수 전정사 조영생이 일하는 시기는 매해 11월 말부터 이듬해 2월까지 3, 4개월에 지나지 않는다. 긴 시간의 경험과 숙련이 필요하고 1년 중 가장 추운 계절에 일하지만, 하루에 받는 임금은 400원 정도에 지나지 않는다. 이 기간에도 하루도 빠짐없이 일하는 것은 아니므로 가령 일한 날이 80일이라고 하면 겨우 32,000원 정도로 1년을 버텨야 한다.[33] 신발 땜장이 유지창의 월수입은 16,800원이다. 그러나 비오는 날, 추운 겨울날 등을 빼면 실제 일하는 날은 한 달에 20일을 넘지 못해서 대체로 1만 원 내외의 수입으로 살아간다.[34] 등산 안내인 이인선은 월 1만 원 내외의 수입이 있지만, 겨울에는 전혀 일이 없기 때문에 실제로는 7개월 정도 일한 7만 원 내외의 소득으로 1년 열두 달을 먹고 살아야 한다. 그는 "외국처럼 조금도 명예스럽기는커녕 사회의 가장 밑바닥에서 육체노동으로 그날그날을 메꾸어나가는 품팔이나 다름이 없"는 나날을 산다고 생각한다.[35]

그렇다면 이 시기 인구의 60% 이상을 차지하는 농민의 가계 수지는 어떠했는가. 수출이 중심인 위로부터의 근대화 전략이 수행되면서 농민은 이중의 피해자가 되었다. 소득 측면에서 농민의 생산물은 생산 원가를 보장받지 못했으며, 이러한 배제와 박탈은 지출과 소비 영역에도 그대로 적용되었다. 김해군 대저면의 박홍목은 농대를 졸업하고 덴마크 유학까지 다녀온 지역 유지로서 소유한 농장이 1만 5천 평에 달하는 이른바 '대농'에 속한다. 그런데도 1968년의 소득은 180만 원인데 지출액은 178만 원을 차지해서 불과 2만여 원의 흑자를 내는 데 그쳤다.[36] 같은 지역의 정명달은 벼농사 1,800평과 채소밭 1천 평을 경작한다. 그의 1년 농사 수입은 108,000원인데, 여기서 비용으로 지출된 82,690원을 빼면 실제로 쓸 수 있는 돈은 대략 25,000원으로, 한 달에 겨우 2천 원을 버는 셈이다.[37]

경기도 평택군 오성면의 정해진은 논 3천 평을 경작한다. 여기서 대략 40가마의 쌀을 수확하는데 여러 경비를 공제하면 20가마가 남는다. 노모와 부인, 3남 2녀 8명 가족이 1년에 필요한 식량은 15가마이기 때문에, 나머지 5가마로 가족 전체의 소비 지출을 감당해야 한다.[38] 충남 논산군 강경읍에서 농사짓는 김복수 역시 이에 못지않은 비참한 생활을 하고 있다. 재해로 농사를 망친 그는 15세 딸이 직조공장에서 일하고 벌어오는 수입과 아내가 "시보리떠서 버는 것"으로 겨우 끼니를 이어가고 있다. 한 달 3,500원 정도의 수입으로 8명의 가족이 살아가야 하는데 "아침은 보리쌀밥, 점심은 거르고, 저녁은 수제비"를 먹는 생활을 되풀이한다.[39]

이처럼 서민으로 표상되는 이 시기 기층 민중은 겨우 생계를 이어나갈 정도의 빠듯한 수입으로 그날그날 생활해나갔다. 화이트칼라로서 공식 부문에 속한 역장이나 간호원장, 초등학교 교사라고 해도 월 소득이 1만 원 내외에 불과하며, 하층의 면서기나 지서 순경의 경우는 6,000원 내외의 소득으로 생계를 유지해야 했다. 동일 부문에서 거의 절반에 가까운 편차를 보이지만, 어느 경우건 다음 육체노동자와 비슷하거나 오히려 적은 소득이라는 점이 눈에 띤다. 공식 부문의 블루칼라를 보면 철도 기관사의 경우 12,000원 정도로 화이트칼라보다 오히려 나은 수준이지만, 우편집배원이나 선장, 염수장의 소득은 1만 원에 채 미치지 못하고 있다.

성과급 형태의 일당으로 살아가는 육체노동자는 도시의 택시 운전사나 선반공, 인쇄공의 사례에서 보듯 15,000원에서 20,000원 내외의 소득을 보이며, 트럭 운전이나 부두 운반 노동자는 1만 원 내외의 소득으로 살았다. 후자의 소득은 〈표6-2〉에서 대한조선 노동

여느 농촌 모내기 광경
(1968)

자가 이 시기 중반인 1965~66년에 기록한 10,000원 내외의 소득과, 전자의 소득은 이 시기 후반인 1968년 이후의 15,000원에서 20,000원 내외의 소득과 비슷한 수준이다. 조선 도목수都木手나 기와장이 같이 숙련된 전통 노동을 하는 경우도 일 자체가 단절되어 있고 불규칙하다는 점에서 소득을 가늠하기 힘들고 임금 편차도 상당했다. 떠돌이 막벌이 일을 하는 과수 전정사나 등산 안내인, 방물장수 등은 인구의 절반을 넘는 농민과 더불어 이에 훨씬 못 미치는 낮은 수준에서 열악한 생계를 이어갔다.

「서민 연재」에서 생계 지출과 소비 내역은 소략하거나 생략된 경우가 많다. 이러한 점에서 가계의 수지 정도나 생활 상태를 상세하게 알기는 어렵다. 단, 시기에 따른 차이는 있지만 〈표6-2〉에서 대한조선 노동자들의 월평균 생활비가 15,000원에서 30,000원 내외라는 사실을 고려해보면, 이들의 궁핍한 생활 정도를 미루어 짐작해볼 수 있을 것이다. 도시보다 농촌의 궁핍이 더 심했으며, 공식 부문보다는 비공식 부문의 소득이 더 열악했다. 공식 부문에 속하는 화이트칼라라고 하더라도 그 내부에서는 거의 두 배에 달하는 소득 격차를 보이기도 했다.

그런데도 이 시기 기층 민중의 가계와 생활 상태는 빈곤과 결핍이라는 점에서는 거의 모두가 동일한 조건에 놓여 있었다. 박탈과 빈곤이라는 점에서는 블루칼라에 못지않게 화이트칼라도 마찬가지였으며, 전통 부문의 장인 노동이 경험한 빈곤은 근대 부문의 노동자라고 해서 비껴가지 않았다. 기본 생계에 드는 지출이 일정한 이유도 있지만, 가난과 궁핍이라는 점에서는 정신노동과 육체노동,

숙련과 미숙련, 근대와 전통, 그리고 정도는 더하더라도 도시와 농촌의 구분에 특별히 의미가 없던 시기이기도 했다. 비록 근대화의 효과가 이 구분을 더 분명히 해나가고 있었다 하더라도, 이 시기는 적어도 기층 서민 내부에서는 소득에 따른 분화가 가시화되지 않은 상태였다.

이렇게 근대화 초기 단계에서 공히 총체적 빈곤에 직면했다는 차원에서 기층 민중은 역설의 평등 상태에 있었다고 할 수도 있겠지만, 일정한 유보 조건이 붙는다. 근대화 담론은 근대화를 특권화하고 절대화하기 위해 당대 현실을 최악의 빈곤과 가난, 후진성과 봉건성으로 재현하고자 했다. 특히 개개인의 빈곤이나 사회 빈부 격차를 무시하면서 국가와 민족 수준에서 빈곤의 총체를 부각하고자 했다. 일찍이 전통에 관한 홉스봄의 생각을 빌리자면, 1960년대 박정희 시기에 추진된 근대화 담론은 빈곤을 '만들어내고자invent' 했다. "가난은 나라도 구제하지 못한다"는 말을 염두에 두고 박정희는 5천 년 가난을 극복할 수 있다고 선전함으로써 빈곤의 경제를 정치화했다.

이러한 점에서 동시대 시각에서 빈곤을 절대화하고 총체화하는 인식은 역사에 대한 비판의식을 가로막는 장애로 작용한다. 시간을 거슬러 지난 세기만 보더라도 일제 강점기의 총체적인 무산자론은 몰계급의 인식을 반영한 것이었고, 자유부인이 표상하는 1950년대는 전반적인 가난과 침체 상태에서도 도시 중상류층에선 과도한 사치와 극단의 향락이 팽배했으며,[40] 최근 들어 1960년 4·19는 독재 정권의 억압 못지않게 경제 곤궁에 대한 항의로서 혁명의 성격이 강

해외수출공업단지 가발공장 작업 광경(1972)

조되고 있다.[41] 이러한 맥락에서 1960년대 경제개발계획의 성과가 가시화되고 사회 전반에 걸쳐 가차 없는 근대화가 진행되면서 빈곤 문제가 특정 사회 계급과 지위에 점차 고착되어가던 현상에 주목할 필요가 있다. 특히 1970년대 여성 노동자의 경우가 그러했다.[42]

2. 결핍과 빈곤에서 살아남기

이 시기 절반이 넘는 인구가 경험해야 했던 절대 가난과 궁핍에 민중은 어떠한 형태로든 맞서야 했다. 가족이 해체되고 생명 존립이 위협받는 위기 상황에서 이들은 가용한 온갖 형태의 자원을 동원하는 전략으로 자신의 생존과 가족의 존속을 보장받고자 했다. 이러한 전략 가운데 가장 흔했던 소극적 형태는 절약과 내핍이었다. 생존을 위해 이들은 일상생활의 기저를 이루는 의식주에서부터 욕망을 자제하고 억눌렀다. 그리고 이러한 절제와 억압은 일상생활 구석구석에 흔적을 남겼다.

철도역장 박인태는 라디오를 듣고 싶어도 여유가 없어서 미루고 있다고 말한다. 그의 두 칸 관사에는 철제와 목재 캐비닛 한 개씩, 시계 그리고 재봉틀 등의 가재도구가 있을 뿐이다.[43] 지서 순경 강홍기의 집은 관사라지만 초가다. 처마 밑은 연기로 까맣게 그을었고, 앞마당 우물가에 새끼에 맨 두레박이 하나 달려 있을 뿐, 집 둘레엔 울타리도 없다.[44] 방 한편 구석에 놓인 장롱 위에는 "이부자리가 둘둘 말려 올라 있고 그 옆 틈으로 메주 몇 덩이가 불그러져 얼굴을 내민다. 판자 책상 밑에 놓인 수동식 편물기가 눈에 번하게 띤다." 점심은 고구마나 다른 대용식으로 때운다. 그의 생활신조는 절약하고 검소하게 사는 것이다. 원하는 것이 무엇이냐는 기록자의 질문에 그는 "특별히 없"다면서 "우리에겐 다 허영"이라고 말한다. "라디오 같은 것이 애들 교육에 좋다지만 한 달 월급"이라는 것이다.[45] 서울운동장에서 수영장을 관리하는 이년재는 인생의 낙이 무엇이냐는 기록자의 질문에 "근검으로 뭉쳐진 가족의 단란"이라고 대답한다. '낭비를 말자'는 신념에 사로잡힌 그를 기록자는 "신앙과 같은 낭비 혐오증"으로 표현한다.[46]

한 달에 20,000원을 버는 서울의 택시 운전사 박성동은 동대문구 이문동에 있는 2층 벽돌집 옥상 바라크 단칸방에 일곱 식구가 기거한다. 명색이 모범 운전사지만 2천 원 사글세로 들어온 단칸방이다. 좁고 부모의 사생활이 보장되지 않아 자신은 주로 차주의 집에서 자면서 5년 전까지 무던히 써오던 일기도 중단한 상태다.[47] 부두 노동자 이종술은 "술은 입에 대지도 않고 담배도 거의 안 피며 일 년 열두 달 닥치는 대로 힘껏 일하지만, 보리밥은 싸줄 수 없고 큰 딸년 도시락을 못 꾸려줘 굶길 때가 많"은 나날을 살아간다.[48] "점심은 고구마 등 군것으로 때우고 저녁밥은 언제나 죽"으로 연명하는 것은 대장장이 김동수도 마찬가지다.[49] 등산 안내인 이인선 역시 "술이나 마신다든가 좀 낭비를 하다가는 도저히 생계가 유지"되지 않는다고 말한다.[50] 선반공 홍선종은 공장에서 가장 많은 임금을 받고 있지만 "성냥곽처럼 다닥다닥 붙어있는 조그만 브록크집"에서 살고 있다. 마산시에서 할부제로 분양한 후생 주택인데, "마당도 울타리도 없는 다섯 평 반짜리 집"에서 여섯 명 가족이 기거한다.[51] 대구 인쇄소의 정판공 이상억은 하루 일을 끝내고 10리 길을 걸어서 퇴근한다. 대중교통이 편리한 곳에 집이 있지만, 제1부에 나오는 민중 사례와 마찬가지로 "한 푼이라도 아끼려고 매일 걸어서 출퇴근"하는 것이다.[52]

이곳저곳 떠돌아다니면서 막벌이 일을 하는 하층 노동자들의 경우는 이보다 더한 금욕과 절제를 통한 결핍과 극심한 빈곤을 감내한다. 순회 미용사인 이옥길의 집에 있는 가구라곤 "낡은 찬장 하나와 종이를 바른 궤짝 옷장, 영문법 주해 등 고등학교 교과서가 가득 꽂힌 책상이 전부"다. "몹시도 가난한 살림"이라고 기록자는 적었다.[53] 적은 수입을 학자금에 쏟아 붓고 나면 신문 한 장 정기 구독할 여유가 없고 식생활은 최저로 내려간다.[54] 전쟁미망인으로 두 아이를 학교에 보내고 있는 그녀의 형편으로는 "굶지 않고 사는 것 이외에 다른 것을 생각할 여지가 없"는 것으로 보인다. "허영심을 버린 지는 이미 오래"된 그녀에게는 "취미도 하나의 사치로밖에 안 보인다."[55] 과수 전정사 조영생은 "산기슭에 초라하게 외따로 따로 엎드려 있는 초가집"에서 여덟 식구가 살고 있다. 스무 평 남짓한 터와 7, 8평쯤 되는 집 한 채의 방 두 칸에 세간이라고는 이불과 낡은 궤짝 하나가 달랑 놓여 있다. "짐작보다 더한 가난"이다.[56] 신발 땜장이 유지창은 울타리도 없는 흙토막집 단칸방에 산다. 방 안에 있는 살림살이라고는 "석유 상자를 엎어놓고 누더기 이불 한 채를 쌓고 그 아래 식기 여나문 개를 넣어둔 것"이 전부다. "도둑이 들어왔다가 외면을 하고 달아날 알량한 세간"이다.[57]

이렇게 수입이 한정된 상황에서 이들 대부분은 적자 가계에 대한 대응 전략의 하나로 절약 가능한 모든 것을 희생하면서 생존에 필요한 최소한도의 지출만 하고자 한다. 이들은 '낭비'나 '허영' 혹은 '사치' 등의 이름으로 일상의 필요를 기꺼이 희생한다. 그것은 다른 한편에서 보면 〈표6-1〉과 〈표6-2〉의 노동자 생계비 실태 조사표에서 지출(생활비)에 대한 수입의 차이가 어느 경우(1967년 전국 통계

제외)에나 10,000환(1950년대) 혹은 5,000~10,000원 내외(1960년대)를 기록하는 마이너스 가계에 맞선 생존 전략이기도 하다. 〈표6-2〉의 지출 항목에서 공과금이나 주거비 같은 고정 항목은 그렇다 치더라도 먹는 것과 난방, 취사, 입는 것 등에서 최소한의 지출을 하고 보건 위생이나 교통 통신, 오락, 연초 등의 품목은[58] 거의 혹은 전혀 지출하지 않는 방식으로 대응하는 것이다. 아파도 병원에 안 가거나 약을 먹지 않고, 버스를 타지 않고 걸어 다닌다거나, 신문이나 잡지, 영화 등은 전혀 보지 않는 것이다.

절약과 내핍이라는 소극적 대응 전략에서 조금 나아가면 동원 가능한 자원을 활용하여 가계 소득 일부를 보충하거나 일정한 수입을 창출하는 전략이 있다. 본업의 일이 없는 이른바 휴한기를 이용하여 일종의 부업으로 최대한으로 노동력을 가동하려는 시도를 첫 번째 사례로 들 수 있다. 과수 전정사 조영생은 겨울에 한정된 과수의 가지치기 수입으로는 생활이 되지 않기 때문에 봄부터 가을에 걸쳐서는 보리와 땅콩 농사를 지어 생계를 이어간다.[59] 이러한 방식은 농민에게서 전형적으로 찾아볼 수 있다. 김해의 농부 정명달은 채소밭 1천 평의 부수입으로 월 2,000원 꼴의 근소한 수입을 채워가면서 겨우 가계를 꾸려간다.[60] 평택의 농민 정해진 역시 연 다섯 가마로는 지탱이 되지 않는 가족의 소비 지출을 보충하기 위하여 밭 500평에서 채소나 고추 등을 가꿔 먹으면서 "그야말로 목숨만 부지하는 생활을 하고 있다."[61]

대개의 경우 이러한 가외 소득은 절대로 부족한 생계를 보완하기 위한 것이지만, 그 이상의 소득을 유추할 수 있는 사례들도 없지는 않다. 초등학교 교사 이승철은 1,000평의 논과 439평의 밭을 자신이 직접 짓기도 하고 사람을 사기도 하면서 1년에 벼 28가마, 이모작으로 보리 10가마를 얻고, 잡곡이나 채소, 양념감은 밭에서 충당한다. 그는 자신의 생활 정도가 "중 정도"라고 말한다.[62] 논 1,000평과 400여 평의 산지 밭을 경작하는 면서기 배중용 역시 "시골 살림으로 그렇게 군색한 형편이라고는 볼 수 없다"라고 생각한다.[63] 서산의 임시 고용원인 목부 한상덕은 7마지기 논에서 1년에 쌀 14가마를 수확한다. 아이들이 어려 아직 교육비 부담이 없기 때문에[64] "농가의 생활 정도로는 아주 못하는 편은 아니"라고 그는 말한다.[65]

가외 노동의 또 다른 사례로서 등산 안내인 이인선도 일이 없는 동안에는 관광 개발 붐을 타고 늘어난 건축 공사 잡역부로 품팔이를 하기도 하고 깊은 산에 들어가 약초를 캐서 팔기도 한다. "마치 개미의 생활과도 같"다는 기록자의 표현처럼, "부지런히 팔다리를 움직여야만" 겨우 살아갈 수 있는 것이 그의 가족의 삶이다.[66] 그의 동료 안내원들은 거의 모두가 독신이다. 등산 안내일로는 가족을 거느릴 정도의 생활이 보장되지 않기 때문인데, 일이 없는 겨울에 "머슴살이 하다시피" 하거나 잡역 일로 겨우 입을 달래며 고단한 생명을 이어간다.[67]

마지막으로 주거 공간의 불편함을 감수하고 사는 집의 일부를 임대하여 소득을 보전하기도 하였다. 어부 김중교는 자신과 아내의 손으로 손수 흙 빚어 지은 "다 쓰러져가는 초가"의 건넌방을 월세 400원에 세놓아 하루 평균 4백 원도 채 되지 않는 생활비에 충당한다.[68] 대구의 인쇄공 이상억은 자신의 소득으로는 부모까지 모시는 여덟 가족의 생활이 어려워 방 두 개를 사글세로 놓아 가계에 보태고 있다.[69] 위의 이승철이나 배중용의 사례도 그러하지만 이러한 형태의 수입 창출을 할 수 있는 자원을 가진 경우는 한정되어 있다.

3. 가족의 생존 전략과 젠더 불평등

혹심한 가난은 가장에게만 한정된 시련이 아니었다. 가족 구성원들 역시 가난의 위협에서 벗어날 수 없었다. 이러한 점에서 가족 전체가 가난에 대응하는 전략은 일정한 합리성을 가지고 있다. 우편집배원 김은주의 아내는 행상으로 "잔돈을 보태고",[70] 서울운동장에서 수영장 관리를 맡은 이년재의 아내는 집에서 과자 봉지를 만든다.[71] 방물장수 안봉모의 아내는 집에서 장사를 하고 자녀들은 산에서 나무를 하고 나물을 캐서 끼니를 이어간다.[72] 등산 안내원 이인선의 아내는 관광지 호텔이나 여관에서 남편과 자신이 캔 약초나 산채 행상을 한다.[73] 김준식 선장의 아내 역시 닭이나 돼지를 길러 어려운 살림을 꾸려 나간다.[74] 이는 농민의 경우도 마찬가지다. 평택의 정해진은 모내기 때 품삯 일을 해서 벌어오는 4, 5천 원의 아내 수입으로 겨우 살아간다. 강경에서 농사짓는 김복수의 가족도 아내가 "시보리 떠서" 벌어오는 돈과 15세 딸이 개성베를 짜는 직조공장에 나가 벌어오는 돈으로 끼니를 잇고 있다.[75]

부여의 사진사 이주영은 부족한 가계 수입을 보충하기 위해 큰 딸이 연 2만 원의 세를 얻어 만화 가게를 차려 운영했고,[76] 철도 기관사 한기섭의 아내는 조그만 시계 수리점을 운영하는 한편으로, "서울에서 받아오는 나일론 이불 장수"도 하고 있다.[77] 그런가 하면 부두 노동자 이종술의 열아홉 된 장남은 배터리 공장에 다니고, 아내는 러닝셔츠나 값싼 화장품 등의 행상을 했다.[78] 속초의 어부 김중교의 열아홉 살 둘째 아들은 초등학교를 졸업하고 보망補網일에 나섰고, 초등학교도 마치지 못하고 중퇴한 열두 살 셋째 아들은 신문을 돌려 "가난한 살림에 천금 같은" 월 700원의 돈을 벌어온다.[79] 대장장이 김동수의 가족은 주 수입원인 가장의 대장간을 둘러싸고 온 가족의 노동력이 동원되는 양상을 보인다. 아버지가 대장간 일을 하면 아내와 초등학교 3학년의 딸이 번갈아 풀무를 불어주고, 열다섯 난 둘째 아들은 호밋자루를 깎는데, 손님들이 풀무로 불고 망치질을 거들어주기도 한다.[80] 이와 아울러 아내는 집 뜰에다 철물전을 벌이고 남편이 만들어놓은 낫이나 호미 등을 판매한다.[81] 이러한 모습은 고무신 땜장이 유지창의 가족에서도 찾아볼 수 있다. 이들 가족이 이천 장날의 순회 시장에서 펼치는 풍경은 이러하다.

> 부인 정일선 여사가 두 아들을 데리고 나왔다. 오늘은 장손님들 때문에 남편의 일손이 모자랄 터이니 거들러 나온 길이다. 부인은 이고 온 함지를 내려놓더니 공장 옆 손바닥만한 자리에 사과 가게를 벌인다. (…) 이 사과 판 앞에 장남 상현군(8세)을 앉혀놓

으니 이놈 천연스럽게 책상다리를 꼬고 앉아 사과 장수로 나선다. (···) 이제 손빈 식구는 5살짜리 차남 태현 군뿐이다. 그러나 될 말인가. "태현아, 불 봐라" 유 씨의 호령이 떨어지기가 무섭게 이놈도 쪼르르 프레스 앞으로 가더니 납작 엎드려서 막 꺼지려는 밑불을 훅훅 분다. 이렇게 해서 이들 4식구는 촌가寸暇 없는 일속으로 말려 들어가는 것이다. 유씨 내외의 손발은 마치 제각기 살아 꿈틀대는 벌레처럼 움직이기 시작한다. (···) 유씨가 입만 벙긋해도 부인은 잽싸게 일어나 남편의 일 시중을 든다. 사지四肢 중 어느 하나 한가한 놈이 없다.[82]

그러나 가족 구성원 전부를 동원하여 가난과 결핍에 대처한다는 공통점이 있음에도 불구하고, 이들이 모두 동일한 집단을 이루지는 않았다. 가족 동원을 통해 기본 생계 이상을 넘어서는 여유를 확보할 수 있던 소수의 상층이 있는가 하면,[83] 대부분의 가족에게 이러한 활동은 생계를 보충하기 위한 보조의 의미를 지녔다. 가계 보조라기보다는 그 자체에 생존을 의지해야 하는 하층민들도 없지는 않았다. 이 경우에는 일하는 아내나 자녀가 실제 가장 역할을 하는 셈이다. 만약 가장이 아닌 다른 구성원들의 소득을 통해서도 가족의 생계를 보장할 수 없는 경우에 가족은 해체되거나 이산되는 운명을 겪어야 했다. 1960년대 전태일의 가족이 그러했다.

1970년 11월 서울 동대문 평화시장에서 "우리는 기계가 아니다"라고 외치면서 스스로를 불사른 그를 우리는 흔히 기억하지만, 이 사건에 이르기까지 그가 겪어야 했던 가난의 실상은 거의 주목되지 않는다. 피복을 제조하는 봉제 노동자로 살아간 그의 아버지는 사업이 실패하자 "빈털터리인 가족들을 길바닥에 버려둔 채 휙 집을 떠나 몇 달이고 떠돌아다니면서 하기 싫은 일시 노동자 생활을 하고, 그러다가 또 미싱 한 대라도 차려놓은 기회가 생기면 다시 가족들에게로 돌아오고, 그러다가 일이 뜻대로 잘 되어나가지 않으면 폭음과 술주정을 일삼으며 죄 없는 아내와 자식들에게 욕설과 매질을 퍼붓는" 어두운 평생을 보냈다.[84] 이러한 가장 밑에서 서울과 대구, 부산 등지를 떠돌며 방황하던 전태일은 대구에서 "흙벽돌로 지은 토막의 단칸방"[85]에서나마 오랜만에 가족과 함께 안정된 생활을 하지만, 가족의 생계와 난폭해진 아버지를 피해서 서울로 간 엄마를 찾아 막냇동생 정순덕을 업고 서울로 올라온다.

서울에서 어린 동생마저 미아보호소에 맡겨야 했던 그의 심정을 조영래[86]는 다음과 같이 적고 있다. "그에게 지나간 쓰라린 세월은 너무나도 억울했다. 그는 어떻게 해서든 제 손으로 차디찬 길바닥에 버린 순덕이를 다시 찾아와야 했고, 식모살이 나간 어머니를 만나야 했으며, 대구에서 마지막 본 후로 소식을 알 길 없는 태삼이와 순옥이를 데려와서 그들만은 자신이 걸어왔던 길을 다시 걷지 않아도 되도록 보살펴야 했다." 이후 이들 가족이 서울에서 다시 만나는 이야기는 더욱 극과 같다. 어머니에 이어 형이 막냇동생을 업고 서울로 떠나버린 후 집에서 도망쳐 나온 전태일의 동생 전태삼은 서울에 올라와서 남대문 시장 일대에서 걸식하다가 어느 날 우연히 근처 과일 가게에서 구두를 닦던 형 전태일과 극적으로 재회했다. 이후 이웃의 도움으로 전태일은 어머니와도 만났다. "어머니와 아들은 처음 한동안은 멍하니 서로 바라보기만 했다. 버리고 왔던 자식을 다시 대면하는 어머니나, 어린 여동생을 길바닥에 내버리고 그 어머니를 대면하는 아들이나, 서로서로 죄스러운 심정이었다"라고 조영래는 말한다.[87]

다시 서민 이야기로 돌아가 보면, 이 시기에 가장이 아닌 다른 가족 구성원들이 전체 가계 소득에 어느 정도 기여하고 있었는가. 「서민 연재」가 이에 대한 정보를 직접 제공하지는 않는다. 그러나 〈표6-2〉 대한조선 노동자들의 생계비 실태 조사 결과 등의 다른 자료를 통해 간접 방식으로나마 이에 대한 실태를 엿볼 수 있다. 〈표6-3〉은 〈표6-2〉 등에서 세대주와 가족의 소득 각각을 다시 정리한 것이다.

먼저 〈표6-3〉에서 대한조선 노동자들의 경우를 보면(1965~66년 및 1968~69년도) 전체 소득에서 가장이 아닌 다른 가족들의 기여도는 대체로 9~15% 정도의 비중을 차지하고 있다. 가족 소득보다 기타 소득[88]이 차지하는 비중은 높지 않아 불과 1~3% 정도에 그친다.[89] 전체로 보더라도 노동자 가계에서 가장의 소득 비중은 85% 아래로 내려가지는 않아 높은 편이다.

이와 달리 노동자가 아닌 하층의 경우에는 가족 소득의 비중이 더욱 높아지는 경향을 보인다. 도시의 가난한 하층민을 대상으로 한 1964년의 경우가 그러한데,[90] 가장 이외의 가족 소득이 전체 가계 소득의 36% 정도로 높은 비중을 차지한다. 이처럼 도시 서민의 경우 아내나 자녀 등이 경제 활동에 활발하게 참여하는 경향을 보이는데,[91] 주 수입자의 명세를 보더라도 응답 대상인 120세대에서

〈표6-3〉 생계비 실태 조사에서 가족 수입의 구성

구분 \ 연도		1964	1965	1966	1967	1968	1969
액수(원)	세대주	11,260	9,604	8,994	13,390	12,400	16,390
	가족	6,390	927	1,457	1,720	2,100	2,277
	기타		136	369	5,610		399
비율(%)	세대주	63.8	90.0	83.1	64.6	85.5	86.0
	가족	36.2	8.7	13.5	8.3	14.5	11.9
	기타		1.3	3.4	27.1		2.1
합계		17,650	10,667	10,820	20,720	14,500	19,067

자료) 1964년은 배용광, 「인간 산맥의 저변을 가다 ②: 내일에 사는 습지의 주민들―대구시 신암동 5구의 빈민굴에 대한 실태조사보고」, 『세대』 제2권 통권 14호, 1964년 7월호, 247쪽, 기타 연도는 〈표6-2〉에서 작성.
주) 비율은 각 연도의 합계액에 대한 비율임.

가장이 주 수입자인 경우가 87세대(72.5%)이고, 나머지 33세대(27.5%)는 아내나 자녀가 오히려 주 수입자다.[92] 가장의 수입이 적을수록 다른 가족의 경제 활동이 활발하다는 점에서 가족의 전체 수입은 대체로 보아 경제 활동을 하는 가족원의 수에 의해 결정되는 경향이 있다. 다시 말하자면 가족 구성원이 많다 하더라도 그것이 반드시 빈곤과 직결되지는 않는다는 것이다.[93]

이처럼 내핍과 절약 그리고 가족의 살아 있는 노동력을 포함한 모든 자원의 동원을 통한 이들의 노력은 대개는 눈앞에 닥친 가난과 궁핍한 현실에 대처하기 위한 것이지만, 이러한 시도는 때로는

현재 시점을 넘어 미래 시점으로 투사된다. 가족 모두가 확실히 알지 못하는 미래의 구현에 기꺼이 모든 자원을 집중해 투자하는 것이다. 현실을 극복하기 위한 또 다른 방법으로 다가올 미래에 투자하는 것, 예컨대 가족 구성원 일부를 선택해 교육 기회를 제공하는 것은 이러한 가족 전략의 일환이었다. 비록 전부는 아니더라도 많은 경우 이들이 결핍과 절제를 기꺼이 받아들인 데에는 자녀나 형제의 교육이라는 동기가 작용하였다. 이러한 점에서 이 시기 교육열은 맹목이라기보다 서민 차원에서 합리성을 갖는 것이었다.

청리역장 박인태는 서울에서 대학 다니는 장남의 학비를 위해 부모가 물려준 상주의 본가를 팔아야 했다. 그는 듣고 싶은 라디오도 사지 못한 채 그걸 아들의 졸업 이후로 미루고 있다.[94] 월 7,500원의 박봉에 여덟 명의 가족이 살아가야 하는 우편집배원 김은주는 온 가족의 "양말이 겹겹이 누벼진 숨 가쁜 살림"을 살면서도 "남이 밥 먹을 때 죽을 먹고 소금국으로 두 끼를 때우더라도 한번 아이들을 가르쳐보자"라고 다짐하면서 살아가고 있다.[95] 하루 2~300원이란 극히 적은 수입으로 끼니를 잇는 장돌뱅이 안봉모는 "아들, 딸 모두 공부시켜 사람 구실 시키겠다"는 각오로 평창, 봉화 등지의 장터 등지를 떠돌고 있다.[96] 면서기인 배증용이 "내핍과 절약의 생활을 해야만 하는 절실"한 이유는 "아이만이라도 훌륭하게 키우자"라는 생각 때문이다.[97]

염수장 김재순은 집안 형편으로 초등학교를 나오지 못했기 때문에 5천 원의 월봉 차이가 나는 감독으로 승진하지 못한다. 부모를 원망하면서 그는 이를 악물고 자식들에게는 고등교육을 시킬 작정

쌀 배급(1969)

이다.[98] 순회 미용사 이옥길은 두 아이를 학교에 보내기 위해 극단의 절제 생활을 감내하며,[99] 대장장이 김동수는 큰아들을 공부시키기 위해 "이 고생을 참아야 한다"라고 다짐한다.[100] 자식 교육에 대한 이러한 열망은 사회 최하층에 있는 사람들이라고 해서 예외가 아니었다. 출감자와 넝마주의, 구두닦이, 창녀 등이 주축을 이루는 서산 자활 정착 사업장의 주민들 역시 "사회의 최하층만 떠돌던 전력이 뼈에 사무쳐 자식들을 될 수만 있다면 훌륭하게 키워보겠다는 소망"을 가지고 있다.[101]

그러나 자녀나 형제의 교육이라고 하더라도 여기에는 성에 따른 차별이 있었다. 위 자료들에서 말하는 '아이'나 '자식'은 아들, 그중에서도 특히 장남을 의미했으며, 형제는 오빠이거나 남동생을 지칭하였다. 가부장의 영향이 잔존하는 상황에서 교육열의 대상은 거의 언제나 장남에게서 시작하여 다음 아들들로 이어졌다. 여성은 여기에서 배제되는 것이 상례였다. 「서민 연재」에서 이러한 사례들은 쉽게 찾을 수 있다.

청리역장 박인태의 장남은 서울에서 대학을 다니고 있지만, 차남은 고향에서 중학교를 졸업하고 철도 수습을 받고 있다.[102] 면서기 배중용의 장남은 진주에서 교육대학을 다니고 있지만, 그 아래 장녀는 부산의 재봉공장에서 일하고 있으며, 두 살 아래 차녀는 초등학교를 졸업하고 집안일을 거들고 있다.[103] 서울에서 상업고등학교를 다니는 장남을 비롯해서 염수장 김재순의 아들 3형제는 자취하면서 서울의 학교에 다니고 있다. 반면에 두 딸 중에서 장녀는 체신국 저금 관리국에 다니고, 차녀는 동대문시장의 꽃 수놓는 집

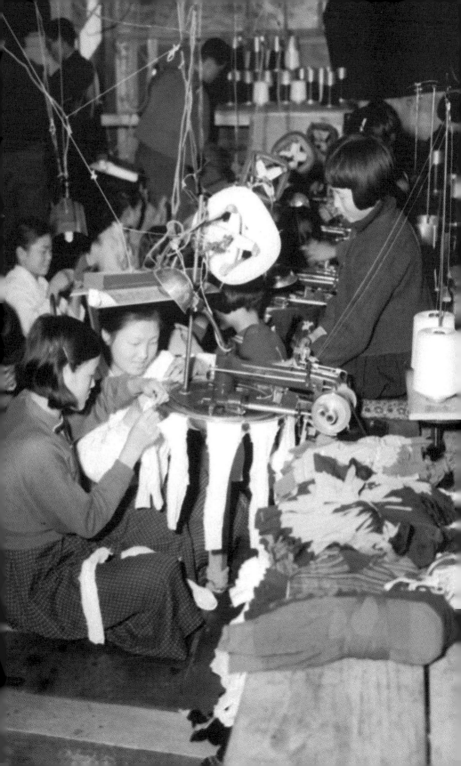

에서 일한다.[104] 선반공 홍선종의 아들은 이미 대학을 졸업해서 아버지보다 월급이 많은 은행원으로 일한다. 반면에 그의 딸들은 이미 출가한 장녀를 논외로 하더라도 스물둘 차녀는 중졸에 그쳤고, 열아홉 셋째 딸은 초등학교를 마쳤을 뿐이다.[105]

이처럼 한정된 가족의 수입으로 모든 자녀를 가르칠 수 없는 상황에서 이들 중의 누군가를 선택해야 했고, 그 대상은 대개 장남과 아들들로 이어졌으며 딸들은 배제되었다.[106] 우리는 여기서 희생의 당사자가 아닌 그 반대편의 관점에서 1960~70년대 이른바 여공 희생 담론의 생생한 실례를 본다.

제 7 장

민중 생활에서
노동과 기술

"배워야 산다", "아는 것이 힘이다"라는 말은 근대 한국 사회에서 민족의 발전과 개인의 생존을 위한 노력을 집약해 표현한다. 근대를 배경으로 지식과 교육의 역할은 강조되었고, 한말 애국계몽기와 1919년 3·1운동을 거친 이래로 줄곧 '교육열'은 한국 사회를 특징 짓는 중요한 개념으로 인식되어왔다. 흔히 압축 근대화로 표현되는 한국의 근대화 과정을 추동해온 주요 자산의 하나로서 그것은 높이 평가되었다.

　근대 사회에서 지식과 교육의 내용과 수준은 학교라는 제도를 통해서만 공식 인정된다. 그 안에서 한 단위를 마치고 상위 단계로 올라갈수록 지식과 교육의 내용과 수준은 높아지며, 이로써 사회에 진출할 수 있는 자원과 권력 역시 증대되는 경향이 있다. 그 결과 애당초 한국 근대에서 지식과 교육의 추구는 개체의 생존과 자기 수양 차원에서 비롯되었지만, 이후 출세와 지배의 도구로 그 성격이 점차 변화해갔다.

여기서 또 다른 차원의 문제가 제기된다. 지식과 교육이 출세와 지배를 위한 도구라면, 그 지배의 대상은 누가 되는가. 당연히 배우지 못한 사람, 즉 학교 문턱에도 가보지 못했거나 기초 단위의 학교를 마치거나 중퇴한 사람이다. 통치 블록이 지식과 교육을 통해 지배를 행사한다면, 그것을 가지지 못한 이 범주의 사람들은 무엇으로 사는가.[1] 노동, 기술, 숙련의 문제는 바로 이 맥락에서 제기된다.

많은 경우 그 배후에 가난이라는 요인이 있지만, 근대의 교육과 지식으로부터 배제된 하층민들은 이러한 점에서 기술과 숙련 문제에 관심을 기울여왔다. 기술과 숙련을 통해 이들은 가난에 대항하고, 생존을 도모할 수 있는 자원에 접근하려 했다. 때로는 의도하지 않은 결과들도 있었다. 그것은 자기 삶을 설명하는 존재 이유가 되기도 했으며, 비록 작업장 안에서나마 마치 지식이나 교육이 그러한 것처럼 일정한 형태의 권력을 확보함으로써 자존과 자신감의 원천이 되기도 하였다. 땀 흘리는 일의 보람과 노동의 결과를 통한 성취감도 있었다. 국가 이데올로기에 의해 덧씌워졌다고는 하더라도 '산업화 역군' 혹은 '산업 전사'로서 자부심을 가질 수도 있었다.

이처럼 노동, 기술, 숙련은 피지배 하층민, 육체노동, 산업화 등의 주제 영역과 연관된 개념으로서, 지배, 상층 엘리트, 지식인, 정신노동, 민주화 등과 관련된 지식과 교육이라는 언어군과 대조를 이룬다. 이러한 문제의식에서 이 글은 1960~70년대 한국의 산업화 시기 민중 생활에서 노동, 기술, 숙련의 문제와 연관된 다양한 쟁점

조선기계제작소(현 대우중공업)
노동자들(1962)

들을 검토해보고자 한다. 분석 대상은 『신동아』에서 기획한 「서민 연재」의 등장인물들이다.[2] 1967년 1월 1회가 나온 이후, 1975년 4월에 이르기까지 100회에 걸쳐 연재된 이 연재에 등장하는 99명의 서민 가운데[3] 특정 기술과 관련이 없는 경우를 제외하고 기술과 숙련의 범주로 분류되는 사례는 56건 정도로 압축된다.[4]

「서민 연재」 사례에 등장하는 56명의 성별을 보면 남자가 54명으로 다수를 차지하며, 여성은 불과 2명(순회 미용사, 연초공장 직공)으로 전체의 3.6%를 차지하는 데 그친다. 연령은 34세부터 61세에 걸쳐 있으며, 평균은 45.4세로 장년층에 속한다.[5] 이들은 수출 지향의 산업화가 본격화된 시기에 쇠락의 길을 걸어가던 수공업 부문과 영세 자영업 부문 그리고 근대 산업 부문의 장인·노동자를 포함한다. 〈표7-1〉은 56개 사례에 등장하는 인물들의 기술을 전통과 근대의 두 유형으로 분류하고, 다시 각 취업 유형을 고용과 자영의 두 형태로 구분한 결과다.

〈표7-1〉에서 보듯이 전통과 근대 기술에서 후자에 속하는 사례가 39건으로 전체 56건의 70% 정도를 차지하며, 나머지 30% 정도

〈표7-1〉「서민 연재」 기능·기술인의 부문과 취업 유형에 따른 빈도 분포와 평균 연령

부문	전통			근대		
취업 유형	고용	자영	계	고용	자영	계
빈도수(명)	8(14.3)	9(16.1)	17(30.4)	27(48.2)	12(21.4)	39(69.6)
평균연령(살)	50.1	44.9	47.4	45.1	43.2	44.5

주) 빈도수에서 괄호 안의 수치는 %임.

가 전통 기술 범주에 속한다. 취업 유형은 고용이 35건으로 전체의 62.5%를 차지하여 자영(21건, 37.5%)의 1.5배가 넘는다. 부문으로 보면 전통 기술에서는 고용과 자영이 엇비슷하지만, 근대 기술에서 자영(12건)에 비해 고용(27건)이 두 배가 훨씬 넘는 분포를 보이는 것은 부문의 성격으로 보아 당연할 것이다. 마지막으로 이들 각각의 연령 분포를 보면, 근대보다는 전통 부문에서, 자영보다는 고용의 유형에서 약간 더 나이가 많은 것으로 나타난다.

이들 대부분은 민족 이산이란 대규모 이동과 고향 상실 상태에서 생존을 위해 여러 직종·직업을 전전하는 가운데 우연한 계기를 통해 수공업이나 영세 자영업, 근대 산업의 장인·노동자 집단의 일원으로 편입되어갔다. 근대 공업이라고 하더라도 거의 대부분은 수출 지향의 산업화 전략 하에서 국내 산업과 연계가 취약한 일종의 비지 경제enclave economy로서 존재했던 수출 산업이나 내수 중심으로 성장하고 있던 근대 기계제 공업 부문과는 인연이 없는 수공업에 가까운 영세 부문의 주변부에 속해 있었다.

따라서 매우 드문 일부를 제외하고 이들은 끊임없이 새로 진입하려는 경쟁자들을 압도할 만큼의 기술·숙련도를 확보하기 어려웠다. 제도 장벽을 가질 수도 없었기에 이들은 방대한 잉여 노동력이 생존을 위해 자신들의 업종으로 계속 진입해 들어오는 것을 막을 수도 없었다. 산업화가 본격화하면서 기계가 이들의 숙련을 분해하고 잠식함에 따라 노동과 기술에 대한 보상은 악화일로를 걸었으며, 해당 업종이나 직업의 생존 자체가 위협받았다. 낮은 경제 보상과 열악한 사회 위신은 이들의 자신감이나 자존감, 자신의 직업에 대한 자부심을 전반에 걸쳐 낮추거나 유지하기 어렵게 함으로써 최소한의 저항이나 방어를 위한 의욕마저도 꺾어버렸다.

1. 기술의 내용과 특성

먼저 기술 일반의 개념과 그 진화의 역사를 염두에 두고, 산업화 시기 서민의 기술이 어떠한 종류와 성격이었는지, 그리고 그에 대한 사회 일반의 평가는 어떠했는지를 살펴보자. 「서민 연재」에서 기술 개념을 이해할 때 먼저 부딪히는 문제 중 하나는 무엇이 기술이고 무엇이 기술이 아닌가 하는 물음이다. 무릇 모든 노동이 노동력과 숙련을 일정 수준 동반한다는 점에서 기술과 숙련의 경계를 어떻게 확정하는지는 시대와 사회마다 다르기 때문이다. 기술skill은 '정교한 손재주manual dexterity'부터 '특별한 신체 능력extraordinary physical capacity'까지 포괄하는 광범한 범위에 걸쳐 있으며, 이러한 손기술의 민첩성이나 육체 능력이 어느 수준까지 도달해야 그것을 기술이라 부를 수 있는지 결정하기란 쉽지가 않다.[6]

이처럼 무엇이 기술을 구성하는가에 대해서는 사회학자나 정치경제학자들 사이에 많은 논쟁이 있어왔다. 『노동과 독점자본』에서 브레이버만Harry Braverman이 숙련 노동자의 원형을 이루는 남성 장인과 기계공artisan and mechanic을 대상으로 기술의 탈숙련화 명제를 제시한 이래, 기술은 특정한 역사 상황에서 사회에 의해 구성된다고 이해되어왔다.[7] 나아가 사회과학에서 기술을 개념화하면서 심각한 남성 편향 문제가 1980년대 이래 젠더와 기술에 관한 연구들에서 대두되어왔다. 이러한 맥락에서 혹실드Arlie Russell Hochschild 는 여성 노동에서 감성emotion의 기술이 거의 인정과 보상을 받지 못했다고 주장하였다.[8] 비록 일정한 한계는 있다지만, 이들 페미니스트 역시 기술에 대한 사회구성론의 시각에 문제를 제기한 것이다.[9]

근대 사회에서 기술은 보통 학교나 연수제도를 통해 규정된 수련 기간을 마치고 일정한 평가나 시험 등의 과정을 통과한 다음 그것을 인증하는 자격증을 받음으로써 공식 인정되고 사회에서 통용된다. 어떠한 기술이 이러한 공식 인증 제도에 먼저 편입되는가는 시간상의 문제일 뿐, 근대 사회가 각 방면의 기술을 이러한 방식으로 점차 포섭해갔다는 데 이견의 여지는 없을 것이다. 한국의 경우엔 식민지와 전쟁이라는 경험이 있기는 하지만, 해방 이후부터 1960~70년대 산업화 초기에 걸쳐 이러한 문제의 단초를 보이는 여러 사례들을 찾아볼 수 있다.

예를 들면, 같은 기관사라 하더라도 철도 기관사 면허증은 선박 기관사 면허보다 뒤늦게 성립되었다.[10] 부화기를 이용한 양계 사업 기계화가 진행되면서 1959년 한국부화협회는 병아리 암수 구별 기술을 검증하는 첫 감별사 시험을 시행하고 자격증을 부여하기 시작했다. 이후 이 감별사들에 의해 한국감별협회가 설립되었다. 이 사례는 어떠한 기술과 그 자격 기준을 둘러싸고, 그 표준이 확립되어가는 초기 상황을 설명해준다. 예컨대 "감별에 관한 기술이나 이론은 아무것도 알려진 것이 없는 상태"에서 현장 실습을 통해 이 분야를 개척했던 광주의 최일생은 전남대학교 수의과에 입학하지만, 이후 "교수와의 이론상의 충돌이 발단이 되어" 대학을 중퇴하고 거의 독학으로 이 분야에서 자기 이름을 알렸다.[11]

과수 전정사의 경우는 감별사와 같은 과도기 상황과 아울러 또다른 문제를 보여준다. 해방 이후 경북에서는 일본과 북한 등지에서 귀환·이주한 과수 전정 기술자들이 각기 다른 방식과 이론을 표준으로 주장하였다. 이렇게 혼란스런 사정 속에서 1948년 경북농업기술원과 경북능금조합이 주관하여 전정기술자격심사회를 열었고, 이론과 실기 시험을 부과하는 자격증 제도를 시행하게 된다.[12] 이 사례는 식민 지배의 민족 이산에 따라 일본, 중국, 만주, 러시아 각지에서 습득된 기술들이 해방 이후 서로 경합, 대립하는 과정을 통해 기술과 자격 표준이 정립되어가는, 이른바 기술 탈식민화 과정의 복합성을 유추할 수 있게 한다.

이처럼 근대 사회에서 기술의 공식 인정 과정은 다분히 배제와 선택의 기제를 수반한다. 그러나 기존의 모든 기술이 이러한 기제에 편입되지는 않는다. 전수자의 사멸, 사회 효용의 감소 내지는 소멸, 혹은 시장화 동기의 부재 등등의 이유가 그 배경으로 작용한다. 이러한 점에서 예컨대 어부의 고기 잡기나 운반 노동자의 등짐 지기 등의 노동은 비록 일정 정도 경험과 숙련을 수반한다고 하더라도 보통은 기술로 치지 않는다. 지금은 거의 사라져버렸지만, 낡은 솜을 타서 새 솜을 만드는 노동이나 간수를 조절하여 두부를 만드는 일 등이 과연 기술 영역에 속하는지도 명확한 의견의 일치를 보

기 힘들다.[13]

이 글의 연구 대상인 56개의 사례 중에서도 논쟁의 여지가 남는 사례들이 있다. 예를 들면, 소를 몬다거나[14] 소젖 짜는 일, 싸리로 광주리 만드는 일, 뱀 잡는 일은 과연 기술인가. 얼핏 들으면 많은 사람은 그런 일이 어떻게 기술이 될 수 있느냐고 되물을 것이다. 그러나 보통 사람에게 이러한 일들은 어느 정도 시간과 일정 수준의 숙련을 요구한다. 그러하기에 뱀장이 이종석은 "별거 아닌 솜씨 같지만 적어도 20년" 동안 기술을 익혀야 했고,[15] 목부牧夫 한상덕은 "소의 젖 짜는 것도 하나의 기술로서 아무나 짤 수 있는 것이 아니"라고 말한 것이다.[16] 싸리로 채반을 만드는 최석순은 주막에서 우연히 본 이 기술을 "집에 가서 해보다가 안 되어 주막에서 하룻밤 묵으면서 배"워야 했으며,[17] 소몰이꾼 윤종렬은 23년에 걸친 오랜 경험을 통해 소의 성격이나 상태를 파악해 소 모는 법을 익혔다.[18]

비슷한 사례는 근대 부문의 일에서도 찾아볼 수 있다. 도배일은 특별한 기술이 필요하지 않아 누구라도 할 수 있다고 생각하는 경향이 있다. 이러한 점에서 도배공은 품팔이 노동자와 비슷한 대우를 받았고, 처음 일을 배우기 시작하는 실습공이나 숙련공이나 실제 보수 차이가 크지 않다. 도배공 최병철은 "도배라는 것이 뭐 기술이라고 할 수 있"느냐고 하면서도 "자기네를 기술자로 대우해주지 않는다는 점"에서 불만을 토로한다. 도배도 하나의 기술, 즉 경험의 축적이라는 것이다.[19] 그럼에도 불구하고 도배일은 기술자와 노동자 사이 어딘가에 위치하는 일이라고 할 수 있다. 함석일 역시 "처음 손댈 때부터 그렇게 뛰어난 기술이 필요한 것이 아니"라는 점에서 진입 장벽이 낮은 편이다. 함석공 김진수가 이 일에 뛰어든 것도 처음부터 특별한 기술을 요구하지 않기 때문이었다.[20]

기술 개념과 관련하여 다음에 제기되는 문제는 기술과 예술의 상호 관련성이다. 근대는 기술과 예술의 구분과 분리를 가져온 시기다. 서양 고·중세기에 예술과 기술은 따로 존재하지 않았으며, 르네상스기 레오나르도 다빈치는 오늘날 용어로 말하면 예술가이자 동시에 장인이었다. 근대 서구에서 예술과 기술이 분화하면서 예술가라는 말이 사용되기 시작한 것은 19세기 이후에 들어서면서부터다. 한국에서 예술과 기술의 미분리는 전통 장인 예술에서 그 흔적을 찾아볼 수 있다. 단소를 만드는 두 사람의 사례는 이와 관련하여 흥미 있는 시사점을 제공한다.

인천의 김용신은 스스로를 풍류객이라 여기며 50년 넘게 단소를 만들어왔다. 충남 보령의 박종인 역시 "어릴 때부터 퉁소쟁이라고 할 정도로 신명" 있는 사람으로 오랜 방황 끝에 1950년대 후반 마흔 나이에 서울에 올라와 단소와 대금을 만들어 팔았다.[21] 흥미로운 것은 자기 제작품에 대한 두 사람의 상반된 평가다. 후자는 그 것을 일종의 '제품'이라고 생각한다. 따라서 그는 "잘 팔리고 인기 있는" 것을 만들고자 한다. 반면 전자는 그것을 자기 '작품'이라고 생각한다. 비록 생활고 때문에 어쩔 수 없이 팔기는 하지만, 그가 판매 행위 자체를 매우 수치스러워하는 것은 이 때문이다. 김용신이 제작품을 예술 작품으로 인식하는 반면, 제품으로 그것을 인식하는 박종인의 태도에서는 기술의 구현이라는 점이 은연중에 강조되고 있다.[22] 생각해보면 단소를 일례로 드러난 이러한 과도기 현상은 전통 장인에 의한 제작품 일반의 사례에서도 나타난다. 비록 서구처럼 종교에 대한 열정이나 소명의식 차원은 아니라 하더라도 전통 시대의 장인은 노동을 통해 자신의 혼과 신명을 제작물에 불어넣었으며, 이러한 점에서 예술과 기술은 하나가 될 수 있었다.

전통을 따라 내려온 바로서 예술에 대한 지향 혹은 그 여운을 보이는 몇몇 단편 사례들도 찾아볼 수 있다. 예를 들면, 부여의 사진사 이주영은 1950년대만 하더라도 자신은 기사로 불렸으며, "그렇게 행세하는 데에 어깨가 으쓱도 했다"고 말한다. 그러나 지금은 시골 사람이나 가까운 친지, 친우를 제외하고는 모두 사진쟁이라고 부른다.[23] 목도장을 파면서 35년을 살아온 김죽선은 "예술품으로서의 도장을 새기겠다는 과분한 꿈은 버린 지 오래"라고 말한다.[24] 양복 재단사 안종렬은 양복 제조일은 일종의 도가 통해야 한다는 사실을 강조한다. "양복 제조 작업이 바로 예술이다"라고는 하지 않았지만, 그의 설명에서 자못 그럴싸한 것이 느껴진다"라고 면담자는 적었다.[25] 박제공 황긍엽은 박제란 단순히 속을 빼고 솜으로 채우는 것이 아니라고 말한다. "살아 있을 때의 몸가짐과 생태를 면밀히 관찰해서 가능한 한 살아 있는 모습 그대로를 재생해야만 의미가 있"는 것으로 여기서부터 박제공이 아닌 박제사의 면모가 갖춰진다.[26]

이처럼 사진 찍기나 양복 제조 같은 근대 부문 사례에서 보듯이, 이 시기엔 예술에 대한 일정한 자의식의 잔영이 남아 있었다. 일찍이 마르크스가 말한바 노동 소외를 통한 상품 생산의 하나로 시장에서 이윤 동기 실현을 최종 목표로 삼는 근대 이후의 기술과는 다르다. 사실 이러한 차원에서 특정 형태의 노동은 어느 정도 예술 요소를 가지고 있다고 할 수도 있다.[27] 즉, 균질화·획일화된 상품 생산이 압도하는 오늘날과 달리 여전히 예술로서 장인 노동의 여운을 남기고 있다는 점에서 이 시기는 일종의 과도기였다.

이 시기 서민 기술의 과도기 특성은 도구나 기계보다 경험과 감각을 통한 숙련에 더 의존한다는 점에서도 나타난다. 기술 발전은 인간의 감각이나 경험의 작용을 가능한 한 최대로 배제하고 계량화·표준화 과정을 통해 도구와 기계 의존도를 높여가는 과정이라고 할 수 있다. 이러한 기준에 비추어본다면 이 시기 대부분의 기술은 오랜 시간에 걸친 경험과 숙련의 결과로서, 인간의 감각과 육감에 의존하는 직관과 주관의 성격이 강했다. 설령 시간과 경험의 축적을 통해 어느 정도 숙련에 도달한 사람이라 하더라도 일을 쉬거나 다른 일을 하다가 다시 시작할 때에는 일정 기간 적응과 재숙련의 과정이 필요했던 것은[28] 이러한 사정에서다.

산업혁명기의 기계 파괴자 the Luddite 들처럼 극단으로 나가지는 않았다 하더라도 이 기술의 수행자들이 기계의 한계와 그에 대한 불신을 강하게 표명한 것은 그만큼 이들이 경험과 감각의 역능을 높이 평가하고 또 그에 의존하고 있다는 현실을 반영한다. 고래잡이배의 장상호 포수는 50년의 연륜과 축적된 경험을 통해 고래를 잡아왔다. "요즘 배에는 경탐기라는 레이더 장치가 있지만 그리 효과가 없다"라고 그는 말한다. "저런 장비를 너무 믿"는 "요새 고랫배 타는 젊은 사람들"을 의식하면서 그는 "기계가 우에 믿을 만한 긴가예?"라고 면담자에게 반문한다.[29] 이와 비슷하게 대장장이 정영식도 기계에 대한 불신과 불만을 토로한다. 도시의 큰 대장간에서 시작해 모터를 사용하는 '딸딸이 기계'가 풀무질과 메질에 의한 전통 손기술을 점차 대체해가는 추세 앞에서 그는 "대장장이 맛은 역시 풀무질에 메질 허고 담금질"하는 데 있다고 말한다. "쇠를 익히는 것도 숯불로 해야 제대로 익"으며 "전기로 익히면 파싹 했다가 만"다는 것이다."[30]

과도기 기술에서 주관 경험의 비중은 아무래도 전통 장인 기술에서 가장 뚜렷하게 나타난다. 예컨대 방짜일로 풍물 도구인 징을 만드는 기술자 김두성은 이 작업에서 최후의 중요한 일로서 "재울음을 깨우는" 과정을 든다. 그에 따르면 이 일은 "순전히 경험으로 얻어진 손짐작과 귀짐작으로 이루어"진다.[31] 이 시기 전통 부문으로 분류되는 일들의 대부분은 주관과 직관의 기술에 의존하는 경우가 많다. 앞서 언급한 소몰이꾼 윤종렬의 사례가 보이듯이 소를 모는 단순한 일에서도 육감을 통해 소의 상태를 파악해야 한다. 그는 이러한 육감과 경험의 축적을 통해 "수의사 못지않게 소병을 고치는 기술"도 터득하였다.[32] 염전에서 일하는 염수鹽手 김재순도 "경험에 의해 염수의 염도를 온도계(뽀메)와 같이 정확하게 측정"해낸다.[33]

전통 음·식료품의 제조 공정도 이와 비슷한 양상을 보인다. 엿 공장의 황태상은 계량이나 도구를 통해서가 아니라 오로지 촉감에 의존해 "옥수수 가루와 물의 적당한 배합"을 찾아낸다.[34] 이와 비슷하게 양조 제조 기술자인 하재후 역시 오로지 감각에 의존하여 막걸리 제조에서 가장 중요한 두 공정인 누룩과 주모(酒母, 술어미)를

만든다. 누룩 일의 관건은 온도와 습도 조절인데 온도계나 습도계가 있기는 하지만 그보다는 "대체로 감각에 의존"한다. 대도시 양조장에서는 주모 제조에 현미경 같은 도구도 이용하지만 시골에는 이런 시설을 갖출 수 없으므로 "수시로 맛을 보아가며 판단"하는 것이다.[35]

영세 수공업에서도 이와 비슷한 양상을 찾아볼 수 있다. 이청우는 46년 동안 "불꽃의 강도를 눈으로 보고 불 빨아들이는 소리를 귀로 들"으면서 전통 기와를 구워왔다.[36] "기계 설비나 계기도 없이" 오로지 시각과 청각을 통한 경험과 육감에 의존하는 것이다. 독 짓는 기술도 이와 비슷하다. "순전히 눈어림과 손재주"에 의존하는 이 일은 "한 3년을 해야 겨우 동이를 만들 수 있는 정도가 된다."[37] 오랫동안 "연조와 관록이나 기술에서 좌상격"의 대우를 받는 제재공 이동해 역시 목재 켜는 일은 "순전히 눈대중으로 하는 일이라 고도의 숙련이 필요하다"라고 말한다.[38] "대철강조선소의 분업에 의한 기계작업"과는 달리 영세 조선소의 조선 과정도 "세밀한 부분에 이르기까지 톱질, 대패질, 못질 한번에도 온 신경과 두뇌와 힘을 동원"한다.[39]

경험과 감각에 의존하는 기술은 근대의 일정 부문에도 적용되었다. 열차가 진입해 정거할 때까지 바퀴의 굉음을 듣고 차체 고장이나 불량을 알아내는 열차 검차원의 사례를 우선 들 수 있다. 이 일은 열차가 승강장에 진입하는 짧은 순간에 주행 장치의 마모, 균열, 이완 등의 유무를 판단해야 하는데, 18년 세월을 통해 검차원 이귀천은 "오관과 육감을 총동원해서 차체 어디에고 신경을 묻어 다리처럼 뻗쳐" 검사하는 "귀신에 가까운" 숙련을 쌓아왔다.[40] 얼핏 보면 단순하게 보이지만 연초공장에서 파치를 골라내는 기술도 "오랜 세월을 통한 경험의 축적에서 몸에 배어야 한다"라고 박진임은 말한다.[41]

기상 예보도 예외가 아니다. 기상 관측소의 기상 기정技正 김용수는 기상 관측은 일제 강점기에 "별빛, 구름의 흐름, 바다의 울음, 바람의 방향, 동식물의 생태" 등이 중심이 되고, 거기에 약간의 과학적 방법을 원용하는 관천망기觀天望氣 시대에서 시작해, 이후 "청우계晴雨計와 습도계를 이용하는" 측기測器 시대를 거쳐 "인간이 종일 기계의 눈금에만 매달리는" 천기도天氣圖 시대로 접어들었다고 정리한다. 이 시대는 인간이 기계의 노예로서 스스로 소외감을 느낀다고 하지만, 그런데도 그는 경험과 직관의 의미를 여전히 중시한다. 오랜 경험을 통해 습도계나 한난계의 이상 유무를 알아차린다든지 "기계가 느끼지 못하는 천재天災에 대한 두려움, 재해 방지에 대비하려는 예지"가 중요하다는 것이다.[42]

그다음으로 오늘날에도 어느 정도 그러하지만, 기술과 기술자 혹은 장인에 대한 무시나 경시라는 문제가 있다. 시공간을 초월해 오랜 역사를 가진 기술과 장인에 대한 무시에는 정신노동이 아닌 육체노동에 대한 경멸이 근저에 자리 잡고 있다.[43] 서양에서도 중세에 이르기까지 손을 쓰는 일ars fabrilis은 글을 통해 배울 수 있지 않다고 해서 학문scientia에 포함되지 않았으며, 학문 시스템에서 기술예술artes technicae은 인문예술artes liberales보다 저급하게 평가되었다.[44] 노동과 기술에 대한 멸시는 동양이나 한국에서도 예외가 아니었다. 과도기 특성을 보이는 산업화 초기에는 사람들이 오랫동안 전해 내려온 이러한 생각의 습속에 여전히 사로잡혀 있었으며, 이러한 의식은 노동과 기술의 수행자들 스스로에게도 내재화되어 있었다.[45] 근대 형태의 기술에도 이는 일정 방식으로 반영되었다. 기술이나 그것을 수행하는 사람에 대한 호명이나 외양은 근대에 들어와 점차 일정한 형식의 교양과 품위를 갖추어갔지만, 그 본질은 변하지 않았다.

이처럼 기술 혹은 장인 노동에 대한 무시와 멸시는 전통 시대에서 기원하는 오랜 역사가 있다. 일례로 잘 알려진 조선 시대 신분 체계의 기본 원리가 사농공상의 순서였다. 공과 상의 두 신분에 동시에 속한다고 할 수 있는 독 짓는 기술자들은 '점안이'로 천대 받았다. 이들이 사는 마을이 '점店'이었기 때문에 본디 점 안에 사는 사람이란 뜻이지만, 그 일 자체가 천역으로 여겨졌다. 1970년대에 들어와서도 이 점마을은 이웃 마을과 떨어져 있었고, 또 서로 접촉도 많지 않았다.[46] 도공 역시 "당대에 사회에서 가장 천대받던 '상놈'들"이었다. 마을에서 살지 못했던 이들은 마을과 멀리 떨어진 산골짜기에 가마를 세우고 그릇을 구웠다. 조선 시대 가마터 대부분이 깊은 산골짜기에 있는 것은 이들이 얼마나 사회로부터 따돌림을 받았는지 짐작하게 한다.[47]

싸리 채반을 만드는 일도 이와 다르지 않았다. 전통 시대에 '고리쟁이'로 불린 이 기술자들은 천민이나 문둥이에 준하는 대우를 받았다. 최석순이 이 기술을 마을에 보급하려 했을 때 선뜻 호응을 받지 못한 것[48]도 이 때문이다. 한지 제조의 경우도 기술자의 공식 명칭은 초지공 혹은 지장이고, 보통은 "조이 뜨는 사람", "물질하는 사람", "통꾼"으로 불렸다. 그러나 사회에서는 "조이 뜨는 애비" 혹은 "종우쟁이"라는 멸칭으로[49] 그에 대한 천시와 경멸을 표현하였다. 이러한 점에서 기술자가 자기 자존을 유지하는 삶을 살기란 어려웠다. 안성에서 유기를 만드는 이백세는 자신이나 자신의 아버지가 이 일을 하는 사람이라고 해서 "심한 천대를 받지 않"고 "크게 업신여김을 당하지 않고 살 수 있었"다고 하지만,[50] 이러한 언급이야말로 긴 세월 장인에 대한 멸시가 있었다는 사실을 역설로 보이는 것이었다.[51]

이러한 연유에서 손기술로 땀 흘리는 일을 하는 사람을 일컫는 '수手'나 '공工', '장匠' 혹은 '꾼' 등의 접미사가 붙은 사람들에 대한 천시는 근대 산업화 시기에 들어와서도 일정하게 유지되었다. 장匠에서 유래된 것으로 보이는 '쟁이'라는 표현 역시 경멸과 무시의 의미를 함축한다. 이러한 맥락에서 관광지 사진사 이주영은 '기사'로 불린 이전의 자신을 회상하면서 스스로를 '사진쟁이'로 자조한다.[52] 대체로 추세를 보면 일하는 사람들에 대한 이러한 무시와 멸시는[53] 근대화와 더불어 점차 완곡한 표현으로 대체되거나 배후로 사라져서 드러나지 않게 된다. 일찍이 엘리아스Nobert Elias가 유럽 사례를 통해 언급한 일종의 문명화 과정을 밟아간 것이다. 연도에 따라 '운전수'와 '운전사'라는 두 용어가 사용되는 빈도수를 보이는 〈그림7-1〉은 이러한 추세를 잘 보이고 있다.

〈그림7-1〉에서 보듯이 1960년대 초반 이전까지는 '운전수'라는 용어가 흔히 사용되다가 이후로는 '운전사'라는 표현이 점차 우세

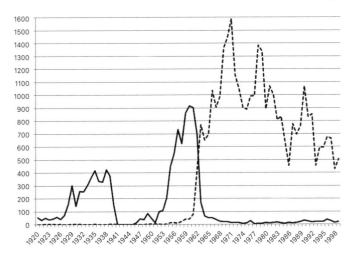

〈그림7-1〉 운전수와 운전사 용어의 사용례 빈도수 비교

———— 운전수
-------- 운전사

주) 왼쪽의 빈도수는 창간 이후 『경향신문』, 『동아일보』, 『매일경제』, 『한겨레신문』 기
　사의 합계 수치임.

자료) 네이버 뉴스라이브러리(http://newslibrary.naver.com)에서 작성.

해졌다. 이처럼 '수手'라는 전통의 표현이 '사士'라는 개념으로 대체
되어 간 것은 전자의 말에 다분히 내포된 무시나 멸시의 의미가 고
려되었기 때문이다. 제1차 경제개발계획의 기점이라고 할 수 있는
1963년이 이러한 전환의 변곡점이 되고 있다는 점도 주목할 만하
다. 그러나 기술자에 대한 사회 인식의 이러한 진전에도 불구하고,
후술하듯이 임금 수준을 비롯한 사회의 대우에서 개선의 그림자는
찾아보기 힘들다. 용어의 진전을 고려해본다면, 기술에 대한 보상
이나 기술자에 대한 사회의 대우가 현재보다 과거에 훨씬 좋았다는

의견이 적지 않게 나온 것(후술)은 역설이라고 해야 할 것이다. 무엇보다 개념의 드러난 윤색에도 불구하고, 기술과 일에 대한 천시와 경시라는 본질은 변하지 않았다.

그렇다고 해서 산업화 시기 기술에서 근대의 합리 요소들을 전혀 찾아볼 수 없는 것은 아니다. 미신과 전통의 영향력을 거부하고, 합리성과 계측, 과학에 대한 믿음을 가지는 것이 근대의 속성이라면, 이에 대한 강조는 드물지 않게 나타나기 때문이다. 배 만드는 일이나 고래잡이와 같이 배와 관련된 부문을 예로 들면, 조선도목수造船都木手 유영노의 면담자는 "뱃사람들의 미신이 심한 것을 생각하여 일이 시작될 때는 제사라도 지내는가"를 묻는다. 이에 대해 유영노는 고기 잡는 "뱃사람들에게 미신이 있지, 우리 기술자들에게는 그런 거 없"다고 응답한다. "차갑게 부정"하는 유영노의 답변을 소개하면서 면담자는 "비록 수공업 단계를 벗어나지 못한 육체노동자이긴 하지만, 과학에 바탕을 둔 기술자임을 은연중에 과시하는 것 같다"라고 적었다.[54] 이와 비슷하게 고래잡이 포수인 장상호는 "딴 어선들은 미신도 많이 믿고 그랬지만 고랫배는 그런 게 없었"다고 말한다.[55] 미신을 부정하고 과학과 합리성을 주장하는 근대에 대한 이러한 강조야말로 이 시기 서민 기술 전반을 특징짓는 주관과 직관의 지배를 반증한다.

따지고 보면 능률과 효율을 중시하고 이윤 동기를 강조하는 것은 근대 기술의 주요 특성이다. 전통의 장인 기술이 근대의 능률과 이윤 동기에 의해 대체되면서 타락화degradation하는 현상은 여러 사례에서 언급된다. 기와장이 이청우는 "재료도 충분히 쓰고 시간도

삼풍제지공장(1958)

충분히 가지고 물건을 만들면 참 좋은 기와를 만들 수 있"다고 말한
다. 이전에는 비용을 생각하지 않고 기와를 구워냈지만, 요즘은 "돈
에 맞춰 물건을 만들"려고 하니까 결국 품질이 낮아질 수밖에 없다
고 말한다.[56] 이러한 사정은 한지 제조도 마찬가지다. 산업화 이래
한지 제조자들의 최대 관심사는 어떻게 하면 원가를 절감하여 시장
에서 이른바 '기계 종이'를 이길 수 있느냐는 문제였다. 공장 제도
와 시장 경쟁 시대의 도래는 다양한 용도와 질감을 가지고 갖가지
명칭과 유형으로 생산되던 한지 가운데 그에 적합한 일부만 살아남
게 했으며, 이에 따라 무수한 한지들의 제조법은 그 이름과 더불어

사라져버렸다.[57] 조선朝鮮 목수 배희한의 면담자가 "옛 법식에 따라 하나하나 차근차근 일해 나가는 것은 비능률적이고 시간이 더디 걸린다고 해서 치지 않는 세상이 되었다"라고 지적한 것은 이러한 맥락에서다.[58]

근대 합리성의 지배를 배경으로 이윤과 능률을 지상 명제로 하는 시장 기제는 전통 시대의 맥락에서 나름의 합리성을 가지고 발전해온 전래의 기술을 파괴하고 소멸시켜갔다. 이리하여 '와장'은 '기와장이'가 되었고, '지장'은 '종우쟁이'로 시장 한 켠에서 겨우 명맥을 이어갔다. 하지만 이마저도 1990년대 이후 탈산업화 단계에서 그 자취를 찾아보기 힘들어졌다.[59] 전통 시대의 유물은 박물관에 가야 볼 수 있듯이, 오늘날 그것은 중요무형문화재의 '박제' 형태로 특정 지역과 인물에 의해 보존, 관리되면서 가까스로 명맥을 이어가고 있다.[60]

2. 기술의 동기와 계기

(탈)식민 사회에서 전통과 근대의 단절은 기술 그 자체에만 머물지 않는다. 마찬가지로 기술을 수행하는 사람에게도 적용되기 때문이다. 전통 기술의 사례를 찾아보면, 『경국대전』 「공장工匠」조는 전체 138종의 장인을 수록하고 있다. 이 중에서 대장간 일꾼과 야장冶匠은 650명인데, 군기사軍器寺, 선공감繕工監을 비롯해서 서울에 192명,

지방에 458명이 등록되어 있다.[61] 조선말에 이르러 나라가 망하게 되자 이들 역시 적을 잃고 관청을 떠나 주로 시골 시장의 사설 야장(대장간)에서 농기구 등을 만들면서 살아갔다.[62]

이러한 사정은 종이 제조도 마찬가지다. 지장紙匠은 같은 『경국대전』 「공장」조에서 가장 많은 수를 차지한 업종이다. 전체 장인 3,500여 명 가운데 1/4에 가까운 790명이 지장으로(22.6%), 조지서造紙署 소속을 비롯해 서울 91명, 지방이 699명에 달했다.[63] 이들 역시 벌이를 찾아 여기저기 떠돌면서 점차 사라져갔고, 그나마 떠나지도 못하고 남아서 "달리 어째 볼 수가 없는 불우한 사람"들이 간신히 그 명맥을 이어갔다.[64]

지방의 예를 보면, 울산의 병영은 조선 시대 병기창으로 무기나 장도 같은 금속 공예품을 만드는 공방 72곳에서 350명의 장인이 일했다. 그러나 일제 강점기를 거치면서 점차 그 흔적이 사라져 해방 이후에는 30명 안팎의 장인들만 남아 담뱃대나 장도를 만들어 생계를 이어갔다. 플라스틱이나 기계제품에 밀려 저마다 뿔뿔이 흩어지면서 1980년 당시 "오도 가도 못하"는 두세 사람만 남았다.[65] "견고한 모든 것이 대기로 사라진다All that is solid melts into air"는 마르크스의 표현대로, 비능률과 비효율의 이름으로 전통 기술이 점차 스러져간 폐허에서 "그 이외에는 달리 어찌할 수 없이 오도 가도 못하는 사람들"에 의해 생존을 위한 서민 기술이 겨우 명맥을 이어갔다.

이처럼 사멸해가는 전통의 흔적을 가진 것이건 생활의 필요로 자생한 토착의 것이건, 산업화 초기 민중에게 기술은 생계를 위한다는 동기가 대부분을 차지하였다. 서양처럼 종교에 대한 헌신이나 소명의식 차원은 아니라 하더라도 자기 소질이나 적성 혹은 신명에 대한 고려조차 이들에게서 거의 나타나지 않는다. 실제로 「서민 연재」에 등장하는 56명의 기술자 중에서 생활이나 생계를 위한 방편으로 기술을 익힌 경우는 51명으로 90%가 넘는 높은 비중을 차지한다.[66]

미장이 정원섭은 "이 세상에 태어나서 한 번도 그럴싸하게 살아본 기억"이 없다고 말한다. 머슴살이하는 아버지와 식모살이하는 어머니를 둔 "지지리도 못사는 집"에서 태어나 목수일과 제과공 등의 일을 전전하다가 미장 기술을 배웠다.[67] 유리공 최룡배도 "찢어지게 가난한 집안 형편"에 초등학교를 졸업하고 먹고살기 위해 "아무 기술이라도 배워 보려"다가 유리공이 되었다.[68] 양복 재단사 안종열도 "찢어지게 가난한 집안에 태어나 지지리도 못사는 어린 시절을 보냈"다. "가난이 얼마나 괴롭고 비참한 것인가를 '참말로 뼈 아프게' 느끼면서 '그것도 산답시고' 살아"가면서, "배를 보면 배를 탈까 했고, 차를 보면 운전사를 생각해봤고 (…) 별의별 궁리를 다하다가 결국 뭐이든 기술을 배우"자고 결심했다.[69] 시계 수리공 장용완은 "기술을 배워야만 굶어죽지 않고 살아갈 수 있다는 어른들의 권고로 일인이 경영하는 시계 점포"에 들어가서 익힌 "손끝에 가진 여린 기술 하나만으로" "사람의 값, 기술의 값이 괄시를 받는 세상"을 살아갔다.[70]

"기술이 밥 먹여준다"라는 말에서 보듯이 이들 대부분은 먹고살기 위해, 그리고 살아남기 위해서 악착같이 기술을 배웠다. 가정 배경을 보면 몇몇 사례를 제외한 대부분은 빈한한 농민이나 도시 하층 기술자 집안에서 태어났으며,[71] 일본이나 만주에서 온 귀환민이거나 북한 지역 월남민이었다. 일찍이 부모 중 어느 한편을 잃거나 고아인 사례도 있다. 그 영향으로 전혀 배우지 못하거나 초등학교 중퇴 혹은 졸업의 학력을 가진 사람이 70% 정도에 이르고 있다.[72]

동일 지역에서 오랫동안 일해 온 사실이 직업 안정성을 반영하는 하나의 지표라면, 이들 중 상당수는 세상과 유리되어 여러 지역을 전전하거나 일본, 만주 등지로 이산을 거듭하였다. 생계를 위한 고단한 여정이 대부분 멀고 낯선 지방으로 이들을 이끌었다. 또 다른 안정성의 지표가 동일 직업 경력의 지속성 여부다. 「서민 연재」가 한 분야에서 오랫동안 같은 일을 해온 이들의 사례를 선정하였음에도 불구하고, 이 가운데 일관되게 같은 경력을 지켜온 경우는 전체 56개 사례의 절반에도 미치지 못하는 22개뿐이다. 게다가 일부 사례에서 이들은 기회가 닿는 대로 전직을 시도하려 한다.[73] 이는 나머지 34개 사례가 이들의 다양한 직업 유전을 보여주듯이,[74] 자기 일에 대한 불만과 미래에 대한 불안을 동시에 표출한다.

20대 젊은 시절에[75] 이들은 낯선 환경 속에서 해방과 분단 그리고 전쟁이라는 한국 현대사의 격변을 경험하였다. 사물이 늘 그러하듯이 이들 대부분은 이러한 거대 사건의 가장 큰 피해자였다. 전체 56개 사례에서 일본의 식민 지배와 한국전쟁의 영향이 분명하게 드러난 경우만 19건에 달한다.[76] 이들 대부분은 징용이나 보국대, 정신대 등을 피해 다른 지방이나 국외로 이산해야 했으며, 한국전쟁의 참화로 모든 것을 다 잃고 잿더미에서 다시 출발해야 했다.

예를 들면, 대장장이 김동수는 1935년 일본에 건너갔다가 15년이 지나 돌아와 1950년 3월 고향에 정착하였다. 그러나 석 달 만에 전쟁으로 일본에서 벌어온 돈이 "휴지 값이 되어버"린다. 그 바람에 16년 동안 일본에서 "흘린 피땀이 하루아침에 허무로 돌아"가는 고통을 겪었다.[77] 선반공 홍종선은 13세의 어린 나이에 맨손으로 일본에 건너가서 20여 명의 직공을 거느린 철공소까지 차렸지만 일제 말기의 공습으로 공장이 불타버리는 바람에 해방과 함께 빈손으로 일본에서 돌아왔다.[78] 연초공장의 박진임은 일제 말기 정신대로 차출되자 다니던 고등여학교를 중퇴하고 결혼했지만, 해방 이후 남편이 급사하면서 미망인이 되었다.[79] 발파공 조성진은 해방을 두 달 앞둔 1945년 6월에 일본군에 끌려가서 화기 소대원 일등병으로 북만주 소만국경 전선에 배치되었다. 종전되었는데도 계속된 전투에서 소련군에 잡혀 "배고픔과 추위에 시달리면서" 6개월 동안 포로 생활을 하다 풀려났다.[80] 제화공 홍성현은 6·25로 집이 불타고 가산을 잃는 비극을 경험하였으며,[81] 병아리 감별사 최일생은 일본에서 나서 1943년에 귀국하여 순탄한 소년 시절을 보내다가 중3때 6·25를 맞았다. "처음 겪는 충격과 악몽"을 가져다준 이 전쟁의 "폭격으로 집은 잿더미가 되고 어머니와 할머니를 한꺼번에 여의는 슬픔"을 그는 겪어야 했다.[82]

그렇다면 이들은 어떠한 경로를 통해 기술을 배우게 되었는가. 「서민 연재」에 등장하는 인물들이 기술을 배우게 된 계기는 생활환경을 배경으로 한 연고나 우연에 의존하는 경우가 대부분이다. 부모로부터 물려받은 일종의 가업으로서의 기술 전수는 전체 56건에서 불과 2건으로 매우 드물다(사례77, 95). 그렇다고 하여 근대의 공식 절차를 통한 모집이나 시험 등이 우세하지도 않다. 이를 제외하면 사례 대부분은 가족이나 친척, 친지, 친구, 이웃, 선배나 스승 등의 연고에 의존하거나 때로는 우연의 요소가 작용하기도 하였다.[83] 말 그대로 "어쩌다 들어선 것이 천직이 되어 버"렸다는 것이다.

우연과 연고에 의한 기술의 선택은 어떻게든 살아남으려는 일종의 절박함과 절망감을 수반하였고, 이는 기술의 생애 과정으로 이어졌다. 근대로 이행하면서 제각기 살길 찾아 흩어져간 동료들과 달리 자원 없이 그대로 남아 "고달픈 통꾼"의 명맥을 이어간 초지공 정제호처럼 "달리 어째 볼 수가 없는 불우한"[84] 경우는 기술 선택에 앞서 절망의 경험을 말한다. "학력이 남만 한가, 빽이 있어 누굴 믿을 것인가. 정말 이런 처지에 무엇인들 못하랴, 발가벗고 뛰"어야 한다는 생각에 "별의별 궁리를 다하다가 결국 뭐이든 기술을 배우자"라고 결심했던[85] 양복 재단사 안종열의 사례 역시 이러한 사정을 잘 보인다. "우리의 서민들이 직업을 택하게 된 경위를 보면 대부분이 그러하듯 자기가 하고 싶다거나 무슨 포부를 가지고 어느 직종을 선택하는 선택권이 주어진 것이 아니라 단지 당시 형편으로 보아 그 길밖에 살길이 없다는 막다른 상황 속에서 발을 들여놓은 경우가 대부분"이라는 지적은[86] 이러한 맥락에서 나온 것이다. 설령 자기 기술과 일에 만족하지 못하더라도 이들 대부분은 다른 분야에 대한 정보나 경험, 인맥 등의 자원을 가지지 못하기 때문에 애당초 기술 선택에서 그러했듯이 다시 그 자리에 주저앉고 만다.[87]

연고나 우연에 주로 의존하는 전근대 혹은 과도기의 이러한 속성은 취업 이후 기술 전수 과정에서도 나타난다. 근대의 성격을 띤 정식 연수는 전체 56건에서 불과 3건으로 이들 중 2건은 일제 강점기 때 일이다.[88] 이를 제외한 대부분은 개인이 매개하는 비공식 경로에 의존했다. 이러한 방식에는 몇몇 유형이 있었다. 첫 번째는 현장에서 일대일 대면 형식을 통한 기술 전수다. 이는 특히 전통 부문에서 두드러졌다. 예를 들면, 김천에서 농악기를 만드는 방짜공장의 김두성은 아버지 김학선으로부터 기술을 배우고 공장을 물려받았으며, 그 아버지는 할아버지인 김성노로부터 이 일을 배웠다.[89] 화순 대장장이 정창갑은 대를 이은 대장장이로서 그의 할아버지는 이름을 날리던 도대장장이였다. 일찍 세상을 떠난 할아버지처럼 유명한 대장장이가 되고 싶었던 그는 전라도에서 이름을 날린 무안의 대장장이 김서현을 찾아가 기술을 배웠다. 아버지로부터 배운 풀무질이며 메질 등의 경력을 묵살해버리고 처음부터 다시 시작한 그는 5년을 그로부터 배워 고향으로 돌아왔지만, "절간의 돌쩌귀며 엽총을 만드는 법을 배우고 싶어" 다시 김서현을 찾아가 3년 동안 정교한 기술을 익혀 대장간을 열었다.[90]

이러한 전통 전수는 궁극에서는 일대일 대면 방식이지만, 스승한 명이 여러 제자를 가르친다는 점에서 실제로는 공동의 집단 전수 양상을 띠었다. 예를 들면, 오랫동안 목수일은 서넛 혹은 수십 명이 집단을 이뤄 일하고 배웠다. 한말 유명한 대목인 최원식의 문하에서 기술을 전수받은 목수 배희한은 자신 또한 이러한 방식으로 많은 제자를 길러냈다.[91] 서천 한산에서 모시를 짜는 최애순은 친정어머니가 베를 짤 줄 몰라 이웃으로 돌아다니며 베 짜는 기술을 익혔다. "마을 전체의 솜씨를 물려 받"아 30년 동안 베를 짜온 것이다.[92] 우연한 계기에 사리 채반을 만드는 법을 배운 최석순은 처음에는 마을 주민들로부터 외면을 당했지만, 점차 제품에 대한 수요가 늘면서 이웃에서 이웃으로 기술이 전파되어 자신의 마을은 물론 이웃 마을 전체가 채반을 만들게 되었다.[93]

비록 공동체 양상은 사라졌지만, 근대에 들어와서도 이러한 대면 전수 방식이 낯설지는 않았다. 전정사 조영생은 40여 년 동안 30명이 넘는 사람들에게 기술을 가르쳐 내보냈다. 그는 자신이 "가르친 사람이 완전한 기술자가 되어 독립해나갈 때"는 마음이 흐뭇해진다고 말한다.[94] 선반공 홍종선은 "줄곧 혼자서만 연마 작업을 도맡아 오다가 후계자 양성을 위해 1년 전부터 조수 1명에게 일을 가르치면서 함께 작업"하고 있다.[95] 41년 동안 선원 생활을 해온 김준식은 자신의 기술 지도로 네 명의 선장을 배출하였으며,[96] 연초 공장 여공 박진임은 10여 년을 기계 장치부에서 일해 오면서 수십 명의 수습공을 훈련해 내보냈다.[97] 유리공 최용배는 자신이 직접 작업도 하지만 "가르치고 감독하는 일에 더 치중"해서 주로 "견습공인 꼬마들과 이제 갓 견습이 떨어진 비숙련공"에게 기술을 가르친다.[98]

두 번째 전수 방식은 일하는 현장에서 직접 보고 배우는 것이었다. "어깨(등) 너머로 훔쳐 배운다"고 할 수 있는 이러한 방식은 앞 사례와 같이 공식 통로를 통해서가 아니라 현장에 적응하면서 이른바 연륜을 쌓아가는 것이었다. 「서민 연재」에서 가장 많은 수를 차지하는 이 방식은 보통 기술 수준이 높지 않은 종류의 일에서 가능하다. 예를 들면, 신발 땜장이 유지창은 이 일을 권유한 "친구를 따라다니며 어깨너머 공부 두 달 만에 어느 정도 숙련된 땜장이가 될 수 있었다."[99] 김죽선은 춘천에서 가장 큰 도장집에 들어가 "문자 그대로 보고 익히는" 수습공 생활을 하면서 "누구 하나 가르쳐주는 사람 없이 그야말로 등 너머"로 도장 기술을 배웠다.[100] 황치남은 3년 동안 배를 타면서 밥 짓는 일을 하다가 "틈나는 대로 기관방에 드나들면서 기계의 묘리를 터득"해서 어선 기관사로 30여 년을 살아왔다.[101] 안종열은 양복점에 들어가 심부름 일을 하면서 "틈틈이 재봉 일도 배우고 어깨 너머로 재단 일도 배워"서 양복 재단사로 독립하였다.[102] 황태상은 엿 공장의 "잡일로부터 시작해서 화부를 거쳐 어깨 너머로 엿 만드는 기술을 훔쳐 배우기 시작"해서 4년 동안 기술을 익혔다.[103]

첫 번째와 두 번째 방식은 실제 현장에서는 결합해 있는 경우가 많았다. 첫 번째 사례 중 상당수에서 기술 전수는 정해진 틀에 따라 유지되었지만, 작업장 대부분에서는 숙련의 연장자나 선배가 틈나는 대로 가르쳐주거나 이들에게 물어보는 경우가 많았다. 그리고 나머지 시간에는 수습생 스스로 어깨 넘어 이들의 숙련 작업을 관찰하거나 훔쳐보면서 기술을 배우는 식이었다. 첫 번째 경우 기술 전수 과정이 훈련과 규율로서의 성격이 강했다면, 두 번째는 배우는 사람의 열의와 자발성이 기반이었고, 때때로 신경전과 일정한 억압을 수반하는 경우도 적지 않았다. "눈치로 귀동냥으로 또는 선생의 알밤을 맞아가며 목수로서의 과정을 하나하나 밟았다"라고 하는 언급[104]은 이러한 맥락에서 나온 것이다.

마지막으로 드물지만 책을 통해 기술을 배우는 방법이 있었다. 이는 새로운 기술을 도입하거나 개척하는 경우가 대부분이었다. 한국전쟁 이후 할 일 없이 집에서 뒹굴던 김기억이 돌아다니는 원예책을 보고 토마토 조기 재배 기술을 익힌 것이 여기에 속한다. 남과 달리 '연구하고 개척하는' 농업을 지향한 그는 이러한 과정을 통해 원예사의 길을 걸었다.[105] 병아리 감별 기술도 이와 비슷하다. 양계업을 하던 부친의 양계장에서 부화기를 통해 이른바 기계 병아리의 대량 부화에 성공한 최일생은 "감별에 관한 기술이나 이론은 아무것도 알려진 것이 없"던 당시 부친이 구해다 준 일어로 된 전문서적을 참고하여 감별 기술을 익혔다. 책에서 배운 이론을 실습으로 옮긴 그는 수천 마리의 병아리를 "찢"어가면서 어느 정도 감별에 자신을 갖게 되었다.[106]

어느 경로를 통해서건 이들 대부분은 아무런 보수도 없이 온갖 종류의 허드렛일을 하면서 기술을 배워야 했다. 보수는 "만지다가 없어질" 정도의 "쥐꼬리 같은" 경우도 드물게 있었지만,[107] 이 시기 수습생에게는 주지 않는 것이 상례였다.[108] 보수는 없었지만 보통 의식주가 해결되었기 때문에 생계 자체가 어려웠던 당시 상황에서 한 사람의 "입을 덜"기 위해서라도 이들은 가족을 떠나 기꺼이 수습의 길을 걸었다. 독립 기술자가 된 수습생은 다시 이러한 방식으로 어린 수습생을 고용하여 기술을 전수하였다.

수습 기간에 잔심부름을 비롯한 허드렛일을 하는 것은 어느 사례에서나 찾아볼 수 있는 통상의 과정이었다. 유리공 최용배가 공장에 들어가 처음으로 한 일은 "고물상 같은 데서 수집해온 깨진 유리를 씻는다거나 완제품인 유리병을 운반한다든가 하는 구질구질한 잔심부름"이었다.[109] 목공소 수습공으로 들어간 정규하는 목수의 "연장을 날라다주고 시장에 가서 못도 사오고 일이 끝난 저녁에는 작업장 청소"를 하면서 1년을 보냈다.[110] 양복 재단사 안종열의 수습 생활은 "자전거를 끌고 다니며 복지 실어 나르기, 점포문 열고 닫기, 청소하기, 자질구레한 심부름 따위"에서 시작하였다.[111] 자동차 정비사 배학영은 "대장간 풀무잡이로부터 시작하여 기관부에서의 기름투성이 기구 수입手入을 거쳐 발브 연마의 과정에 이르기까지 최소한 9개월 이상"의 수습 과정을 거치는 조수 생활을 했다.[112] 고래잡이 포수 이승길이 열여섯 나이에 처음 일본인의 배를 타고 시작한 일은 밥 짓는 일이었다. 1년 만에 그는 이 일에서 '해방'되어 갑판원으로 고래잡이에 참여하였다.[113]

수습생으로서 이들은 작업장에서 온갖 수모와 고통을 감내하면서 누구나 하기 싫어하는 고된 일을 해야 했다. 대장장이 김동수는 15년을 일본의 철공소에서 일한 후 1950년 3월에 귀국하였다. 전쟁으로 모든 것을 날려버린 그는 서른한 살 나이에 세 자녀를 둔 아버지로서 마을 대장간에 수습공으로 들어가 1년 반을 배웠다. 일본에서 배운 철공일과 한국의 대장간 일은 너무 달랐기 때문이다. 수습공 생활은 "울분과 한숨의 연속이었지만 가족이 거지가 되고 만다는 생각으로 (그는) 수모와 고통을 이겨냈다.[114] 도배 기술의 경우 처음 시작하는 사람은 종이에 풀칠하는 것부터 배우는데, "풀칠하는 것이 답답하여 견디어내지 못하고 그만두어버리는 사람도 많"았다.[115] 황태상은 "이른 새벽부터 밤늦도록 톱밥이나 엿물을 실어 나르는 고된 일"을 하면서 엿 만드는 기술을 배웠다.[116]

3. 민중 기술의 현실과 생계

「서민 연재」에서 기술 대부분은 영세 규모의 낙후한 환경에서 수행된다. 이러한 성격은 비단 「서민 연재」에 한정되지 않은 것으로, 1960-70년대 산업 전반의 기층에서 찾아볼 수 있는 특성이다. 이러한 영세성은 특히 전통 부문에서 두드러졌다. 예컨대 옹기 만드는 도구 대부분은 오랫동안 사용해오던 것으로 기계화와는 거리가 멀었다.[117] 유일한 예외가 있다면 갠 진흙을 타래로 만들어 돌리는 물레로서, 그 축에는 자동차 베어링이 "둔갑을 해서" 끼워져 있다. 면담자의 설명에 따르면 "이 쇠붙이 하나만이 독을 만드는 과정에서 쓰이는 기구 중의 유일한 쇠붙이고 현대화된 것"이고, 나머지는 "원시 방법 그대로"다.[118] 이 점은 석공장도 마찬가지이다. 전북 익산의 석수 김삼득을 취재하기 위해 그가 경영하는 황등석공장을 둘러본 면접자는 공장에는 "손으로 돌리는 조그만 그라인더를 제외하고 기계에 속하는 도구가 하나도 없"어서 "35년 전이나 지금이나 정釘과 마치가 '공장'의 전부"라고 지적한다.[119]

옹기나 석물처럼 전통 부문의 상품은 보통 일정 구역 안에서 판매, 유통되기 때문에 시장 범위와 수요가 한정되어 시설 투자나 생산 규모 확대에 한계가 있었다. 단순한 전통 기술에 의존하기에 근대 기계나 설비도 거의 찾아볼 수 없었다. 이러한 사정은 공장 내 작업 과정이나 인사 규정, 급여 체계 등에도 그대로 반영되었다. 「서민 연재」에서 자영업으로 분류되는 경우라 하더라도 공장 주인이나 경영자가 몸소 기술자로 일하는 경우가 많았으며,[120] 영세 수공업 단계를 벗어나지 못한 작업장 대부분은 고용 조건이나 인사 규정, 급여 제도 등에서 체계화된 공식 기업 체제를 갖추지 못하였다.[121]

전통 부문에서 이러한 노동과 기술의 현실 양상은 근대 부문에서도 찾아볼 수 있다. "대도시의 일류 화점들"이 이미 수공 단계를 벗어나 기계화를 통해 제화 작업을 하던 1970년대 초에 양화 기술자 홍성현은 서울 동대문구 제기동 고려대학교 맞은편 길목에서 손수 제화 일을 하면서 조그만 양화점을 운영했다.[122] 강원도 주문진 동선조선소 현장 책임자인 도목수 유영노가 일하는 공장을 둘러본 면담자는 "엔진 소리가 요란하고 묵직한 기계들이 설비된 곳에 기술자들이 바쁘게 움직이는 현대식 공장을 연상하겠지만, 기계라고 부를 수 있는 것은 눈에 띄지 않고 모래사장 위에 바닷물까지 닿은 두 줄의 레일을 깔아놓고 그 위에서 목공들이 일하고 있"다고 공장의 인상을 기술하고 있다.[123] 부산 사상 주물 공업단지 안에 있는 동명주물공장의 직장職長 박상우가 일하는 공장도 이와 비슷하다. 공장을 방문한 면담자는 "주물공장은 아직도 근본적으로 옛날보다 크게 달라진 점"이 없다고 말한다. "공장에 있는 시설이라야 용광로 말고는 대형 크레인이 한 대 있을 뿐이고, 나머지는 전부 사람의 힘으로" 한다는 것이다.[124]

대체로 기술 수준이 낮고 시설 설비가 빈약한 환경은 기술 습득에 걸리는 시간과 비용을 그다지 요구하지 않는다는 점에서 해당 업종 진입을 쉽게 만드는 경향이 있다. 이러한 조건에서 기술의 낙후성과 영세성은 악순환을 거듭하는 방향으로 작용한다. 이에 따라 한때는 높았던 기술 수준에 자부심을 느끼고 그에 상응하는 대우와 보수를 받았지만, 기술에 대한 사회의 평가가 절하됨에 따라 이들 중 상당수는 손상된 자부심과 낮은 보수를 감내해야 했다. 예를 들면, 과수 전정사 조영생은 1940년 일본 아오모리현의 과수원에서 일하던 때를 "가장 좋았던 시절"로 기억한다.[125] 논 한 평에 1원 하던 때 그는 일당 5원의 높은 임금을 받았다. "그 사람들은 그래도 기술자 대우를 해주었"다는 말에는 "예술가의 기질마저 갖춘 숙련 기술자"로 자부하던 자신의 기술이 형편없이 폄하되는 현실에 대한 강한 불만이 녹아 있다. 실제로 면접 당시 그의 일당은 4백 원으로, 기술도 미숙하고 경력도 짧은 같은 전정사인 그의 아들이 받는 350원과는 50원밖에 차이가 나지 않는다. 이 지방 날품삯 평균이 300원인 사실을 고려해보면 수십 년에 걸친 기술 연마의 대가가 사실상 거의 없다고 해야 할 것이다.[126]

이미 언급한 황등석공장의 석수 김삼득 역시 일제 강점기를 "경기가 제일 좋았"던 시절로 기억한다. 석물의 수요도 적었지만 석물공장의 수도 적었던 덕에 높은 보수와 숙련공 대우를 받을 수 있었기 때문이다. 그가 이곳에 처음으로 석공장을 차린 1942년 당시만 하더라도 석물 공장이 세 개밖에 없었지만, 지금은 "집집이 다 공장이나 마찬가지"이다. "공장이라야 아무런 시설이 필요 없고 채석장에서 원석을 사다가 다듬으면" 되기 때문이다.[127] 고래잡이 포수 장상호도 처음 고래잡이배를 타던 1920년대 초반에는 "울산 군수보다 고랫배의 화공(밥 짓는 사람)이 더 낫다"는 말이 있을 정도로 고래잡이들의 대우가 좋았다고 말한다.[128]

해방 직후 김준식이 여객 선장 생활을 할 당시 월급은 그곳 면장월급의 다섯 배였다. 당시는 "선박이 귀하던 때라 선장 대우도 상당히 좋"았다. 그러나 면접 당시 김준식의 "너무도 초라"한 보수에 면접자는 "깜짝 놀라지 않을 수 없"었다.[129] 택시 운전사 박성동도 자신이 처음으로 운전 면허증을 딴 해방 직후를 좋았던 시절이라고 말한다. 높은 보수를 받았을 뿐 아니라 "시골에서는 '기술자님'이 오셨다고 외상을 받고, 독방에 모셨"으며, "여자들도 잘 따"랐다. 그러나 그는 면담자에게 "요즘 운전수가 어디 시세 있"느냐고 반문한다.[130]

크레인 운전사 김덕순도 한국전쟁 이후 50년대 중반에 이 기술을 배우고 회사를 옮기면서 "보수를 3배나 올려 받을 수 있었"던 당시가 "좋았던 것 같다고 씁쓰럼히 회고"한다. 당시는 기술자가 적었기 때문에 기술자로서 우대를 받을 수 있었던 데다가 1960년대 중반 이후 월남전 특수까지[131] 겹치는 호황을 맞았다.[132] 그러나 이제는 중장비 학원이나 강습소에서 "4주 완성이니 5주 코스"하는 식으로 배출되는 기술자들이 점점 늘어나고 있으며, 일자리가 한정된 상황에서 "한몫의 기술자 대우"를 받는 게 더는 가능하지 않다. 도배공 최영철도 도배가 원래 수입이 좋은 직업은 아니지만, 불과 7, 8년 전만 하더라도 "그래도 그런대로 괜찮았다"라고 말한다. 수입이 지금보다는 좋았다는 것이다. 그는 "노동을 하면 생활에 대해 응분의 대가를 받고 생계에 위험은 받지 않아야 하는 사회가 되어야 하지 않겠느냐"라고 항변한다.[133]

다소 특이한 분야지만 병아리 감별에서도 이러한 사정을 엿볼 수 있다. 호남에서 유일하게 1959년 감별사 시험에 합격한 정식 감별사 최일생은 대전 이남의 병아리 감별을 독점했던 1960년대 전·중반기를 "생애 최고의 시절"로 회고한다. 감별사의 당시 수입이나 업자들의 대우는 '군수급'이었다고 그는 말한다.[134] 병아리 감별 기술은 "월등히 높은 수입에다 해외 진출의 가능성, 여기에 병아리라는 작은 생물이 주는 무구한 인상도 한몫 거들어 매력적인 직종으로 대단한 인기"를 모았고, "요란할 정도로" 이 기술을 배우려는 붐이 일었다.[135] 그가 아내와 두 동생은 물론이고 어려운 후배들을 데려다가 감별 기술을 습득시키고 민간 학원에서는 "별별 달콤한 선전을 해대며 감별사를 양산"[136]하는 동안, 1968년 하반기 파국이 들이닥쳤다. 정부의 장려책으로 과다 생산된 데다가 한해가 겹치면서 양계업이 대불황에 직면한 것이다. "수많은 양계업자들이 도산의 운명을 맞았고 병아리를 공짜로 나눠주는 진풍경이 연출"되었다. 감별 기술에 대한 평가 절하가 불가피해졌고, "옛날의 전성기는 다시 되풀이되지 않"았다.[137]

이제 이들의 기술이 생계나 가계에 어느 정도의 기여했는지 살펴보자. 이러한 물음은 곧 다음 질문으로 이어진다. 즉, 배우지 못해 기술을 익힌 사람들은 어떻게 살아갔는가. 지식을 통해 얻지 못한 생계를 기술로 확보할 수 있었는가. 지금까지의 논의에 비추어

보면 이 질문에 대한 대답은 간명하다. 즉, 이들의 기술은 자신과 가족의 생계를 유지할 만큼 수입을 보장하지 못했다. 이는 기술에 대한 유인보다 지식으로부터의 배제를 통해 기술을 익히게 된 사정을 일부 반영한다. 자발과 능동의 방식이 아니라 삶의 우연한 계기를 통해 이들은 기술을 배웠다. 기술 습득을 위한 대부분의 동기가 단지 생존을 위한 것이었던 것만큼 그 이상의 보수는 주어지지 않았으며, 지식 영역으로 나간 사람들은 대부분 이러한 일들을 기피하거나 무시하였고 무관심으로 응대하였다.

실제로 「서민 연재」에 등장하는 기술자 56명 가운데 자기 기술로 적절한 생계를 영위하거나 생활에 만족하는 경우는 거의 없는 것으로 보인다.[138] 그러나 "그런대로 생활은 해나가는 셈"이다, "밥 굶지 않을 정도로 자리가 잡혔다", "그럭저럭 산다"거나 "하루치의 희망을 하루치의 벌이로 해결"한다는 식으로 생활의 불만을 직접 표현하지 않는다 하더라도[139] 실제 이들의 생활에서 여유를 찾아보기는 힘들다. 가난한 하층민이 궁핍한 생활에 스스로 만족을 표명함으로써 현실에 적응하는 경향은 산업화 초기 혹은 늦어도 1970년대 이전 시기의 일반 정서와도 통하는 바가 있다.[140]

그리고 이러한 안분지족의 정서는 흔히 체념이나 포기, 허탈감 혹은 분노의 감정 등과 결합해서 표출되기도 한다. 예를 들면, 안경 연마공 이정환은 연마 일만으로는 끼니를 잇기가 힘든 나날을 보낸다. "사람이란 분수를 지켜야지 허욕을 부리면 안 된다"는 생각에서 열심히 일하지만, 조금도 나아지지 않는 형편에 문득문득 "맥이 탁 풀려버리는" 경험을 한다.[141] 광부 김동진은 매달 15,000원에서

20,000원가량의 급여를 받는데, 이 수입으로는 "쌀만 사도 모자라"지만 그렇다고 해서 "광산을 떠날 수도 없"다. 스스로 '인간 두더지'로 비하하는 그는 자신이 받는 보수가 "하루 8시간 내지는 16시간의 중노동에 대한 대가로는 너무 허술"하다고 생각한다.[142] 케이블전공 염기종은 13년 동안 이 분야에서 일해 온 기능직 공무원이지만, 1971년 8월분 실수령액은 23,000여 원이었다. 면담자가 "놀라지 않을 수 없"다고 언급한 이 보수를 가지고도 그의 가족은 "안정된 생활"을 살아간다.[143] 열차 검차원인 이귀천도 염기종보다 약간 많은 월 27,000원 정도를 받는다. 18년 동안 일해 온 기술자에 대한 이러한 대우를[144] 면담자는 "어처구니없는 현실"로 지적한다. "정신노동만 우대하고 육체노동과 기술을 천시하는 사회 분위기의 결과"라고 진단하면서 그는 "이 나라 공업 발전의 장래가 어떻게 될 것인지 걱정스럽다"고 말한다.[145]

이보다 수입이 많은 경우라 하더라도 사정은 다르지 않다. 제재공 이동해는 20여 명이 일하는 목공소에서 "연조에서나 관록에서 단연 좌상"으로 가장 많은 임금을 받는다.[146] 한 달 4만 원의 수입으로 살아가는 그는 "때때로 아이들을 바라보다가 20년의 적공積功이 이 모양인가 하고 울화가 치밀"기도 한다.[147] 자동차 정비사 배학영 역시 일요일에도 쉬지 않고 종일 일한 대가로 이동해와 마찬가지로 "부수입 전혀 없는 4만 원"을 받는다. 그는 "죽을 지경"이라는 한마디로 가계의 어려움을 드러낸다.[148] 이들보다 수입이 약간 많은 채석장 발파공 조성진은 한 달에 43,000원 정도를 받지만, "식생활과 아이들 학비 대기에 바쁘"다.[149] 도공 황금석의 월평균 수

동진강 수리간척사업 채석장 전경(1966)

입은 5만 원 정도로 다른 기술자에 비해 많은 편이다. "분수에 맞
는 생활"을 강조하면서도 워낙 고르지 않은 수입에서 '단 몇 푼이
라도' 저축을 하고 아끼다보면 "만사가 귀찮"다고 그는 말한다.[150]
주물공 박상우는 4개월 전부터 1만 원이 올라 황금석과 비슷하게
월 5만 원의 봉급을 받는다. 직장職長인 그는 공장에서 공장장, 부직
장과 함께 월급을 받는 세 사람 가운데 하나지만, 아들딸 장가보내
느라 빚만 지고 산다.[151]

　이처럼 기술 자체만으로는 생계를 유지할 수 없는 경우가 많다
는 점에서 이들 중 상당수는 기술과 관련한 상품 판매를 병행해 생

계를 도모하기도 한다. 함석공 김진수가 공사 청부를 맡아하면서 난로 등을 들여다 놓고 가게에서 장사하는 것은 이 때문이다. 함석일은 "이문이 빤"하다는 점에서 이 일만 한다면 "굶기 알맞다"라고 그는 말한다.[152] 병아리 감별사 최일생 역시 감별로 버는 수입으로는 생활비의 절반도 충당하지 못한다. 자신은 부화장이라도 가지고 있어서 "좀 나은 편"이지만, 감별에만 의존해서는 생계를 유지하기가 힘들다.[153] 시계 수리공 장용완도 시계 수리만 해서는 "맨날 그게 그거"인 가계를 보충하기 위해 시계 매매를 하지만 이마저도 원활하지 않다.[154] 비슷한 맥락에서 화공 김순화는 극장 간판을 그리는 수입에만 매달리지 않고 다른 수입원을 찾아 기술을 활용하는 방안을 모색한다. 초상화 같은 것을 그리는 일이지만 지방이라 수요가 많지 않고 값을 쳐주지 않기 때문에 이것도 쉽지 않다.[155] 그런가 하면 엿공장 주인 황태상은 공장에서 나오는 엿밥으로 돼지를 길러 공장의 수지를 맞춰나간다.[156]

생계를 위한 이들의 노력은 이밖에도 다양한 방식으로 이루어진다. 앞 장의 가족 생존 전략에서 소개했듯이 아내가 따로 가외 노동을 하거나 부업을 한다거나 사는 집 일부를 세놓는 등의 방법을 통해 부족한 생계를 보충하는 것이다. 기관사 한기섭이 자기 집의 한편을 세를 내고, 가족은 "역전 여인숙 같은 한 칸짜리 방 두 개"에서 산다든지, "1만여 원 갖다 주고는 시침을 뚝 따는 남편 믿고는 도저히 생활이 안 돼" 부인이 조그만 시계 수리점을 낸 것[157]이 좋은 예다. 크레인 운전사 김덕순은 부인이 "편물기를 사다 놓고 알음으로 주문을 받아"[158] 부족한 가계를 보충한다.

측량사 민병천은 부인이 부업으로 문방구를 해서 생계를 뒷받침하고,[159] 석기공 안진호의 부인은 틈나는 대로 누에를 치고 마석磨石으로 석기를 가는 부업을 한다.[160] 포항의 고등기상관측소 소장 김용수는 부인이 대구 서문시장에서 포목 장사를 해서 아이들 학비를 충당하며,[161] 시계 수리공 장용완의 부인은 충주 일대를 돌아다니면서 정라진에서 남편이 부쳐주는 어물로 행상을 한다.[162] 열차 검차원 이귀천은 자녀 교육을 위해 "집 귀퉁이에 조그마한 구멍가게를 차"렸으며,[163] 도배공 최병철은 사는 집의 방 두 개를 전세로 주어 생활비에 보태고 있다.[164]

4. 기술의 이중성과 의미

앞서 보았듯 기술과 숙련을 통한 노동 실행이 자신과 가족의 생계를 보장할 수 없는 현실 탓에 서민 기술자들에게서 기술에 대한 긍정 평가나 의미를 찾기는 쉽지 않다. 30년을 염전에서 살아온 김재순은 "이제 염전이라면 지긋지긋"하다고 말한다.[165] 목부 한상덕 역시 "목장에는 질려버렸"다. "고달프고 시간 없고 해서 사람 사는 재미라고는 없"다는 것이다.[166] 조상 대대로 독을 지어온 옹기장이 이양현은 군대 생활을 제외하고는 외지에 나가 산 경험이 없다. "나이 30줄의 청춘을 토막 속에 묻고 마는 것 같"아 전직을 고려하고 있다.

물론 이러한 부정 평가의 반대편에는 그와 대립하는 의견도 있다. 예를 들면, 기술에 대한 자부심과 긍지, 직업에 대한 애착과 열정, 노동의 즐거움과 보람 등이 그것이다. 그러나 이러한 감정과 의식은 지속하여 작용한다기보다 기술이 구현되거나 일이 성취되는 노동의 일정 국면이나 순간을 통해 표출되는 경향이 있다. 1970년대 민주노동운동에 참여한 여성 노동자들이 의식화를 통해 자신을 깨우치고 의식이 고양되는 계기를 맞는 사례는 이를 잘 보인다. 1960년대 중반 학성모방에서 시작해 1970년대 중반 원풍노조 부지부장과 전노협 공동대표 등을 지낸 박순희는 처음 들어간 학성모직에서 기술을 배우면 "돈도 많이 벌고 괜찮다"는 아줌마들의 말을 들으며 현장에서 "살아남기 위해서", "망신살을 당하"지 않기 위해서 전심전력으로 기술을 익혔다.[167] 공부·지식과 기술·노동 사이에서 방황하던 그녀가 기술과 노동에 대한 자부심과 사명감을 갖게 된 것은 이러한 과정을 통해서였다.[168] 1970년대 원풍노조의 간부에서 시작해 서노련 부위원장과 위원장 직무대행으로 활동한 이옥순도 이와 비슷한 경험을 공유한다. 원풍모방에 양성공으로 들어가 작업장 청소 같은 허드렛일을 하다가 "드디어 기계 앞에 서서 일하"게 되었을 때의 '자랑스러움'과 "세상을 얻은 듯이 기뻤"던 심경을 그녀는 기억한다.[169] 노동운동으로 현장을 떠났다가 다시 돌아온 그녀는 옷에 기름이 튀고 손을 베어가면서도 "왠지 기쁘"고, "일하는 건 역시 즐거운 것"임을 새삼 깨닫는다.[170]

의식화된 노동 운동가로서 이들의 경험이 다소 한정된 것이라고 해도 기술을 익히는 것에 대한 자부심과 즐거움은 노동 현장 일상에서 드문 일은 아니었다. 17세에 서울로 올라와 실 뽑는 공장에서 5년째 일하면서 "공장에 있으면 기술을 배운다는 긍지가 있다"라고 생각하는 정연숙의 사례에서 보듯이, 기술은 일하는 사람에게 "떳떳한 직업인으로 살아"가는 권능과 자신감을 부여하였다.[171] 「서민 연재」에 등장하는 열차 기관사 한기섭은 경적을 울리며 질주하는 기관차를 몰 때 기술자로서의 쾌감과 보람을 느낀다. 그럴 때 "사나이답"다고 말하는 그는 취미도 열차를 타는 것이다.[172] 조선소의 유영노는 도목수로서 처음으로 책임을 맡아 3개월에 걸쳐 완성한 배가 "진수하던 날의 기쁨"을 "언제나 잊을 수 없는 가장 기쁜 추억의 하나"로 간직하고 있다. 일이 없을 때 그는 방파제에서 낚시하면서 자신이 건조한 어선들이 "물결을 헤치며 바다로 나가는 것을 즐"겨 바라본다.[173]

케이블전공 염기종은 비록 다른 사람은 알아주지 않지만 "고장난 부분을 어렵게 발견하여 거뜬히 수리하고 나면 무엇과도 바꿀 수 없는 뿌듯한 기쁨과 보람"을 느낀다.[174] 도공 황금석은 도자기 공예에서는 특히 기술이 생명이라고 생각한다. "완성된 제품이 실려 나갈 때는 다소의 돈을 손에 쥘 수 있다는 기쁨 위에 겹치는 '가슴이 벅찬 것 이상'의 별다른 희열에 휩싸"인다.[175] 극장 간판 화공 김순화는 어릴 때부터 그림 그리기를 좋아하고 잘 그렸다. 비록 "소년의 꿈"을 이룬 것은 아니지만, 그는 자신의 "취미를 살렸다는 점에서는 성공한 셈"이라고 생각한다.[176] 곡예사 홍만석은 "누구의 권유 또는 강요에 의해서가 아니라 곡예가 좋아서" 무단가출하여 "그저 배워야겠다는 마음"만으로 기술을 익혔다. 자신의 신명과 열정을 다하는 "집념의 곡예인"으로서 그에게 곡예는 인생의 전부다.[177] 그런가 하면 채석장 발파공 조성진은 "'펑' 터뜨리고 나면 체가 쏙 빠지는 것같이 '통쾌한 기분'"을 느끼면서 '산업 전사'로서의 긍지를 가지고 살아간다고 말한다.[178]

기술과 노동에 대한 이러한 극단의 두 의견 사이에는 중간 입장이 있다. 겉보기에 이들은 이미 언급한 안분지족의 상태에 있는 것 같지만, 저변을 흐르는 생각은 이보다 더 복잡하고 미묘하다. 30년 노동 이력을 통해 숙련을 쌓아온 선반공 홍종선은 일이 싫증나지 않느냐는 면담자의 질문에 자신은 "노동일이 제일 편하다"라고 대답한다.[179] 연초공장 여공 박진임은 10여 년을 기계 장치부에서 일하면서 기능과 경력을 쌓아왔다. 부서에서 책임공은 물론 부서 전체를 지도·감독하는 공장工長도 못할 것은 아니지만 여자라는 이유로 배제되는 설움을 경험했다. 전매노동조합 대의원으로서 노동운동을 이론으로 배우기에 앞서 참여를 통해 체득했다고 그녀는 자부한다. 그런데도 "엄격한 규율과 고된 작업"으로 점철된 공장 생활의 '숱한 애화'를 '되새기고 싶지 않다'라고 그녀는 말한다.[180] 18년 동안 목수일을 해온 정규하는 일에 대한 미래의 설계를 묻는 면접자의 질문에 "밥 먹고 자식이나 건강하게 잘 키우고 그리고 살면 되는 것 아"니냐고 되묻는다. "하루치의 희망을 하루치의 벌이로 해결하고 그날그날을 연명"하면 된다는 것이다.[181] 양조기술로 18년을 살아온 하재후는 "이 나이에 딴 일이야 생각할 수도 없으니 그저 공장이나 천직으로 알고 열심히 일하는 게 보람"이라고 말한다.[182]

위 사례들에 등장하는 서민 기술자들은 숙련과 기술로써 노동하는 삶을 묵묵히 살아내는 것을 통해 자신과 가족의 생계를 꾸려왔다. 기술 실현을 통한 성취감이나 보람 그리고 그에 따른 자부심을 느낄 때도 있었지만, 다른 한편으로는 노동의 고단함과 그 대가에 대한 불만, 사회의 차별과 천대를 경험하였다. "노동일이 제일 편하다"거나 "공장을 천직으로 알고 열심히 일하는 게 보람"이라는 이들의 언급은 항간에서 노동의 보람과 자부심이 배어나지만, 동시에 기술과 노동으로써 겪은 숱한 삶의 애환들 앞에서 포기와 달관의 경지를 보이는 것이기도 하다. 유감스럽게도 이처럼 「서민 연재」에 등장하는 기술자들이 자기 일에 강한 애착과 호감을 느끼는 경우는 흔하지 않다. 어떠한 형태로든 끊임없는 노동과 궁핍한 살림살이에서 벗어날 수 없었기 때문이다. 이러한 점에서 이들에게 기술은 양 극단의 평가가 동시 공존하는 이중성과 모호성을 띤다.[183]

과수 전정사 조영생을 면담한 기자는 그가 아는 지식과 기술을 "있는 대로 다" 자신에게 "보이고 싶어 열중해버리는" 그의 모습에서 직업과 기술에 대한 그의 "자부와 자긍을 넉넉히 읽을 수 있다"라고 적었다.[184] 그러나 40년에 이르는 숙련의 경험을 가지고서도 날품삯에 가까운 형편없는 노임을 받는 그는 자기 아들이 과수 기술이 아닌 공업 기술을 배우기를 바란다.[185] "가난한 시골 기와공장의 화부에 불과"한 기와장이 이청우는 고적 보수 공사 납품을 통해 "물질적 보상과 함께 직업에 대한 긍지를" 갖게 되고, "자기 손으로 구워낸 기와가 대궐이나 유명한 고적을 장식한다는 즐거움"

도 맛보게 되었다. 그런데도 그는 "좋은 일 같지가 않아서" 자기 아들에게 기와 일 가르치는 것을 꺼린다.[186] 이들 사례는 아들에게는 자기 기술을 물려주고 싶지 않은 부정의 감정과 일에 대한 자부심이라는 그 반대 감정이 나란히 함께하는 자기모순을 보여준다.

이러한 이중성은 기술과 직업에 대한 사회의 위상과 평가가 달라지면서 그에 대한 주관의 인식과 의미 부여가 변화하는 사례에서도 찾아볼 수 있다. 트럭 운전사 권영주는 해방 직후 트럭 조수를 했던 시절에는 '거금'의 월봉을 받으면서 "기술을 배운다는 긍지를 가질 수 있었"다. 그러나 지금은 "하필 운전을 배우는 바람에 오늘날 기름장이가 되고 말았다"라고 하면서 그때 다른 기술을 배웠더라면 좋았을 거라고 생각한다. 자기 삶이 "실패했다는 회오悔悟와 패배의 감정"에 사로잡히는 것이다.[187] 택시 운전사 박성동은 "어렸을 때 신이 나서" 이 길로 들어서긴 했지만 장래의 희망이 보이지 않는다는 점에서 "막막한 체념"을 가지고 살면서 직업을 바꾸고자 한다.[188] 관광지 사진사 이주영에게 지난날 기사로서 자부심은 옛말이 되었다. 스스로 "사진쟁이는 천업이라고 생각"하면서 그는 미래를 비관한다.[189]

이처럼 자기 기술과 직업에 부정과 좌절의 의미를 부여하는 사례는 드물지 않다. 일하는 사람에게서 흔히 찾아볼 수 있는 안분자족의 정서를 체화하여 살아가면서도 이들은 실제로는 만사가 귀찮다거나 맥이 탁 풀려버린다거나 때로는 지긋지긋해서 진저리가 쳐진다거나 울화가 치밀어 오르기도 하는 등 다양한 감정의 양상들을 표출한다. 도장포 주인 김죽선은 기술을 처음 배울 때는 "신기하고 보람도 느껴 생애 최고의 도장을 새기고 싶다는 의욕"도 있었지만, 35년 동안 "목도장 파는 것을 천직으로 알고" 살아온 지금의 삶은 단지 '권태로울 뿐'이라고 생각한다.[190] 이발사 최상중의 면담자는 자신의 "직업이 속이 편해서 제일 좋"다는 최상중이 "말은 그렇게 하면서도 실제로는 그렇게 살고 있지 않"다고 하면서, "점점 미워해야 할 대상마저도 잃어가고 있는 것이 분명"하다고 적었다.[191] 25년을 전공으로 살아온 강복남은 전기 없는 마을에 불을 밝히는 '기쁨'을 "자신해서 몇 번이나 내세우"지만, "전기만을 위해서 전기와 함께" 살아온 자기 인생을 "계속해갈 자신이 없"다고 말한다. 지금 자신은 "근대 바람에 비틀거리는 굴욕 받은 패배한 인생"이라고 생각하기 때문이다.[192]

안경 연마공 이정환은 "곱게 다듬어져 보석처럼 투명하게 번쩍이는 렌즈를 불빛에 비춰볼 때는 모든 잡념이 사라지고 남모르는 희열을 느끼"면서도 조금도 나아지지 않는 자신의 신세를 한탄한다.[193] 자동차 정비사 배학영은 자동차에 관한 한 30여 년에 걸친 세월을 통해 "거의 무아지경"의 "귀신에 가까운" 숙련과 경력을 쌓아왔다. 면담자가 보기에 그는 지금도 자동차 이외에 다른 관심거리라고는 아무것도 없는 듯 보였고, 취미를 묻는 면담자의 질문에 대한 대답도 "자동차 손질"뿐이었다. 그런데도 그는 이제 자동차는 "신물이 난다"라고 고백하고 "다시는 손도 대지 않"고 싶다고 결연하게 말한다.[194] 시계 수리공 장용완은 처음 기술을 배우면서 시계에 대해 느꼈던 호기심과 재미로 30여 년의 삶을 살아왔다.[195] 그러나 이제는 하루에도 몇 번이고 "이놈의 시계방, 이제 때치워 뿌리야

되겠다"라고 읊조린다.[196]

기술 노동에 대한 이중의 태도가 자식과 관련하여 발현되는 모순의 양상은 앞서도 잠깐 언급한 바 있다. 민중 기술자들의 세대 교체나 후속 세대 문제가 여기서 제기될 수 있다. 이와 관련해서 자식에게 기술을 물려주고 싶어 하는 경우가 극히 드물다는 점을 먼저 지적해야 하겠다. 그리고 이는 기술자로서의 생애에서 자기 정체성에 대한 부정의 인식이나 의미 부여와 밀접하게 연관되어 있다.[197] 거슬러 올라가보면 이러한 양상은 전통 장인이나 기술에서 비롯되어 오랜 역사를 통해 전해 내려왔다. 가난하고 소외된 삶을 살았던 조선 시대 도공들이 자신들의 "고달팠던 삶을 자식에게 이어주고 싶"어 하지 않았다거나[198] 몇 십 년씩 일해도 "시원찮은 벌이밖에 못하는" 방짜 기술을 젊은 사람들이 배우려고 하지 않을 것은 "뻔한 일"[199]이라는 언급은 이러한 맥락에서 나온 것이다. 한산의 최애순은 베 짜는 기술을 딸들에게도 가르쳤느냐고 묻는 면담자의 질문에 "골병드는 놈의 일 갈쳐서 뭐"하느냐고 말끝을 흐린다.[200]

울산의 장도장粧刀匠 허균은 아들 네 명만 두었지만, 이 중에서 기술을 이어받은 사람은 아무도 없다. 그 이유를 묻는 면담자에게 그는 "멀라 칼쟁이 시키노? 배아 노면 평생 고생길인디"라고 잘라 말한다. 이러한 반응은 30년 넘게 해온 자기 일을 '여지없이 깔아뭉개는' 태도와 연관되어 있다. 그에게 이 기술은 "생각만 해도 진저리가 쳐"지는 "빌어 묵을" 일로서 지금도 공방에 들어갈 때면 "소도살장에 들어가는 것"과 마찬가지의 감정을 느낀다고 그는 자조한다.[201] "그의 웅얼거리는 소리에서 지나간 삶을 보상받을 길 없는 허무감이 짙게 배어 나오는 듯했다"라고 면담자는 적었다.[202] 기술인으로서 자기 삶에 대한 극단의 부정은 가업 전수의 의사가 들어설 자리를 전혀 허용하지 않는다. 이와 비슷한 반응은 초지공 정제호의 경우에서도 나타난다. 그는 "모래밭에 혀를 박고 죽어도 내 아들을 통꾼은 안 만들겠"다고 격앙된 감정으로 말한다. 50년을 이 분야에서 일해 왔음에도 고등학교를 졸업하고 집에서 놀고 있는 아들에게는 결단코 이 기술을 가르치고 싶지 않다는 것이다. "그가 자신이 산 삶에 대해 얼마나 깊이 모멸감을 느끼고 있는지 알 수 있"다고 면담자는 말한다.[203]

기술 전수에 대한 이러한 태도는 「서민 연재」에서도 나타난다. 택시 운전사 박성동은 자기 아이들에게는 "절대로 운전을 가르치지 않겠"다고 단호하게 말한다.[204] 사진사 이주영은 "아들은 때려서라도 자기 같은 사진업은 안 시키기로 작정을 했다."[205] '절대로', '때려서라도'와 같은 극단의 표현에는 기술자로서 자신의 삶에 대한 강한 모멸감과 부정의 인식이 배어난다. 비록 정도는 이보다 덜 하다 하더라도 「서민 연재」에서 가업 전수에 대한 회의나 부정의 태도는 쉽게 찾아볼 수 있다. 함석공 김진수는 자신이 배우지 못했기 때문에 자식들이 많이 배워 다른 사람들을 가르치는 교사가 되기를 바란다. 그래야 "못 배운 한이 풀릴 것 같다"라는 것이다.[206]

그런데도 이들 대부분은 자기 아이가 교사 같은 화이트칼라나 사무직이 되기는 어렵다는 사실을 잘 알고 있다. 이러한 점에서 이들은 최소한 자신이 하는 기술을 자식이 물려받지 않기를 바란다.

제재공 이동해는 자기 아이들이 "기술자가 되어 마땅한 사업을" 하면 좋겠다고 말한다. 그가 여기서 말하는 기술자 범주에는 자신처럼 "벌써 팔자가 글러먹"은 제재공은 포함되지 않는다.[207] 발파공 조성진의 큰아들은 아버지의 직업이 "마땅한 것이 못 된다"고 생각한다. "하는 수 없으니까" 한다는 것이다. 그의 장래 희망은 화공기사다.[208] 주물공 박상우는 세 아들 중에서 둘째와 셋째가 아버지의 뒤를 이어 주물공으로 일한다. 그는 자신처럼 "배운 것 없는 사람이야 도리 없지만" "힘만 들고 보수가 적"은 "이 짓을 애들한테 또 시켜야" 한다는 사실을 한탄한다.[209] 이승길은 고래잡이에서 선장보다도 상좌에 앉아 포장이나 어로장이라는 존칭으로 대우 받는 포수를 15년째 해오고 있지만, 자기 아들은 가능하면 바다로 보내고 싶지 않다.[210]

기술과 숙련을 통한 노동 실행이 자신과 가족의 생계를 보장할 수 없는 현실 탓에 하층 기술자들의 삶에서 기술에 대한 긍정 평가나 의미를 찾기는 쉽지 않다. 기술에 대한 자부와 긍지, 직업에 대한 애착과 열정, 노동의 즐거움과 보람 등을 찾아볼 수 없는 것은 아니지만, 이러한 감정과 의식은 지속하여 작용한다기보다 기술과 노동의 일정 국면이나 순간을 통해 표출된다. 기술 실현을 통한 성취감이나 보람 그리고 그에 따른 자부심은 노동의 고단함과 그 대가에 대한 불만, 사회의 차별과 멸시의 경험으로 압도되었으며, 간단없는 일과 궁핍한 살림살이라는 고단한 삶의 여정은 다음 세대에 이르기까지 민중 기술자의 자아 정체성에 어두운 그늘을 드리웠다.

맺음말

민중은 특정 역사 맥락에서 경험과 실제를 통해 살아온 실체다. 민중은 역사 속에서 변함없이 이어져온 불변의 실체라고 할 수 없다. 각 시기 역사 현실에 따라 끊임없이 그 모습과 양상을 달리해왔기 때문이다. 민중이 이론과 추상보다는 실제와 정의definition를 통해 파악되는 조작operational 개념으로 이해되어야 하는 이유가 여기에 있다. 이 책에서 분석한 민중 대부분은 1920-30년대 일제 강점기 중반에 태어나 해방과 전쟁을 거쳐 근대화가 본격적으로 궤도에 오른 시절에 청년기를 보냈다. 그리고 시대 조건과 사회 현실이 이들의 내면에서 체화되고 상호 작용하면서 고유한 민중상을 만들어 나갔다.

1.

무엇보다 이 시기 민중은 가난과 궁핍에 지배당했다. 식민지 수탈,

민족 이산, 해방 후 실업과 인플레이션, 귀환 후 전쟁의 참화, 피난, 구호물자 유용과 생산 활동 침체 등을 배경으로, 가난 이야기는 거의 모든 민중 구술에 등장한다. 가난은 민중의 삶의 모든 차원에 스며들었으며, 어떤 형태로든 그들의 일상과 의식의 많은 부분을 지배했다. 민중은 시대의 밑바닥에서 그 결핍의 고통을 견뎌내야 하는 존재였다.

빈곤은 간단없는 노동의 시련으로 이어졌다. 민중은 빈한한 가계에서도 어떻게든 살아남으려는 절박함 속에 연고나 우연을 통해 일자리로 들어서곤 했다. 전통적 분야였든 근대적 분야였든 영세한 환경에서 별다른 기술 없이 되풀이되는 단순한 작업들로 채워진 곳이었다. 그마저도 짧게만 유지되는 불안정성 탓에 대부분의 민중은 전 생애 주기를 걸쳐 다양한 직업을 경험하며 살았다. 지금은 상상하기 어려운 수많은 일자리를 계절 따라 전전해야 했다. 이들에게 노동은 죽음이 아니고서는 피할 수 없는 고통의 굴레였다. 더구나 그 시련은 자신에게서만 그치는 것도 아니어서 생계 활동에 가족 전 구성원을 동원시키면서 다음 세대로까지 이어지곤 했다. 이토록 고단한 삶의 여정은 민중의 자아 정체성에 어두운 그늘을 드리울 수밖에 없었다.

이 시기 민중에게 아버지의 부재는 곧 가족의 빈곤을 의미했다. 그 아버지들은 가족 자체를 돌보지 않거나 아예 버리곤 했던 탓에, 생계는 남은 구성원인 아내와 자식들이 도맡아야 했다. 이 와중에도 가부장제의 권능은 군건해서 부재하는 아버지의 다른 한편에 군림하는 아버지의 전제專制마저 엄존했다. 이러한 가부장의 권위에 대한 인정과 존중, 조상 숭배와 가계의 계승, 남아, 특히 장자에 대한 선호와 우대, 부모 역할의 전통과 유지, 아내의 시집살이와 수절 등과 같이 다양한 쟁점들을 포함하는 가족주의의 영향력은 지대했다.

빈곤은 민중의 최하층에서 가족의 해체와 이산이란 극단적 결과를 낳기도 했다. 이 흩어진 가족의 역사는 걸인, 노숙자, 부랑자의 역사와도 일부 겹치며, 최근 그 비극이 밝혀지고 있는 형제복지원과 선감학원의 사례와도 맥이 닿는다. 박정희 정권은 근대화를 빌미로 '재건', '자활'이라는 명목 아래 무수한 하층 민중을 무단으로 감금하고 강압과 폭력을 행사했다. 이들의 고통과 비극은 우리가 경험하고 누려온 근대의 또 다른 얼굴로서 함께 기억되어야 한다.

민중의 빈곤과 비참한 노동 현실은 교육 기회의 불평등으로 이어졌다. 세대에 따른 차이가 있긴 하지만, 이 책의 주인공 대부분의 민중 구술자들은 공식적으로 무학이거나 초등학교 중퇴나 졸업 정도의 학력에 머물렀다. 애당초 지식과 교육으로부터 배제된 예외의 존재였기에 알다시피 한국 사회가 교육에 대해 강한 열망을 분출해간 만큼 이들의 좌절과 갈등은 깊어질 수밖에 없었다. 결국 교육 기회의 박탈로 빈곤이 대물림되고 계층 상승의 가능성마저 차단당하는 악순환이 지속되었다. 가망 없는 배움에 대한 한을 품고서 이들은 노동 현장으로 이끌려 들어갔다. 그리고 노동과 기술을 통해 생존을 도모하고 빈곤에 대항하려 했다. 피지배 하층민, 육체노동, 산업화의 영역에 속한 노동과 기술의 이러한 삶의 과정은 상층 엘리트, 지식인, 정신노동, 민주화로 표상되는 지식과 교육에 의

한 지배와의 지난한 만남과 포섭 그리고 예속과 갈등을 반영한다.

2.

성의 관점에서 한국의 근대를 '색'-'육욕'과 '사랑'-'친밀함'의 두 세계가 공존하는 모순과 역설의 이행기로 본다면, 민중 구술은 색과 육욕의 세계가 적나라하게 표출되는 장이었다. 따라서 여기서 근대성을 특징짓는 연애의 요소들을 찾아보기는 어렵다. 근대적 교육과 지식을 통해 연애의 아비투스를 접할 통로가 차단되었기에, 상대의 마음을 얻으려는 지성이나 노력의 개입은 거의 없었다. 그리고 여성은 수동적·일방적으로 당하는 존재로 상정되었다. 이러한 양상은 특히 전통적 요소가 우세한 직업 범주들에서 뚜렷하게 나타났다.

성에 대한 색과 육의 전통은 이 시기 민중의 가족 개념이 우리에게 익숙한 근대의 핵가족 제도와 다른 결을 지녔음을 시사한다. 특히 남녀의 자유로운 결합이나 혈연보다 양육을 통해 가족 유대가 강조되는 경향이 있었다. 빈곤의 극단적 결과인 가족 해체와 이산이 변수로 개입한 측면이 있지만, 이들은 보통의 한국인이 경험하는 근대의 가족과는 다른 형태의 관계 안에서 생활했다. 이렇게 가족과 혈연의 전통을 넘나들면서 인간적 연대와 친밀성의 경계를 확장해나간 과정은 근대화 과정에서 우리가 겪어왔다고 여겨지는 핵가족 제도에 대해 의미 있는 비판과 시사점을 제공한다.

결혼으로 무대를 옮겨보면, 이 연구의 대상인 민중들은 한국인 평균과 큰 차이가 나지 않는 혼인 연령대에 결혼하고 있었다. 혼인 방식은 연애보다 중매가 압도적이었다. 주인공 대부분이 근대-도시-서울보다는 전통-농촌-지방을 근거로 생활해왔다는 점에서 전통 결혼 양식인 중매결혼이 우세한 셈이었다. 당사자 의견을 무시한다는 점에서 중매결혼은 본질적으로 강제 결혼에 가까운데, 노동력(아들)으로 활용하거나 가난한 살림에 입을 더는 수단(딸)으로도 기능했기에, 빈곤과 가난이라는 사회 역학과 가부장이 강제한 결혼으로서의 성격을 갖는다.

3.

이 시기 민중 의식은 복합적이었다. 책에서는 그 형태와 층위를 6가지 유형으로 구분해보았다. 개인의 전 생애 과정 차원에서 바라보면, 각 유형에 대한 태도나 평가가 일관되지 않으며, 모순되고 복합적인 양상을 보였다. 적어도 자료에서 드러난 바로는 미신, 억견, 팔자, 운명처럼 전근대적·수동적·보수적인 내용이 우세해 보수/체제를 옹호하는 사례가 많았다. 지속된 전쟁과 냉전으로 극소수의 목소리만 살아남아 전해졌기에, 이른바 민중론의 주류로 표방되어온 주체, 진보, 저항, 혁명 같은 요소들은 드물었다. 지배, 수탈, 억압에 상응해 강인한 생명력, 현실 비판, 풍자, 해학처럼 민중 의식으로 흔히 지목되어온 속성들과도 일정한 거리가 있었다.

이렇게 방어적인 의식은 직접적으로 그 자신과 가족의 생존이 주목적인 경제적 동기가 작용한 결과였다. 산업화의 문턱에서, 혹은 근대화의 혜택으로부터 소외된 불안정한 가계 상황에서 다수의 기층 민중은 오직 생존을 위한 일상에 매일 수밖에 없었다. 이러한 처지는 장기적으로 바라보아 식민 지배와 군사 독재 같은 수탈과 억압의 경험을 반영하는 것이기도 했다. 민족해방운동과 반독재운동처럼 특정 계기를 통해 분출된 사례가 없지는 않지만, 이들의 불만은 일상에서 극도로 억압당했다. 그리하여 민중은 생존 전략의 하나로, 의도했든 그렇지 않았든, 때로는 가장되기도 한 정치적 무관심을 행사했다.

4.

돌이켜보면 거대 담론 차원에서 민주화라는 공식 역사와 현존 민중의 '전통'(테리 이글턴)과 '기억'(피에르 노라) 사이에는 일정한 간극이 존재했다. 민중은 어떤 이념형으로 대표되는 고유한 실체라기보다 각각의 역사 맥락을 통해 구현되는 현상태現象態이며, 단일한 실체라기보다 내부적으로 세대, 성, 계급/계층 등에 의해 구분되고 분열된 실재이기 때문이다.

민중은 어떤 대상을 통해 형성되지만, 형성된 이후에는 특정 상황과 조건에서 그 대상을 뒤엎고 현실을 바꿔놓을 정도로 엄청난 잠재력과 주체성을 지닌 존재다. 이러한 맥락에서 민중은 체념과 예속 안에서 일상을 사는 잠재태潛在態와 억압과 착취의 상황을 타개하려는 현시태顯示態의 두 유형으로 구분할 수 있다. 순응과 무관심, 항거와 주체성이란 대조적인 민중 의식의 두 형태도 여기에 상응한다. 비판과 항의의 대상을 확실하게 인식한다는 점에서는 즉자태卽自態卽와 대자태對自態라고 일컬어도 좋다.

그 대상이란 주로 국가로 표상되어온 정치권력과 정부였다. 19

세기 말의 동학농민혁명에서 시작해 20세기의 4·19혁명, 부마항쟁, 5·18민중항쟁, 6월항쟁 그리고 21세기의 촛불시위까지 일련의 민주화운동은 국가의 정치적 폭력과 독단에 대한 저항이었다. 물론 민중 저항의 대상이 국가에만 한정되지는 않았다. 부의 부당한 축적과 경제적 불평등에 저항하는 자본에 대한 항거도 있었기 때문이다. "토지의 평균 분작"과 "횡포한 부호 무리의 엄징"을 주장한 동학농민혁명에서부터 이후 일련의 저항들 속에도 기층 민중이 주도한 자본에 대한 항거의 목소리가 담겨 있었다.

그러나 이제 이 시대의 민중은 혼란스러울 정도로 복잡한 대상들과 마주하고 있다. 국가의 억압은 더 이상 명시적이지 않으며, 자본은 분화·변용되거나 계열화·중층화하면서 전 지구적 차원의 복잡성을 더해가고 있다. 더구나 기후 위기, 자연 재해, 감염병 팬데믹처럼 계급 중립의 부정형 도전들이 출현하고 있다. 불평등, 차별, 수탈, 배제 등이 짐짓 가상의 풍요 뒷전으로 사라져버리는 것처럼 보이는 가운데 대상 자체에 대한 인식이 파편화하고 다기화하고 있다.

이러한 역사 국면에서 실체 자체가 모호한 현실에 맞선 저항이 다시 민중의 이름으로 호명될 수 있을지는 불확실하다. 민중 아닌 다른 형태와 양상의 저항 주체가 새로 등장한다면, 민중은 역사적 개념이 되어가기 시작할 것이다. 그러나 근대의 불평등과 모순과 혼란을 온몸으로 겪어낸 이들이 추구했던 다양한 삶의 전략과 경험, 자기 정체성 모색 그리고 삶의 이상에 대한 기억과 전통은 살아남아 이어질 것이다.

책머리에

1) 『민중열전』을 주요 대상으로 하는 이유는 『민중자서전』은 특수 분야에 한정한
   일종의 표적 표집의 개념을 기저로 하기 때문이다. 20권의 사례로 전체 47권
   에 달하는 『민중열전』보다는 규모가 크지 않은 점도 있고, 무엇보다도 다음에
   서술할 민중 개념의 전형에 『민중열전』이 더 접근하고 있기 때문이다.
2) 김경일, 『근대 여성 12인, 나를 말하다』, 책과함께, 2020.

제1부 구술사와 민중 생애사

1) 당시 주요 일간지인 『동아일보』나 『조선일보』, 『시대일보』, 『중외일보』 등은
   말할 것도 없고, 조선총독부 기관지로 기능한 『매일신보』에서조차도 이 개념
   의 용례가 나타난다. 예컨대 『매일신보』에 관해서는 「민중극을 보고」, 『매일
   신보』 1922년 11월 3일자, 「민중본위의 신운동: 청년총동맹의 旗幟」, 『매일신
   보』, 1924년 3월 3일자, 「조선노동총동맹 임시대회 遂해산, 민중의 적인 불량
   단체를 박멸하라」, 『매일신보』 1924년 4월 22일자, 「화요회를 박멸하쟈고 11
   단체가 결의, 민중운동대회난 로동운동과 청년운동을 혼란케 할이라고」, 『매
   일신보』 1925년 3월 12일자 등이 참조가 된다. 비슷한 맥락에서 이 시기에 일
   본이나 중국에서도 이 개념이 통용되고 있다. 예컨대 일본 보통선거안에 대
   한 원외의 시민운동을 '민중운동'으로 지칭하면서 경계한다거나(「민중운동
   백열화대책」, 『매일신보』, 1923년 2월 27일자), 중국에서 민중주의의 대두를
   논평하는 식이다(「지나에 在한 민중주의(1), 불가사의한 이중정치제」, 『매일

신보』 1923년 8월 22일자).

2) 강인철은 "독특하게 한국적인" 민중 개념의 대전환, 재발견이 이루어진 계기로서 1970년대에 못지않게 1920년대에 주목을 촉구한다. 그는 1970년대 이후의 민중 개념을 세 개의 차별성을 지닌 세대로 나누는 한편, 동아시아 차원으로 시야를 넓혀 민중론에 대한 방대한 체계의 논의를 펼치고 있다. 강인철, 『민중, 저항하는 주체: 민중의 개념사, 이론』, 성균관대학교출판부, 2023 및 강인철, 『민중, 시대와 역사 속에서: 민중의 개념사, 통사』, 성균관대학교출판부, 2023 참조.

3) 김경일, 『한국의 근대 형상과 한국학: 비교역사의 시각』, 한국학중앙연구원출판부, 2020, 241쪽 이하 참조.

4) 『월간대화』 1976년 11월호에 수록된 「민중의 개념과 그 실체—좌담」에 참석한 송건호, 안병직, 한완상은 이를 기점으로 민중이 주체의 자각을 가지고 역사의 전면에 등장했다고 보았다. 장상철, 「1970년대 '민중' 개념의 재등장—사회과학계와 민중문학, 민중신학에서의 논의」, 『경제와사회』 제74호, 2007, 127-128쪽.

5) 강인철, 『민중, 시대와 역사 속에서: 민중의 개념사, 통사』, 앞의 책, 68쪽 이하 및 장상철, 같은 글, 117-118쪽.

6) 강인철, 같은 책, 강인철, 『민중, 저항하는 주체: 민중의 개념사, 이론』, 앞의 책, 김득중, 「1980년대 민중의 발견과 민중사학의 성과와 한계」, 『내일을 여는 역사』 24, 2006 및 Namhee Lee, *The Making of Minjung: Democracy and the Politics of Representation in South Korea*, Ithaca: Cornell University Press, 2007 (이경희·유리 역, 『민중 만들기: 한국의 민주화운동과 재현의 정치학』, 후마니타스, 2015) 참조.

7) 예컨대 「宇垣總督着城, 반도민중의 열렬한 환영리에」, 『매일신보』 1931년 7월 16일자, 「一路민중갱생의 대목적에 매진 충실한 지도자의 심경을 가지라」, 『매일신보』 1935년 9월 19일자, 「남총독 명일 전민중에 諭告, 전청원에 훈시

394

한 후 시정대방침을 유고」, 『매일신보』 1936년 8월 27일자 및 「東亞民衆完全 結合 小磯總督官民의 奮起促求」, 『매일신보』 1943년 1월 10일자 등 참조.

8) 이러한 점에서 이 전통은 해방 이후로 계승되어 '민중의 지팡이'라는 표현이 1950년대 경찰서의 표어로 사용되기도 했다. 심지어 1980년대 전·중반기 전 두환 독재체제에조차 그 유제를 남겼다.

9) 예컨대 「통계협회회원 경기도만 600명, 통계의 민중화 不遠」, 『매일신보』 1935년 11월 30일자, 「민중 보건을 위해 衛生座 개최」, 『매일신보』 1936년 1월 31일자 및 「경제용어―公債민중화」, 『매일신보』 1937년 3월 5일자 참조.

10) 『매일신보』를 예로 들면 「각지에 非常時 一色 보국의 淨財거액, 총후 민중의 감격편」, 『매일신보』 1937년 8월 13일, 「警火觀念의 普及과 民衆―銃後國民 의 細心處」(사설), 『매일신보』 1940년 2월 9일자, 「국민정신총동원주간 各種 會體類에 나타난 반도민중사상경향」, 『매일신보』 1937년 10월 16일자, 「半島 民衆은 奮起하라」(사설), 『매일신보』 1941년 7월 31일자 및 「民衆運動을 振起 하라」(사설), 『매일신보』 1945년 1월 10일자 등이 있다. 그런가 하면 징병제 실시에 즈음하여 『매일신보』는 「半島民衆의皇民化―徵兵制實施隨感」라는 연재 기사를 1회부터 10회에 걸쳐 기획, 게재하고 있다. 『매일신보』 1944년 1 월 16, 18-19, 21-23, 25-8일자 참조.

11) 예컨대 「東亞民衆完全結合 小磯總督官民의 奮起促求」, 『매일신보』 1943년 1 월 10일 및 「大東亞民衆代表大會」, 『매일신보』 1945년 4월 29일자 참조. 물론 저항과 정치 주체라는 첫 번째 의미의 민중 개념은 1910-1920년대 동아시아 차원에서 공유되었다. 강인철은 역사를 거슬러 올라가 이 시기에 이르는 민 중 논의를 제공한다. 강인철, 『민중, 시대와 역사 속에서: 민중의 개념사, 통 사』, 앞의 책, 19쪽 이하 참조.

12) 여기에 해당하는 사례는 주로 『민중열전』에서 나타난다. 제8권의 박남진과 10권의 박희춘, 20권의 나덕운, 25권의 김점칠 그리고 43권의 서한금이 그러 하다. 박희춘은 아버지가 보도연맹 관련으로 학살된 사례로서 본인은 오히려

우익 쪽에서 활동했고, 서한금은 반대로 아버지가 우익이고 본인이 좌익 운동에 관여하였다. 김점칠은 형이 좌익이었지만 본인은 거의 그에 관여하지 않았다. 박남진과 나덕운은 빨치산 경력을 가진 인물이다.

13) 전자의 하층민으로 제시한 이두이나 성송자가 여성인 사실에서 보듯이 남성보다 여성이 빈곤과 박탈에 더 많이 노출되는 일반 경향에 비추어 볼 때, 최채우는 같은 여성에 속하면서도 자라난 배경에서도 그러하지만 결혼 이후에도 여유로운 생활을 영위하였다. 스스로 말하듯 시집와서 일도 안하고 '호강 받는' 생활을 했으며, 정미소(방앗간)을 운영하면서 머슴을 두고 "오랫동안 농사를 크게 많이 지"어 아들 다섯에서 세 명을 대학까지 가르쳤는가 하면, 1972년에는 동네에서도 면장 다음으로 텔레비전을 사서 "연속극 여로 보느라고 우리 집에 다 달라들"었다고 말할 정도로 여유가 있었다(이수라, 『최채우 1929년 5월 19일생』(7), 눈빛, 2005, 38-39쪽, 100-103쪽 및 123쪽).

14) 민중 범주 귀속성에 특히 의구심이 가는 것은 이종윤의 사례다. 그는 해방과 한국전쟁 그리고 70년대 말 부마사태도 경험했지만, 그에 따른 피해나 억압의 흔적은 전혀 보이지 않는다.

15) 미군 고문단에 배속된 극동군 주한연락사무소(Korean Liaison Office)의 약자로서 미군에 고용되어 북한에 관한 정보와 첩보를 수집하는 역할을 했다. 한국전쟁 시기 대북 첩보활동 기구로서 본래 미군 정보팀 5명, 한국인 6명으로 편성되어 있었으며, 지역별로 3개 부서로 나뉘어 공작활동을 전개했다. 한국인 정보요원 6명은 각각 그 아래에 30-40명에 이르는 정보공작원을 지휘하고 있었다. 정원복은 이 한국인 정보요원 예하의 정보공작원이었던 것으로 짐작된다. 면담자가 '안용부대'로 일컬은 사실로 미루어, 그는 한국인 정보요원 6명 중의 하나인 안용의 휘하에서 공작활동을 했을 것이다. KLO 부대를 포함하여 CIA, OSI, 제308방첩대 등의 대북 정보활동에 관해서는 양영조, 「한국전쟁기 제8군 정보참모부(G-2) 정보보고서 자료 해제」, 『한국학논총』 34, 2010, 1250-1252쪽 참조.

16) Terry Eagleton, *After Theory*, New York: Basic Books, 2004 (이재원 옮김, 『이론 이후』, 길, 2010, 333쪽).

17) Pierre Nora, "L'avènement mondial de la mémoire," 『프랑스사연구』 제14호, 2006, 186쪽.

18) 노라의 역사와 기억 개념의 차이와 대조는 그의 저작 한국어 번역본에 소개된 서론, 「기억과 역사 사이에서: 기억의 장소들에 관한 문제 제기」에 특히 집약되어 있다. Pierre Nora, 「기억과 역사 사이에서: 기억의 장소들에 대한 문제 제기」, Pierre Nora, et. al., *Les Lieux de mémoire*, 7 vols. 1984, 1986, 1992 (김인중·유희수 외 옮김, 『기억의 장소』 제1권, 나남, 2010, 34-35쪽) 참조.

19) Pierre Nora, 같은 책, 23쪽의 권두언 참조.

20) 양창모, 「심장병 걸린 시골 노인은 '괴롭다' 하지 않고 '외롭다'고 했다」, 『한겨레신문』 2021년 7월 7일자.

21) 일제 강점기 말 대구에서 교사를 하던 일본인 스기야마 토미(杉山とみ)의 열전이 별책 형식의 47권으로 2011년에 추가로 간행되었다.

22) 지금은 20세기민중생활사연구회(http://www.minjung20.org)라는 이름으로 2010년 전북대학교에 개설된 무형문화연구소(The Center for Intangible Culture Studies)에서 제공하는 무형유산지식백과(Intangible Cultural Heritage Encyclopedia) 콘텐츠 일부로서 웹상에서 제공되고 있는 것에서 보듯 이 사업을 지속한다기보다는 기존의 자료를 보존하고 관리하는 수준에서 운영되고 있다. 이러한 현실은 야심차게 시작한 대형 학술 사업이 그 연속성을 보장받거나 후속 작업이 진전되지 못하고 사실상 방치되는 한국의 학계가 지니는 취약점 가운데 하나를 잘 드러내는 또 다른 본보기다. 국가 학술 정책의 지향, 연구비 지원 체제, 대학과 연구자 사이의 네트워크 문제 등 여러 가지 복합 요인으로 설명될 수 있는 이러한 한계를 배경으로 이 작업에서 산출된 20세기 민중을 대상으로 하는 방대한 분량의 데이터베이스에 대한 본격 분석은 아직 이루어지지 않았다.

23) 앞서 언급했듯이 이 연구의 또 다른 분석 대상인 『민중자서전』의 경우, 그 목적
과 분량에서 일정한 전제와 제약이 있다는 점에서 『민중열전』의 성격을 보다
더 잘 드러내기 위해서는 「서민 연재」와 비교하는 것이 나을 것으로 판단했다.

24) 비록 이 연구에서 시도하지는 못했지만, 이러한 세대 차이는 두 연구의 교차
연구를 통하여 세대에 따른 변화 양상을 비교할 좋은 기회를 제공한다.

25) 이 연재의 마지막 기사는 농촌 특집 일반을 다루어서 전체 사례가 하나 줄었다.

26) 『민중열전』 제1권의 「서문」에서는 1차 연도 대상 인물에서 여성이 차지하는
비율이 25%, 2차 연도에서 15%, 3차 연도에서 20%에 불과하다면서, 평균 수
명이 길어 여성 생존자가 상대적으로 많은 현실에서 여성 구술자 비율이 현
저하게 낮은 이러한 현상을 재고해보아야 한다고 지적한다. 박경용, 『이두이
1925년 12월 25일생』(1), 눈빛, 2005, 16쪽.

27) 자서전·전기의 의의와 이론에 대해서는 김경일, 『근대 여성 12인, 나를 말하다』,
앞의 책의 제1장이 참조가 된다. 이하의 논의는 여기에 일부 의존하고 있다.

28) 이와 반대되는 사례가 없지는 않다. 예를 들면, 정해주는 젊은 세대가 자신들
이 얼마나 가난하게 살았는지 잘 모르기 때문에 자신 세대의 이야기가 "소중
한 재료가 될 수 있다"라고 언급한다(이양호, 『정해주 1926년 6월 9일생』(38),
20세기민중생활사연구단, 눈빛, 2008, 25쪽). 『민중열전』에서 유일하게 대학
교를 졸업한 조석장은 2006년 8월 2일자 전북일보에서 '자서전을 씁시다'라
는 글을 읽고서 그에 공감하여 자신의 회고록을 기고한 희귀한 경우다(장성
수, 『조석장 1928년 6월 20일생』(40), 20세기민중생활사연구단, 눈빛, 2008,
13쪽 및 135-136쪽).

29) 정형호, 『정원복 1923년 3월 17일생』(9), 눈빛, 2005, 21쪽.

30) 박규택, 『김기홍 1927년 3월 15일생』(19), 눈빛, 2007, 12쪽.

31) 조성실, 『윤영국 1933년 10월 18일생』(24), 눈빛, 2007, 13쪽.

32) 박규택, 『최대봉 1921년 12월 20일생』(34), 20세기민중생활사연구단, 눈빛,
2008, 16쪽.

33) 나선하, 『서한금 1929년 10월 25일생』(43), 20세기민중생활사연구단, 눈빛, 2008, 14-15쪽.

34) 정형호, 앞의 책, 15쪽.

35) 손승남, 「교육학적 전기연구와 구술적 면접법」, 『교육개발』 111권, 1998, 78-79쪽.

36) 제여매, 「자서전의 이론과 변천—자서전에서 '자전적 소설'로」, 『독어교육』 67, 2016, 204쪽, 218쪽.

37) 최경호, 『박현순 1945년 10월 23일생』(11), 눈빛, 2005, 42쪽.

38) Henrik Kaare Niesen, "Identitaet und Erzaehlung," in Michael Grote et. al. (eds.), Autobiographisches Schreiben in der deutschsprachigen Gegenwartsliteratur: Entwicklungen, Kontexte, Grenzgaenge, Bd. 3, Muenchen: Ludicium, 2009, s. 259, 제여매, 앞의 책, 220쪽.

39) 최경도, 「자서전 연구의 성격과 전망」, 『영미문학교육』, 제12집 1호, 2008, 129쪽.

40) Stephen Spender, "Confessions and Autobiography," James Olney (ed.), Autobiography: Essays Theoretical and Critical, Princeton: Princeton University Press, 1980, p. 122, 최경도, 같은 책, 130쪽.

41) Louis Coser, Masters of Sociological Thought: Ideas in Historical and Social Contest, Long Grove: Waveland Press, Inc., 1977 (신용하·박명규 역, 『사회사상사』, 한길사, 2016, 723쪽 이하), 손승남, 앞의 글, 78쪽.

42) 이희영, 「사회학 방법론으로서의 생애사 재구성—행위이론의 관점에서 본 이론적 의의와 방법론적 원칙」, 『한국사회학』 제39권 3호, 2005, 145쪽.

43) 한국구술사연구회, 『구술사—방법과 사례』, 선인, 2005, 96-100쪽.

44) 이수라, 앞의 책, 12쪽.

45) 유호식, 「자기에 대한 글쓰기 연구(2): 자서전과 성실성」, 『불어불문학연구』 86집, 2011, 190쪽.

46) 왕혜숙, 「사회적 공연으로서의 자서전 읽기-정주영 자서전에 나타난 기업인

정체성과 인정투쟁을 중심으로」, 『한국사회학』 제50권 5호, 2016, 47쪽.

47) 김양섭, 『박상규 1922년 6월 30일생』(4), 눈빛, 2005, 223쪽.

48) 노용석, 『박희춘 1933년 2월 26일생』(10), 눈빛, 2005, 11쪽.

49) 이태우, 『홍성두 1933년 10월 12일생』(23), 눈빛, 2007, 60쪽.

50) 면접자는 "아마도 자신의 삶 중에서 가장 행복했거나 가장 힘들었던 때였을 것"이라고 설명한다. 이경아, 『홍영수 1934년 5월 15일생』(46), 20세기민중생활사연구단, 눈빛, 2008, 15-16쪽 참조.

51) 이양호, 『여기원 1933년 10월 24일』(13), 눈빛, 2005, 12-13쪽. 구술 내용의 신뢰성은 이호영(제28권)의 경우에도 주요한 문제로 제기된 바 있다. 가족에 대해서는 말할 것도 없고 자신의 직접 경험 역시 자세하게 증언하지 않거나 왜곡된 형태로 증언한다고 판단한 면담자는 도서관 자료를 확인하거나 현지 조사를 통해 구술 내용의 사실관계를 확인하는 절차를 거쳤다(염철, 『이호영 1936년 6월 13일생』(28), 눈빛, 2007, 12-15쪽).

52) 참고로 면담자는 이 구술자가 한글 해독조차 힘든 상태였다고 밝히고 있지만, 구술자는 어릴 적 어머니로부터 일본 교과서를 배웠고, 면장 집에서 일하고 있을 때는 한 친구가 한글을 가르쳐줘서 읽을 수 있었다고 말한다(임경희, 『성송자 1932년 5월 5일생』(5), 눈빛, 2005, 14쪽, 43쪽).

53) 임경희, 같은 책, 14쪽.

54) 임경희, 같은 책, 29쪽, 35-36쪽, 61쪽.

55) 최경호, 앞의 책, 93쪽.

56) 임경희, 앞의 책, 14쪽.

57) 이양호, 앞의 책, 14쪽.

58) 이러한 점에서 이양호는 이 책의 서문에서 "지극히 사적인 구술 내용을 어느 정도까지 공표할 수 있는지, 면접 기간 동안 구술자의 건강이 따라줄 수 있는지 등의 문제"와 아울러 "가족의 반대로 포기하는 경우가 많"다는 점에서 가족의 동의가 중요하다고 언급한다(이양호, 같은 책, 14쪽).

59) 그에 따르면 이러한 인식은 나이 든 여성에게서 더욱 뚜렷하게 나타난다(박규택『김기홍 1927년 3월 15일생』(19), 앞의 책, 12쪽).

60) 박규택, 같은 책, 12쪽.

61) 이경아,『박민규 1922년 4월 20일생』(17), 눈빛, 2007, 14쪽.

62) 조성실, 앞의 책, 13쪽.

63) 김양섭,『이종윤 1931년 7월 19일생』(21), 눈빛, 2007, 13쪽, 16-17쪽.

64) 이 경우는 구술자가 이미 방송국이나 신문사의 인터뷰에 자주 응한 경험이 있다는 사실을 고려해야 한다. 기자 중 일부가 가족과의 직접 접촉을 시도함으로써 자신에 대한 가족의 분노를 심화시켰고, 이 때문에 가족 관계가 더욱더 멀어졌다고 생각했기 때문에 구술자는 가족과 관련한 이야기에 대해서는 회피하였다(염철, 앞의 책, 15쪽).

65) 최경도, 앞의 글, 131쪽, 임순미,「정치리더의 메타포―김대중 전 대통령의 자서전에 나타난 정치리더의 정체성」,『국제정치연구』제14권 1호, 2011, 129-130쪽.

66) 이유섭,「전기 연구의 이론과 현대적 의미」,『영미어문학』제78호, 2006, 148쪽.

제1장 시대 배경과 공간 조건

1) 임경희, 앞의 책, 12쪽.

2) 임경희,『심재언 1921년 9월 13일생』(16), 눈빛, 2007, 19쪽.

3) 임경희, 같은 책, 170-171쪽.

4) 최경호, 앞의 책, 71쪽.

5) 최경호, 같은 책, 180쪽.

6) 최경호, 같은 책, 185-187쪽.

7) 이균옥,『김종상 1939년 5월 11일생』(12), 눈빛, 2005, 13쪽.

8) 서현정, 『임창봉 1935년 1월 21일생』(14), 눈빛, 2005, 150쪽.

9) 임경희, 『심재언 1921년 9월 13일생』(16), 앞의 책, 19쪽.

10) 이경미, 『김숙중 1921년 4월 16일생』(32), 20세기민중생활사연구단, 눈빛, 2008, 15-16쪽.

11) 1920년대에 태어난 80대 노인들은 이후 세대에 비해 거의 이주하지 않고 자신이 태어난 고향에서 평생을 보낸 사람들이 많다고 하면서, "이는 그들의 사투리가 우리에게 굉장히 심해 보이는 것처럼 지역적인 생활 습성을 많이 가지고 있다는 것을 뜻한다"고 지적한다(김철호, 『김순현 1925년 2월 15일생』(36), 20세기민중생활사연구단, 눈빛, 2008, 14쪽).

12) 이태우, 앞의 책, 127쪽, 132쪽.

13) 유시주, 『베도 숱한 베 짜고 밭도 숱한 밭 매고―김점호』(6), 뿌리깊은나무, 1992, 13쪽.

14) 유시주, 같은 책, 173쪽.

15) 목수현, 『밥해 먹으믄 바느질허랴, 바느질 아니믄 빨래허랴―한상숙』(18), 뿌리깊은나무, 1991, 12쪽.

16) 목수현, 같은 책, 139-141쪽.

17) 김경일, 앞의 책, 95쪽.

18) 최경호, 앞의 책, 143쪽.

19) 서현정, 앞의 책, 151쪽.

20) 이태우, 앞의 책, 131쪽.

21) 이종윤에게 바람직한 과거의 이상은 마을을 중심으로 종중 지배가 유지되는 조선 시대 전통 유교 사회에 있다. 마을의 정체성과 집안의 고풍을 유지함으로써 그는 "만성(萬姓)이 머리를 조아리는 우리만의 터전이 계속 유지될 것"을 기대한다(김양섭, 『이종윤 1931년 7월 19일생』(21), 앞의 책, 245쪽).

22) 김양섭, 같은 책, 244쪽.

23) 최경호, 앞의 책, 192쪽.

24) 이태우, 앞의 책, 85쪽, 92-97쪽.

25) 이태우, 같은 책, 99쪽, 132쪽.

26) 마루보시(丸星)의 공식 명칭은 조선운송회사(주)로 일제 강점기 철도역에서 물자 운송과 하역을 전문으로 한 운송회사다. 1930년 설립된 조선미곡창고주식회사를 모태로 하는 대한통운이 1962년에 이 조선운송회사를 합병했기 때문에 당시 관행에 따라 구술자는 대한통운에서 일하는 인부나 그 장소를 일컫는 말로서 마루보시라는 용어를 사용한다.

27) 이양호, 『황태순 1935년 11월 21일생』(26), 눈빛, 2007, 124-128쪽.

28) 이양호, 같은 책, 129-131쪽.

29) 1968년 동아그룹이 인수하면서 민영화된 대한통운은 1977년부터 사우디아라비아 항만 운송과 카타르 운송사업 등 중동 지역 운송업을 독점하다시피 하였다.

30) 이양호, 앞의 책, 151쪽.

31) 이양호, 같은 책, 128-129쪽. 오해를 피하기 위해 말하자면 "먹고사는 게 걱정"이라는 말에는 단순한 생계의 유지뿐만 아니라 위의 홍성두나 다음의 김순현에서도 그러하듯이 자녀들의 교육도 포함하는 경우가 많다.

32) 김철호, 앞의 책, 71-72쪽.

33) 그랬기 때문에 "배가 고픈 세월이라 몇 번을 먹어도 자꾸 입을 다시이끼"는 만큼 밥을 많이 먹었다고 그는 말한다. "60년대, 70년대 되면서 차차 밥으로 덜 먹"게 되었는데, "농사가 차차 기계화되면서 노동을 그때 같이 안 하"기 때문이다(김철호, 같은 책, 71쪽, 76쪽).

34) 김철호, 같은 책, 84-89쪽.

35) 김양섭, 『이종근 1925년 3월 23일생』(37), 20세기민중생활사연구단, 눈빛, 2008, 60-64쪽, 71-72쪽, 80쪽, 106-107쪽.

36) 김양섭, 같은 책, 135-137쪽.

37) 김양섭, 같은 책, 206-208쪽, 241-246쪽.

38) 이은정, 『유춘성 1929년 6월 9일생』(41), 20세기민중생활사연구단, 눈빛, 2008, 31쪽.

39) 마지막으로 사과 장사를 10년 정도하고 차린 복덕방은 남편과 큰아들과 셋이서 운영했는데 남편이 복덕방 일하는 데 도움이 되었다고 하면서도 기원에 가서 밤새워 바둑만 두었다고 말한다. 그런데도 그녀는 아이들이 말썽 피울 때 혼을 낸다든지 하는 이유에서 "돈을 안 벌고 있어도 애들 키우는 데는 아버지가 있어야" 한다고 생각한다(이은정, 같은 책, 92-97쪽, 124쪽).

40) 이은정, 같은 책, 80-85쪽.

41) 이은정, 같은 책, 101쪽.

42) 문애리, 『하봉연 1929년 6월 29일생』(42), 20세기민중생활사연구단, 눈빛, 2008, 89쪽.

43) 문애리, 같은 책, 109쪽.

44) 문애리, 같은 책, 86쪽, 109쪽, 121쪽.

45) 문애리, 같은 책, 129쪽, 162쪽.

46) 유시주, 앞의 책, 39쪽, 169쪽.

47) 유시주, 같은 책, 41쪽, 63쪽.

48) 이들 중에서 옷가게와 유선업, 낚시업은 구술자의 중심 직업이자 동시에 그가 거주하는 마산의 주요 직종이고, 나머지는 "중간중간에 큰 공간이 생길 때 연결시키는 끈 역할밖에" 하지 않은 업종으로 연쇄점, 인쇄소, 통닭집, 돼지불고기집, 홍합양식, 연쇄점 딸린 횟집이 특히 그러하다(이경미, 『이기범 1933년 6월 1일생』(6), 눈빛, 2005, 16-17쪽, 167쪽).

49) 이경아, 『박민규 1922년 4월 20일생』(17), 앞의 책, 12쪽, 42-43쪽, 54쪽, 63쪽, 75쪽, 83쪽.

50) 나선하, 『나덕운 1929년 6월 6일생』(20), 눈빛, 2007, 104쪽, 195쪽, 200쪽, 218-219쪽.

51) 박경용, 앞의 책, 157쪽, 207쪽, 308-309쪽.

52) 정형호, 앞의 책, 14쪽.

53) 서현정, 『최한채 1935년 1월 21일생』(15), 눈빛, 2005, 28쪽, 35-40쪽, 50-61쪽, 95쪽.

54) 박규택, 『김기홍 1927년 3월 15일생』(19), 앞의 책, 53-58쪽, 103-105쪽.

55) 이경미, 『조풍도 1933년 9월 8일생』(22), 눈빛, 2007, 13쪽, 63-67쪽.

56) 박규택, 『최대봉 1921년 12월 20일생』(34), 앞의 책, 36쪽, 69쪽, 91쪽.

57) 이균옥, 『나영래 1923년 2월 14일생』(35), 20세기민중생활사연구단, 눈빛, 2008, 27-35쪽, 38-39쪽, 87-88쪽, 109-112쪽.

58) 장성수, 앞의 책, 13쪽, 48쪽, 79-80쪽.

59) 그렇다고 해서 남성 생계 부양자 모델이 완벽하게 작동한 것은 아니라는 사실은 근래에 들어와 도전받고 있는 논쟁 가운데 하나다.

60) 여성이 구술자가 되는 이외에 대부분의 남성 구술자의 구술에서 이들 여성이 행하는 일은 잘 드러나지 않는다. 간혹 드물게 언급되는 이외에 그것은 당연한 것으로 간주되거나 구술할 가치가 없는 것으로 여겨지기 때문이다.

61) 이경미, 『이기범 1933년 6월 1일생』(6), 앞의 책, 80-82쪽.

62) 서현정, 『최한채 1935년 1월 21일생』(15), 앞의 책, 62쪽.

63) 이태우, 앞의 책, 144-147쪽.

64) 이양호, 『황태순 1935년 11월 21일생』(26), 앞의 책, 16쪽.

65) 이균옥, 『나영래 1923년 2월 14일생』(35), 앞의 책, 81쪽, 114-115쪽.

66) 이양호, 『정해주 1926년 6월 9일생』(38), 20세기민중생활사연구단, 눈빛, 2008, 86쪽, 197쪽.

67) 이양호, 같은 책, 38쪽.

68) 어린 시절부터 성송자에게 죽음은 낯익은 주제였다. 아버지가 첩을 얻어 따로 생활하면서 가족을 전혀 돌보지 않았기 때문에 그녀의 어머니는 가난과 기아 상태에서 "임종이고 뭐고 언제 죽었는지 모"른 상태에서 죽었다. 그 이전에 맞은 동생의 죽음과 함께 그녀는 "너무 아파 힘이 없어서 머리를 풀어

헤치고 두 눈을 뜨고 죽"은 어머니의 모습을 지켜봐야 했다. 핍박받던 양모가 죽었다는 소식을 듣고도 "부모라고 있었는데 떠나갔으니까 앞이 캄캄하고" 매우 슬펐다고 말한다. 속만 썩이다 급작스럽게 죽은 남편에 대해서도 "갑자기 가니까 그 가는 길이 그렇게 쉽고 그런가, 한번 가 봤으면 싶"었다는 심정을 토로한다. "나는 클 때부터 살아야 된다는 거 고거 밖에 몰랐지요. 살아야 된다 하는 거, 나는 살아야 된다, 오직 살자, 살자 어떻게 해도 살아가 어떤 꿈이 안 있겠나, 살자 이것밖에 없었"다는 그녀의 말은 이러한 죽음의 경험에서 나온 고통스러운 절규다(임경희, 『성송자 1932년 5월 5일생』(5), 앞의 책, 29-30쪽, 52쪽, 86쪽, 145쪽, 165-166쪽).

69) 유시주, 앞의 책, 173쪽.

70) 오현주, 『나 죽으믄 이걸로 끄쳐 버리지─박나섭』(7), 뿌리깊은나무, 1992, 69-72쪽.

71) 강윤주, 『여보, 우리는 뒷간밲에 갔다온 데가 없어─이광용』(16), 뿌리깊은나무, 1991, 97-98쪽.

72) 박주언, 『"에이 짠한 사람!" 내가 나보고 그라요─채정례』(20), 뿌리깊은나무, 1991, 81쪽.

73) 한미옥, 『안성만 1928년 10월 12일생』(3), 눈빛, 2005, 28-29쪽, 32쪽.

74) 소학교도 가지 못한 자신을 많이 배운 사람들이 박사라고 하면서 대우를 해주기 때문에 복지관에 나간다고 그는 말한다(한미옥, 같은 책, 97쪽).

75) 김양섭, 『박상규 1922년 6월 30일생』(4), 앞의 책, 29-34쪽, 240쪽.

76) 임경희, 『성송자 1932년 5월 5일생』(5), 앞의 책, 38쪽, 43쪽.

77) 임경희, 같은 책, 50-51쪽.

78) 임경희, 같은 책, 101-102쪽.

79) 이경미, 『이기범 1933년 6월 1일생』(6), 앞의 책, 46-48쪽.

80) 이수라, 앞의 책, 22-23쪽.

81) 한미옥, 『서순례 1927년 1월 23일생』(18), 눈빛, 2007, 29-30쪽.

82) 정형호, 앞의 책, 11쪽, 23쪽, 30쪽

83) 정형호, 같은 책, 55-65쪽.

84) 최경호, 앞의 책, 24쪽, 71쪽.

85) 이양호, 『여기원 1933년 10월 24일』(13), 앞의 책, 27-28쪽.

86) 이양호, 같은 책, 31-32쪽.

87) 임경희, 『심재언 1921년 9월 13일생』(16), 앞의 책, 27-28쪽.

88) 이경아, 『박민규 1922년 4월 20일생』(17), 앞의 책, 17쪽.

89) 이경아, 같은 책, 19-28쪽.

90) 이경아, 같은 책, 11쪽.

91) 조성실, 앞의 책, 20-21쪽, 33쪽.

92) 정형호, 『김점칠 1935년 4월 1일생』(25), 눈빛, 2007, 45-46쪽, 66-69쪽.

93) 이양호, 『황태순 1935년 11월 21일생』(26), 앞의 책, 35쪽, 167쪽.

94) 하지만 "보통학교에는 여자가 있었"던 것으로 그는 기억한다(박규택, 『최대봉 1921년 12월 20일생』(34), 앞의 책, 38-39쪽).

95) 박규택, 같은 책, 107-109쪽.

96) 박규택, 같은 책, 164-165쪽.

97) 문애리, 앞의 책, 15쪽, 23쪽.

98) "자네 [면담자─필자도 아익 멀었다. 우리는 나이가 많아가 퍼뜩 잊어 뿌지만, 그것도 살아가마 배아 나야 된다. 그렇다고 적어 놔라. 그런 거 배아야 된다"거나, 책력을 "안 갈채믄 대학을 나와도 모른다 카이. (…) 가들도 이런 거는 모른다. (…) 요거를 보고 배아야 된다. (…) 근데 그거 모르는 사람 천지라니까"하고 말하는 대목에서, 혹은 대학생 손녀에게 "니는 안 된다. 학교 댕기는 값어치가 없다. 할매가 갈채 준 대로 배아 놓으마 낸주 다 써 묵는다"는 책망이 그러하다(문애리, 같은 책, 21쪽, 25쪽).

99) "농사도 나쁘지 않지만은, 골탕 안 당하나"라고 그녀는 반문한다(문애리, 같은 책, 146쪽).

100) 유시주, 앞의 책, 160-161쪽.

101) 강윤주, 『시방은 안 해, 강강술래럴 안 해─최소심』(9), 뿌리깊은나무, 1992, 13쪽. 42쪽, 124쪽.

102) 강윤주, 같은 책, 38쪽.

103) 예를 들면, 박상규, 성송자, 이기범, 정원복, 박현순, 여기원, 심재언, 윤영국, 이종근, 서한금, 김점호 등을 들 수 있다. 이 밖에도 학교에 가고 싶지만 집에서 보내주지 않아서, 혹은 공부를 계속하면 "식구가 굶어죽는다"는 아버지의 뜻에 따라 보통학교만 졸업한 최대봉(박규택, 『최대봉 1921년 12월 20일생』(34), 앞의 책, 39쪽)이나 전수원(염철, 『전수원 1930년 1월 12일생』(44), 20세기민중생활사연구단, 눈빛, 2008, 41쪽)의 사례도 있다. 전수원은 아버지와는 달리 공부를 잘하니까 청주사범학교를 가라는 일본에 가 있는 형의 권유가 있었다. 자신에게 글을 배우라고 야단했던 최소심(전술)의 오빠와 비슷한 양상을 보인 것이다.

104) 장성수, 앞의 책, 13쪽, 55-56쪽.

105) 박경용, 앞의 책, 25쪽.

106) 신경란, 『이부자리 피이 놓고 암만 바래도 안 와─성춘식』(8), 뿌리깊은나무, 1992, 43쪽.

107) 정형호, 『김점칠 1935년 4월 1일생』(25), 앞의 책, 22쪽.

108) 김연옥, 『이 "계동 마님"이 먹은 여든살─이규숙』(4), 뿌리깊은나무, 1992, 20쪽, 82-83쪽.

109) 정형호, 『윤정희 1931년 1월 18일생』(45), 20세기민중생활사연구단, 눈빛, 2008, 27쪽.

110) 나선하, 『서한금 1929년 10월 25일생』(43), 앞의 책, 52-53쪽.

111) 이은정, 『유춘성 1929년 6월 9일생』(41), 앞의 책, 24쪽.

112) 성송자가 부모를 일찍 여읜 고아라는 사실을 고려해야 한다. 사회 일반의 그것은 어쩔 수 없었다 하더라도 아버지로 대표되는 존재가 집안에 없었기 때

문에 적어도 아버지를 통한 가부장제의 영향은 아예 차단되어 버린 점이 있다는 것이다.

113) 그는 "삼일운동 이후부터 여자들을 학교에 많이 보냈다고 하는데, 아마 30년대 이후에 와서야 시골에서도 여자들도 배워야 한다는 의식이 일어난 것 같"다고 회상한다(김양섭, 『이종근 1925년 3월 23일생』(37), 앞의 책, 57-59쪽).

114) 이를 잘 보이는 사례로 김기송은 1942년 그의 나이 열 살 때 이사 간 지역에서 정원이 찼다는 이유로 전학을 할 수 없게 되자 일본인 교장에게 사흘 동안 무릎을 꿇고 사정해서 가까스로 학교에 간 경험을 말한다. 자신의 고집으로 학교에 들어갈 수 있었다고 하면서 그는 만일 그때 학교에 가지 않았더라면 자신이 "딴 길로 갔을지도 모"른다고 회상한다(정은숙, 『김기송 1933년 11월 26일생』(2), 눈빛, 2005, 28-29쪽). 그러나 식민 정책에 의한 영향을 자동적, 기계적으로 적용하는 경향은 경계해야 한다. 체제와 정책 차원과 개인이나 지역 차원에서 그것이 발현되는 양상은 다를 수 있기 때문이다. 예컨대 제8권의 박남진은 초등학교 졸업 이후 할아버지로부터 『소학』, 『대학』, 『논어』, 『맹자』를 배우기로 예정하고 준비하던 중 졸업을 앞둔 어느 날 일본인 교장의 부름을 받았다. 월사금을 내지 못해서 불려갔다고 생각해서 떨리는 마음으로 교장실로 간 박남진에게 교장은 생각지도 않게 졸업 후 진로를 물어왔다. 보통학교를 나왔는데 한문을 배우는 것은 말도 안 된다고 생각한 교장은 "한문 읽으려고 준비하고 있다"는 박남진의 대답에 깜짝 놀라서 "안 돼! 뒤떨어지는 소리 하지 마"라고 호통을 치면서 신식 공부를 하라고 권유했다(박이준, 『박남진 1922년 5월 25일생』(8), 눈빛, 2005, 47쪽). 일본인 교장의 반대는 봉건 조선과 근대 일본이라는 인식틀을 반영한 것이지만, 결과에서는 교육을 장려한다는 점에서 공식화된 식민 서사의 믿음과는 어긋나는 사례에 속한다.

115) 그 사례로는 23권의 홍성두를 들 수 있다. 홍성두는 자신이 어린 시절에는 학교 다니는 사람이 별로 없어서 동네에 개설된 야간학교에서 배웠다. 그러

나 나중에 군대에서 글을 배우면서 그는 학교 다닌 거나 마찬가지로 잘 배웠다고 말한다(이태우, 앞의 책, 31-32쪽, 44쪽).

116) 예를 들면, 강학계·유계는 박희춘(제10권), 유림회나 서원 활동은 여기원(제13권), 풍수는 안성만(제3권), 나덕운(20권), 생활유물 수집은 박현순(11권) 등을 들 수 있다.

117) 임경희, 『성송자 1932년 5월 5일생』(5), 앞의 책, 115-117쪽, 165쪽.

118) 임경희, 같은 책, 165-166쪽.

119) 임경희, 같은 책, 84쪽.

120) 최경호, 앞의 책, 174-175쪽.

121) 나선하, 『서한금 1929년 10월 25일생』(43), 앞의 책, 109쪽, 115-116쪽.

122) 박경용, 앞의 책, 49쪽, 127-128쪽.

123) 박경용, 같은 책, 177-178쪽, 198-199쪽. 교통비 여유가 없어 걸어 다니는 것은 이 시기에 일반화되었다고 할 정도로 자주 찾아볼 수 있다. 이종근(37권)은 예전에는 돈을 아끼기 위해서 차를 타지 않고 다들 걸어 다녔다고 말한다. "그때는 보통 다들 걸어가는 거를 밥 먹듯이 했"다는 것이다(김양섭, 『이종근 1925년 3월 23일생』(37), 앞의 책, 231쪽). 50-60kg은 족히 되는 무거운 땔나무를 지게에 지고 금토동에서 서울 염천교나 용산, 송파까지 밤새도록 걸어 다니면서 그는 땔나무를 팔았다(김양섭, 같은 책, 55쪽). 제9권의 정원복 역시 등기소나 구청을 다닐 때는 절대 버스를 타지 않고 꼭 걸어가는 근면, 절약의 습관이 몸에 배었다고 말한다(정형호, 『정원복 1923년 3월 17일생』(9), 앞의 책, 373-374쪽).

124) 한미옥, 『안성만 1928년 10월 12일생』(3), 앞의 책, 77-78쪽, 117쪽.

125) 한미옥, 같은 책, 68쪽, 76쪽.

126) 임경희, 『성송자 1932년 5월 5일생』(5), 같은 책, 12쪽.

127) 임경희, 같은 책, 18-20쪽, 42쪽, 59쪽.

128) 임경희, 같은 책, 161쪽.

129) 박이준, 앞의 책, 38-39쪽, 70쪽.

130) '돌쎈다'는 말로 표현하는 그러한 일을 여름에 한두 번씩은 겪는다고 그는
    언급한다. 노용석, 앞의 책, 39-41쪽.

131) 이양호, 『여기원 1933년 10월 24일』(13), 앞의 책, 22쪽, 27-28쪽.

132) 한미옥, 『서순례 1927년 1월 23일생』(18), 앞의 책, 28쪽.

133) 이은정, 『박지선 1918년 9월 3일생』(30), 20세기민중생활사연구단, 눈빛,
    2008, 89-92쪽.

134) 이은정, 같은 책, 109-113쪽, 121-130쪽.

135) 이은정, 같은 책, 144-145쪽, 156쪽.

136) 박규택, 『최대봉 1921년 12월 20일생』(34), 같은 책, 61쪽.

137) 김양섭, 『이종근 1925년 3월 23일생』(37), 같은 책, 37쪽, 47쪽.

138) 김양섭, 같은 책, 43쪽.

139) 나선하, 『서한금 1929년 10월 25일생』(43), 앞의 책, 123-125쪽.

140) 나선하, 같은 책, 111쪽.

141) 나선하, 같은 책, 82쪽.

142) 유시주, 앞의 책, 21쪽, 161쪽.

143) 유시주, 같은 책, 26쪽.

144) 유시주, 같은 책, 70쪽.

145) 강윤주, 『여보, 우리는 뒷간뱍에 갔다온 데가 없어ㅡ이광용』(16), 앞의 책,
    117쪽.

146) 강윤주, 같은 책, 90-97쪽.

147) 강윤주, 같은 책, 124-125쪽.

148) 강윤주, 같은 책, 121-122쪽.

149) 깅윤주, 같은 책, 127-129쪽.

150) "영감도 몰르게 은근히 시방도 눈물이 날 때가 많아요. 잠 한나도 못 자고 허
    는 때가 많아. 어떤 때는 내가 아침에 일어나 그래. "아이고 하루 더 살았네"

그러면 "무신 소리가. 하루 더 살았다고?" 그래. 우리 영감이. "어찌게 잠 한 숨 못잤으니까 하루 더 산 거지" 그래. 내가. "왜 못 잤나" 그러면 "잠이 안 왔으니까, 못 잤지. 이렇게 세월을 산 내가 한심해, 한심해. 사람 구실을 못 허구 살다 죽을 생각을 허면 그게 한심해서 못 잤다구 소리지"른다는 것이 다(강윤주, 같은 책, 120-122쪽).

151) 강윤주, 같은 책, 13쪽.

152) 김정호, 『칫다리 잡을라, 옹구 풀라, 밥해 묵을라—김우식』(19), 뿌리깊은나 무, 1991, 34쪽.

153) 김정호, 같은 책, 23=24쪽.

154) 박주언, 앞의 책, 27쪽.

155) 박주언, 같은 책, 38쪽, 44쪽.

156) 박주언, 같은 책, 116쪽.

157) 박주언, 같은 책, 160-161쪽.

158) 박주언, 같은 책, 123쪽.

159) 박주언, 같은 책, 81쪽.

제2장 가족과 젠더

1) 궁극에서 그것은 자본주의 시장 경제가 전면화하는 현실에서 경제 역할의 성 별 분업과 여성의 경제 독립이라는 문제로 수렴되지만, 이 글에서는 논의하 지 않는다.

2) 박경용, 앞의 책, 68-69쪽, 71-74쪽.

3) 임경희, 『성송자 1932년 5월 5일생』(5), 앞의 책, 20쪽, 29-31쪽.

4) 임경희, 같은 책, 39-43쪽.

5) 임경희, 같은 책, 46쪽.

6) 임경희, 같은 책, 52쪽, 162쪽.

7) 조성실, 앞의 책, 19-23쪽, 95쪽.

8) 조성실, 같은 책, 98쪽.

9) 이양호, 『정해주 1926년 6월 9일생』(38), 앞의 책, 24-28쪽.

10) 이경아, 『홍영수 1934년 5월 15일생』(46), 앞의 책. 비슷한 사례는 『민중자서전』의 박나섭(제7권)에서도 찾아볼 수 있다. 늘그막에 그는 "쉰 해를 바람처럼 옮겨 다니며 고작 한 달에 한 번, 두 달에 한 번 또는 여섯 달 만에 한 번 집에 들르고 하여 제대로 가장 노릇을 못한" 회한을 품고 살아간다(오현주, 앞의 책, 12쪽).

11) 문애리, 앞의 책, 22-23쪽.

12) 정형호, 『윤정희 1931년 1월 18일생』(45), 앞의 책, 24쪽, 85쪽, 126-127쪽.

13) 김택춘, 『장돌뱅이 돈이 왜 구린지 알어?―유진룡』(5), 뿌리깊은나무, 1992, 11쪽, 81-83쪽.

14) 김택춘, 같은 책, 11-15쪽.

15) 김택춘, 같은 책, 111쪽.

16) 김택춘, 같은 책, 78-79쪽.

17) 신경란, 『대라, 틀어라, 박아라!―송문옥』(13), 뿌리깊은나무, 1992, 11-12쪽, 22-23쪽.

18) 강윤주, 『여보, 우리는 뒷간백에 갔다온 데가 없어―이광용』(16), 같은 책, 101쪽.

19) 강윤주, 같은 책, 100-102쪽.

20) 등장인물 전체 가구원 수 302명을 사례 수인 46명으로 나눈 수치다. 참고로 1930년대 전반 『신동아』에서 조사한 가구원 수를 보면 전체 가구원 수 218명에 대한 38가구의 평균 가구원 수는 5.7명으로 『민중열전』의 가구원 수보다 적은 수치를 보였다(김경일, 『근대의 여성, 근대의 가족』, 푸른역사, 2012, 190쪽). 『신동아』의 조사 대상이 도시 신여성으로 일컫는 가정주부라는 점을 고

려해보면, 도시 중산층에 비해 농촌이나 지방 중소도시에 거주하는 하층민이 주류를 이루는 『민중열전』 인물의 가족 구성원 수가 조금 더 높은 수치를 보인다. 시기에 따른 변차는 『민중열전』 인물의 출생 연도가 1900년대에서 1940년대의 넓은 범위에 걸쳐 있지만, 1920년대 출생이 52%로 절반이 넘는 비중을 차지한다는 점에서 두 사례를 대략 비슷한 시기로 가늠해도 무방할 것으로 가정하였다.

21) 그는 당시의 군대는 "빽없이 빽없는 놈이 가는 거"라고 말한다. 몸이 약하고 나이가 많아서 군에 안 갈 수도 있었던 형은 군에 가서 전사했고, 눈이 나빠 소집이 면제된 자신도 "중간에 무슨 농간으로 (…) 사지 멀쩡하고 돈이 있는 놈은 전부 빠져버리고 대신으로" 자신이 "누구에게 업혀가"서 소집되었을 거라고 생각한다. "개판이고 더러운" 군대 생활을 마치고도 그는 사무 착오와 제대비 수령을 위해 두 달이나 더 복무해야 했다. 제대 이후에도 그는 불심 검문에 걸려 인근 사단에서 훈련을 받는 등의 수난을 겪었다. "군에 안 간 놈은 여 앉아 술 먹고, 군에 간 놈은 또 50사단 훈련 보내"는 거보다 더 억울한 일이 없다는 것이다(박경용, 앞의 책, 184쪽, 189-191쪽). 당시의 군에 대한 그의 감정은 분노와 억울함으로 점철되어 있다.

22) 박경용, 같은 책, 184-188쪽.

23) 이에 관한 자세한 논의로는 김경일, 『근대 여성 12인, 나를 말하다』, 앞의 책, 125쪽 이하 참조.

24) 이는 1980년 5월 민중항쟁에서 여성들의 경험에 대한 구술 사업의 1차 좌담에 참석한 이화경이 언급한 것이다. 이정우 편, 『광주, 여성: 그녀들의 가슴에 묻어 둔 5.18 이야기』, 후마니타스, 2012, 343쪽 참조.

25) Anthony Giddens and Phillip W. Sutton, *Sociology* (8th Edition), Cambridge: Polity Press, 2017 (김미숙 외 옮김, 『현대사회학』, 을유문화사, 2018, 443쪽) 참조. 그런가 하면 근대로의 이행 과정에서 아버지 부재 현상은 소설 같은 문학 작품들을 통해서도 표현되어왔다. 프로이트(Sigmund Freud)의

'가족 로망스' 개념은 봉건 체제를 부정하고 근대 세계를 창조해낸 근대 기획 일반에서 작동하는 집단 무의식을 이해하는 데 일정한 시사점을 제공한다. 즉, 근대 이행 과정은 봉건 체제라는 현실의 아버지를 부정하고, 새로운 근대 체제라는 상상의 아버지를 호명하고 구성하는 것으로, 여기서 아버지는 부정되고 부재하는 것으로 제시된다(김명인, 「한국 근현대 소설과 가족 로망스─하나의 시론적 소묘」, 『민족문학사연구』, 2006, 333쪽, 김경일, 『근대 여성 12인, 나를 말하다』, 앞의 책, 125쪽).

26) 김경일, 같은 책, 127-128쪽.

27) 박경용, 같은 책, 39쪽, 50-52쪽.

28) 정은숙, 앞의 책, 22-23쪽.

29) 정형호, 『김점칠 1935년 4월 1일생』(25), 앞의 책, 21쪽.

30) 중국에 공안으로 일할 때는 돈도 잘 벌고 잘 지냈는데 해방되고 한국으로 돌아와서 경찰 일을 하면서는 "능력대로 마음대로 잘 안 되니까 화도 나고" 그랬기 때문에 집을 나간 거 같다고 박지선은 생각한다(이은정, 『박지선 1918년 9월 3일생』(30), 앞의 책, 108-109쪽, 127-128쪽, 132-136쪽).

31) 박규택, 『최대봉 1921년 12월 20일생』(34), 앞의 책, 24-7쪽, 33-5쪽.

32) 후술할 홍영수의 사례에서 보듯이 해방 이후에는 병역을 피하기 위해 집을 떠나기도 했다. 이 경우에도 병역 기피가 유일한 이유라기보다는 가난이 주요 요인으로 작용한 것은 물론이다.

33) 아버지가 따로 산 집에 오빠 둘이 있었다는 진술로 미루어 볼 때(임경희, 『성송자 1932년 5월 5일생』(5), 앞의 책, 31쪽), 성송자의 어머니는 두 번째 맞은 '첩'으로 보인다.

34) 그러나 이제는 그러지 않다고 하면서 그녀는 "건강한 몸을 주는데 내가 안 그래야지"하는 사실을 깨달았다고 덧붙인다. 임경희, 같은 책, 18쪽, 31-32쪽.

35) 이경아, 『박민규 1922년 4월 20일생』(17), 같은 책, 21-22쪽.

36) 강윤주, 『여보, 우리는 뒷간백에 갔다온 데가 없어─이광용』(16), 앞의 책, 93쪽.

37) 한미옥, 앞의 책, 51-52쪽.

38) 이경미, 『김숙중 1921년 4월 16일생』(32), 같은 책, 32-37쪽, 90쪽.

39) 장성수, 『조석장 1928년 6월 20일생』(40), 20세기민중생활사연구단, 눈빛, 2008, 22-23쪽, 109-110쪽.

40) 김원석, 『두렁 바위에 흐르는 눈물─전동례』(1), 뿌리깊은나무, 1981, 129-131쪽.

41) 장성수, 앞의 책, 21쪽.

42) 정은숙, 앞의 책, 24쪽.

43) 박경용, 앞의 책, 52쪽, 56-57쪽.

44) 박경용, 같은 책, 104쪽, 111쪽.

45) 박경용, 같은 책, 145쪽.

46) 박경용, 같은 책, 57쪽, 217쪽.

47) 정은숙, 앞의 책, 165쪽.

48) 정은숙, 같은 책, 78쪽, 106쪽.

49) 정은숙, 같은 책, 80쪽.

50) 정은숙, 같은 책, 162쪽.

51) 임경희, 『성송자 1932년 5월 5일생』(5), 앞의 책, 149-151쪽.

52) 박미아, 『옛날엔 날 사공이라고 했지─서영옥』(10), 뿌리깊은나무, 1992, 51쪽.

53) 김양섭, 『박상규 1922년 6월 30일생』(4), 앞의 책, 193쪽.

54) 임경희, 『심재언 1921년 9월 13일생』(16), 앞의 책, 24쪽.

55) 그는 담배는 "대화 속의 악세서리지 인권의 어떠한 자존심도 품위를 손상시키는 그러한 문제로 풀어나가서는 안 된다"고 생각한다. 이러한 문제의식은 지역의 함안농민회 회장 경력과 관련해서 설명될 수 있다. 1969년 5월 16일자의 일기에서 그는 집안 사당을 유지하기 위해서 찬조금을 요구하는 오촌에 대해 "우리 집은 족보에서 빼어버리든가 하면 안" 되느냐고 반문하면서 자신에게 집안 같은 게 무슨 소용이 있느냐고 넋두리를 늘어놓고 있다. 가난이 기

저에 깔린 상태에서 가부장제에 대한 반발이 여기에는 깔려 있다. 이경미, 『조풍도 1933년 9월 8일생』(22), 앞의 책, 44-46쪽, 176쪽 참조.

56) 남자 친구나 남편을 '오빠'로 부르는 세태에 대해서도 그는 비판한다. 어떻게 "오빠하고 같이 자고 아 놓고 하느냐"고 반문하는 것이다(이양호, 『여기원 1933년 10월 24일』(13), 앞의 책, 23-24쪽).

57) 이수라, 앞의 책, 169-170쪽.

58) 이경아, 『박민규 1922년 4월 20일생』(17), 앞의 책, 17-19쪽.

59) 이경아, 같은 책, 26-27쪽.

60) 이경아, 같은 책, 58쪽.

61) 박경용, 앞의 책, 281쪽.

62) 정은숙, 앞의 책, 77쪽. 괄호 안은 필자가 한 것임.

63) 김양섭, 『박상규 1922년 6월 30일생』(4), 앞의 책, 194쪽.

64) 임경희, 『성송자 1932년 5월 5일생』(5), 앞의 책, 76쪽, 85쪽.

65) 이경미, 『이기범 1933년 6월 1일생』(6), 앞의 책, 47쪽.

66) 최경호, 앞의 책, 174쪽.

67) 이경아, 『박민규 1922년 4월 20일생』(17), 앞의 책, 121쪽.

68) 한미옥, 『서순례 1927년 1월 23일생』(18), 앞의 책, 30-31쪽.

69) 박규택, 『김기홍 1927년 3월 15일생』(19), 앞의 책, 60쪽.

70) 나선하, 『나덕운 1929년 6월 6일생』(20), 앞의 책, 69쪽.

71) 신경란, 『이부자리 피이 놓고 암만 바래도 안 와―성춘식』(8), 앞의 책, 160쪽.

72) 신경란, 같은 책, 12-13쪽, 24쪽.

73) 미국의 사회학자인 혹실드는 자신의 할아버지 세대에서 주로 남성이 쓴 육아 지침서들을 보면 아버지가 가정에서 하는 구실을 아내가 육아에 온전히 전념하고 있는지 감독하는 것으로 한정하는 경향이 있다고 지적한다. 아울러 20세기 미국에서 심리학자, 교육학자, 의사, 자선가, 개혁가도 하나같이 육아를 오롯이 어머니의 소임으로 간주했다(Arlie Russel Hochschild, *The Outsourced*

Self: What Happens When We Pay Others to Live Our Lives for Us, New York: Metropolitan Books, 2012 (류현 역, 『나를 빌려 드립니다―구글 베이비에서 원톨로지스크까지, 사생활을 사고파는 아웃소싱 자본주의』, 이매진. 2013, 220쪽).

74) 김양섭, 『박상규 1922년 6월 30일생』(4), 앞의 책, 201쪽.

75) 김양섭, 같은 책, 230-234쪽.

76) 이수라, 앞의 책, 166-167쪽.

77) 한미옥, 『안성만 1928년 10월 12일생』(3), 앞의 책, 115쪽.

78) 이경미, 『이기범 1933년 6월 1일생』(6), 앞의 책, 40쪽.

79) 이수라, 앞의 책, 89쪽.

80) 이경미, 『이기범 1933년 6월 1일생』(6), 앞의 책, 186쪽.

81) 한미옥, 『서순례 1927년 1월 23일생』(18), 앞의 책, 18-19쪽.

82) 그의 아내인 이종예는 "일할 사람 없다고 나만 일시키 먹을라고" 분가를 시켜주지 않았다고 회상한다. 남편인 최대봉은 "요새 생각하마 내가 설득을 해 데리고 나가 기숙사에서도 살 수 있었는데" 자신이 처신을 '잘못했다'고 생각한다(박규택, 『최대봉 1921년 12월 20일생』(34), 앞의 책, 117-118쪽, 159쪽).

83) 이와 관련한 지식인 여성의 사례에 대해서는 김경일, 『근대 여성 12인, 나를 말하다』, 앞의 책, 123-124쪽, 141-150쪽 참조.

84) 박경용, 앞의 책, 47-48쪽, 127-128쪽.

85) 한미옥, 『안성만 1928년 10월 12일생』(3), 앞의 책, 110쪽.

86) 김양섭, 『박상규 1922년 6월 30일생』(4), 앞의 책, 227쪽, 240쪽.

87) 임경희, 『성송자 1932년 5월 5일생』(5), 앞의 책, 22쪽.

88) 이경미, 『이기범 1933년 6월 1일생』(6), 앞의 책, 31-32쪽.

89) 이수라, 앞의 책, 140쪽.

90) 박현순의 누이나 다음에 서술할 서순례는 앞의 제1장 1절에서 논의한 시공간의 제약에도 해당하는 사례이다.

91) 마지막 넷째 누이만 초등학교 교육을 받은 것은(최경호, 앞의 책, 24쪽) 근대화의 진전과 그에 따른 사회의식 일반의 변천을 반영한다.

92) "딸들은 또 지들이 잘하기도 해서 덜 신경이 쓰이고, 아들이 제일 많이 신경이 쓰"인다고 그는 덧붙인다(최경호, 같은 책, 175쪽).

93) 한미옥, 『서순례 1927년 1월 23일생』(18), 앞의 책, 84-85쪽.

94) 여기서 '그 사람들'이란 '자기네 식구들'이라든가 동네 사람 중에서 "어느 정도 알 만한 사람"들을 말한다. 이들의 공통점은 남자들이라는 점이다. "안 여자들은 모"르니까 "'어떤 사람이 적합하다' 그렇게 해서 (남자들이-필자) 시키는 대로만 했다"는 것이다(한미옥, 같은 책, 134쪽).

95) 한미옥, 같은 책, 134쪽.

96) 한미옥, 같은 책, 119-120쪽.

97) 임경희, 『권영섭 1904년 2월 18일생』(29), 20세기민중생활사연구단, 눈빛, 2008, 146쪽.

98) 이경미, 『김숙중 1921년 4월 16일생』(32), 앞의 책, 79-80쪽.

99) 염철, 『전수원 1930년 1월 12일생』(44), 앞의 책, 118-121쪽.

100) 김명곤, 『어떻게 허먼 똑똑헌 제자 한놈 두고 죽을꼬?─신기남』(3), 뿌리깊은나무, 1992, 101쪽. 이 사례에서 보듯이 특정 업종이나 분야에서 여성에 대한 차별과 편견이 터부의 형태로 지속되어온 경우도 드물지는 않았다. 예를 들면, 옹기장이 홍영수는 이상하게도 딸을 나면 굽기 위해 가마에 넣은 옹기가 찢어진다고 말한다. "딸 나믄 더 재수 없"다는 것이다. "웃긴 소리"지만 자신의 말에 신뢰성을 더하기 위해 그는 '진짜'라는 말을 되풀이한다(이경아, 『홍영수 1934년 5월 15일생』(46), 앞의 책, 119-120쪽). 이러한 터부는 뱃사공에서도 찾아볼 수 있다. '아우라지 뗏사공'으로 평생을 일한 송문옥은 동강 상류에서 뗏목이 출발할 때는 부인들도 나오지 않는다고 말한다. "본데 부정 탄다고 여서 떠날 제는 여자들이 잘 안 나와" 본다는 것이다(신경란, 『대라, 틀어라, 박아라!─송문옥』(13), 앞의 책, 50쪽).

101) 유시주, 앞의 책, 122-123쪽, 160쪽.

102) 유시주, 같은 책, 160쪽.

103) 신경란, 『이부자리 피이 놓고 암만 바래도 안 와―성춘식』(8), 앞의 책, 32-34
쪽, 138쪽.

104) 신경란, 같은 책, 130쪽, 147쪽.

105) 신경란, 같은 책, 92쪽, 144쪽.

106) 신경란, 같은 책, 129쪽.

107) 이봉순은 결혼 이후 깍두기를 담그는데 네모반듯한 쪽만 골라 아들을 주고,
세모나고 못나게 잘린 것만 따로 여자들 몫으로 남겨 두는 시어머니의 처사
를 이해할 수가 없다고 평하였다. 그런가 하면 시어머니와 아들이 겸상해서
밥을 먹고 자신은 나중에 따로 혼자 먹어야 했다. 중국에서 결혼한 남편과
살면서 생활비를 아끼기 위해 조밥을 주로 먹은 권기옥은 조밥을 먹지 않는
남편을 위해 냄비 한쪽에 따로 쌀밥을 지었다(김경일, 『근대 여성 12인, 나
를 말하다』, 앞의 책, 124쪽, 146쪽).

제3장 성과 사랑, 결혼

1) 김경일, 『여성의 근대, 근대의 여성』, 푸른역사, 2004, 119-121쪽, 金炅一, 「植
民地朝鮮における新女性, セクシュアリテイ, 戀愛」, 落合惠美子 外 編, 『セク
シュアリテイとジェンダ-』, 東京: 有斐閣, 2022, 132-134쪽.

2) Tze-lan Deborah Sang, "Translating Homosexuality: The Discourse of
Tongxing'ai in Republican China (1912-1949)," In Lydia H. Liu ed. *Tokens
of Exchange: The Problem of Translation in Global Circulations*. Durham: Duke
University Press, 1999, pp. 279-280.

3) 佐伯順子, 「「戀愛」の前近代・近代・脱近代」. 『セクシュアリテイの社會學』. 東

京: 岩波書店, 1996, 173-175쪽, 김경일, 『여성의 근대, 근대의 여성』, 앞의 책, 161-162쪽, 金炅一, 앞의 글, 146쪽.

4) 김경일, 같은 책, 124쪽, 金炅一, 같은 글, 134-135쪽. 하지만 '색'과 '애' 각각을 전통과 근대에 조응시켜 이해하는 이러한 사고방식이 정당한 것인가에 대한 의문은 남는다. 전통 시대라고 해서 '애'의 요소가 없었던 것도 아니고, 곧이어 민중 사례에서 보듯이 근대라고 해서 '색'의 전통이 완전히 없어지지도 않았기 때문이다. 전통 시대만 하더라도 황진이와 같이 '애'의 요소를 수반한 사랑 이야기가 있다. 안대회는 "남녀 사이의 사랑의 감정을 표현한 거의 최초의 가사"로서 네 편의 연작으로 이루어진 「승가(僧歌)에 얽힌 이야기를 소개하고 있다. 후세에 이를 각색한 「남도사십해(南都事十解)」에 수록된 시를 보면 "그리움을 짊어지고 한 치 한 치 돌아올 때 석양볕은 옷깃에 쏟아지네요"와 같이 서정성 짙은 가사가 등장한다(안대회, 『조선을 사로잡은 꾼들—시대를 위로한 길거리 고수 이야기』, 한겨레출판, 2010, 151-165쪽). 마찬가지로 한국학중앙연구원 장서각에서 기획한 『옛사람들의 사랑과 치정』 특별전에도 조선 시대에 문학에 대한 감성과 소양, 교양을 가진 기생과 사대부의 짧고도 치열한 사랑을 일컬은 '혹애(酷愛)'의 사례를 비롯하여 신분을 불문한 사랑 이야기가 다수 소개되고 있다(한국학중앙연구원, 『옛사람들의 사랑과 치정』, 장서각 특별전 도록, 2017, 12쪽, 228-229쪽). 이러한 점에서 색과 애의 구분은 유용한 범주 역할을 하지만, 그 각각을 전통과 근대에 오롯이 조응해서 이해하는 사고는 마치 최근에 이르기까지 중세에 대한 우리의 이해가 그러하듯이 일정한 재고와 주의를 요한다.

5) 이에 관해서는 권보드래, 『연대의 시대—1920년대 초반의 문화와 유행』, 현실문화연구, 2003 및 김경일, 같은 책의 제4장, 金炅一, 같은 책의 제6장 참조.

6) 이 일이 일어난 당시 시점이나 구술 시점에서조차도 그녀가 이를 '성희롱'의 차원에서 인식하거나 말하고 있지는 않다. 이에 대한 인식과 문제 제기는 한국 사회에서도 최근에 속하기 때문이다.

7) 사내들이 쫓아오면서 부르던 성희롱 가락("봄 보지는 치걸고 가을 보지는 내려 긁어라. 때공때공 좆대공 여름 삿갓 봄보지")과 그때 받은 모멸감을 그녀는 수십 년이 지난 구술 시점에서도 잊지 못하고 기억하고 있었다(강윤주, 『시방은 안 해, 강강술래럴 안 해─최소심』(9), 앞의 책, 26-27쪽).

8) 강윤주, 같은 책, 27-28쪽.

9) 강윤주, 같은 책, 31쪽.

10) 남편이 차려준 술도가를 하면서도 그녀는 마음에 드는 남자가 있어서 뒷나루에 배를 대놓고 나가려고 해도 남편이 "아주 무섭고 아주 징해"서 "딸싹하지 못"했다고 말한다(강윤주, 같은 책, 77-78쪽).

11) 그 자세한 내막을 그녀는 밝히고 있지 않다. 아니면 그녀조차도 자세한 내용을 몰랐던 듯하다. "광풍들이 나"서 "서울을 오고 싶어온 게 아니"라 '보쌈'을 당해서 "기연히 서울로 몰아내고 난리럴 내"어 오게 되었다고 말하고 있기 때문이다. 중간에 "광주 송정리까리 오다가 애기 울음소리가 나서 미칠 것 같애서 짐얼 다 들고 도로 내렸"지만, "막 꽹이로 땅얼 파고 똥얼 다 끼얹"으며 "너무너무 화를 내"는 어머니의 '볶임'에 그녀는 "도로 싸났던 짐 짊어지고" 서울로 와야 했다(김명곤·김해숙, 『물은 건너봐야 알고, 사람은 겪어 봐야 알거든─함동정월』(15), 뿌리깊은나무, 1992, 58쪽).

12) 김명곤·김해숙, 같은 책, 60쪽.

13) 그녀는 '스물 몇 살'차이라고 말하지만, 1937년 당시 그녀의 나이 스물하나이고, 남자는 쉰셋이라고 밝히고 있으므로 이는 의식 혹은 무의식의 착오이다(김명곤·김해숙, 같은 책, 62쪽).

14) 이씨와의 관계에서는 "인체를 실험물로 알"아서 "자궁 해부를 몇 번 했"으며, 정신병자로 몰려서 2주일이나 죽다 살아나왔다는 둥 다소 맥락을 파악하기 어려운 언급들이 나온다. 이상의 내용에 관해서는 김명곤·김해숙, 같은 책, 71-79쪽 참조.

15) 국악(정악, 正樂)의 보급·발전을 위하여 설립된 교육단체로서 1944년 문을

닫은 조선정악전습소의 후신으로, 해방 이후인 1946년 12월 김영재(金永載)·김인수(金仁洙)·김영도(金永燾)·김태영(金兌英) 등이 모여 가칭 정악회를 결성, 1947년 10월 사단법인 한국정악원으로 문교부 인가를 받았다. 6·25전쟁으로 수송동 사무실이 불타서 1954년 종묘 앞 훈정동으로 이전했다가 1983년 홍제동으로 옮겼다(한국정신문화연구원, 『한국민족문화백과사전』(제24권), 1991, 112-113쪽). 그녀가 나간 곳은 종묘 시기 정악원이었다.

16) 두 사람의 관계에 대해서는 여러 평가가 가능하다. 동시에 그것은 다른 분야도 그러하지만 복잡하게 얽히고설킨 국악계의 현실을 반영하는 것이기도 하다. 함동정월 자신도 그로부터 배우고 서로 호흡이 잘 맞았다는 긍정의 면을 인정하고 있지만(김명곤·김해숙, 앞의 책, 94쪽 이하), 김명환과의 동거 생활에 대해서는 극히 부정적으로 일관되어 있으며, 나아가 그녀의 심리 상태에 극복할 수 없는 강력한 영향을 미친 것으로 보인다. 여기서는 여성으로서 피해자인 함동정월이 김명환에 대해 느낀 주관의 감정과 평가에 초점을 맞춰 서술하기로 한다.

17) 김명곤·김해숙, 같은 책, 85-90쪽.

18) "발광증이 나면 모자(를) 먼저 때"리기 때문에 "무서운게 문 꽉 잠그고 있으면 경관 데리고 '이 집 괴한 숨었다'"는 '요령'을 부려 "강제로 문 열고 들어"왔다(김명곤·김해숙, 같은 책, 90-92쪽, 98쪽).

19) 김명곤·김해숙, 같은 책, 98-99쪽, 112쪽.

20) 김명곤·김해숙, 같은 책, 116-117쪽.

21) 김명곤·김해숙, 같은 책, 124쪽.

22) 김명곤·김해숙, 같은 책, 8쪽, 11쪽.

23) 김명곤은 "김씨와 이씨 성을 가진 사람을 만나거나 대전이니 광주니 하는 말만 나와도 곧바로 맹렬한 노여움의 불꽃이 되어 일어난다"고 지적하고 있지만, 그것을 함동정월의 '강박관념'으로 이해하는 것에서 보듯이(김명곤·김해숙, 같은 책, 11쪽) 구술 과정에서 관찰을 말한 것으로 자신의 평가나 의견이

라고는 말할 수 없다.

24) 이수라, 앞의 책, 26-27쪽.

25) 차비가 없어 가져가라고 준 것인데, 나중에 6·25전쟁 나고 나서도 먹을 게 없어 고생할 때 밥을 남겨주기도 했다(임경희, 『성송자 1932년 5월 5일생』(5), 앞의 책, 36쪽, 46-47쪽).

26) 최경호, 앞의 책, 51쪽.

27) 이양호, 『황태순 1935년 11월 21일생』(26), 앞의 책, 111-113쪽.

28) 문애리, 앞의 책, 36쪽.

29) 이상룡, 『이제 이 조선톱에도 녹이 슬었네―배희한』(2), 뿌리깊은나무, 1992, 24쪽. 다소 논쟁의 소지가 있다고는 하더라도 이런 일을 자주 겪는다는 배희한의 이야기는 은밀하게 추구하는 억압된 성의 양상을 보인다는 점에서 주목된다.

30) 남색의 또 다른 표현인 '비역'의 준말이 '벽'이라고 한다. 즉 비역치기이다(이상룡, 같은 책, 53쪽). 조선 시대의 전통 표현으로는 대식(對食)과 남총(男寵)이라는 개념도 있다. 대식은 특별한 경우에 궁궐에서 궁녀들이 서로 배우(配偶)가 되는 것을 일컫기도 한 것으로 보인다(한국학중앙연구원, 앞의 책, 76-81쪽, 241-243쪽).

31) 이상룡, 앞의 책, 53-54쪽.

32) 하지만 일본 전통사회에서는 엄격한 일부일처제의 관계가 아닌 복수의 남자에 대한 복수의 여자라는 관계에서 성에 대한 감수성을 중시한 '색(色)'의 전통이 우세했다는 사실을 염두에 두어야 한다. 일본에서 근대의 도입은 남녀평등과 일부일처제와 자유결혼이 문명의 기본이라는 가치관에 따라 이러한 '색의 미학'을 부정하는 결과를 가져왔다(佐伯順子, 앞의 글, 173-175쪽).

33) 정형호, 『정원복 1923년 3월 17일생』(9), 앞의 책, 130-136쪽.

34) 정형호, 같은 책, 150쪽.

35) 오성찬, 『사삼 사태로 반 죽었어, 반!―김승윤』(14), 뿌리깊은나무, 1992, 35-39쪽.

36) 박규택, 『김기홍 1927년 3월 15일생』(19), 앞의 책, 29-30쪽.

37) 김양섭, 『이종윤 1931년 7월 19일생』(21), 앞의 책, 69-70쪽.

38) 김양섭, 같은 책, 69쪽.

39) 이수라, 앞의 책, 179쪽.

40) 이수라, 같은 책, 180-185쪽.

41) 김명곤·김해숙, 앞의 책, 118-120쪽.

42) 김명곤·김해숙, 같은 책, 94쪽.

43) 노용석, 앞의 책, 205-206쪽, 229쪽.

44) 노용석, 같은 책, 218-220쪽.

45) 학교에서 그가 교장 등 상급자에게 아부하지 않고 대항했기 때문에 여교사들로부터 호감을 얻은 측면도 있었다. 여성하고 교류하면 "정서, 감정이 발달되고 풍부해진"다고 믿는 그는 교장의 독재가 심한 시기에 그 논리를 공격하면서 대들었던 "위로를 남선생이 하는 게 아니고 여선생"으로부터 받았다. ""선생님, 오늘 오후에 (…)" 뭐 이래 가지고 오늘 차라도 한잔하자 그게 인자 두 번 세 번 되면 결국 밖으로 나가서 어떻게 놀기도" 해서, 범어사, 밀양, 봄철 삼랑진 딸기 이런 식의 "과정이 일종의 스캔들"로 발전했다는 것이다(노용석, 같은 책, 207쪽, 230쪽).

46) 노용석, 같은 책, 224-228쪽.

47) 이경미 『조풍도 1933년 9월 8일생』(22), 앞의 책, 51-57쪽.

48) 이경미, 같은 책, 99-100쪽.

49) 데이트할 때는 "여자가 (돈을) 쓰라믄 우리는 못 쓰게" 했다고 그는 말한다. 여자가 남자에게 데이트 비용을 부담하는 것을 그는 "쪼잔하"다고 표현한다. "쓸라고 해도 쪼잔하게 남자가 써야지 여자가 쓰겠어요?"라고 반문하는 것이다(조성실, 앞의 책, 39-42쪽).

50) 자세한 내용은 밝히고 있지 않지만 적어도 드러난 자료로만 보건대, 결혼 이후의 '외도'에서는 이러한 양상을 찾아보기 힘들다.

51) 덕산에 사는 과부로서 "살을 섞은 여자"가 아들 둘만 데리고 와서 술장사나 시켜 달라고 해서 집을 얻어서 차려주었는데, 그의 아내는 이를 눈치챘음에도 아무 말도 하지 않았다. 드문드문 다니던 그는 과부의 아들들이 크니까 더는 다니지 못하고 발을 끊게 되었다(김택춘, 앞의 책, 90-93쪽).

52) 오현주, 앞의 책, 12쪽.

53) 오현주, 같은 책, 24쪽, 28쪽.

54) 떠돌이 생활하며 50이 넘은 나이에 승주에서 그는 홀아비라고 거짓말하고 여자에게 갔다가 혼이 난 이야기를 말한다. "고놈이 괜찮다고 인저 한번 해보라고 꼬셔"서 하룻밤 자고 나오기도 하고, 과부 "부인허고 눈이 맞아"서 "한 달만에 한 번씩 가고 두 달만에 한 번도 가고 그렇게 댕기"다가 동네 깡패에게 걸려 두들겨 맞고 재판소를 드나드는 봉변을 치르기도 했다. "각시질도 하늘에 죄짓는 것"이고, "그런 재판소 출입은 하늘이 내리신 벌"이라고 그는 말한다(오현주, 같은 책, 26쪽, 53-55쪽).

55) 나중에 인천으로 시집가서 다시 만난 그 여자와는 반갑다고 서로 인사하고 아주 헤어지고 말았다(박미아, 앞의 책, 37-39쪽).

56) 박미아, 같은 책, 11쪽, 64-66쪽.

57) 신경란, 『대라, 틀어라, 박아라!—송문옥』(13), 앞의 책, 11-12쪽.

58) 신경란, 같은 책, 11-12쪽.

59) 신경란, 같은 책, 12-13쪽.

60) 나중에 떼타고 다닐 적에 그는 영월 덕포에서 술집을 하고 있는 그 여자를 다시 한번 만났다(신경란, 같은 책, 27쪽).

61) 신경란, 같은 책, 98-100쪽.

62) 신경란, 같은 책, 121쪽.

63) 그의 외도에 대한 부인의 반응은 이미 언급한 유진룡이나 송문옥의 경우와는 다르다. 장사 나간 동료들을 통해 이야기를 들은 아내가 '갈갈헌' 성격이라 각시질 하고 다니냐고 다구치는데, "사실대로 각시질 했다고 허믄 큰 난리

나"기 때문에 "펄펄 잡아떼"고 거짓말을 해서 위기를 넘겼다(김정호, 앞의 책, 99-100쪽).

64) 전통과 근대를 색과 애의 양분법에 의거해서 보는 시각이 지니는 문제점에 대해서는 이미 지적한 바 있지만, 조선 시대에 이 전통은 앞서 언급한 한국학 중앙연구원 특별전에서도 찾아볼 수 있다. 특히 한국학중앙연구원, 앞의 책, 62-75쪽 참조.

65) 평균 혼인 연령은 그 개념 정의와 산출 방법의 차이에 따라 다양한 해석과 결과가 나올 수 있는데, 여기서는 헤이날(J. Hajnal)이 고안한 평균 초혼 연령(SMAM, singulate mean age at marriage) 조사 방법을 택한 권태환·김두섭의 수치를 인용했다. 『민중열전』의 혼인 연령은 거의 대부분이 1940-60년대에 걸쳐 있다는 점에서(전체 46건에서 1930년대가 3건이고 나머지 43건이 이 구간에 해당한다) 1925-2000년까지 5-10년 간격의 추세를 정리한 김경일, 『근대 여성 12인, 나를 말하다』, 앞의 책, 102쪽의 〈표2-5〉에서 해당 구간인 1940-60년대의 평균을 산출해서 비교했다.

66) 연애결혼은 최한채(제15권)가 유일하다. 나영래(제35권)의 경우는 중매결혼 여부가 명시되어 있지는 않지만(이균옥, 『나영래 1923년 2월 14일생』(35), 앞의 책, 81쪽), 전후 맥락으로 미루어 중매로 추정된다.

67) 김경일, 『근대 여성 12인, 나를 말하다』, 앞의 책, 262-263쪽.

68) 이는 전통-근대, 기성세대-청년세대 혹은 남성-여성이 극단으로 대립하던 1920년대의 시대정신을 대변하는 것이었다. 자세한 내용과 경과에 관해서는 김경일, 『근대의 여성, 근대의 가족』, 앞의 책, 25쪽 이하 참조,

69) 결혼한 지 14년 만에 합의 이혼하고, 이후 재혼하여 30여 년을 해후했다(윤택림 『문대환 1921년 4월 20일생』(33), 20세기민중생활사연구단, 눈빛, 2008, 117쪽, 126쪽). 그러나 이러한 사실이 중매결혼이 부부 결합에 일정한 긍정의 동기를 부여한다는 해석으로 이어지지는 않는다. 당사자의 의사를 무시하고 일종의 숙명으로 그것을 받아들이고 산다는 점에서 중매결혼은 애초부터 이

혼의 동기가 개입할 여지를 차단하기 때문이다.

70) 박이준, 앞의 책, 63-64쪽.

71) 이양호, 『여기원 1933년 10월 24일』(13), 앞의 책, 24-25쪽.

72) 아내는 부모님과 집에서 살고 자신은 직장에 있었기 때문에 한 달에 한 번 정도 집에 올까 말까 해서 얼굴 보기가 힘든 사정이 있었다(이양호, 같은 책, 66-67쪽).

73) 김양섭, 『이종윤 1931년 7월 19일생』(21), 앞의 책, 185쪽.

74) 이양호, 『황태순 1935년 11월 21일생』(26), 앞의 책, 106-108쪽.

75) 이경미, 『김숙중 1921년 4월 16일생』(32), 앞의 책, 86쪽.

76) 박규택, 『최대봉 1921년 12월 20일생』(34), 앞의 책, 47쪽.

77) 그때는 "내 아들 아무개하고 자네 딸하고 여우세" 해서 혼인하고, "맘에 없어도 자꾸 깔짝거려 쌓면 못이긴 듯이 거식해서 얻고, 허기 싫어도 여우는 수도 있고, 별스런 일이 다 있"었다고 그는 말한다(오현주, 앞의 책, 26쪽).

78) 김정호, 앞의 책, 51쪽.

79) 하지만 구술 당시의 시점에서는 '웃기는' 일이 되었지만, 사건 당시에는 그렇지 않았을 것이다.

80) 심재언에게는 일본에 건너가서 아버지에게 결혼 통보만 하고 결혼해버린 두 형이 있었다. 그 소식을 듣고 "그만 (집의) 문을 다 부숴버릴" 정도로 "부에(화)가 바짝 난" 아버지가 그나마 그래도 집에 잡아두어야 한다는 위기의식에서 "퍼뜩 어데든지 (혼처만) 있으면 한다고 (애)달"아서 본인 의사와 상관없이 서둘러 혼인을 강제했다(임경희, 『심재언 1921년 9월 13일생』(16), 앞의 책, 38쪽, 102쪽).

81) 염철, 『전수원 1930년 1월 12일생』(44), 앞의 책, 25쪽.

82) 최경호, 앞의 책, 79쪽.

83) 이동아, 『이일용 1936년 3월 24일생』(27), 눈빛, 2007, 69쪽. 이와 비슷한 표현으로는 "돼지 흥정하듯이 해부렀다"는 구술도 있다(이정우 편, 앞의 책, 78

쪽). 결혼에서조차 여성은 아버지에 의해서 '쉰 떡'이나 '돼지' 같이 하찮은 존재로 취급받았다.

84) 여기에는 약간의 착오가 있다. 그녀가 열일곱 되던 해는 1947년으로 해방 후였기 때문이다(이수라, 앞의 책, 47쪽, 218쪽). 하봉연(제42권)도 "일제 때 한창 처자들 만주 공출 빼가 간다고 그카고 나서" 해방 직후인 1946년 열여덟 나이에 결혼했다고 말하는데(문애리, 앞의 책, 85쪽), 이 사례와 마찬가지로 최채우 역시 일제 말기의 혹독한 시련을 일단 피하고 해방 직후에 결혼한 것으로 추정된다. 여자 정신대 공출이라는 사건이 준 충격이 너무 강렬했기 때문에 이러한 기억의 착오가 일어났을 것이다.

85) 한미옥, 『서순례 1927년 1월 23일생』(18), 앞의 책, 39-41쪽, 50-51쪽.

86) 이은정, 『박지선 1918년 9월 3일생』(30), 앞의 책, 67-68쪽.

87) 석달호, 『서석화 1920년 2월 9일생』(31), 20세기민중생활사연구단, 눈빛, 2008, 96쪽.

88) 박규택, 『최대봉 1921년 12월 20일생』(34), 앞의 책, 154-156쪽.

89) 그러나 6·25가 나고 의용경찰대에서 내무 일을 보면서 (빨치산) 입산자 가족을 취조하면서 맘에 드는 처녀를 선택하는 '기회'를 다시 얻을 수 있었다(한미옥, 『윤용호 1927년 11월 25일생』(39), 20세기민중생활사연구단, 눈빛, 2008, 119-121쪽). 본인에게는 선택이지만, 당시 좌우 대립이 첨예하고 학살도 자행되던 사정을 고려할 때, 당사자에게 이는 불안이나 공포를 수반한 강제의 의미로 다가왔을 것이다.

90) 사실을 말하면 앞서 언급한 여자 정신대로의 차출 역시 마을에서 어느 정도 사는 형편이 좋거나 위세가 있는 경우는 마을에 할당된 인원에서 벗어날 수 있었다. 이 때문에 '처녀 공출'의 대상은 마을에서 가난하고 변변치 못한 집안 혹은 구장이나 관청에 밉보인 집안 출신에 집중되는 경향이 있었다.

91) 거꾸로 말하면 남자의 시각에서는 자신의 부(富)로 상대방의 젊은 나이를 사는 것이다.

92) 이양호, 『정해주 1926년 6월 9일생』(38), 앞의 책, 77-78쪽.

93) 나선하, 『나덕운 1929년 6월 6일생』(20), 앞의 책, 194쪽 참조. 처가에서 1년 후에 신부를 데려오는 것이 반드시 빈곤 탓만은 아니었다. 이와 비슷하게 황태순(제26권) 역시 "결혼 후 1년은 안식구는 여 처갓집에 두고 나만 왔다 갔다 했"다고 하면서 "보통 그렇게 안 하나"라고 반문하고 있기 때문이다. 황태순의 처가는 가난했지만, 그의 집은 "굉장히 여유 있게 살았"다는 아내의 진술로 미루어볼 때, 지방에 따라서는 예전의 유습이 여전히 남아 있는 곳도 있었을 것으로 추정된다. 김기홍(제19권) 역시 처가에서 결혼한 일 년 후에 새로 날을 받아 본가에서 마을 잔치처럼 잔치를 벌였다고 말한다(박규택, 『김기홍 1927년 3월 15일생』(19), 앞의 책, 51쪽).

94) 최경호, 앞의 책, 83쪽.

95) 임경희, 『심재언 1921년 9월 13일생』(16), 앞의 책, 39-40쪽. 비슷한 맥락에서 김기홍(제19권) 역시 잘사는 집에서는 말도 타고 가마도 타고 하지만, "대략 보면 남자는 그냥 걸어서 처갓집"으로 간다고 말한다(박규택, 『김기홍 1927년 3월 15일생』(19), 앞의 책, 51쪽).

96) 한미옥, 『서순례 1927년 1월 23일생』(18), 앞의 책, 38쪽.

97) 김양섭, 『이종근 1925년 3월 23일생』(37), 앞의 책, 119쪽, 123쪽.

98) 김택춘, 앞의 책, 18쪽.

99) 김정호, 앞의 책, 51쪽.

100) 박규택, 『김기홍 1927년 3월 15일생』(19), 앞의 책, 49-50쪽.

101) 김양섭, 『이종근 1925년 3월 23일생』(37), 앞의 책, 119쪽, 122쪽.

102) 박규택, 『최대봉 1921년 12월 20일생』(34), 앞의 책, 156쪽.

103) 김연옥, 앞의 책, 34쪽.

104) 서현정, 『임창봉 1935년 1월 21일생』(14), 앞의 책, 62쪽.

105) 박규택, 『김기홍 1927년 3월 15일생』(19), 앞의 책, 25쪽.

106) 정은숙, 앞의 책, 112쪽.

107) 김연옥, 앞의 책, 8쪽.

108) 김연옥, 같은 책, 46쪽.

109) 김연옥, 같은 책, 84쪽.

110) 김연옥, 같은 책, 106-107쪽.

111) 김연옥, 같은 책, 114쪽 참조. 앞 장의 가부장제에서 서술한 최채우(『민중열전』 제7권)도 이와 비슷한 경험을 말한다.

112) 신경란, 『이부자리 피이 놓고 암만 바래도 안 와―성춘식』(8), 앞의 책, 59쪽.

113) 신경란, 같은 책, 96쪽.

114) 신경란, 같은 책, 113-115쪽.

115) 서현정, 『최한채 1935년 1월 21일생』(15), 앞의 책, 50-51쪽.

116) 그가 생각하는 바람직한 부부의 이상은 "문학에 관심을 갖는 대화"와 더불어 "어느 정도 의식이, 사회 돌아가는 내용의 대화"를 하는 것이다(이경미, 『조풍도 1933년 9월 8일생』(22), 앞의 책, 90쪽, 95-96쪽). 후자를 강조한 것은 한겨레신문의 애독자로서, 그리고 함안농민회 회장으로 활동한 그의 진보 경력을 반영한다.

117) 엥겔스에 따르면, 역사 과정에서 문명이 생산한 모든 것이 이중성을 가지고 있듯이 일부일처제 역시 두 가지 모순을 내포한다, 하나는 남성을 위한 난혼과 매음제도이며, 다른 하나는 간통이다. 엥겔스는 간통을 두고서 난혼을 통해 인생을 즐기는 남편에게 버림받은 아내가 복수하는 방식으로, 일부일처제의 불가피한 모순이자 단혼 제도 최후의 결과라고 지적한다. 단혼과 더불어 이전에 보지 못한 두 사회 인물이 출현하는데, 바로 아내의 정부와 배반당한 남편이다. 이러한 점에서 일부일처제의 출현은 난혼과 함께 간통을 불가피한 사회 현상으로 만들었다. 이는 금지되고 가혹하게 처벌되기는 했으나 결코 근절되지는 않았다(Friedrich Engels, *Der Ursprung der Familie, des Privateigenthums und des Staats*, Hottingen-Zürich: Verlag der Schweizerischen Volksbuchhandlung, 1884 (김대웅 역, 『가족, 사유재산, 국가의

기원』, 두레, 2012, 114-115쪽).

118) "만고풍상이라드니 흠난(험난)한 시상을 내가 다 많이 살었"다고 하면서 그
는 "십 년을 몇 번 제끼고 해방 제낏지 육이오 제낏지, 여으(여기) 이시(이사)
와서 배 팔어먹고 암것도 없어서 또 사흘 밥을 못힛지, 아퍼서 이십 년간 욕
봤지, 수술을 시 번이나 힛지, 뭐 나같이 풍상 제긴 사람도 없다"고 말한다
(한미옥, 『안성만 1928년 10월 12일생』(3), 앞의 책, 37-40쪽).

119) 이 사례는 앞서 이미 서술한 바 있다. 구술자의 말을 빌리면, 당시 그는 "이
결혼을 해야 되나 안 해야 되나"하는 문제로 상당한 갈등을 하고 있었다. 사
귀던 여자는 남편과 이혼하고 구술자와 함께 미국 유학을 하러 가는 구상을
하고 있었는데, 구술자는 "결국 이는 이상이지 상당히 실현되기 어렵다"는
사실을 깨닫고 "속으로 심정적으로 어렵겠다 생각"하고 포기하고 말았다.
무엇보다 자신의 집안 형편이나 배경이 "도저히 그 사람을 수용해서 내가
입신할 수 있는 처지가 아닌"데다가 "이혼한 상태가 아니니까 반드시 결혼
이 성사된다 카는 그런 것도 없었"기 때문이다(노용석, 앞의 책, 216-218쪽).

120) 이어서 그는 "연애라기보다는 (펜팔을 통해) 편지를 그렇게 많이 주고받았"
다고 덧붙인다. "만나지는 못하고 편지로 연애를 한 거"라는 데 그 이상의
사실을 그는 밝히고 싶지 않아 한다. 최경호, 앞의 책, 76쪽 이하 참조.

121) 박미아, 앞의 책, 40-45쪽.

122) 그래도 막내 시누이하고는 친하게 지내서, "난 아무래도 너그 오빠하고 살
기가 싫다"라고 하면 시누이가 "나도 언니마이로 결혼해서 긍게 남팬이 뵈
기 싫으문 으쩧게 하지?"라는 대화를 나눌 정도였다(강윤주, 『시방은 안 해,
강강술래럴 안 해－최소심』(9), 앞의 책, 48-50쪽, 76쪽).

123) 이 역시 본처가 있는 남자였다. "사람 있는 디로 어찌 결혼한디냐?"라고 반문
하면서, "나는 그랄 수가 없다"는 그녀에게 사돈은 "아이 갠찮하다, 내가 그
일은 당한다"라고 해서 남자를 보러 갔지만, "남자가 너무 여릿해갖고 그냥
작파해부"리고 다시 친가로 돌아와버리고 말았다(강윤주, 같은 책, 53-54쪽).

124) 강윤주, 같은 책, 77쪽.

125) 강윤주, 같은 책, 101쪽.

126) 강윤주, 같은 책, 102쪽, 114쪽, 120쪽, 136쪽.

127) 앞 절의 끝부분에서 민중 구술 인물의 하층민에서 가족 개념이 우리가 알고 있는 근대의 핵가족 제도와는 다소 결을 달리 한다는 사실은 이미 지적한 바 있다. 최소심의 사례 역시 통상의 가족 경계를 넘어서는 '비정형'의 유대와 친밀함의 단서를 보인다는 점에서 주목할 만하다.

128) 박기웅, 『그 때는 고롱고롬 돼 있제─이봉원』(12), 뿌리깊은나무, 1992, 149-150쪽.

129) 그런데도 작은 부인이 데려온 아이들을 본처가 거두지는 않았다. 데리고 온 아이들하고는 사이가 좋지 않아서 이 아이들은 고향인 보성 벌교를 떠나 여수에서 따로 살고 있다(박기웅, 같은 책, 161-164쪽).

130) 박기웅, 같은 책, 165쪽.

131) 이수라, 앞의 책, 53-55쪽.

132) 이수라, 같은 책, 58쪽, 73쪽.

133) 나선하, 『나덕운 1929년 6월 6일생』(20), 앞의 책, 194쪽.

134) "인제 이런 자리를 빌어서 이야기"하는 것이지, 지금까지 "아무한테도 이야기 안 했"다고 그는 고백한다(이양호, 『황태순 1935년 11월 21일생』(26), 앞의 책, 109쪽).

135) 박경용, 앞의 책, 170쪽, 175쪽, 209쪽.

136) 박경용, 같은 책, 151쪽. 이두이의 면담자인 박경용은 이 책 서문에서 어려운 시대를 치열하게 살아온 그녀의 삶의 의지는 자식을 어엿하게 키워야 한다는 모성과 남편에 대한 그리움과 사랑, 생존에의 맹목적 의지, 전통사회의 가부장 이데올로기 모두가 복합으로 작용한 결과라고 지적한다(박경용, 같은 책, 21쪽).

137) 서현정, 『최한채 1935년 1월 21일생』(15), 앞의 책, 52-53쪽.

138) 서현정, 같은 책, 56쪽.

제4장 의식의 형태와 층위

1) 종교 유형을 전통과 신성이 아니라 근대와 세속 범주에 포함한 것도 이러한 이유에서다. 고대나 중세의 종교는 불합리와 억견 그리고 미신으로 정의할 수 있는 일정한 내용을 가진 반면, 적어도 오늘날의 종교는 형식화된 공식 체계를 갖추었다는 점에서 근대 합리성의 기준에 부합하기 때문이다. 미신이 종교와 대립하는 지점에 주목하여 분류한 것이다.

2) 엄격하게 말하면, 여기서 화자로서 구술자는 단순히 자기 구술 내용을 강조하거나 면담자의 흥미를 불러일으키려는 의식·무의식의 의도를 수반하기도 하지만, 구술자 스스로 그것을 자기 믿음의 실재로서 의식화하거나 최소한 면담자를 설득하려는 의도를 반영한다.

3) 현실 종교는 교단이나 신도 어느 경우건 신령한 존재에 대한 믿음이나 신비 현상에 대한 의식을 수반한다는 점에서 양자는 일정한 친화성을 갖기도 하고, 그 경계가 모호한 경우가 종종 있다. 예컨대 종교에서 기복 신앙은 이를 대표하지만, 불교 사원에서 칠성각의 존재나 기독·천주교에서 부활이나 무염시태(無染始胎)에 대한 믿음 역시 그러하다.

4) 후술하듯이 여기서 부정은 의식으로는 긍정하면서 태도로서는 부정하는 것을 의미한다. 의식과 태도의 불일치는 황태순이나 하봉연에서도 나타나는데, 최대봉이나 하봉연과는 달리 황태순은 의식에서는 부정하면서 태도에서 긍정하는 점에서 구별된다.

5) 이경미, 『이기범 1933년 6월 1일생』(6), 앞의 책, 201-203쪽.

6) 이수라, 앞의 책, 143-144쪽, 215-216쪽.

7) 이수라, 같은 책, 162-163쪽.

8) 나선하, 『나덕운 1929년 6월 6일생』(20), 앞의 책, 118쪽.

9) 임경희, 『권영섭 1904년 2월 18일생』(29), 앞의 책, 116-117쪽, 121-123쪽.

10) 무당이 굿하면서 대 잡는 이야기를 하면서도 "귀신이 있다고 할 수도 없고,

없다고 할 수도 없"다고 그는 반신반의한다.

11) 박규택, 앞의 책, 113-117쪽.

12) 김양섭, 『이종근 1925년 3월 23일생』(37), 앞의 책, 50쪽.

13) 그러나 그 딸은 결국에는 죽고 말았다. 염철, 『전수원 1930년 1월 12일생』(44), 앞의 책, 120쪽 참조.

14) "할머니는 안 부르고 그냥 할아버지만 부"른다는 언급으로 미루어보면(정형호 『정원복 1923년 3월 17일생』(9), 앞의 책, 84-85쪽) 부계 가부장의 영향이 반영되어 있다는 점에서 모계를 중시하는 원시 신앙이나 샤머니즘보다는 불교나 유교 영향의 잔영을 시사한다.

15) 유시주, 앞의 책, 169쪽.

16) 신경란, 『이부자리 피이 놓고 암만 바래도 안 와─성춘식』(8), 앞의 책, 29쪽, 95-96쪽, 133쪽, 145-146쪽, 167-172쪽.

17) 강윤주, 『시방은 안 해, 강강술래럴 안 해─최소심』(9), 앞의 책, 22쪽, 51-52쪽, 94-95쪽, 109쪽.

18) 강윤주, 『여보, 우리는 뒷간백에 갔다온 데가 없어─이광용』(16), 앞의 책, 105쪽, 115-117쪽.

19) 박경용, 앞의 책, 148-149쪽, 304-306쪽.

20) 그러면서도 그녀는 "어디 가서 음식을 잘못 먹은 거. 그게 걸렸다 하면 풀어 줘야 하는 주당물림"은 맞고 수긍하는 모호성을 보이기도 한다(박경용, 같은 책, 137-138쪽).

21) 박경용, 같은 책, 143-144쪽

22) 최경호, 앞의 책, 53-54쪽.

23) 먹고 살길이 끊어져버린 점쟁이나 무당은 구술 당시에는 마을을 떠나지 않고 교회를 나갔다. "그때는 죽일 놈 살릴 놈 그랬는데 지금은 그 양반이나 나나 웃고 지내고 옛날 얘기하면서 그렇게 지"낸다는 것이다(최경호, 같은 책, 109-112쪽).

24) 이경미, 『김숙중 1921년 4월 16일생』(32), 앞의 책, 153쪽.

25) 한미옥, 『서순례 1927년 1월 23일생』(18), 앞의 책, 82쪽, 118-122쪽.

26) 조왕신을 섬기지 않거나 비는 것을 하지 않은 것이나 단순히 제사만 지낸 것은 "우리 시아버님이 대범"해서라고 그녀는 설명한다(한미옥, 같은 책, 82쪽). 같은 노동이지만 제2부의 사례에서 보듯이 어부가 미신을 믿기도 하고, 배 만드는 목수 대부분이 미신을 믿지 않는 대조를 보이는 것은 노동 과정의 통제와 예측 가능성의 유무가 다르기 때문이다.

27) 이양호, 『황태순 1935년 11월 21일생』(26), 앞의 책, 33-34쪽, 173-175쪽.

28) 문애리, 앞의 책, 116-117쪽.

29) 김양섭, 『박상규 1922년 6월 30일생』(4), 앞의 책, 35-39쪽.

30) 임경희, 『성송자 1932년 5월 5일생』(5), 앞의 책, 29쪽.

31) 서현정, 『최한채 1935년 1월 21일생』(15), 앞의 책, 62쪽.

32) 임경희, 『심재언 1921년 9월 13일생』(16), 앞의 책, 157쪽.

33) 이동아, 앞의 책, 106쪽.

34) 이은정, 『박지선 1918년 9월 3일생』(30), 앞의 책, 153쪽.

35) 이균옥, 『나영래 1923년 2월 14일생』(35), 앞의 책, 96-97쪽, 118-119쪽.

36) 유시주, 앞의 책, 72쪽.

37) 사실을 말하면, 훨씬 뛰어난 기능을 보유함에도 불구하고 그녀는 심사위원들이 가져간 자신의 삼베 본보기가 "가물치 콧구멍(가망 없게 됨)"이 되는 것을 지켜봐야 했고, 동네 사람들의 진정서에도 불구하고 동네 유력자에게 양보하라는 행정관서의 답신을 받아야 했다(유시주, 같은 책, 136-138쪽).

38) 그녀의 구술에서는 유사한 금기가 다수 등장한다. 예를 들면, 절구 괭이를 깔고 앉아 사내아이를 낳으면 성기가 까진 아이가 나온다거나, 밤에 발톱을 깎으면 해롭다거나, 새벽에 문지방에 걸터앉으면 들어오는 복이 나간다거나, 해지고 방을 쓸어내면 (집안에 들어온 복을 쓸어내버린다고 믿기 때문에) 복이 없다거나, 6월 열엿새 날은 귀신 날이라 문을 바르지 않는다거나, 귀신을 쫓으려면 체를 달아놓으라거나(그걸 세다 날이 새면 도망가버린다고 믿기 때

문), 산모가 있는데 굴뚝을 덥히면 아이가 눈을 못 뜨든가 귀를 못 듣는다거나, 집안에 노인네가 있는데 밤에 귀를 후비면 초상일을 만난다거나, 비오는 날 머리를 안 감는다거나(귀신이 귀담아들었다가 혼나보라고 비를 내리면 초상 때 답답하니까), 해진 뒤 다리미를 빌려오면 그 집에서 복을 가져가기 때문에 꺼린다거나 하는 것 등이 그것이다(강윤주, 『여보, 우리는 뒷간밖에 갔다온 데가 없어─이광용』(16), 앞의 책, 112-114쪽).

39) 신경란, 『이부자리 피이 놓고 암만 바래도 안 와─성춘식』(8), 앞의 책, 92쪽, 148쪽.

40) 오빠가 죽은 시기에 대한 그녀의 진술은 다소 엇갈린다. 한편에서는 열일곱 혹은 스물둘을 언급하는가 하면, 또 조금 후에 자신이 한창 때인 스물여섯에 일어난 일이라고 말하기도 한다(강윤주, 『시방은 안 해, 강강술래럴 안 해─최소심』(9), 앞의 책, 39-41쪽).

41) 김경일, 『근대의 여성, 근대의 가족』, 앞의 책, 272쪽.

42) 김경일, 같은 책, 271쪽.

43) 강윤주, 『시방은 안 해, 강강술래럴 안 해─최소심』(9), 앞의 책, 40쪽.

44) 함양군의 한 마을을 준거로, 노일영은 도시와 달리 마을은 1970년대 중반 무렵에 이르기까지 많은 사건이 이야기로 만들어져 전설이나 설화, 민담 형태로 구전되는 시대를 살고 있었다고 말한다. 호랑이나 도깨비, 구미호나 귀신 등이 등장하는 주위 이야기들이 마을 대폿집과 투전판, 빨래터 등에서 전염병처럼 떠돌아다녔다는 것이다(노일영, 「마을을 떠도는 구비문학」, 『오마이뉴스』 2021년 10월 25일자).

45) 석달호, 앞의 책, 20-21쪽.

46) 박규택, 『최대봉 1921년 12월 20일생』(34), 앞의 책, 31쪽.

47) 강윤주, 『시방은 안 해, 강강술래럴 안 해─최소심』(9), 앞의 책, 32-33쪽.

48) 목수현, 앞의 책, 21-22쪽.

49) 호환이 드물지 않았던 시기에 호랑이를 물리친다거나 멀리서 떡동이를 이고

가는 여자를 불러온다거나 집안 소유 산에서 무단 벌채하는 사람을 혼낸다든가 하는 것이 전자의 사례고, 일본 식민 지배 당시 조선을 상징하는 궁궐 나무를 무단으로 베는 것에 대한 민중 반발이 후자의 사례가 될 것이다.

50) 황태순은 교회에 나가기도 했고 또 나가기를 원하지만, 불교를 믿는 아내의 반대로 "가정의 평화를 위해 희생"한 경우로서(이양호, 『황태순 1935년 11월 21일생』(26), 앞의 책, 175-176쪽), 실제로 교회에 나가지는 않지만 일단 개신교로 분류했다. 서한금 본인은 무종교지만 아내가 개신교인 경우로서, 마찬가지로 이 경우도 개신교로 분류했다. 따라서 기성 종교를 가지는지 여부로 종교 유무를 판별하면 개신교는 4명이라 할 수 있다.

51) 서현정, 『최한채 1935년 1월 21일생』(15), 앞의 책.

52) 서현정, 『임창봉 1935년 1월 21일생』(14), 앞의 책, 154쪽.

53) 이은정, 『박지선 1918년 9월 3일생』(30), 앞의 책, 152-153쪽.

54) 한미옥, 『안성만 1928년 10월 12일생』(3), 앞의 책, 101쪽, 140-141쪽.

55) 윤택림, 앞의 책, 130-132쪽.

56) 이양호, 『정해주 1926년 6월 9일생』(38), 앞의 책, 167쪽, 염철, 『전수원 1930년 1월 12일생』(44), 앞의 책, 2008, 92쪽.

57) 이경아, 『홍영수 1934년 5월 15일생』(46), 앞의 책, 125-127쪽.

58) 이경아, 같은 책, 120쪽.

59) 김택춘, 앞의 책, 135-137쪽.

60) 현실에 만족하면서 안분지족의 삶을 지향하는 태도는 제2부 「서민 연재」도 그러하듯이 민중 일반에서 흔히 찾아볼 수 있다.

61) 박미아, 앞의 책, 104쪽.

62) 박미아, 같은 책, 107쪽.

63) 박미아, 같은 책, 121쪽.

64) 신경란, 『대라, 틀어라, 박아라!—송문옥』(13), 앞의 책, 106쪽.

65) 오성찬, 앞의 책, 133쪽.

66) 이양호, 『정해주 1926년 6월 9일생』(38), 앞의 책, 96쪽.

67) 유사한 사례는 『민중자서전』에서도 찾아볼 수 있다. 예를 들면, 뱃사공으로 평생을 살아온 서영옥(제10권)은 "고기나 잡는 어부가 정치를 한다는 것은 상상 못 할 일"이라고 언급하는가 하면(박미아, 앞의 책, 11쪽), 김승윤(제14권)은 "서민은 정치에 간섭 말라고 했"다는 동양 고전을 인용하며 자신의 주장을 옹호한다(오성찬, 앞의 책, 133쪽).

68) 박이준, 앞의 책, 13-16쪽.

69) KLO부대의 '적지 침투작전'은 1950년 9월 135명이 투입된 것을 시발로 지속되었는데, 정원복이 이 부대에 합류한 것은 1953년 3월이므로, 실제 '적지(북한)'에 투입되지는 않고 그를 위한 훈련만 받았다. 정원복의 면담자인 정형호는 이 부대를 '미국 극동군 소속 민간유격대인 안용부대'로 소개하고 있다(정형호, 『정원복 1923년 3월 17일생』(9), 앞의 책, 12-13쪽). KLO부대의 적지 침투작전의 개요에 대해서는 양영조, 「한국전쟁기 제8군 정보참모부(G-2) 정보보고서 자료 해제」, 『한국학논총』 34, 2010, 1251-1252쪽 참조.

70) 정형호, 같은 책, 182-193쪽, 407-408쪽.

71) 나선하, 『서한금 1929년 10월 25일생』(43), 앞의 책, 38-40쪽.

72) 나선하, 같은 책, 41쪽, 92쪽.

73) 해방 정국에서 청년·학생 조직은 여타 분야와 비슷하게 좌우로 대립하면서 복잡한 양상을 연출하였다. 해방 직후 좌익에서 건국치안대, 조선학도대 등이 출현하여 직역과 분야에 따라 점차 분화해나갔으며, 초기에 이들 학생 단체에서 함께 활동하던 우익 성향의 학생은 학교 캠퍼스를 중심으로 청년운동과 구분되는 학생운동의 독자 조직을 결성해나갔다. 순국학생동맹, 조선학명단, 조선유학생동맹, 고려청년당 등 다양한 우익 학생 단체에서 시작하여 1946년 서울에서 결성한 전국학생총연맹(전국학련)은 명실상부한 우파 학생운동을 대표하는 조직으로 자리 잡았다. 노용석, 앞의 책, 69-72쪽, 이준영, 「해방 후 우익 학생운동 연구」, 『역사연구』 37, 2019, 482-485쪽 참조.

74) 노용석, 앞의 책, 86쪽.

75) 노용석, 같은 책, 85쪽.

76) 노용석, 같은 책, 166-169쪽, 176쪽.

77) 노용석, 같은 책, 106-107쪽.

78) 노용석, 같은 책, 91쪽.

79) 노용석, 같은 책, 13쪽.

80) 나아가 그는 친일파 문제에 대해 관용의 태도를 보인다. 친일 청산 의견에 대해 그는 "속 하나 없는 사람들"이라고 규정한다. "말대 임금[고종―필자]이 합병을 해부렀는디 밑에 있는 우리가 어쩌겄소"라고 반문하면서 그는 "친일파로 몰 것이 아니라 그때는 세상이 다 그런 게 어쩔 수 없었"다고 말한다. "세상을 넓룹게 봐야 되는디 (…) 자기 문턱 밑만 보고 말하는 사람들"이라는 것이다. 그런가 하면 한총련(한국대학총학생회연합)을 비난하는 건의서를 노무현에게 보내기도 했다(이경아, 『박민규 1922년 4월 20일생』(17), 앞의 책, 72-75쪽).

81) 한미옥, 『윤용호 1927년 11월 25일생』(39), 앞의 책, 97-99쪽.

82) 한미옥, 같은 책, 106쪽.

83) 한미옥, 같은 책, 182-184쪽.

84) 정은숙, 앞의 책, 132쪽.

85) 정은숙, 같은 책, 106쪽.

86) 식당 운영자로서 그가 사회의 치안이 확보되면서 여성들이 외식하러 나오기 시작한 것도 이때부터라고 설명하는 대목은 흥미롭다. 1961년이 지나고 이듬해인 1962년 되면서 여자들이 많이 오기 시작해서 1966년도부터는 "퇴근길 대포 먹으러 오는 사람하고 고기 먹으러 오는 사람이 비슷비슷"해지면서 "고기 먹으러 오는 사람들이 더 많다 할 정도"가 되었다. 가족 단위 외식도 이때부터 시작되었다(서현정, 『최한채 1935년 1월 21일생』(15), 앞의 책, 67-68쪽).

87) 아울러 그는 통일교에서 운영하는 통일재단 성공연합회 마포지부장을 1973년부터 십여 년 넘게 맡아 일했다. 자신은 원래 불교 신자고, "문선명이를 극진히

좋아하진 않았어도 (⋯) 모든 것을 자유롭게 해서 공산 체제를 무너뜨리자는 그런 활동 그런 국민운동"의 이념이 좋아서였다(서현정, 같은 책, 107-109쪽).

88) 박규택, 『김기홍 1927년 3월 15일생』(19), 앞의 책, 72쪽.

89) 한미옥, 『안성만 1928년 10월 12일생』(3), 앞의 책, 53-56쪽.

90) 정형호, 『김점칠 1935년 4월 1일생』(25), 앞의 책, 95쪽, 104쪽.

91) 욕설과 상소리를 동원해가면서 그는 노무현까지 싸잡아 맹렬히 비난한다(임경희, 『심재언 1921년 9월 13일생』(16), 앞의 책, 123-124쪽).

92) 이태우, 앞의 책, 121-122쪽, 149쪽.

93) 이양호, 『황태순 1935년 11월 21일생』(26), 앞의 책, 100-102쪽.

94) 노용석, 앞의 책, 243쪽, 253쪽.

95) 정권에 대항하는 민주 인사가 아니라고 생각했기 때문에 "내 같은 놈을 우예 하겠나 이렇게 생각하고" 아버지가 학살당한 곰티재에서 희생된 370명에 관한 글 370통을 만들어서 거주지인 부산에서 곰티재로 "올라오면서 막 뿌리고 거기서 (⋯) 울면서 뭣인가 위령제를 지내듯이" 하는 의례를 통해 2-3년에 한 번씩 아버지 죽음의 억울함을 달랬다(노용석, 같은 책, 245쪽 이하).

96) 임경희, 『권영섭 1904년 2월 18일생』(29), 앞의 책, 75-81쪽.

97) 임경희, 같은 책, 91-92쪽, 165쪽.

98) 임경희, 같은 책, 98쪽.

99) 임경희, 같은 책, 119-121쪽, 130-134쪽.

100) 임경희, 같은 책, 167쪽.

101) 이양호, 『정해주 1926년 6월 9일생』(38), 앞의 책, 44쪽.

102) "릴레이식도 하고, 다른 사람 꺼 두 번 시 번 찍"기도 하고, "오인 조, 삼인 조카는 거 있었"다면서, "요새는 그런 거 절대 없"다고 언급한다(이양호, 같은 책, 165-166쪽).

103) 이양호, 같은 책, 60쪽.

104) 이양호, 같은 책, 114-115쪽.

105) 이양호, 같은 책, 134쪽.

106) 박이준, 앞의 책, 27쪽.

107) 해방 후 농지개혁 과정에서 함안 둘안의 함안농장에서 경작 농민이 지주를 상대로 농지 소유권을 두고 10여 년을 다툰 사건이다. 농민 대표들이 투옥되거나 지주가 내세운 신소작인과 구소작인 사이에 처참한 유혈 충돌이 일어나기도 했다. 조풍도는 "신소작인들이 구소작인들 땅을 뺏어 자기 재산으로 만들려고 해서 구소작들이 뭉쳐 싸운 것"이라고 설명한다. 이 사건에서 구술자의 아버지는 지주로부터 몰매를 맞고 한 달 동안 병상 생활을 했는데, 이 일이 자기의 삶에 깊은 영향을 미쳤다고 구술자는 말한다(이경미, 『조풍도 1933년 9월 8일생』(22), 앞의 책, 12쪽, 33쪽, 174쪽).

108) 이경미, 같은 책, 60-63쪽.

109) 양봉업자들이 파주 전방 출입증을 받기 위해 브로커에게 1년에 꿀을 세 말씩 바치는 관행을 없애고자 업자 대표자를 선임해 민주 방식으로 하자는 유인물을 만들어 제안했지만, 동종 업자들은 그러한 행위가 "해가 돼서 못 들어갈까 봐 부담스러"워 했다(이경미, 같은 책, 143-144쪽).

110) 김양섭, 『이종근 1925년 3월 23일생』(37), 앞의 책, 217-218쪽.

111) 나선하, 『나덕운 1929년 6월 6일생』(20), 앞의 책, 183-184쪽.

112) 김해숙·박종권·백대웅·이은자, 『내 북에 앵길 소리가 없어요—김명환』(11), 뿌리깊은나무, 1992, 20쪽.

113) 이상룡, 앞의 책, 135-137쪽.

114) 김명곤, 앞의 책, 84-89쪽.

115) 신경란, 『이부자리 피어 놓고 암만 바래도 안 와—성춘식』(8), 앞의 책, 141쪽.

116) 박미아, 앞의 책, 24쪽.

117) 박미아, 같은 책, 62쪽.

118) 강윤주, 『여보, 우리는 뒷간밖에 갔다온 데가 없어—이광용』(16), 앞의 책, 103쪽.

119) 김명곤·김해숙, 앞의 책, 114쪽.

120) '군정' 간섭에 대한 비판으로 독해되는 이 구절의 맥락에는 사실 1970-80년 대까지도 지속된 전통 예술에 대한 사회 일반의 편견과 자신의 예술이 제대 로 대접받지 못하는 현실이 복합으로 응축되어 있다. 가야금 명인으로 나중 에 무형문화재 가야금 산조 예능 보유자로 지정된 그녀였음에도 대학교에 출강해달라는 요청을 거부한다. "내가 또 교내[대학 출강—필자] 가면 기생 년, 뭔 년하고 또 욕할 거 아냐? 또 트러블 날 거 아니야?"고 반문하면서 "가 르킬라면 느그들이 배워다 가르키라"는 그녀의 언급에는(김명곤·김해숙, 같은 책, 105쪽), 자신보다 뛰어나지도 못하면서 대학에서 행세하는 지식인 예술인들에 대한 강한 반발과 자신의 예능이 제대로 평가받고 인정받지 못 하는 세태에 대한 회한과 자존심 손상감이 짙게 배어 있다.

제2부 근대화 초기 기록 서사와 민중

1) 김성환, 「『어둠의 자식들』과 1970년대 하층민 글쓰기의 양상」, 『한국현대문 학연구』 34집, 2011, 366쪽. 흔히 이는 르포(reportage)에 의해 대표되지만, "자기의 생활이나 체험을 직접 쓴 기록"으로서 수기를 르포르타주나 보고 문 학의 의미로 이해하기도 한다(홍성식, 「민중문학의 주체와 노동자 수기」, 『한 국문예비평연구』 제26집, 2008, 502쪽).

2) Michael Haller나 Otto F. Beste의 정의에 따라 탁선미(「에곤 에르빈 키쉬의 르포르타주 문학—1920년대 독일 저널리즘 논쟁을 배경으로」, 『독일어문학』 제30집, 2005, 189쪽)는 르포르타주는 시사 사건에 대한 보고로 "사실성 및 객 관성"을 요구하며, 일상에 유용한 사실 서술을 넘어 예술적인 부가가치를 가 질 수 있다고 지적한다.

3) 김성환, 앞의 글, 382쪽.

4) Park Sunyoung, "A Forgotten Aesthetic Reportage in Colonial Korea 1920s-1930s," *Comparative Korean Studies*, vol. 19 no. 2, 2011, p. 40.

5) 박정선, 「해방기 문화운동과 르포르타주 문학」, 『어문학』 제106집, 2009, 369쪽. 중국에서도 이미 1930년대에 후펑(胡風) 등의 사례에서 보듯이 르포에서 사실성이 중시되고 있었다. 중국을 대표하는 자전인 『사해(辭海)』에 따르면, 르포르타주는 "문학성이 있는 기사(通訊), 스케치(速寫), 특필(特寫), 취재보고(采訪報告) 등에 대한 총칭이며, 산문 장르에 속"하는 것으로 정의된다. "생활 속의 실재 인물과 실재 사건을 대상으로 하며, 적당한 예술 가공을 하여 인물과 사건이 더욱 전형의 의미를 띠게 한다. 그러나 허구를 허용하지 않는다"는 설명에서 보듯이 사실성이 중시되는 것이다(辭海編輯委員會 編, 『辭海』, 上海: 上海辭書出版社, 1999, 1844쪽, 김명학, 「쉬츠(徐遲)와 6·25전쟁 문학—1950년대 초의 르포르타주 작품을 중심으로-」, 『중국학논총』 제34집, 2011, 175쪽, 186-187쪽).

6) 이러한 점에서 르포는 기록 장르가 지닌 객관성과 주관성, 저널리즘과 예술의 이중 특성을 가장 잘 보이는 것으로 지적된다(강태호, 「기록 문학과 기록 영화의 장르 특성 비교 연구—독일의 르포 문학과 르포 다큐멘터리를 중심으로」, 『독어교육』 제43집, 2008, 178쪽).

7) 이와 관련하여 기록 서사를 대표하는 르포는, 첫째 특정한 사회 현상이나 사건이 제도 언론에서 충분히 다루지 않았거나 왜곡되어 있을 때 시도되며, 둘째 보고자의 해석과 관점에 의해 서술되며, 셋째 드러난 사실, 알려진 사실 이상의 것을 심층에서 해석하고 종합할 수 있어야 하는 것으로 언급된다(서영인, 「망루와 크레인, 그리고 요령부득의 자본주의—판타지와 르포르타주를 통해 본 우리 시대 문학의 난경」, 『실천문학』 108, 2012, 26-27쪽).

8) 김원, 「서발턴(Subaltern)의 재림—2000년대 르포에 나타난 99%의 현실」, 『실천문학』 105, 2012, 193쪽.

9) 박정선, 앞의 글, 370쪽, 김원, 같은 글, 193쪽. 논픽션이 르포와 구분되는 것

은 바로 이러한 서술자의 주관에 따른 태도라는 점에서이다. 김성환, 앞의 글, 371쪽 참조.

10) 1935년 파리에서 개최된 문화옹호 국제작가회의에서 키쉬(Egon Erwin Kisch) 는 르포르타주를 하나의 예술 형식이자 투쟁 형식이라고 설명하였다(박정선, 앞의 글, 379쪽).

11) Park Sunyoung, op. cit., p. 42.

12) 박정선, 앞의 글, 370쪽.

13) 이러한 점에서 귄터 발라프(Günter Wallraff)는 "정확히 관찰되고 기록된 현실은 언제나 가장 대담한 작가의 상상력보다 더 풍부하고 흥미진진하다"고 지적한 바 있다(김순천, 「나는 왜 르포 문학을 하는가」, 『실천문학』 108, 2012, 62-63쪽).

14) 전자의 『정글(The Jungle)』(1906)과 후자의 『세계를 뒤흔든 10일(10 Days that Shook the World)』(1919)은 널리 알려졌다.

15) 독일에서 르포 문학의 기원은 그보다 훨씬 거슬러 올라간다. 그 선구자는 1843/44년 쾰른신문(Kölnische Zeitung)에 "영국인들의 사회, 정치 생활 스케치(Skizzen aus dem sozialen und politischen Leben der Briten)"라는 제목으로 일련의 편지를 연재한 게오르크 베어트(Georg Weerth)로 알려져 있다(강태호, 앞의 글, 184-185쪽).

16) 박정선, 앞의 글, 371쪽, 김성환, 「1970년대 논픽션과 소설의 관계 양상 연구― 『신동아』 논픽션 공모를 중심으로」, 『상허학보』 32집, 2011, 20쪽.

17) 강태호, 앞의 글, 182쪽, 박정선, 같은 글, 379쪽.

18) 강태호, 같은 글, 185쪽, Park Sunyoung, op. cit., p. 38.

19) 탁선미, 앞의 글, 185쪽.

20) 이처럼 객관성을 강조했다고 해서 개별 대상과 사건들 자체의 경험에 따른 보고만을 그가 중시한 것은 아니다. 경험 사회과학의 차원을 넘어서 그는 주관의 사유를 매개로 한 역사철학의 진리를 조망하고자 하였다(탁선미, 같은 글, 193쪽, 198쪽).

21) Park Sunyoung, op. cit., p. 41.

22) 이른바 '반형상화(Antigestaltung) 논쟁'이라고도 불리는 르포 문학 논쟁은 1932년 루카치가 오트발트(Ernst Ottwalt)의 르포 소설의 묘사 방식을 전면 비판함으로써 시작되었다. 자세한 논의에 관해서는 정지창, 「귄터 발라프의 르포 문학」, 『문예미학』 1권, 1994, 226-228쪽, 강태호, 앞의 글, 195-196쪽, Park Sunyoung, op. cit., pp. 40-41 등이 참고가 된다.

23) 강태호, 같은 글, 196쪽.

24) 이 그룹을 대표하는 작가로는 폰 데어 그륀(Max von der Grün)이 거론된다. 기층 노동자(광부) 출신으로서 그는 문학에서 성공을 거듭하면서 글 쓰는 노동자에서 전업 작가로 변신하였다. 노동 현장에서의 경험과 체험을 바탕으로 문학 상상력에 의해 가공된 노동 현실을 형상화함으로써 노동 세계의 문제점을 날카롭게 지적했다. 그러나 노동운동의 하나로 노동 문학을 하지는 않았다(정지창, 앞의 글, 209-210쪽).

25) 정지창, 같은 글, 218쪽.

26) 학생운동의 열기 속에서 '문학의 사망'을 선언하기에 이른 서독 지식인들의 급진 분위기를 배경으로 1974년에 '61년 집단'이 해체된 것과 달리 문학 작업조는 왕성한 조직 확장을 거듭하였다(정지창, 같은 글, 210쪽).

27) 이러한 맥락에서 그의 작품들은 이른바 산업 르포(Industriereportage)로 불린다(강태호, 같은 글, 187쪽, 서정일, 「변신과 위장을 통한 사회 비판과 폭로─귄터 발라프의 르포 『가장 낮은 곳』」, 『브레히트와 현대연극』 22, 2010, 162쪽).

28) 정지창, 같은 글, 214쪽, 232쪽.

29) Park Sunyoung, op. cit., p. 42.

30) 박정선, 앞의 글, 379쪽.

31) Park Sunyoung, op. cit., p. 55.

32) 정선태, 「총력전 시기 전쟁문학론과 종군문학─『보리와 병정』과 『전선기행』을 중심으로」, 『동양정치사상사』 제5권 2호, 2006, 137쪽, 한민주, 「일제 말기

전선 기행문에 나타난 재현의 정치학」, 『한국문학연구』 33집, 2007, 362쪽, 박
정선, 앞의 글, 371쪽, Park Sunyoung, op. cit., p. 49.

33) 루쉰문학상과 마오둔(矛盾) 장편소설상(長篇小說獎)의 뒤를 이어 쉬츠 르포
르타주 상(徐遲報告文學獎)이 만들어져 2002년에 제1회 시상식이 개최되었
다. 쉬츠는 1950년대 초 『인민중국』의 기자로서 북한을 두 번 방문하여, 6·25
전쟁 체험에 관한 보고 문학 작품을 발표한 바 있다(김명학, 앞의 글, 175쪽,
187-188쪽). 덧붙이자면 한국전쟁과 관련해서는 일본에 거주하던 장혁주도
일련의 르포를 발표한 바 있다(김학동, 「6·25전쟁에 대한 장혁주의 현지 르
포와 민족의식」, 『인문학연구』 76호, 2009).

34) 김순천, 앞의 글, 63쪽.

35) 박정선, 앞의 글, 371쪽, Park Sunyoung, op. cit., p. 44.

36) 김성환 「새로운 글쓰기 양식이 이끈 인식 지평의 확대―1970년대 논픽션, 르
포, 노동 수기」, 『실천문학』 108, 2012, 31쪽, 35쪽.

37) Park Sunyoung, op. cit., p. 45.

38) Ibid., p. 48.

39) Ibid., pp. 48-50.

40) Ibid., pp. 49-52, p. 55 참조. 1935년 카프의 종식 이후 박영희는 "얻은 것은
이데올로기요 잃은 것은 예술"이라는 유명한 말을 남겼다. 박선영은 이를 패
배주의 정서로 비판하면서, 박영희의 주장과는 달리 예술은 상실되지 않았으
며 오히려 프롤레타리아 문화운동에서 재정의되어 존재론의 양식을 획득하
였다고 평가한다. 비판 서사의 이러한 의미에도 불구하고 그것이 1948년 이
후 잊혀버린 이유로, 그는 1980년대 후반 민주화 시기에 이르기까지 모든 좌
파 저작을 금지한 탈식민 남한 사회의 반공 문화 정책과 비정통(non-canoni-
cal) 장르라는 이유로 오늘날에도 여전히 저평가되고 있는 르포에 대한 인식
과 아울러 다양한 복합 형태로 생산된 식민지 르포 형식의 비규칙성 등을 들
고 있다(Ibid., pp. 60-61).

41) 해방 직후 김오성은 그것을 "군국주의에 이용되던 사이비의 소위 전쟁문학
이라는 보도문학"으로 비판한다. "인민을 기만하여 인민을 일제의 주구로서
충실하는 선전의 도구로써 이용할 수 있는 루보르타슈 문학을 만들어내기를
강요"한 일제에 의해 "일부 탈락 작가"가 산출한 "몇 개의 저열한 루보르타-
슈의 작품"에는 "인민이 요구하는 진실은 조금도 없고, 오직 「사실의 수리(受
理)」니 「시정(市井)의 누력(曆)」이니 하여 강압과 굴복으로서 연쇄되는 현실
은 아무런 비판이나 근원 탐구가 없이 오직 긍정하는 태도만이 나타나 있"다
는 것이다. 김오성, 「보고 통신문학 제문제」, 『문학비평』 1947년 6월호 (송기
한·김외곤 편, 『해방공간의 비평문학 3』, 태학사, 1991, 30-32쪽).

42) 박정선, 앞의 글, 371쪽, 381쪽, 이봉범, 「잡지 미디어, 불온, 대중교양—1960
년대 복간 『신동아』론」, 『한국근대문학연구』 27, 2013, 407쪽.

43) 박정선, 같은 글, 377쪽, 손남훈, 「'리얼'을 향한 르포르타주의 글쓰기」, 『오늘
의 문예비평』 78, 2010, 90쪽.

44) 김오성, 앞의 글, 29-30쪽. "민주주의의 실현을 위한 투쟁의 무기"로 보았다는
점에서 그의 이론은 키쉬와 동일한 문제의식에 기반하고 있다(박정선, 같은
글, 380쪽).

45) 김오성, 같은 글, 32-34쪽.

46) 박정선, 앞의 글, 387-388쪽.

47) 참고로 김병익은 1960년대의 주요 유행어로 무장공비, 반혁명, 사꾸라, 재건,
불도저, 부익부빈익빈, 부정축재, 우골탑, 아더메치, 소비는 미덕, 미니스커
트, 바캉스 등을 들고 있다. 『동아일보』 1969년 12월 20일자 및 이봉범, 앞의
글, 413쪽의 주31 참조.

48) 김성환, 「『어둠의 자식들』과 1970년대 하층민 글쓰기의 양상」, 앞의 글, 366
쪽, 이봉범, 앞의 글, 402쪽.

49) 이봉범, 같은 글, 395-396쪽.

50) 이러한 편집 체제의 변화와 기록 서사 중점주의의 특징은 종합지의 새로운

변모를 암시하는 동시에 1960년대 한국 사회 변동에 대응하는 매체 전략이었다는 점에서 주목된다고 이봉범(같은 글, 396-398쪽)은 지적한다. 비슷한 맥락에서 김성환(「새로운 글쓰기 양식이 이끈 인식 지평의 확대—1970년대 논픽션, 르포, 노동 수기」, 앞의 글, 356쪽) 역시 『신동아』의 수기 공모는 저널리즘 글쓰기의 대표 공간으로, 이곳에서 노동자의 수기와 논픽션이 서술될 수 있었다고 언급한다.

51) 1960년대에는 1965년 9월호에 제1회 공모작이 발표된 이래 1969년 12월의 제5회에 이르고 있다. 자세한 내용은 참고자료의 〈별표1〉 참조.

52) 논픽션이 처음 소개된 1965년 9월호 지면에 게재된 초기 르포는 '이색지대'라는 이름으로 주로 지역에 초점을 맞추다가 1967년 1월호부터 '오늘을 사는 한국의 서민'이라는 인물 연재로 이행하였다. 1960년대 인물 르포는 1969년 12월호에 이르기까지 총36회가 소개되었다. 아울러 유치원이나 종합병원, 자선단체, 예술문화단체총연합회와 같은 사회 제도나 단체들, 불교나 철도와 같은 종교나 시설들 혹은 물가와 같은 사회 쟁점과 같은 다양한 소재를 포괄하였다(〈별표2〉). 사회 제도와 관련해서는 『세대』에서도 이와 유사한 기획이 르포라는 이름으로 소개되고 있다. 〈별표5〉의 한국경제인협회나 대한민국재향군인회 등 참조.

53) 르포와 비슷한 종합 보고서 성격의 기사로는 백서가 있다. 르포와 유사하면서도 분량이 더 길고 자세한 심층 보고서라는 점과 아울러 지배 권력의 모순과 비리에 초점을 맞춰 정경 유착 비리나 정부 실책과 같은 민감한 정치 사안들을 주로 다룬다는 점에서 르포와 차이를 보인다. 이봉범, 앞의 글, 406-407쪽 참조.

54) 이와 비슷한 문제의식에서 이봉범(같은 글, 416쪽)은 4.19 및 5.16의 정치 경험이 주체성과 근대화에 관한 관심을 촉발했다고 할 때 그것이 지식인들의 몫만은 아니었으며, 대중들 또한 근대화 프로젝트의 성과(혹은 폐해)가 가시화되는 흐름 속에서 민주화·근대화에 대한 매혹, 실망의 복잡한 시선을 동반

한 채 적어도 1950년대보다 사회 현실에 관한 관심과 문제의식을 대폭 확대
해갔다고 진단하고 있다.

55) 김성환, 「『어둠의 자식들』과 1970년대 하층민 글쓰기의 양상」, 앞의 글, 366
쪽, 김성환, 「새로운 글쓰기 양식이 이끈 인식 지평의 확대—1970년대 논픽
션, 르포, 노동 수기」, 앞의 글, 36쪽, 이봉범, 같은 글, 404쪽.

56) 이봉범, 같은 글, 413쪽.

57) 1980년대를 대상으로 하기는 하지만 채광석(「진정한 새로움을 위하여」, 『채
광석전집 4』, 풀빛, 1989, 243쪽)은 월간 여성지의 르포 기사를 대상으로 저급
한 이색지대 탐방기에 머무르는 상업주의의 실태를 "'야담과 실화' 류의 카타
르시스 용품으로 만들어 신문이나 많아 팔아먹자는 비열성을 드러낸다"고 하
면서 신랄하게 비판한다. 손남훈(앞의 글, 82쪽) 역시 "숨겨진 진실을 드러낸
다는 명목 아래 대중의 욕망을 자극하는 이색지대 탐방에 초점을 맞"추고 있
는 '밀착 취재', '현장 추적', '잠입 르뽀' 등이 현상에 대한 깊이 있는 탐험이
아니라 선정주의와 눈길을 끄는 것에 집중하고 있다고 비판한다.

제5장 근대화 초기 기층 민중의 현실과 빈곤

1) 하지만 이러한 시도는 『신동아』를 제외하고는 『사상계』나 『세대』 등의 매체
에서는 찾아볼 수 없다.

2) 김경일, 『한국의 근대와 근대성』, 백산서당, 2003, 85쪽.

3) 김성환 「1970년대 논픽션과 소설의 관계 양상 연구—『신동아』 논픽션 공모를
중심으로」, 앞의 글, 22-23쪽, 「『어둠의 자식들』과 1970년대 하층민 글쓰기의
양상」, 앞의 글, 366쪽, 「새로운 글쓰기 양식이 이끈 인식 지평의 확대—1970
년대 논픽션, 르포, 노동 수기」, 앞의 글, 36쪽.

4) 『신동아』 논픽션은 1970년대까지 약 80편의 당선작이 게재되었으며, 이밖에

도 투고된 30여 편의 논픽션 등을 포함하면 모두 해서 110편이 넘는다. 이들 대부분은 체험 수기로서 "민초들의 과거 역사의 격변에서 겪은 특정한 체험과 당대의 삶의 생생한 기록들"이다. 〈별표1〉, 〈별표3〉 및 김성환 「1970년대 논픽션과 소설의 관계 양상 연구—『신동아』 논픽션 공모를 중심으로」, 같은 글, 30쪽, 이봉범, 앞의 글, 404쪽 참조.

5) 〈별표6〉 참조. 〈별표7〉에도 전몰 미망인의 수기를 비롯한 여러 형태의 르포들이 소개되고 있다.

6) 예컨대 1970년대까지 포함해보면, 경제 문제(사채 시장, 부동산 투기, 대기업, 중소기업, 무역, 산업재해, 수출자유지역, 재벌, 대일차관업체, 수출·수입, 기업 자금, 유통 구조, 기술 도입, 공해, 은행 등), 농어촌 문제(쌀값, 어민, 새마을운동, 농약, 축산정책 등), 노동 문제(임금, 평화시장, 노동자, 인력난, 노동조합 등), 서민 생활과 직결된 사안(주택, 물가, 세금, 상하수도, 철도, 버스 등 교통 문제, 보험, 집값, 불량식품 등), 종교(불교, 기독교, 신흥 종교 등), 교육(유치원, 학교 잡부금, 검인정 교과서, 청소년 범죄, 사립학교, 고교 평준화 등), 언론·문화(문화재단, 예총, 국립극장, 출판, 자유언론운동, 외국인 학교, 유학, 예능 교육, 연예계 등), 각종 공공기관(국세청, 보건소, 종합병원, 국립경찰, 자선단체, 농협 등) 등이 그것이다(이봉범, 앞의 글, 406쪽).

7) 『신동아』 르포는 '르포·이색지대'란으로 시작했다가 1967년 1월부터 인물 중심의 '오늘을 사는 한국의 서민'으로 변경되었다. 이와 동시에 별도의 '르포'난이 고정란으로 배치되어 1967년 2월의 「유치원」부터 1979년 11월의 「축산정책」에 이르기까지 140여 편이 게재되는데, 한 호에 2-3편이 실리는 경우가 많았고, 1977년 6월에는 4편(혼혈아, 검인정 교과서 파동, 국립극장, 광고전쟁)이 동시에 실리기도 했다. 이봉범, 같은 글, 405-406쪽 참조.

8) 사례로는 방물장수나 소몰이꾼, 기와장이, 염수장, 목수, 대장장이, 옹기장이, 석수, 사리 채반 제조인, 땅꾼, 목부 등을 들 수 있다.

9) 김광협, 「르뽀 오늘을 사는 한국의 서민 1 青里驛長 朴仁泰 씨」, 『신동아』 1967

년 1월호, 284-285쪽.

10) 윤여준, 「르뽀 오늘을 사는 한국의 서민 19 鹽手長 金在順 씨」, 『신동아』 1968
년 7월호, 289쪽.

11) 정출도, 「르뽀 오늘을 사는 한국의 서민 22 대장장이 金東守 씨」, 『신동아』
1968년 10월호, 291쪽, 293쪽. 모든 기록이 이처럼 삶과 인물이 일치하는 서
사를 제시하지는 않는다. 여기에는 선입견이나 사회의 편견이 그대로 반영된
형태로서의 비정형과 일탈이 때때로 있기 때문이다. 예를 들면, 철도 기관사
는 "의젓한 체구나 불기불기한 형색으로 따진다면 비서가 뜯어온 수표를 샛
눈을 뜨고 도장이나 누리는 일류회사 사장에 못지 않"은 것으로(심재호, 「르
뽀 오늘을 사는 한국의 서민 12 호남선 기관사 韓基燮 씨」, 『신동아』 1967년
12월호, 283쪽) 묘사되는가 하면 국립종축장에서 일하는 목부(牧夫)에 대해
서는 "조용조용한 말씨와 조신한 몸가짐이 소를 다루는 일꾼처럼 보이지 않
는다"고(조성숙, 「르뽀 오늘을 사는 한국의 서민 36 牧夫 韓相德 씨」, 『신동
아』 1969년 12월호, 282쪽) 서술하고 있다. "도둑 잡는 재미와는 인연이 먼 듯
한 두 눈"의 지서 순경은 "막 논일을 하고 나온 농부에게 순경복을 입혀 놓은
인상"을 가졌다고 기록하고 있다(심재호, 「르뽀 오늘을 사는 한국의 서민 5
지서 순경 姜洪基 씨」, 『신동아』 1967년 5월호, 283-284쪽).

12) 조성숙, 「르뽀 오늘을 사는 한국의 서민 16 간호원장 金姬順 씨」, 『신동아』
1968년 4월호, 289-291쪽.

13) 이정윤, 「르뽀 오늘을 사는 한국의 서민 10 면서기 裵曾用 씨」, 『신동아』 1967
년 10월호, 285쪽, 287쪽.

14) 유경현, 「르뽀 오늘을 사는 한국의 서민 3 우편집배원 金銀柱 씨」, 『신동아』
1967년 3월호, 284쪽, 287쪽.

15) 김광희, 「르뽀 오늘을 사는 한국의 서민 11 서울운동장 직원 李年宰 씨」, 『신
동아』 1967년 1월호, 287쪽.

16) 윤여준, 「르뽀 오늘을 사는 한국의 서민 6 트럭 운전사 權寧柱 씨」, 『신동아』

1967년 6월호, 284쪽.

17) 문명호, 「르뽀 오늘을 사는 한국의 서민 4 방물장수 安鳳模 씨」, 『신동아』 1967
년 4월호, 285쪽.

18) 이정윤, 「르뽀 오늘을 사는 한국의 서민 15 과수 剪定士 曺永生 씨」, 『신동아』
1968년 3월호, 288-289쪽.

19) 별수 없이 이웃집 대장장이 노인한테 서른한 살의 수습공으로 들어가 1년 반
을 배운 뒤 고향에서 대장간을 차렸다. "한 아들과 두 딸의 아버지로서 대장
간의 견습공을 해내는 일이란 울분과 한숨의 연속이었지만 여기서 꺾인다면
자신은 물론 모든 가족이 영원히 거지가 되고 만다는 생각으로 수모와 고통
을 이겨"냈다. 정출도, 앞의 글, 293-294쪽.

20) 이정윤, 「르뽀 오늘을 사는 한국의 서민 10 면서기 裵曾用 씨」, 앞의 글, 287쪽.

21) 박동은, 「르뽀 오늘을 사는 한국의 서민 2 순회 미용사 李玉吉 여사」, 『신동
아』 1967년 2월호, 334쪽.

22) 박응칠, 「르뽀 오늘을 사는 한국의 서민 8 부두 노동자 李鍾述 씨」, 『신동아』
1967년 8월호, 287쪽.

23) 윤여준, 「르뽀 오늘을 사는 한국의 서민 6 트럭 운전사 權寧柱 씨」, 앞의 글,
283쪽.

24) 아울러 그것은 "햇빛을 잃고 건강을 잃어가며 자고 일하는 것 외에 생활이
없"이 "도시의 사치나 농촌의 전아함, 어촌의 낭만과도 인연을 멀리하고 모든
것을 잊고" "화석 1초전"의 갱(坑) 생활을 살아가는 탄광의 광부이기도 했다
(안병섭, 「현지 르포 강원도의 탄층을 가다—장성, 강원의 두 탄광을 가다」,
『사상계』 1960년 12월호, 251쪽). "생의 현장이지만 지나치게 무서"운 탄광에
서 이들은 "피에 젖은 탄가루"를 마셔가면서 "생명을 걸고 도박하는" 일을 했
다(김광협, 「르뽀 이색지대 강원도 탄광촌」, 『신동아』 1966년 11월호, 288쪽,
290쪽). 그런가 하면 "넝마주이, 구두닦이, 윤락여성 등 어디를 둘러봐야 발
붙일 곳이 없는 무의무탁자들"로 구성된 자활 정착 사업장의 공동체 성원들

은 "10대에서 60대까지, 무학에서 대졸까지 하나같이 패잔의 이력을 가진, 교도소나 소년원이 낯설지 않은 뒷골목의 인생들"로서 "과거는 많고 경력이 없어 슬픈 사람"들이다(권도홍, 「르포 이색지대 서산개척단」, 『신동아』 1965년 12월호, 273쪽).

25) 심재호, 앞의 글, 287쪽.

26) 심재호, 「르뽀 오늘을 사는 한국의 서민 12 호남선 기관사 韓基燮 씨」, 앞의 글, 287쪽.

27) 김경일, 『노동』, 소화, 2014.

28) 김봉호, 「르뽀 오늘을 사는 한국의 서민 30 선반공 洪善鍾 씨」, 『신동아』 1969년 6월호, 285쪽.

29) 심재호, 「르뽀 오늘을 사는 한국의 서민 12 호남선 기관사 韓基燮 씨」, 앞의 글, 287쪽.

30) 자기 조선소를 차려 "좀 더 모양이 좋고 좀 더 성능이 좋은 어선을 어민에게 제공"하고 싶다고 그는 말한다(이정윤, 「오늘을 사는 한국의 서민 20 造船都木手 劉永魯 씨」, 『신동아』 1968년 8월호, 292-293쪽).

31) 윤여준, 「르뽀 오늘을 사는 한국의 서민 19 鹽手長 金在順 씨」, 앞의 글, 292쪽.

32) 아들한테 뭘 시키고 싶은가라는 기록자의 질문에 그는 "우선 신앙인, 그리고 사정이 허락하면 농사일"이라고 답한다(이종석, 「르뽀 오늘을 사는 한국의 서민 25 신발 땜장이 柳志昌 씨」, 『신동아』 1969년 1월호, 284쪽).

33) 조성숙, 「르뽀 오늘을 사는 한국의 서민 36 牧夫 韓相德 씨」, 앞의 글, 285쪽.

34) 다른 형제들도 그와 비슷한 선택을 했다. 그의 큰 형은 이 일에서 손을 떼고 충남 당진군 간척사업장으로 나갔고 동생은 "부산에 나가 다른 일에 손 익히라고 자신이 등을 밀어 보냈다."(심재호, 「르뽀 오늘을 사는 한국의 서민 23 옹기장이 李良炫 씨」, 『신동아』 1968년 11월호, 295쪽)

35) 아들이 없는 그는 딸만 여섯을 두고 있는데, 출가한 큰딸의 남편은 대구에서 유리 중간 도매업을 하고 있고, 둘째 사위는 자동차 운수 사업을 하는 청년이

다(서창식, 「르뽀 오늘을 사는 한국의 서민 33 整版工 李相億 씨」, 『신동아』 1969년 9월호, 284쪽).

36) 그러나 이 기록에는 지식인의 보고 기록을 매개로 계몽과 훈육의 국가 이데 올로기라는 정치 의도가 부과되고 있다. "그러나 그녀들은 자학이나 자포자 기를 않는다. 힘껏 일한다. 애국이니 사회봉사니 여권옹호니 권리니 다 생각 해보지도 못했다. 입에 풀칠하기 위하여 능력껏 성실하게 일하고 있는 속에 사회를 위하고 조국을 위한 것이 담겨져 있는 것이다"라고 보고자는 적고 있 다(白寅斌, 「특집 그들은 아직도 그늘에 있었다: 사회의 밑바닥에서 일하는 여성들의 실태―제본소 여공」, 『여원』 1966년 3월호, 181쪽).

37) 김광협, 「르뽀 이색지대 강원도 탄광촌」, 『신동아』 1966년 11월호, 289쪽.

38) 김광협, 같은 글, 291쪽.

39) "종업원이라 하여 자기가 근무하는 회사의 정문임에도 자유로이 출입할 수 없 고 종업원이라 하여 실올이 하나 탐스럽지 않건만 검신을 받아야 하고 종업원 이라 하여 금지구역이 있는가 하면 걸려오는 전화에도 사절을 당하는 여지없 는 창피를 당하며" 살기 때문이다. 이러한 점에서 그녀는 "이젠 어쩌면 파아란 까운을 입고 주판알이나 굴리는 사무원이 부러워졌는지도 모른다"고 하면서 도 "편안히 앉아서 붓대나 놀린다는 그들의 말처럼 큰 회사의 사무원이 아니 라서 부끄럽다는 것이 아니라, 공부를 시키면 인간이 된다는 것에 앞서 돈을 벌기 마련이라고 믿어버리는 숙맥 같은 이들에게 어느 것 한 가지도 이해를 줄 수 없는 지금의 맨 주먹이 부끄럽다"고 말한다(박순은, 「실과 기계와 싸우는 工女」, 『여원』 1962년 10월호, 249-250쪽). 앞서 백인빈(앞의 글, 181쪽)의 자료 와 마찬가지로, 이 자료에도 기록자와 잡지사의 주관 담론을 통해 정치 의도가 개입한다. "이젠 12시간 노동을 8시간으로 줄어들게 한 혁명의 혜택을 입었다. 나는 너를 위로해주고 너는 나를 위로해줄 수 있는 서로의 정을 교류하며 쓰디 쓴 시간들에 대결할 수 있는 인내를 배웠다"는 대목은 이를 잘 보인다.

40) 김병익, 「르뽀 오늘을 사는 한국의 서민 14 택시 운전사 朴性東 씨」, 『신동아』

1968년 2월호, 289쪽.

41) 이준우, 「르뽀 오늘을 사는 한국의 서민 21 등산 안내일 李仁宣 씨」, 『신동아』 1968년 9월호, 292쪽.

42) 심재호, 「르뽀 오늘을 사는 한국의 서민 31 관광지 사진사 李周永 씨」, 『신동아』 1969년 7월호, 283쪽.

43) 이정윤, 「르뽀 오늘을 사는 한국의 서민 15 과수 剪定士 曺永生 씨」, 앞의 글, 288쪽.

44) 그러나 유감스럽게도 실제로는 그의 아들도 그와 같이 가지치기 일을 하고 있다(이정윤, 같은 글, 289쪽, 291쪽).

45) 이종석, 「르뽀 오늘을 사는 한국의 서민 18 기와장이 李淸雨 씨」, 『신동아』 1968년 6월호, 291쪽.

46) 이종석, 같은 글, 293쪽.

47) 김광협, 앞의 글, 288쪽.

48) 이정윤, 「르뽀 오늘을 사는 한국의 서민 10 면서기 裵曾用 씨」, 앞의 글, 287쪽.

49) 김봉호, 앞의 글, 284쪽.

50) 서창식, 앞의 글, 285쪽.

51) 문명호, 「르뽀 오늘을 사는 한국의 서민 13 어부 金仲敎 씨」, 『신동아』 1968년 1월호, 289쪽.

52) 박응칠, 「르뽀 오늘을 사는 한국의 서민 17 소몰이꾼 尹鍾烈 씨」, 『신동아』 1968년 5월호, 292쪽.

53) 조성숙, 「르뽀 오늘을 사는 한국의 서민 36 牧夫 韓相德 씨」, 앞의 글, 285쪽.

54) 안병섭, 「현지 르포 강원도의 탄층을 가다—장성, 강원의 두 탄광을 가다」, 『사상계』 1960년 12월호, 248쪽.

55) 권도홍, 「르포 이색지대 서산개척단」, 『신동아』 1965년 12월호, 277쪽.

56) 이문휘, 「르뽀르따쥐 빈농의 변동과 무지의 개발」, 『사상계』 1961년 11월호, 235쪽.

57) 조성숙, 「르뽀 모범농촌을 찾아서 둑을 쌓아 갱생한 모전리」, 『신동아』 1966
   년 10월호, 107쪽.

58) 신문은 1개월에 80원씩 내서 면 직원들이 의무로 보게 되어 있는 『서울신문』
   이나 『일요신문』을 구독한다(이정윤, 「르뽀 오늘을 사는 한국의 서민 10 면서
   기 裵曾用 씨」, 앞의 글, 287쪽).

59) 최일남, 「르뽀 오늘을 사는 한국의 서민 7 국민학교 교사 李承喆 씨」, 『신동
   아』 1967년 7월호, 285쪽.

60) 조성숙, 「르뽀 오늘을 사는 한국의 서민 16 간호원장 金姬順 씨」, 앞의 글,
   290쪽.

61) 김병익, 앞의 글, 289쪽.

62) 심재호, 「르뽀 오늘을 사는 한국의 서민 12 호남선 기관사 韓基燮 씨」, 앞의
   글, 287쪽.

63) 조성숙, 「르뽀 오늘을 사는 한국의 서민 9 해수욕장 보트상 田祥秀 씨」, 『신동
   아』 1967년 9월호, 287쪽.

64) 한국 영화나 외국 영화를 가리지 않는데, 사극을 좋아하는 편이다(윤여준,
   「르뽀 오늘을 사는 한국의 서민 27 석수 金三得 씨」, 『신동아』 1969년 3월호,
   283쪽).

65) 1년 연중 일요일이 없는 염수들은 양력 정초 3일과 노동절, 단오, 추석, 회사
   창립일의 7일 만이 정기 휴일이다. 휴일에는 대개 영화 구경을 하는데 지난
   단오날에는 한국 영화 「옥단춘」을 보았다(윤여준, 「르뽀 오늘을 사는 한국의
   서민 19 鹽手長 金在順 씨」, 앞의 글, 292쪽).

66) 박응칠, 「르뽀 오늘을 사는 한국의 서민 8 부두 노동자 李鍾述 씨」, 앞의 글,
   287쪽.

67) 서창식, 앞의 글, 284쪽.

68) 간혹 시간 여유가 있다 하더라도 그것을 위한 일정한 비용 지출과 거리 이동
   도 감당하기 쉽지 않았다.

69) 문명호, 「르뽀 오늘을 사는 한국의 서민 4 방물장수 安鳳模 씨」, 앞의 글, 286쪽.

70) 이정윤, 「오늘을 사는 한국의 서민 20 造船都木手 劉永魯 씨」, 앞의 글, 293쪽.

71) 인터뷰는 1967년 6월 8일 제7대 총선 바로 직후에 이루어졌다.

72) 박웅칠, 「르뽀 오늘을 사는 한국의 서민 8 부두 노동자 李鍾逑 씨」, 앞의 글, 287쪽.

73) 이에 앞서 인터뷰 장소인 감독 사무소 책상 위에 놓여 있던 라디오에서 로버트 케네디의 피격 뉴스가 나오자 김재순은 순간 긴장된 표정으로 듣는다. 잠시 후 "무슨 놈의 문명국이 그래. 잘난 놈은 잘 나서 제 명에 못 죽고 못난 놈은 또 고된 일 하느라고 제 명에 못 죽고"라고 투덜대는 그를 보고, 기록자는 "'문명' 두 자를 들어 미국민을 멸시하는 표정을 짓던 그나 묘한 데서 '잘난 놈과 못난 놈'의 공통점을 찾아내자 몇 명의 염수들이 맞장구를 쳤다"고 적었다. 기록자는 "로버트 케네디의 피격 뉴스에 그 정도의 관심을 보이던 사람치고는 어딘가 석연치 않다"고 하면서 그의 정치 무관심의 근저에 의심의 눈길을 보내고 있다(윤여준, 「르뽀 오늘을 사는 한국의 서민 19 鹽手長 金在順 씨」, 앞의 글, 290-292쪽).

74) 이정윤, 「르뽀 오늘을 사는 한국의 서민 10 면서기 裵曾用 씨」, 앞의 글, 286-287쪽.

75) 최일남, 앞의 글, 286-287쪽.

76) 김광협, 앞의 글, 288쪽. 당연한 말이지만 이 시기 기층 민중 모두가 정치에 무관심하다고 말할 수는 없다. 소수지만 1960년대 「서민 연재」에서 반대 사례가 없지는 않다. 예를 들면, 지서 순경 강홍기는 6.8선거(원문에는 6.3선거로 되어 있다)에 대하여 "너무들 했습니다. 너무 많이 당선하는 것도 공약 위반"이라고 언급한다. 이에 대하여 기록자는 "단순하고 우직하고 직선적인 면을 보인다"고 평가하고 있는데(심재호, 「르뽀 오늘을 사는 한국의 서민 5 지서 순경 姜洪基 씨」, 앞의 글, 288쪽), 미미한 형태로나마 정치에 대한 이러한 종류의 논평은 다른 사례에서는 찾아보기 힘들다. 택시 운전사 박성동도 오늘날의

운전기사가 그러하듯 정치에 대해 '일가견'이 있다. "서민의 정치가에 대한, 당연한 항변과 불만"의 하나로 그는 "정치가들은 혼자 애국자인 척 해서는 안 돼요. 제발 사리사욕을 떠나야 하구요"라고 말한다(김병익, 앞의 글, 289쪽).

77) 기록자는 "전쟁은 최선의 경우에도 필요악이지만, 인간의 가치는 무겁다는 말"로 해석한다(유경현, 앞의 글, 287쪽).

78) 1960년대와 비교해볼 때 1970년대 「서민 연재」에서 정치 쟁점을 언급한 경우는 매우 드물다. 1960년대 「서민 연재」의 35개 사례(35번의 농민 특집 제외) 중에서 정치에 대해 언급한 경우는 14사례(1, 3, 4, 5, 7, 8, 9, 10, 13, 14, 17, 19, 20, 33)로서 전체의 40%에 달했지만, 1970년대에는 전체 64개 사례 중에서 불과 2사례(55, 80)의 3.1%에 지나지 않는다. 이러한 현저한 차이가 유신 체제의 억압된 현실을 반영하는지, 아니면 이 연재 기획자의 의도를 반영하는지는 불명확하다. 어느 경우이건 유신 체제로 접근하는 1968년 8월 이후부터는 정치에 대한 언급이 급격하게 줄어들고 있는 점은 주목할 만하다. 덧붙이자면 노동조합에 대한 언급이 일종의 정치 맥락에서 해석될 수 있다고 한다면, 여기에 해당하는 사례는 「서민 연재」 전체에서 5사례이다(14, 46, 80, 87, 89). 14번의 사례를 제외하면 나머지 4개의 사례는 1970년대에 집중되어 있다.

79) 김담구, 「르뽀 오늘을 사는 한국의 서민 55 유리공 최용배씨」, 『신동아』 1971년 7월호, 284쪽.

80) 허태홍, 「르뽀 오늘을 사는 한국의 서민 80 양조 기술자 하재후 씨」, 『신동아』 1973년 8월호, 252쪽.

81) 박응칠, 「르뽀 오늘을 사는 한국의 서민 17 소몰이꾼 尹鍾烈 씨」, 앞의 글, 291쪽.

82) 손세일, 「루뽀르따쥐 제주도 기행」, 『사상계』 1961년 5월호, 233쪽.

83) 이문휘, 「르뽀르따쥐 빈농의 변동과 무지의 개발」, 『사상계』 1961년 11월호, 246쪽.

84) 최희숙, 「서울의 어느 하늘밑 빈민 지대」, 『여원』 1962년 12월호, 131쪽.

85) 김병익, 앞의 글, 289쪽.

86) 윤여준, 「르뽀 오늘을 사는 한국의 서민 19 鹽手長 金在順 씨」, 앞의 글, 292쪽.

87) 그러나 이는 자기 생각일 뿐이고, "우리나라 실정으로 보아 무리인지도 모르 겠다"는 의견을 덧붙인다(조성숙, 「르뽀 오늘을 사는 한국의 서민 9 해수욕장 보트상 田祥秀 씨」, 앞의 글, 287쪽).

88) 서창식, 앞의 글, 283쪽.

89) "그에게 순경은 생활이다. 생활을 포기할 순 없는 게 아닌가 하는 표정이다. 생활이 여기에 결부되는 것"이라고 하면서, "서민 경찰의 답답한 가슴이 눈치로나마 이해가 간다"라고 기록자는 적고 있다(심재호, 「르뽀 오늘을 사는 한국의 서민 5 지서 순경 姜洪基 씨」, 앞의 글, 285쪽).

90) 심재호, 같은 글, 288쪽.

91) 김수박, 『메이드 인 경상도』, 창작과비평사, 2014, 224-225쪽.

제6장 기층 민중의 생계와 가족 전략

1) E. P. Thompson과 E. J. Hobsbawm 등이 실질임금의 지속적 하락을 바탕으로 비관론의 입장에 섰다면, 이에 맞서 J. H. Clapham, T. S. Ashton 등은 이러한 주장을 반박하기 위한 실증 연구를 진행하였다.

2) Helen I. Safa, *The Myth of the Male Breadwinner: Women and Industrialization in the Caribbean*, New York: Westview Press, 1995, Rosemary Crompton (ed.), *Restructuring Gender Relations and Employment: The Decline of the Male Breadwinner*, Oxford: Oxford University Press, 1999, Hans-Peter Blossfeld and Sonja Drobnič (eds.), *Careers of Couples in Contemporary Society: From Male Breadwinner to Dual-Earner Families*, Oxford: Oxford University Press, 2001.

3) 1928년 7월 20일부터 같은 해 9월 23일에 걸쳐 조선철도협회가 조선토목건축

협회에 위촉하여 행한 조사가 아마도 최초의 가계 조사일 것이다. 이 조사는 전국 36개 토목 공사장의 일용 노동자와 목수, 석공, 십장 등 39개 업종 613명의 노동자를 대상으로 했고, 민족으로 보면 조선인이 426명, 일본인이 123명, 중국인이 64명이었다. 이 조사는 독신자와 부부가족 등 6개의 범주로 가족 구성을 구분한 다음, 하루 실생활비를 의·식·주와 잡비 4개 항목으로 나누어 세분화하였다. 朝鮮土木建築協會,『朝鮮工事用各種勞働者實狀調』, 1928 참조.

4) 조사의 목적, 방법, 내용 등의 연혁에 관해서는 통계청의「가계동향조사」(http://meta.narastat.kr/metasvc/index.do?confmNo=10106&inputYear=2014) 참조.

5) 최저임금위원회의「기관별 생계비 추이」항목(http://www.minimumwage.go.kr/stat/statLivingAnaly_3.jsp)에는 통계청과 한국노동연구원, 한국노총, 민주노총 및 경영계의 범주별 조사 연혁이 간략히 정리되어 있다.

6) 배석만,「1950년대 대한조선공사의 자본축적 시도와 실패원인─자본축적과정에서 귀속기업체의 역할분석」,『역사와 경계』25·6, 1994, 배석만,「조선중공업주식회사의 전시경영과 해방 후 재편과정」,『역사와 경계』60, 2006, 신원철,「기업별 노동조합과 고용관계─1960년대 대한조선공사의 사례」,『사회와 역사』60, 2001, 신원철,「사내직업훈련제도의 전개─대한조선공사 사례를 중심으로」,『사회와 역사』85, 2010 및 Nam Hwasook, *Building Ships, Building a Nation-Korea's Democratic Unionism Under Park Chung Hee*, Seattle: University of Washington Press, 2009 (남관숙·남화숙 역,『배 만들기, 나라 만들기─박정희 시대의 민주노조운동과 대한조선공사』, 후마니타스, 2013).

7) 1960년대와 비교해볼 때, 1970년대 가계에 관한 내용은 거의 찾아볼 수 없거나 소략하다. 이 글이 1970년대보다 1960년대에 초점을 맞춘 이유 가운데 하나가 여기에 있다. 덧붙여 1970년대로 들어오면서 소득 불평등의 분화가 더 진전된 사실을 고려할 때, 경제 발전의 효과가 아직 충분히 발현되지 않은 1960년대 시대상의 정형을 드러내 보이려는 의도도 있었다.

8) 1952년 이후 화폐 개혁 시기까지는 긴급통화조치법에 따라 1/10의 환산율을 적용한다 해도 조사 대상이나 방법이 다르고 시간에 따른 인플레율 변동 등의 요인이 있기 때문이다.

9) 자세한 내역은 식비 7,434원, 주거비 838원, 광열비 572원, 피복비 1,296원 잡비 4,278원이다.

10) 이 표에는 계산 오류가 있다. 전체 소득은 15,076원이고 여기에서 총지출 28,287원을 차감하면 실제로는 13,211원이 된다.

11) 이 수치는 월평균이 아니고 인터뷰가 이루어진 일시에 가장 가까운 달의 내역이다. 이하 특별한 설명이 없는 한 나머지 사례들도 동일하다.

12) 자세한 내역은 주식대 쌀 한 가마니, 보리쌀 2두 해서 5천 원, 부식비 500원, 의료(衣料) 500원, 광열비 2,000원, 의료비 500원, 교육비 1,500원이다(김광협, 앞의 글, 288쪽). 대체로 「서민 연재」에서 지출 내역에 대한 정보는 소략하거나 없는 경우가 많다.

13) 역 구내 빈터에 채소를 심어 부식비 일부를 절약하고, 주거는 관사에서 거주하며 교통 통신비는 철도가 무임이므로 거의 지출이 없다. 김광협, 같은 글, 288쪽.

14) 조성숙, 「르뽀 오늘을 사는 한국의 서민 16 간호원장 金姬順 씨」, 앞의 글, 291쪽.

15) 내역은 소득세 992원, 연금 260원, 교육회비 50원, 보험 100원, 국민저축 200원, 봉급 수령자 여비 10원, 축의금 등 100원, 교재 연구비 중 세금 77원, 교육잡지 대금 110원이다.

16) 최일남, 앞의 글, 285쪽.

17) 이정윤, 「르뽀 오늘을 사는 한국의 서민 10 면서기 龔曾用 씨」, 앞의 글, 287쪽.

18) 심재호, 「르뽀 오늘을 사는 한국의 서민 5 지서 순경 姜洪基 씨」, 앞의 글, 286쪽.

19) 수입은 본봉 5,840원 직무 수당 3,450원, 작업 수당 2,830원, 특수 수당 1,000원 위험 수당 360원과 특근 수당, 휴일근무 수당 등을 합한 것이고, 지출 항목은 원천과세, 기여금, 저축비, 공제계금, 노조비, 합숙 식대 등이다(심재호, 「르뽀

오늘을 사는 한국의 서민 12 호남선 기관사 韓基燮 씨」, 앞의 글, 286쪽).

20) 유경현, 앞의 글, 285-286쪽.

21) 이정윤,「르뽀 오늘을 사는 한국의 서민 26 낙도의 여객선장 金俊植 씨」,『신동아』1969년 2월호, 281쪽.

22) 윤여준,「르뽀 오늘을 사는 한국의 서민 19 鹽手長 金在順 씨」, 앞의 글, 291쪽.

23) 윤여준,「르뽀 오늘을 사는 한국의 서민 6 트럭 운전사 權寧柱 씨」, 앞의 글, 285-286쪽.

24) 김병익, 앞의 글, 289쪽.

25) 조성숙,「르뽀 오늘을 사는 한국의 서민 36 牧夫 韓相德 씨」, 앞의 글, 285쪽.

26) 공업고등학교 졸업생의 초임인 일당 150원에 비해 보더라도 그렇지만 그의 일급은 이 공장에서 제일 높은 수준이다.

27) 김봉호, 앞의 글, 281-282쪽.

28) 서창식, 앞의 글, 284쪽.

29) 노조비와 식대 등의 제세공과금은 2,459원이 된다(박웅칠,「르뽀 오늘을 사는 한국의 서민 8 부두 노동자 李鍾述 씨」, 앞의 글, 286쪽).

30) 이정윤,「오늘을 사는 한국의 서민 20 造船都木手 劉永魯 씨」, 앞의 글, 290-291쪽.

31) 이종석,「르뽀 오늘을 사는 한국의 서민 18 기와장이 李淸雨 씨」, 앞의 글, 289-290쪽.

32) 문명호,「르뽀 오늘을 사는 한국의 서민 4 방물장수 安鳳模 씨」, 앞의 글, 283쪽.

33) 이정윤,「르뽀 오늘을 사는 한국의 서민 15 과수 剪定士 曺永生 씨」, 앞의 글, 289쪽.

34) 이종석,「르뽀 오늘을 사는 한국의 서민 25 신발 땜장이 柳志昌 씨」, 앞의 글, 283쪽.

35) 이준우, 앞의 글, 290쪽.

36) 과수원 속의 양옥집에 텔레비전과 전화까지 있는 "이 정도 농민은 거의 열 손

가락에 꼽을 정도"라고 기록자는 보고한다(정출도, 「르뽀 오늘을 사는 한국의 서민 35 농민은 어떻게 살고 있나」(특집 농촌), 『신동아』 1969년 11월호, 249-250쪽).

37) 농촌의 경우 도시에 비해 생활비가 덜 든다는 사실도 물론 고려해야 한다. 정출도, 같은 글, 251쪽.

38) 정출도, 같은 글, 252쪽.

39) 정출도, 같은 글, 253쪽.

40) 김경일, 『한국의 근대와 근대성』, 앞의 책, 82-83쪽.

41) 김경일, 『한국의 민주화 운동에서 노동과 여성: 노동의 서사와 노동자 정체성』, 한국학중앙연구원 출판부, 2021, 72쪽.

42) 김경일, 같은 책, 99쪽.

43) 김광협, 앞의 글, 289쪽. 다른 사례들에 비해 볼 때 그나마 그의 살림살이는 조금 더 나아 보인다.

44) 심재호, 「르뽀 오늘을 사는 한국의 서민 5 지서 순경 姜洪基 씨」, 앞의 글, 285쪽.

45) 심재호, 같은 글, 286-287쪽.

46) 김광희, 앞의 글, 288쪽, 291쪽.

47) 김병익, 앞의 글, 288-289쪽.

48) 박웅칠, 「르뽀 오늘을 사는 한국의 서민 8 부두 노동자 李鍾述 씨」, 앞의 글, 287쪽.

49) 정출도, 「르뽀 오늘을 사는 한국의 서민 22 대장장이 金東守 씨」, 앞의 글, 295쪽.

50) 이준우, 앞의 글, 293쪽.

51) 김봉호, 앞의 글, 284쪽.

52) 서창식, 앞의 글, 283쪽.

53) 박동은, 앞의 글, 333쪽.

54) 한 달에 잡곡과 쌀을 합쳐 7말, 12원 하는 솔가지 17단이 기본 생필품으로, 솔

가지는 한 단을 가지고 절약해서 이틀을 땐다(박동은, 같은 글, 336쪽).

55) 박동은, 같은 글, 337쪽.

56) 이정윤, 「르뽀 오늘을 사는 한국의 서민 15 과수 剪定士 曺永生 씨」, 앞의 글, 290쪽.

57) 이종석, 「르뽀 오늘을 사는 한국의 서민 25 신발 땜장이 柳志昌 씨」, 앞의 글, 284쪽.

58) 〈표6-2〉에서 1969년의 명세를 보면, 보건위생은 치료·약대 975원, 이발료 449원, 미용 216원, 목욕 374원, 비누 207원, 치약·치솔 153원으로 2,374원이고, 교통 통신 1,226원의 내역은 교통비 1,164원, 전화비 62원이며, 오락은 신문 166원, 잡지 168원, 영화 348원, 오락 216원으로 모두 해서 898원이다.

59) 이정윤, 「르뽀 오늘을 사는 한국의 서민 15 과수 剪定士 曺永生 씨」, 앞의 글, 290쪽.

60) 정출도, 「르뽀 오늘을 사는 한국의 서민 35 농민은 어떻게 살고 있나」(특집 농촌), 앞의 글, 251쪽.

61) 정출도, 같은 글, 252쪽.

62) 최일남, 앞의 글, 285쪽.

63) 이정윤, 「르뽀 오늘을 사는 한국의 서민 10 면서기 裵曾用 씨」, 앞의 글, 287쪽.

64) 여섯 살의 장남과 세 살의 차남, 생후 5개월의 장녀가 있는데, 그의 아내는 큰딸을 출산하다가 사망했다.

65) 조성숙, 「르뽀 오늘을 사는 한국의 서민 36 牧夫 韓相德 씨」, 앞의 글, 285쪽.

66) 이준우, 앞의 글, 290쪽.

67) 이준우, 같은 글, 290쪽, 293쪽.

68) 문명호, 「르뽀 오늘을 사는 한국의 서민 13 어부 金仲敎 씨」, 앞의 글, 289쪽.

69) 서창식, 같은 글, 284쪽.

70) 유경현, 앞의 글, 286쪽.

71) 김광희, 앞의 글, 288쪽.

72) 문명호,「르뽀 오늘을 사는 한국의 서민 4 방물장수 安鳳模 씨」, 앞의 글, 287쪽.

73) 이준우, 앞의 글, 290쪽.

74) 그의 아내는 1966년 어머니날에 '모범 어머니'로 선정되어 군수 표창을 받았
다(이정윤,「르뽀 오늘을 사는 한국의 서민 26 낙도의 여객선장 金俊植 씨」,
앞의 글, 285쪽).

75) 정출도,「르뽀 오늘을 사는 한국의 서민 35 농민은 어떻게 살고 있나」(특집 농
촌), 앞의 글, 252-253쪽.

76) 심재호,「르뽀 오늘을 사는 한국의 서민 31 관광지 사진사 李周永 씨」, 앞의
글, 283쪽.

77) 심재호,「르뽀 오늘을 사는 한국의 서민 12 호남선 기관사 韓基燮 씨」, 앞의
글, 288쪽.

78) 박응칠,「르뽀 오늘을 사는 한국의 서민 8 부두 노동자 李鍾述 씨」, 같은 글,
286쪽.

79) 군 제대한 스물여덟 살의 큰아들은 가족의 "입을 던다고 속초에 나가 補網일"
을 하고 있다(문명호,「르뽀 오늘을 사는 한국의 서민 13 어부 金仲敎 씨」, 같은
글, 289쪽).

80) 정출도,「르뽀 오늘을 사는 한국의 서민 22 대장장이 金東守 씨」, 같은 글, 292-
293쪽, 295쪽. 아마도 아내가 철물전의 손님을 맞거나 딸이 학교에 가는 동안
일 것이다.

81) 가족을 동원하여 자작품을 판 사례는 1970년대 다른 지역에서도 찾아볼 수
있다. 대장장이 정창갑이 일하는 화순의 대장간에서도 부인이 "슬레이트 지
붕의 손바닥만한 그늘에 쪼그리고 앉아서 낫이며, 호미, 쇠스랑, 칼들을 주욱
늘어놓고 손님을 기다리고 있"는 풍경을 찾아볼 수 있다(문순태,「숨어사는
외톨박이—화순 장터의 큰 대장과 작은 대장」,『뿌리깊은 나무』 제29호, 1978
년 7월, 141쪽).

82) 기록자는 하루의 일을 마치고 돌아가는 이들 가족의 모습을 다음과 같이 묘

사한다. "유씨는 차남 태현군을 자전거 앞자리에 태우고 앞서고 부인은 사과 광주리를 이고 한 손에는 장남 상현 군의 손을 잡고 뒤따르며 이들 철새 같은 一家는 日暮의 貧巢를 찾아간다"(이종석, 「르뽀 오늘을 사는 한국의 서민 25 신발 땜장이 柳志昌 씨」, 앞의 글, 281-283쪽).

83) 앞서 말한 초등학교 교사 이승철이나 면서기 배증용의 가외 소득 사례에서 보 듯이, 드물기는 하지만 그것이 생존 차원을 넘어 생활의 여유를 누릴 수 있는 수익을 보장하기도 했다. 마산의 간호원장 김희순이 남편의 양계와 밭농사를 통해 연간 20만 원에 이르는 수입을 올리는 것(조성숙, 「르뽀 오늘을 사는 한국 의 서민 16 간호원장 金姬順 씨」, 앞의 글, 291쪽)이 적절한 사례가 될 것이다.

84) 조영래, 『전태일 평전』, 돌베개, 1983, 35쪽.

85) 조영래, 같은 책, 66쪽

86) 같은 책, 76쪽.

87) 조영래, 같은 책, 80-83쪽, 김경일, 「1960년대 기층 민중의 가계와 빈곤의 가 족 전략」, 『민주사회와 정책연구』 통권 제28호., 2015, 200-201쪽.

88) 앞서 살펴본 집 일부를 세놓는다거나 농경 소득 혹은 이자 수입 등을 포함하 는 것으로 추정된다.

89) 그러나 1967년의 전국 노동자 조사에서는 가족 소득의 비중이 낮은 대신에 기타 소득이 1/4을 넘는 높은 비중을 보이는 점이 주목된다(〈표6-3〉 참조).

90) 대구에서 가장 빈곤한 계층이 몰려 사는 속칭 새마을로 불리는 신암동 5구 주 민의 일부인 124세대 632명의 조사 결과다. 조사 대상에서 가장은 유직자가 78.2%, 순수 무직자는 21%이다. 유직자의 내역을 자세히 보면, 일정한 직장 이 없는 막벌이 단순 노동이 38세대(38.8%)이고, 이어서 상업(26세대, 26.5%) 과 공업(13세대, 13.3%) 순서다. 상업은 행상, 노점 등의 영세 상인이 대부분 을 차지하며, 공업은 주로 노동자다. 다음이 실업에 가까운 넝마주이, 걸인, 내직 등 기타 유업이 11세대(11.2%)이고, 농업이 8세대(8.2%)를 차지한다(배 용광, 앞의 글, 238쪽, 244쪽).

91) 참고로 배우자인 아내가 직업을 가지고 있는 비율은 23.8%로, 주로 상업(9명, 38.2%)과 기타 유업(10명, 43.5%)에 종사하는데 상업이라 해도 대부분 노점, 행상이며 기타 유업은 반수가 내직, 걸인, 넝마주이와 같이 최하층에 속하는 노동자다. 자녀가 직업이 있는 경우는 56명인데, 이 가운데 60%에 가까운 33명(59.1%)이 공업에 종사하고, 기타 유업(10명 17.7%)이 상당수를 차지한다. 이어서 서비스(6명, 10.7%), 상업(4명, 7.1%), 자유 공무업(2명, 3.6%) 순서다 (배용광, 같은 글, 244쪽).

92) 아내인 경우가 13세대, 자녀는 20세대를 차지하는데, 자녀 중에서는 장남이 14세대이고 이어서 장녀가 3세대의 순서다(배용광, 같은 글, 248쪽).

93) 배용광, 같은 글, 248쪽.

94) 장남도 서울에서 가정교사를 하면서 학비 일부를 보조한다(김광협, 앞의 글, 288-289쪽).

95) 유경현, 앞의 글, 286-287쪽.

96) 문명호, 「르뽀 오늘을 사는 한국의 서민 4 방물장수 安鳳模 씨」, 앞의 글, 287쪽.

97) 3년이나 키운 돼지를 팔아 장남의 대학 등록금을 충당했으며, 매달 5천 원씩 아들에게 보내고 나면 봉급은 바닥난다. 생활비 가운데 교육비가 가장 부담이 크다고는 해도 장래를 생각하면 그다지 고달프지 않다고 생각한다(이정윤, 「르뽀 오늘을 사는 한국의 서민 10 면서기 裵曾用 씨」, 앞의 글, 288쪽).

98) 윤여준, 「르뽀 오늘을 사는 한국의 서민 19 鹽手長 金在順 씨」, 앞의 글, 291쪽.

99) 양식 7말과 연료대 12원의 극단적인 내핍 생활을 하는 것은 각각 2,600원 정도의 등록금과 각종 잡부금, 학용품대, 교통비 등을 합해 한 한기에 1만 원이 넘는 두 아이의 등록금을 충당하기 위해서다(박동은, 앞의 글, 336쪽).

100) 정출도, 「르뽀 오늘을 사는 한국의 서민 22 대장장이 金東守 씨」, 앞의 글, 295쪽.

101) 기록자는 주민들 자신은 먹지 못하고 누더기를 걸치더라도 자녀들의 옷차림이나 건강 상태는 그런대로 좋은 편이고, 가난한 데 비해 교육열도 높은

편이라고 하면서, 이는 "뒤집어 보면 혈육에 대한 애정 외에 철저한 열등의
식의 보상 행위 같은 것"이라고 설명한다(권도홍, 「르포 이색지대 서산개척
단」, 『신동아』 1965년 12월호, 277쪽).

102) 김광협, 앞의 글, 288쪽.

103) 이정윤, 앞의 글, 287쪽.

104) 윤여준, 앞의 글, 293쪽.

105) 김봉호, 앞의 글, 284쪽.

106) 이러한 경향이 우세하기는 하더라도 여기에도 예외가 없지는 않았다. 방물
장수 안봉모가 공부를 시켜 사람 구실을 하게 하겠다는 자녀에는 아들과 나
란히 딸이 포함되어 있으며, 5남 3녀의 자녀를 둔 석수 김삼득은 아들 다섯
을 고등학교까지 보냈고, 지금은 장녀와 차녀가 각각 여고, 여중에 재학 중
이다. "월평균 2만여 원의 수입으로 여러 남매의 뒤를 대기에 등골이 휠 지
경"이면서도 그는 셋째 딸도 "고등학교까지는 보낼 결심"이다(윤여준, 「르
뽀 오늘을 사는 한국의 서민 27 석수 金三得 씨」, 앞의 글, 283쪽). 앞서 언급
한 선반공 홍종호는 "공부를 제대로 못 시킨 둘째와 셋째 딸을 섭섭하지 않
게 해서 시집보내는 것이 큰 걱정거리"다(김봉호, 같은 글, 284쪽). 제대로
가르치지 못한 딸들에게 결혼 혼수로 보상함으로써 아들딸의 형평을 맞추
고자 하는 것이다.

제7장 민중 생활에서 노동과 기술

1) 출세와 지배에 이르는 길은 교육과 지식 이외에도 다양한 통로가 있다. 지식
과 교육이 자신의 능력과 노력에 의한다는 점을 생각하면, 최근에 출생, 세습,
상속에 의한 통로가 영향력을 확대해가는 현상은 평등과 사회 이동의 유연성
에 먹구름을 드리우는 불길한 조짐이다.

2) 「서민 연재」는 몇 명의 전문 기자들이 순번에 따라 피면접자를 선정, 현지 인터뷰를 통해 르포 형식으로 발간된 것이다. 따라서 이 연재물의 기획 의도와 방향성에 따라 관찰자의 개입은 불가피했고, 그 영향이 면담자와 면접 방식 선택, 내용, 그 해석 등에 반영되었음을 염두에 두어야 한다.

3) 35회(1969년 11월호)는 농촌 특집 일반이다.

4) 이밖에 보충 자료로는 『뿌리깊은 나무』에 수록된 '숨어사는 외톨박이' 연재를 비롯한 심층 면접 기사를 참고했다.

5) 상세 내역을 연령(빈도) 형식으로 보면 34(4), 35(2), 36(3), 38(2), 39(6), 40(2), 42(3), 43(5), 44(1), 45(1), 46(3), 47(1), 48(5), 49(1), 50(3), 51(1), 52(1), 53(2), 54(1), 55(2), 56(3), 59(1), 60(1), 61(2)이다.

6) 결국 그것은 수요와 공급에 따른 희소성에 의해 결정되는 경향이 있다. Michael Hanagan, "Artisan and Skilled Worker: The Problem of Definition," *International Labor and Working-Class History* no. 12, November, 1977, p. 29 참조.

7) Harry Braverman, *Labor and Monopoly Capitalism: The Degradation of Work in the Twentieth Century*, New York: Monthly Review Press, 1974, Ronnie J. Steinberg, "Social Construction of Skill: Gender, Power, and Comparable Worth," *Work and Occupations*, vol. 17 no. 4, 1990, pp. 449-51.

8) Arlie Russell Hochschild, *The Managed Heart: Commercialization of Human Feeling, Berkeley*: University of California Press, 1983, Paul Thompson, The *Nature of Work: An Introduction to Debates on the Labor Process* (2nd Edition), London: Macmillan, 1989, p. 5.

9) Ronnie J. Steinberg, op. cit., p. 453.

10) 호남선 기관사 한기섭은 인터뷰에서 기관사는 항해사와 같은 면허증이 없으며, 1등에서 3등까지의 구분은 봉급 차이를 두기 위한 편의에 지나지 않는다고 말하고 있다(심재호,「르뽀 오늘을 사는 한국의 서민 12 호남선 기관사 韓

基礎 씨」, 앞의 책, 286쪽). 이와 달리 충무시 여객선장 김준식은 1964년에 충무 해운국에서 정식 항해자 자격증을 발부받았다(이정윤, 「르뽀 오늘을 사는 한국의 서민 26 낙도의 여객선장 金俊植 씨」, 앞의 책, 285쪽). 자격증과 그것의 실제 운용은 경우의 수도 많고 복잡하다. 항해사의 경우, 1941년 설치된 부산고등수산학교가 1946년 부산수산대학교로 개편되고, 인천, 주문진, 완도 등 각 지방 수산고등학교와 아울러 1965년 한국해양수산연수원이 설립되는 등 일찍부터 교육연수기관이 설립되었는데, 철도는 1967년에 철도고등학교(1979년 철도전문대학 부속고등학교로 개편), 1977년에 철도전문대학(1999년 한국철도대학으로 교명 변경)이 설립되는 등 이보다 늦은 추세를 보였다. 철도 운영기관이 각자 자율로 운영하던 기관사 면허제가 공식 체계로 관리된 것은 이보다 훨씬 늦은 2006년 6월 30일에 이르러서다.

11) 정홍열, 「르뽀 오늘을 사는 한국의 서민 77 병아리 감별사 최일생 씨」, 『신동아』 1973년 5월호, 249쪽.

12) 그러나 일찍이 일본에서 전정 기술을 배워 해방 이후 이 지방에 기술을 전파한 전정사의 대부라고 할 수 있는 조영생은 여기에 등록하지 않았다. "시험을 쳐서 합격증을 받았다고 대우가 달라지는 것이 아닌 이상 자기 기술은 이 지방 사람들이 다 알고 있으니 자격증이란 '명예 증서'가 탐날 이유가 없"다고 생각했기 때문이다(이정윤, 「르뽀 오늘을 사는 한국의 서민 15 과수 剪定士 曺永生 씨」, 앞의 글, 290쪽).

13) 이들 네 사례는 「서민 연재」에 포함되어 있지만, 이 글의 분석 대상으로 선정한 56건에서는 배제하였다.

14) 주로 재래시장을 돌아다니며 온전히 보행(육태)으로만 남의 소를 맡아 운반해주는 일로, 이 일을 하는 소몰이꾼은 흔히 차꾼으로 불렸다. 운송 수단으로 트럭이 대중화되고 나서부터는 더는 찾아볼 수 없다.

15) 이종석, 「르뽀 오늘을 사는 한국의 서민 34 땅꾼 崔南道 씨」, 『신동아』 1969년 10월호, 283쪽.

16) 조성숙, 「르뽀 오늘을 사는 한국의 서민 36 牧夫 韓相德 씨」, 앞의 글, 283쪽.

17) 정출도, 「르뽀 오늘을 사는 한국의 서민 29 사리 채반의 崔石順 씨」, 『신동아』 1969년 5월호, 282쪽.

18) 대개는 한꺼번에 네 마리 소를 모는데, "우선 성질이 고약한 놈은 없나, 다리를 절거나 밤눈 못 보는 놈은 없나, 어느 놈이 제일 빨리 잘 걷고 어느 놈이 제일 못 걷는지" 등을 경험으로 판단해야 한다(박웅칠, 「르뽀 오늘을 사는 한국의 서민 17 소몰이꾼 尹鍾烈 씨」, 앞의 글, 292-293쪽).

19) 이정윤, 「르뽀 오늘을 사는 한국의 서민 95 도배공 최병철 씨」, 『신동아』 1974년 11월호, 263-265쪽.

20) 이와 아울러 초기에 일정 자본이 필요하지 않다는 점도 고려되었다(김대은, 「르뽀 오늘을 사는 한국의 서민 74 함석공 김진수 씨」, 『신동아』 1973년 2월호, 261쪽).

21) 강창민, 「숨어사는 외톨박이―단소를 만드는 한량」, 『뿌리깊은 나무』 제33호, 1978년 11월, 139-141쪽.

22) 후자는 아랫대로 "비싼 놈"을 만들고 남은 윗대로 "싼 놈"을 만들지만, 전자는 윗대는 없애버리고 아랫대만 사용한다(강창민, 같은 글, 143-145쪽).

23) 심재호, 「르뽀 오늘을 사는 한국의 서민 31 관광지 사진사 李周永 씨」, 앞의 글, 282쪽.

24) 김종심, 「르뽀 오늘을 사는 한국의 서민 38 도장포 주인 김죽선 씨」, 『신동아』 1970년 2월호, 285쪽.

25) 김담구, 「르뽀 오늘을 사는 한국의 서민 71 양복 재단사 안종렬 씨」, 『신동아』 1972년 11월호, 260-261쪽.

26) 허태홍, 「르뽀 오늘을 사는 한국의 서민 98 박제공 황긍엽 씨」, 『신동아』 1975년 2월호, 264쪽.

27) 스스로 "예술가의 기질마저 갖춘 숙련 기술자"라 생각하는 과수 전정사의 사례(사례15, 289쪽)를 비롯해, 기와장이(사례18), 조선도목수(사례20), 옹기장

이(사례 23), 석수(사례27), 연마공(사례30), 도공(사례64), 화공(사례83), 곡예사(사례86) 등이 여기에 해당한다.

28) 심재호, 「르뽀 오늘을 사는 한국의 서민 23 옹기장이 李良炫 씨」, 앞의 글, 293쪽.

29) 강창민, 「숨어사는 외톨박이─고래잡이, 그물 없는 어부」, 『뿌리깊은 나무』 제27호, 1978년 5월, 146쪽.

30) 문순태, 앞의 글, 142쪽, 146쪽. 함석공 김진수의 사례(김대은, 「르뽀 오늘을 사는 한국의 서민 74 함석공 김진수 씨」, 앞의 글)도 그러하지만, 자본 부족과 규모의 영세성은 보다 나은 능률과 생산성을 가져오는 기계의 도입을 저해했다. 자포자기의 심정과 일정 정도의 선망으로 이를 맞은 함석공 김진수와 달리, 정영식은 고래잡이 포수 장상호와 비슷하게 기계 기술의 한계와 전통 기술의 우위에 대한 믿음을 바탕으로 자기 일에 대한 강한 자부심을 드러낸다.

31) 음을 들어야 한다는 점에서 여기에는 "타고난 감각"이 아울러 요구된다(설호정, 「숨어사는 외톨박이─놋그릇장이」, 『뿌리깊은 나무』 제17호, 1977년 7월, 107-108쪽).

32) 박응칠, 「르뽀 오늘을 사는 한국의 서민 17 소몰이꾼 尹鍾烈 씨」, 앞의 글, 291-292쪽.

33) 윤여준, 「르뽀 오늘을 사는 한국의 서민 19 鹽手長 金在順 씨」, 앞의 글, 292쪽.

34) 김동현, 「르뽀 오늘을 사는 한국의 서민 97 엿공장 주인 황태상 씨」, 『신동아』 1975년 1월호, 264쪽.

35) 허태홍, 「르뽀 오늘을 사는 한국의 서민 80 양조 기술자 하재후 씨」, 앞의 글, 249쪽.

36) 이종석, 「르뽀 오늘을 사는 한국의 서민 18 기와장이 李淸雨 씨」, 앞의 글, 289-290쪽.

37) 심재호, 「르뽀 오늘을 사는 한국의 서민 23 옹기장이 李良炫 씨」, 앞의 글, 293쪽.

38) 이종석, 「르뽀 오늘을 사는 한국의 서민 85 제재공 이동해 씨」, 『신동아』 1974년 1월호, 274쪽.

39) 이정윤, 「오늘을 사는 한국의 서민 20 造船都木手 劉永魯 씨」, 앞의 글, 292쪽. 앞서 언급한 대장장이나 함석공과 비슷하게 자본 규모의 영세성을 반영한다.

40) 김영일, 「르뽀 오늘을 사는 한국의 서민 87 열차 검차원 이귀천 씨」, 『신동아』 1974년 3월호, 272-273쪽.

41) 기계가 돌아가는 짧은 순간에 "급이 다른 담배 가치가 끼어들지 않도록 하는 것과 담배가 무른가 단단한가" 등의 여부를 끊임없이 살펴야 한다(조성숙, 「르뽀 오늘을 사는 한국의 서민 46 연초공장 여공 박진임 씨」, 『신동아』 1970 년 10월호, 283쪽).

42) 심재호, 「르뽀 오늘을 사는 한국의 서민 76 기상기정 김용수 씨」, 『신동아』 1973년 4월호, 250-251쪽.

43) 김경일, 『노동』, 앞의 책, 37-41쪽.

44) 인문예술은 문자를 기본으로 하는 학문인 문법과 수사학, 논리학, 수리 학문인 기하, 산수, 음악, 천문학의 7분과로 대표되며, 기술예술은 의학과 건축을 포함한다. 정신노동과 구분하여 기계 작업은 육체 작업으로 여겨졌다. 12세기까지 인문예술의 향유자가 주로 사제와 같은 지식인이었던 것과 달리, 기술예술에 속하는 의사, 예술가, 장인 등은 지상의 일과 직업에 종사하는 것으로 취급되었다(전한호, 「기술과 예술 사이: 『스케둘라 디버르사룸 아르티움 Schedula diversarum artium』에 나타난 예술가의 초상」, 『서양미술사학회논문집』 33집, 2010, 135-136쪽).

45) 예를 들면, 유리공 최용-배는 자신이 "가장 한스럽고 부끄럽게 생각하는 것은 많이 배우지 못한 것"이라고 말한다(김담구, 「르뽀 오늘을 사는 한국의 서민 55 유리공 최용-배씨」, 앞의 글, 284쪽). 이와 비슷하게 채석장 발파공 조성진 역시 "배우지 못한 것이 한"이고, "소학교를 나와서 배운 것이 그런 것들뿐이니 그저 그 방면으로만 돌아다"녔다고 자책한다(김광협, 「르뽀 오늘을 사는 한국의 서민 89 채석장 발파공 조성진 씨」, 『신동아』 1974년 5월호, 212쪽).

46) 심재호, 「르뽀 오늘을 사는 한국의 서민 23 옹기장이 李良炫 씨」, 앞의 글, 294쪽.

47) 김영옥, 「그는 이렇게 산다—도공 조기정」, 『뿌리깊은 나무』 제17호, 1977년 7월, 149쪽.

48) 정출도, 「르뽀 오늘을 사는 한국의 서민 29 사리 채반의 崔石順 씨」, 앞의 글, 283쪽.

49) 설호정, 「숨어사는 외톨박이—통꾼, 한지를 뜨는 떠돌이」, 『뿌리깊은 나무』 제21호, 1977년 11월, 118-119쪽, 124쪽.

50) 설호정, 「숨어사는 외톨박이—놋그릇장이」, 앞의 글, 103쪽.

51) 근대에 들어오면서 이들이 가질 수 있었던 경제상의 여유는 전통의 멸시와 사회의 냉대를 일정 정도 상쇄하는 효과를 가져왔다. 이러한 정황은 옹기장이 이양현의 사례(심재호, 「르뽀 오늘을 사는 한국의 서민 23 옹기장이 李良炫 씨」, 앞의 글)에서도 짐작해볼 수 있다.

52) 심재호, 「르뽀 오늘을 사는 한국의 서민 31 관광지 사진사 李周永 씨」, 앞의 글, 282쪽 참조. 사진사를 '기사'로 호명한 맥락은 이 기술의 산물인 사진을 일종의 '작품'으로 인식하던 시대 분위기와 연관된다는 점에서 기술 대 예술의 차원에서 사진을 바라보는 문제 영역과 관련된다(전술). 서구에서처럼 완전한 예술의 한 장르에 속하는 사진작가로서의 인식은 아직 이 시기 한국 사회에서는 찾아보기 어려웠다.

53) 「서민 연재」 대상 인물의 거의 모두가 땀 흘려 일하는 사람의 범주에 속하고, 절반이 넘는 56건의 사례가 기술자인데도 불구하고, 그에 대한 사회의 평가를 언급한 경우는 매우 드물다. 1970년대 중반에 들어와서야 비로소 열차 검차원을 면담한 김영일에 의해 "정신노동만 우대하고 육체노동과 기술을 천시하는 사회 분위기"가 언급되는데, 그는 이들이 "적어도 사회에서 냉대 받지 않는 사회가 하루 속히 빨리" 와야 한다고 주장한다. "한 나라의 공업 발전이랄까, 산업 발전은 기술인의 대량 확보가 이뤄져야 가능"하다는 언급에서 보듯이(김영일, 「르뽀 오늘을 사는 한국의 서민 87 열차 검차원 이귀천 씨」, 앞의 글, 275쪽) 이는 당시 일종의 시대정신으로 부과된 위로부터의 경제개발

에 대한 기여나 효용을 위한 것으로, 육체노동 자체에 대한 인식의 전환이나 평가 차원에서 나온 말은 아니었다.

54) 이정윤, 「오늘을 사는 한국의 서민 20 造船都木手 劉永魯 씨」, 앞의 글, 292쪽.

55) 강창민, 「숨어사는 외톨박이―고래잡이, 그물 없는 어부」, 앞의 글, 142쪽.

56) 이종석, 「르뽀 오늘을 사는 한국의 서민 18 기와장이 李淸雨 씨」, 앞의 글, 293쪽. 이와 비슷한 이유에서 석수 김삼득은 "누구에게 맡기더라도 돈과 기일을 넉넉히 주라"고 권유한다(윤여준, 「르뽀 오늘을 사는 한국의 서민 27 석수 金三得 씨」, 앞의 글, 282쪽).

57) 면담자는 이는 그만큼 전통 한지의 종류가 다양했다는 사실을 방증하기도 하지만, 기술자들이 "자신의 일에 긍지를 갖지 못한 탓으로 그 일에 어두웠다는 얘기도 된다"라고 설명한다(설호정, 「숨어사는 외톨박이―통꾼, 한지를 뜨는 떠돌이」, 앞의 글, 123-124쪽).

58) 윤구병, 「숨어사는 외톨박이―목수, 이제 이 조선톱에 녹이 슬었네」, 『뿌리깊은 나무』 제30호, 1978년 8월, 128쪽.

59) 이른바 근대 기술은 외국으로부터 수입되어 적용된 것이 대부분이지만, 자생의 토착 기술이 근대 영역에서 생겨나지 않은 것은 아니다. 이에 관해서는 별도의 논의가 필요하겠지만, 문명과 문화 일반이 그러하듯이 전통과 근대가 단절을 이루는 (탈)식민 현상은 기술에서도 예외라고 할 수 없다.

60) 문화재의 유형은 유적 건조물, 유물, 기록유산, 무형유산, 자연유산의 5개 범주로 나뉜다. 이 중에서 무형유산은 전통 연행(음악, 무용, 연희, 놀이, 의식, 무예), 음식 제조(궁중음식, 의례음식, 민가음식), 공예 기술(도자공예, 금속공예, 목칠공예, 섬유공예, 피모공예, 지공예, 석공예)의 세 유형으로 구분된다. 2015년 7월 현재 지정된 전체 중요무형문화재 127개에서 공예기술은 49개로 전체의 39.6%를 차지한다. 자세한 목록은 〈별표8〉 및 문화재청 홈페이지(http://www.cha.go.kr/) 참조.

61) 한우근 외, 『역주 경국대전(번역편)』, 한국정신문화연구원, 1985, 489쪽 이하.

62) 문순태, 앞의 글, 1978년 7월, 143쪽.

63) 한우근 외, 앞의 책, 189쪽 이하.

64) 설호정, 「숨어사는 외톨박이―통꾼, 한지를 뜨는 떠돌이」, 앞의 글, 124쪽.

65) 이성남, 「외롭잖은 외돌톨이―울산의 장도장 허균」, 『뿌리깊은 나무』 제49호, 1980년 3월, 108쪽.

66) 나머지 다섯 사례 중 엄밀한 의미에서 소질이나 적성을 고려한 경우는 세 명에 지나지 않는다. 곡예가 '나의 길'이라 생각하고, 그에 신명이 들려 곡예사의 길을 걸어간 홍만석(김언호, 「르뽀 오늘을 사는 한국의 서민 86 곡예사 홍만석 씨」, 『신동아』 1974년 2월호, 248-249쪽), 어릴 때부터 "무엇을 만들거나 그림 그리는 데 남다른 소질을 번뜩여왔고 웬만한 옷은 어릴 때부터 스스로 만들어 입어온" 양복 재단사 안종렬(김담구, 「르뽀 오늘을 사는 한국의 서민 71 양복 재단사 안종렬 씨」, 앞의 글, 260쪽)이 그러하다. "어릴 때부터 미술에 소질이 있"어 "자신의 타고난 소질이 이 길에 들어서게끔 한 것 같"지만, "극장에서 간판을 그리는 것이 천직이 되리라고는 생각하지 않"았다는 극장 간판 화공 김순화의 사례(이정윤, 「르뽀 오늘을 사는 한국의 서민 83 극장 간판 화공 김순화 씨」, 『신동아』 1973년 11월호, 248쪽)도 여기에 속한다. 나머지 두 명은 면서기와 세무 공무원을 하다가 "기술직이라야 최소한도의 생활일지라도 바른 생활을 할 수 있다"는 권고에 따라 측량사가 된 민병천의 사례(이정윤, 「르뽀 오늘을 사는 한국의 서민 54 측량사 민병천 씨」, 『신동아』 1971년 6월호, 283쪽)와 소농의 어려운 처지에서 "기상대 들어오면 관비로 일본에 유학할 수 있다는 얘기"를 듣고 기상대의 기수 견습으로 들어간 기상 기정 김용수의 사례(심재호, 「르뽀 오늘을 사는 한국의 서민 76 기상기정 김용수 씨」, 앞의 글, 250쪽)다. 생활 방편의 일환이라는 점에서 이 두 사례 역시 생계의 범주로 분류할 수 있다.

67) 김담구, 「르뽀 오늘을 사는 한국의 서민 42 미장이 정원섭 씨」, 『신동아』 1970년 6월호, 284쪽.

68) 김담구, 「르뽀 오늘을 사는 한국의 서민 55 유리공 최용배씨」, 앞의 글, 283쪽.

69) 김담구, 「르뽀 오늘을 사는 한국의 서민 71 양복 재단사 안종렬 씨」, 앞의 글, 257-258쪽.

70) 정연주, 「르뽀 오늘을 사는 한국의 서민 82 시계 수리공 장용완 씨」, 『신동아』 1973년 10월호, 248-249쪽.

71) 사례18과 80은 중농 정도의 집안이고, 사례31과 46은 부친이 역장, 39는 면장이다. 그밖에 정보가 제공되지 않은 경우가 몇 건 있지만, 대부분 이 범주에 속하는 것으로 추정된다.

72) 그 이상의 학력은 18명으로 전체 56명의 32.1%에 지나지 않는다. 내용을 보면 드물게는 대퇴(사례77)도 있지만 중퇴나 졸업이 7명으로 가장 큰 비중을 차지한다. 이밖에 8건의 사례는 학력에 관한 정보를 제공하지 않지만, 보통 낮은 학력을 말하기 꺼린다는 사실을 고려해보면 초졸 이하의 범주에 속하는 것으로 추정된다.

73) 예를 들면, 정판공 이상억은 37년 동안 인쇄소에서 일해 왔지만 결혼 후 5년 만에 "직업을 바꿔볼까 하고 단신으로 일본으로 건너"가서 "이것저것 해보다가 뜻대로 안 돼 다시 인쇄공으로 취직"하였다. 그는 "성격이 외곬으로 흘러 이젠 이 직업에 굳어져 직업 전환을 할 수 없게 되어버렸다"고 말한다(서창식, 앞의 글, 283쪽). 17세에 초등학교 졸업과 동시에 이발사로 일해 온 최상중은 "하루에도 몇 번씩 전직을 생각하면서도 막상 일을 바꾸어보려고 하면 손에 잡히는 것이 없"어 29년째 이 일을 하고 있다. 그는 자신이 "좌절과 권태로 얼룩진 삶"을 살고 있다고 생각한다(김종심, 「르뽀 오늘을 사는 한국의 서민 47 이발사 최상중 씨」, 『신동아』 1970년 11월호, 283-284쪽).

74) 미장이 정원섭은 무보수로 자전거포 수습공으로 일하다가 목공소로 옮긴 지 몇 달이 채 되지 않아 음식점 청소부로 1년 정도 일했다. 다시 제과소에 들어가 9년 동안 일하다가 어느 정도 생활이 안정되면서 목수 일을 했는데, 병으로 5년을 앓게 되어 공사판에서 미장일을 하고 있다. 그는 "웬만하면 장사라도 하고 싶으나 돈도 없고 경험도 없어" 달리 할 일을 찾지 못한다(김담구, 「르

뽀 오늘을 사는 한국의 서민 42 미장이 정원섭 씨」, 앞의 글, 285쪽). 연초공장의 여공 박진임은 일제 말기에 정신대를 피하려고 결혼한 남편이 급사하면서 미망인이 되자 미용사와 여순경 등의 일을 전전하다가 스물여덟 나이에 연초공장에 들어와 16년 동안 일하고 있다(조성숙, 「르뽀 오늘을 사는 한국의 서민 46 연초공장 여공 박진임 씨」, 앞의 글, 285쪽). 제화공 홍성현은 넉넉한 집안의 외아들로 태어나 1949년 농림고등학교를 졸업하고 고향의 초등학교에서 교직 생활을 시작하였다가 6·25의 참화로 고향을 떠나 인천의 고아원에서 근무하기도 하고 서울에서 노점상을 하기도 했다가 수습 양화공으로 일하게 되었다(김봉호, 「오늘을 사는 한국의 서민 56 구둣방 주인 홍성현 씨」, 『신동아』 1971년 8월호, 284쪽). 함석공 김진수는 극장 영사실의 조수로 시작하여 생활의 안정을 찾아갈 무렵 6·25로 "고생했던 모든 보람이 무너"진 이후 토건회사 막벌이 일을 하다가 함석 일을 하게 되었다(김대은, 「르뽀 오늘을 사는 한국의 서민 74 함석공 김진수 씨」, 앞의 글, 259-260쪽). 채석장 발파공 조성진은 해방 이전 진남포에서 일본 군수공장 용광로 화부를 하다가 해방과 더불어 안주에서 생선 장사를 거쳐 평양에서 소비조합에 근무하였다. 군에서 제대한 이후에는 "무작정 상경"하여 품팔이 노동꾼으로 일하다가 서른한 살 나이에 채석장에 들어가서 19년째 일하고 있다(김광협, 「르뽀 오늘을 사는 한국의 서민 89 채석장 발파공 조성진 씨」, 앞의 글, 212-213쪽). 엿 공장을 운영하는 황태상은 초등학교를 중퇴하고 열셋 나이에 엿 공장에 들어가 일하다가 한동안 농사를 지었다. 그러다가 다시 엿 공장에 취직해서 일하면서 제과 기술을 배워 제과 공장을 차렸으나 실패하였다. 다시 엿 공장으로 돌아와 일하던 그는 "직종을 완전히 바꾸어" 약초 재배에 손을 댔다가 수출이 막혀 실패한 뒤에 결국은 엿 공장 일로 되돌아왔다(김동현, 「르뽀 오늘을 사는 한국의 서민 97 엿공장 주인 황태상 씨」, 앞의 글, 266-267쪽). 「서민 연재」는 아니지만 단소를 만드는 김용신도 파란만장한 삶의 궤적을 보인다. 스무 살에 일본으로 건너가 탄광에서 일하면서 형편이 나아지자 우에노 음악학원에 들어가 바이올린을 공부하였지만, 생활 형편으로 2년 만에 그만두고 전차 운전수를 비롯한 온갖 일을 하였다. 해방 이후에는 귀국하여 우체국에서 일하다가 금광에 손을 대어 빈털터리가 된 이후에는 단소를 들고 풍류를 잡으러 나섰다 (강창민, 「숨어사는 외톨박이―단소를 만드는 한량」, 앞의 글, 138-139쪽).

75) 앞에서 언급했듯이 「서민 연재」 56명의 평균 나이는 45.4세이다.

76) 사례2와 14, 22, 26, 30, 31, 34, 46, 56, 58, 70, 74, 77, 82, 89, 95의 16건은 부정의 영향이, 사례 51과 59, 76의 3건은 반대로 작용한 경우다.

77) 정출도, 「르뽀 오늘을 사는 한국의 서민 22 대장장이 金東守 씨」, 앞의 글, 294쪽.

78) 김봉호, 「르뽀 오늘을 사는 한국의 서민 30 선반공 洪善鍾 씨」, 『신동아』 1969년 6월호, 285쪽.

79) 조성숙, 「르뽀 오늘을 사는 한국의 서민 46 연초공장 여공 박진임 씨」, 『신동아』 1970년 10월호, 285쪽.

80) 김광협, 「르뽀 오늘을 사는 한국의 서민 89 채석장 발파공 조성진 씨」, 『신동아』 1974년 5월호, 212쪽.

81) 김봉호, 「오늘을 사는 한국의 서민 56 구둣방 주인 홍성현 씨」, 앞의 글, 283쪽.

82) 정홍열, 앞의 글, 249-250쪽.

83) 예를 들면, "고향에 묻혀 있기가 싫어" 몰래 만주행 열차를 탔던 시계 수리공 장용완은 일본인 순사의 도움으로 양어장에서 잔일을 하다가 주위 '어른들'의 권고로 시계 수리 기술을 배웠다(정연주, 앞의 글, 249쪽).

84) 설호정, 「숨어사는 외톨박이―통꾼, 한지를 뜨는 떠돌이」, 앞의 글, 124쪽.

85) 김담구, 「르뽀 오늘을 사는 한국의 서민 71 양복 재단사 안종렬 씨」, 앞의 글, 259쪽.

86) 이정윤, 「르뽀 오늘을 사는 한국의 서민 69 석기공 안진호 씨」, 『신동아』 1972년 9월호, 259쪽.

87) 예를 들면, 미장이 정원섭의 면담자는 "웬만하면 장사라도 하고 싶으나 돈도 없고 경험도 없어" 이 일을 계속하는 사정을 "어떻게 할 수가 없"다고 표현하

며(김담구, 「르뽀 오늘을 사는 한국의 서민 42 미장이 정원섭 씨」, 앞의 글, 285쪽), 이발사 최상중의 면담자는 오늘을 사는 서민은 모두 다 "배운 도둑질"이라는 말을 즐겨 쓴다고 지적한다. 하루에도 몇 번씩 전직을 생각하면서도 막상 일을 바꾸어보려고 하면 손에 잡히는 것이 없기 때문이다(김종심, 「르뽀 오늘을 사는 한국의 서민 47 이발사 최상중 씨」, 앞의 글, 284쪽).

88) 개훈련사 박해동은 서울에 있는 '제국군용견 훈련소'에서 1년 동안의 수습을 마치고 '훈련사' 자격을 얻었으며(김봉호, 「르뽀 오늘을 사는 한국의 서민 39 개 훈련사 박해동 씨」, 『신동아』 1970년 3월호, 285쪽), 포항관측소의 김용수는 일본 중앙기상대 부속 기상기술원양성소 위탁생으로 1년간 수업하고 측후소 발령을 받았다(심재호, 「르뽀 오늘을 사는 한국의 서민 76 기상기정 김용수 씨」, 『신동아』 1973년 4월호, 250쪽). 세무 공무원을 하던 민병천은 기술직으로 전환하여 지적기술원양성소에 입학 후 6개월의 지적 측량사 교육을 받은 다음 측량사가 되었다(이정윤, 「르뽀 오늘을 사는 한국의 서민 54 측량사 민병천 씨」, 앞의 글, 283쪽). 이보다는 덜 공식화된 길이지만 과수 전정사 조영생은 면의 과물조합과 과수업자들이 일본에서 기술을 익혀 오면 과수 검사원을 시켜주겠다는 제의에 따라 일본의 아오모리현(青森縣)에 가서 5년 동안 기술을 익혀 오기도 했다(이정윤, 「르뽀 오늘을 사는 한국의 서민 15 과수 剪定士 曹永生 씨」, 앞의 글, 289쪽).

89) 설호정, 「숨어사는 외톨박이―놋그릇장이」, 앞의 글, 106쪽.

90) 문순태, 앞의 글, 142-144쪽.

91) 이러한 점에서 "법통이 분명하고 스승과 제자와의 관계는 외곬"이었기 때문에 "어디에서 무엇을 하다가도 스승이 부르면 모든 일을 제쳐놓고 가서 스승이 맡은 일을 끝내주어야 했"지만, 1970년대에 이르면 "이미 법통은 사라지고 제자들은 불러도 오는 일이 없게 되었다"(윤구병, 앞의 글, 125쪽, 128쪽).

92) 강창민, 「숨어사는 외톨박이―한산 모시, 한이 맺힌 한올 한올」, 『뿌리깊은 나무』 제21호, 1977년 11월, 137쪽.

93) 정출도,「르뽀 오늘을 사는 한국의 서민 29 사리 채반의 崔石順 씨」, 앞의 글, 282쪽.

94) 이정윤,「르뽀 오늘을 사는 한국의 서민 15 과수 剪定士 曹永生 씨」, 앞의 글, 290쪽.

95) 김봉호,「르뽀 오늘을 사는 한국의 서민 30 선반공 洪善鍾 씨」, 앞의 글, 282쪽.

96) 이정윤,「르뽀 오늘을 사는 한국의 서민 26 낙도의 여객선장 金俊植 씨」, 앞의 글, 285쪽.

97) 조성숙,「르뽀 오늘을 사는 한국의 서민 46 연초공장 여공 박진임 씨」, 앞의 글, 284쪽.

98) 김담구,「르뽀 오늘을 사는 한국의 서민 55 유리공 최용배씨」, 앞의 글, 282쪽.

99) 이종석,「르뽀 오늘을 사는 한국의 서민 25 신발 땜장이 柳志昌 씨」, 앞의 글, 283쪽.

100) 김종심,「르뽀 오늘을 사는 한국의 서민 38 도장포 주인 김죽선 씨」,『신동아』 1970년 2월호, 283쪽.

101) 심재호,「르뽀 오늘을 사는 한국의 서민 49 전공 강복남 씨」,『신동아』 1971년 1월호, 284쪽.

102) 김담구,「르뽀 오늘을 사는 한국의 서민 71 양복 재단사 안종렬 씨」, 앞의 글, 260쪽.

103) 김동현,「르뽀 오늘을 사는 한국의 서민 97 엿공장 주인 황태상 씨」, 앞의 글, 267쪽.

104) 정영일,「르뽀 오늘을 사는 한국의 서민 60 건구목수 정규하 씨」,『신동아』 1971년 12월호, 286쪽.

105) 심재호,「르뽀 오늘을 사는 한국의 서민 40 원예사 김기억 씨」,『신동아』 1970년 4월호, 282-284쪽.

106) 정홍열,「르뽀 오늘을 사는 한국의 서민 77 병아리 감별사 최일생 씨」, 앞의 글, 250쪽.

107) 김담구, 「르뽀 오늘을 사는 한국의 서민 42 미장이 정원섭 씨」, 앞의 글, 285
쪽, 김담구, 「르뽀 오늘을 사는 한국의 서민 55 유리공 최용배씨」, 앞의 글,
283쪽.

108) 예를 들면, 고향의 초등학교에서 교사를 하던 홍성현은 한국전쟁으로 모든
것을 잃고 생계를 위해 서울로 올라와 노점상을 하다가 나이 서른에 수습 양
화공으로 취직하였다. "당장 먹고사는 것은 자신이 해결해볼 테니 열심히
기술을 익히라고 격려"하는 아내가 행상하는 동안 그는 거의 1년 이상을 무
보수로 기술을 배웠다(김봉호, 「오늘을 사는 한국의 서민 56 구둣방 주인 홍
성현 씨」, 『신동아』 1971년 8월호, 284쪽). 열여섯 나이에 부산의 목공소에
취직한 정규하는 5년 동안의 제자 생활시간을 보낸 이후 "어엿한 한 사람의
목수"가 되었다. 목수가 되기 위해서는 "누구나 밟아야 하는 이 과정"을 그
는 무보수로 일했지만, "식사와 의복과 잠자리만은 제공"받았다(정영일, 「르
뽀 오늘을 사는 한국의 서민 60 건구목수 정규하 씨」, 앞의 글, 286쪽).

109) 김담구, 「르뽀 오늘을 사는 한국의 서민 55 유리공 최용배씨」, 앞의 글, 283쪽.

110) 정영일, 「르뽀 오늘을 사는 한국의 서민 60 건구목수 정규하 씨」, 앞의 글,
286쪽.

111) 김담구, 「르뽀 오늘을 사는 한국의 서민 71 양복 재단사 안종렬 씨」, 앞의 글,
261쪽.

112) 김종심, 「르뽀 오늘을 사는 한국의 서민 75 자동차 정비사 배학영 씨」, 『신동
아』 1973년 3월호, 260쪽.

113) 김동현, 「르뽀 오늘을 사는 한국의 서민 92 고래잡이 포수 이승길 씨」, 앞의
글, 264쪽. 그의 경우는 수습 기간이 짧은 편이다. 장생포의 장상호 포수 역
시 같은 나이에 일본인 배를 탔지만, "'부엌데기'가 되어 몇 년을 밥 짓기와
청소하기와 빨래하기 같은 자질구레한 일을 하며 죽어라고 고생"한 후에 비
로소 갑판원이 되었다(강창민, 「숨어사는 외톨박이―고래잡이, 그물 없는
어부」, 앞의 글, 140쪽).

114) 정출도, 「르뽀 오늘을 사는 한국의 서민 22 대장장이 金東守 씨」, 앞의 글, 294쪽.

115) 이정윤, 「르뽀 오늘을 사는 한국의 서민 95 도배공 최병철 씨」, 앞의 글, 265쪽.

116) 김동현, 「르뽀 오늘을 사는 한국의 서민 97 엿공장 주인 황태상 씨」, 앞의 글, 266쪽.

117) 도구의 이름은 "물레, 조막, 방망이, 훑어, 물가죽, 흙칼, 밑가시" 등이다. 옹기장이 이양현의 면접자는 이 도구를 보고 "참 어이가 없다"라고 적었다. "개량을 한다면 근본적으로 모두를 뜯어 고쳐야" 하지만 엄두를 내지 못하고 전통 방식을 답습하는 현실을 개탄하는 것이다(심재호, 「르뽀 오늘을 사는 한국의 서민 23 옹기장이 李良炫 씨」, 앞의 글, 293쪽).

118) 심재호, 같은 글, 292쪽.

119) 윤여준, 「르뽀 오늘을 사는 한국의 서민 27 석수 金三得 씨」, 앞의 글, 281쪽.

120) 전통 자영업에 속하는 대장장이, 옹기장이. 석수, 도장포, 도공, 엿공장 등이 그러하다. 예를 들면, 마지막의 엿공장의 경우 주인인 황태상은 자신이 사장이고 동생이 공장장으로, 네 명의 기능공을 두고 있지만 "실제로는 손이 모자라는 대로 도와주기 때문"에 사장인 자신이 말단 화부 일까지 한다(김동현, 「르뽀 오늘을 사는 한국의 서민 97 엿공장 주인 황태상 씨」, 앞의 글, 264쪽). 사정은 근대 부문도 비슷해서 이발사나 구둣방, 목공소, 제과점, 양복점, 함석공장, 시계 수리점 등이 그러했다.

121) 예컨대 양조 기술자 하재후가 공장장으로 일하는 예천탁주합동제조장은 열 명 정도의 직공을 고용하는 규모가 큰 공장임에도 "고용 과정에서 체계화된 인사 규정은 물론 없고 봉급마저 그때그때 기업주가 정해줄 뿐"이다. 당시 양조업계에서 노동조합이 결성된 곳은 하나도 없었지만, 노동자들의 "관심만은 대단해서 한번 이야기가 나오자 언젠가는 만들어야 되지 않겠느냐고 열을 올"리고 있다(허태홍, 「르뽀 오늘을 사는 한국의 서민 80 양조 기술자 하재후 씨」, 앞의 글, 250쪽).

122) 김봉호, 「오늘을 사는 한국의 서민 56 구둣방 주인 홍성현 씨」, 『신동아』 1971년 8월호, 281-282쪽.

123) 이정윤, 「오늘을 사는 한국의 서민 20 造船都木手 劉永魯 씨」, 앞의 글, 290쪽.

124) 허태홍, 「르뽀 오늘을 사는 한국의 서민 91 주물공 박상우 씨」, 『신동아』 1974년 7월호, 265쪽.

125) 이하의 사례들과 유사한 경우로는 극장 간판 화공이나 광산의 광부(「서민연재」70과 83) 등이 있다.

126) 이정윤, 「르뽀 오늘을 사는 한국의 서민 15 과수 剪定士 曺永生 씨」, 앞의 글, 289-291쪽.

127) 윤여준, 「르뽀 오늘을 사는 한국의 서민 27 석수 金三得 씨」, 앞의 글, 282쪽.

128) 강창민, 앞의 글, 141쪽. 같은 고래잡이배를 탔지만 「서민 연재」의 이승길은 이와 반대로 "서민 축에도 끼지 못할 정도로 박봉"을 받으며 "비참한 생활"을 했다(김동현, 「르뽀 오늘을 사는 한국의 서민 92 고래잡이 포수 이승길 씨」, 앞의 글, 264쪽). 이승길이 처음 배를 탔던 일제 말기는 고래잡이 경기가 사양 국면에 있었을 뿐만 아니라 전시 통제 경제의 영향도 있었다. 덧붙이자면 앞서 든 사례들에서 일제 강점기가 좋았다는 진술이 식민 지배에 대한 긍정 평가를 의미하지는 않는다. 기술에 대한 사회의 인식과 평가가 한일 양국에서 차이는 있다 하더라도 기술과 관련한 일제 강점기의 긍정 평가는 시간의 문제이지 체제의 문제는 아니기 때문이다. 다음의 사례들에서 보듯이 해방 이후에도 초기 기술 도입 단계에서 희소 기술에 대한 높은 평가가 점차 쇠락해가는 양상이 나타난다.

129) 남편의 박봉에만 매달려 있을 수만 없어 그의 아내는 닭도 기르고 돼지도 치며 생활을 꾸렸다(이정윤, 「르뽀 오늘을 사는 한국의 서민 26 낙도의 여객선장 金俊植 씨」, 앞의 글, 285쪽).

130) "차도 늘고 차 타는 사람도 늘지만 운전수는 더 늘어나"는 상황에서 보수는 줄고 일은 늘어나서 "수면 부족과 과로"에 시달리는 그는 "식사하는 1시간

반을 빼고는 온 신경을 눈에 온 힘을 손과 다리에 두며 열대여섯 시간을 견" 더야 한다고 호소한다(김병익, 앞의 글, 『신동아』 1968년 2월호, 287쪽).

131) 월남전 특수는 1965년 2월 베트남 파병이 시작된 이후 60년대 후반에 전성기를 맞았지만, 1970년대에 들어오면서 동남아에서 경기 퇴조가 심화하고 각국 무역 수지가 악화하는 한편, 원조 감소와 차관 상환 압박이 가중되면서 점차 쇠퇴하기 시작하였다.

132) 그는 당시 "중기 운전사들만큼 잘 팔리는 기술자도 드물었다"고 말한다. "까다롭게 면허 취득 후 몇 년을 따지는 법도 없이 잘도 갈 수 있었고, 가기만 하면 슬슬 일을 배워가면서 일해도 먹고 쓰고 한 달이면 10만 원쯤을 송금할 수 있는 특급 기술자가 중기 운전사"였다(김대은, 「르뽀 오늘을 사는 한국의 서민 51 크레인 운전사 김덕순 씨」, 『신동아』 1971년 3월호, 284쪽).

133) 이정윤, 「르뽀 오늘을 사는 한국의 서민 95 도배공 최병철 씨」, 앞의 글, 267쪽.

134) 정홍열, 「르뽀 오늘을 사는 한국의 서민 77 병아리 감별사 최일생 씨」, 앞의 글, 252쪽.

135) 정홍렬, 같은 글, 248쪽.

136) 정홍렬, 같은 글, 251쪽.

137) 정홍렬, 같은 글, 251쪽.

138) 거의 유일한 예외가 측량사 민병천의 경우로 "20년의 측량사 생활로 굳힌 생활기반"을 배경으로 면담자는 "별로 궁색한 티를 느끼지 못했"다고 말한다. 이는 부인이 부업으로 문방구를 해서 생계를 뒷받침했기 때문이지만, 그렇다고 해서 그가 자신의 수입에 만족하는 것은 결코 아니다. 처음 대면한 면담자에게 민병천이 수입에 대해 불평하고 있기 때문이다(이정윤, 「르뽀 오늘을 사는 한국의 서민 54 측량사 민병천 씨」, 앞의 글, 285쪽).

139) 각각 대장장이, 신발 땜장이, 도장포 주인, 건구 목수의 사례로 22, 25, 38, 60번에 해당한다. 정출도, 「르뽀 오늘을 사는 한국의 서민 22 대장장이 金東守 씨」, 앞의 글, 295쪽, 이종석, 「르뽀 오늘을 사는 한국의 서민 25 신발 땜장이

柳志昌 씨」, 앞의 글, 283쪽, 김종심, 「르뽀 오늘을 사는 한국의 서민 38 도장
포 주인 김죽선 씨」, 앞의 글, 284쪽, 정영일, 「르뽀 오늘을 사는 한국의 서민
60 건구목수 정규하 씨」, 앞의 글, 287쪽 참조.

140) 대표 사례로 화순의 대장장이 정창갑은 하루에 고작해야 3-4천 원, 잘해야 2
천 원을 버는데, "돈벌이를 못해서야 무슨 재미가 있겠느냐"라고 묻는 면담
자의 물음에 그는 "뉘 아들놈이 돈 벌라고 대장장이가 되였간듸? 그까짓 돈
이사 맘 묵기에 달린 거 아니겠어?"라고 대답한다. 비록 네 식구가 "불난 강
변에 덴 소 날뛰듯이" 해도 "아직 끼니를 걸러본 적이 없었고 가난을 한 맻
히게 서러워해본 적도 없었다"는 것이다(문순태, 앞의 글, 145쪽). 제과공 정
진호가 "일에 싫증을 안 느끼고 고되더라도 참"는(황명걸, 「르뽀 오늘을 사
는 한국의 서민 68 제과공 정진호 씨」, 『신동아』 1972년 8월호, 277쪽) 생활
신조로 살아가는 것도 비슷한 맥락에서 이해된다.

141) 김대은, 「르뽀 오늘을 사는 한국의 서민 63 안경 연마공 이정환 씨」, 『신동아』
1972년 3월호, 262쪽.

142) 오랫동안 광산은 덕대제도에 의해 운영되어왔다. 이 사례에서 산출량의 1/3
은 광주가 차지하고 나머지 2/3를 덕대와 광부가 4:6의 비율로 분배한다. 따
라서 광부는 산출량의 40% 정도를 차지하는 것이다(정영일, 「르뽀 오늘을
사는 한국의 서민 70 광부 김동진 씨」, 『신동아』 1972년 10월호, 261-262쪽).

143) 김종심, 「르뽀 오늘을 사는 한국의 서민 58 케이블전공 염기종 씨」, 『신동아』
1971년 10월호, 284-285쪽.

144) 열차의 경우 승무원에게는 승무수당, 기관사에게는 운전수당이 지급되지
만, 검수원에게는 자유당 때 지급되던 기술수당이 5.16 이후 없어진데다가
기능직 공무원에겐 행정 공무원처럼 공개승진시험이 없어 해마다 이직자가
증대하는 추세를 보였다(김영일, 「르뽀 오늘을 사는 한국의 서민 87 열차 검
차원 이귀천 씨」, 『신동아』 1974년 3월호, 275쪽).

145) 김영일, 같은 글, 273-275쪽.

146) 이종석, 「르뽀 오늘을 사는 한국의 서민 85 제재공 이동해 씨」, 『신동아』 1974년 1월호, 274쪽.

147) 이종석, 같은 글, 275쪽, 277쪽.

148) 김종심, 「르뽀 오늘을 사는 한국의 서민 75 자동차 정비사 배학영 씨」, 같은 글, 262쪽.

149) 그런데도 그는 앞서 말한 대장장이나 케이블전공과 마찬가지로 안분지족의 도를 보인다. "고생을 낙으로 살아왔다 하는지요. 살아보니 고생도 약이어요. 생활에 큰 힘"이 된다는 것이다(김광협, 「르뽀 오늘을 사는 한국의 서민 89 채석장 발파공 조성진 씨」, 앞의 글, 213-215쪽).

150) 이종욱, 「르뽀 오늘을 사는 한국의 서민 64 도공 황금석 씨」, 『신동아』 1972년 4월호, 261-262쪽.

151) 허태홍, 「르뽀 오늘을 사는 한국의 서민 91 주물공 박상우 씨」, 앞의 글, 265-266쪽.

152) 김대은, 「르뽀 오늘을 사는 한국의 서민 74 함석공 김진수 씨」, 앞의 글, 261쪽.

153) 정홍열, 「르뽀 오늘을 사는 한국의 서민 77 병아리 감별사 최일생 씨」, 앞의 글, 252쪽.

154) 정연주, 「르뽀 오늘을 사는 한국의 서민 82 시계 수리공 장용완 씨」, 『신동아』 1973년 10월호, 252쪽.

155) 이정윤, 「르뽀 오늘을 사는 한국의 서민 83 극장 간판 화공 김순화 씨」, 『신동아』 1973년 11월호, 250쪽.

156) 엿공장의 이익은 하루에 2,000원꼴로 계산되지만, 네 명의 종업원에게 지급하는 숙식비와 월 7천에서 만 원씩의 임금 및 연료비 등을 내고 나면 타산이 맞지 않는다. 적자를 메꾸기 위해 돼지 사육을 하는데, 돼지의 사료는 비싼데다 구하기조차 어려우므로 엿 제조의 부산물을 활용하는 것이다(김동현, 「르뽀 오늘을 사는 한국의 서민 97 엿공장 주인 황태상 씨」, 앞의 글, 265쪽).

157) 심재호, 「르뽀 오늘을 사는 한국의 서민 12 호남선 기관사 韓基燮 씨」, 앞의

글, 288쪽.

158) 김대은, 「르뽀 오늘을 사는 한국의 서민 51 크레인 운전사 김덕순 씨」, 앞의 글, 285쪽.

159) 이정윤, 「르뽀 오늘을 사는 한국의 서민 54 측량사 민병천 씨」, 앞의 글, 285쪽.

160) 이정윤, 「르뽀 오늘을 사는 한국의 서민 69 석기공 안진호 씨」, 앞의 글, 262쪽.

161) 심재호, 「르뽀 오늘을 사는 한국의 서민 76 기상기정 김용수 씨」, 앞의 글, 252쪽.

162) 그는 "사람의 값, 기술의 값이 괄시를 받는 세상"에서 기술 하나만을 가지고 "여덟 식구의 가장 노릇하"는 어려움을 토로한다(정연주, 앞의 글, 248쪽, 251쪽).

163) 김영일, 앞의 글, 274쪽.

164) 이정윤, 「르뽀 오늘을 사는 한국의 서민 95 도배공 최병철 씨」, 앞의 글, 267쪽.

165) 윤여준, 「르뽀 오늘을 사는 한국의 서민 19 鹽手長 金在順 씨」, 앞의 글, 292쪽.

166) 조성숙, 「르뽀 오늘을 사는 한국의 서민 36 牧夫 韓相德 씨」, 앞의 글, 285쪽.

167) 김귀옥, 「박순희 구술 녹취문(4)」, 『한국 산업노동자의 형성과 생활 세계 연구』, 성공회대학교 사회문화연구원 노동사연구소, 2004, 10쪽, 22-26쪽.

168) Kim Keongil and Nam Hwasook, "Alternative Narratives of the 1980s South Korean Labor Movement: Worker Identities in the "Worker-Student Alliance,"" *Seoul Journal of Korean Studies* 25 no. 2, 2012, p. 287.

169) 이옥순, 『나 이제 주인되어』, 녹두, 1990, 39-40쪽.

170) 이옥순, 같은 책, 234쪽.

171) 정연숙, 「이런 일이 있었다―나는 오년 된 실 뽑는 기계」, 『뿌리깊은 나무』 제28호, 1978년 6월호, 157쪽.

172) 심재호, 「르뽀 오늘을 사는 한국의 서민 12 호남선 기관사 韓基燮 씨」, 앞의 글, 284쪽, 287쪽.

173) 이정윤, 「오늘을 사는 한국의 서민 20 造船都木手 劉永魯 씨」, 앞의 글, 293쪽.

174) 김종심, 「르뽀 오늘을 사는 한국의 서민 58 케이블전공 염기종 씨」, 앞의 글, 282쪽.

175) 이종욱, 「르뽀 오늘을 사는 한국의 서민 64 도공 황금석 씨」, 앞의 글, 262쪽.

176) 이정윤, 「르뽀 오늘을 사는 한국의 서민 83 극장 간판 화공 김순화 씨」, 앞의 글, 249-250쪽.

177) 김언호, 「르뽀 오늘을 사는 한국의 서민 86 곡예사 홍만석 씨」, 앞의 글, 250쪽.

178) 김광협, 「르뽀 오늘을 사는 한국의 서민 89 채석장 발파공 조성진 씨」, 앞의 글, 215쪽.

179) 김봉호, 「르뽀 오늘을 사는 한국의 서민 30 선반공 洪善鍾 씨」, 앞의 글, 285쪽.

180) 조성숙, 「르뽀 오늘을 사는 한국의 서민 46 연초공장 여공 박진임 씨」, 앞의 글, 284쪽. 그녀의 경우에는 다른 사례에서 찾아볼 수 없는 성차별에 대한 의식이 기저에 깔려 있다.

181) 정영일, 「르뽀 오늘을 사는 한국의 서민 60 건구목수 정규하 씨」, 앞의 글, 287쪽.

182) 허태홍, 「르뽀 오늘을 사는 한국의 서민 80 양조 기술자 하재후 씨」, 앞의 글, 252쪽.

183) 이러한 양가감정은 한산 모시를 짜는 최애순에게서도 찾아볼 수 있다. "밴 것이라 안 할 수는 없고 하기 싫어서 죽겠구먼유"라고 말하면서도 그녀는 자신이 짠 모시를 "아들을 쳐다보는 듯한 대견스러운 눈빛"으로 바라본다(강창민, 「숨어사는 외톨박이—한산 모시, 한이 맺힌 한올 한올」, 앞의 글, 139쪽).

184) 이정윤, 「르뽀 오늘을 사는 한국의 서민 15 과수 剪定士 曹永生 씨」, 앞의 글, 288쪽.

185) 이정윤, 같은 글, 291쪽.

186) 이종석, 「르뽀 오늘을 사는 한국의 서민 18 기와장이 李淸雨 씨」, 앞의 글, 292-293쪽. 그런가 하면 정판공 이상억은 자신과 같은 인쇄공은 사위로 삼지 않겠다고 말한다. 자기 기술에 대한 "후회나 특별한 애환 같은 것을 느껴

본 적은 없"지만, 그는 "문화 창조의 일역을 담당하고 있다는 정신적인 긍지를 갖"도록 후배 양성에 힘을 기울인다(서창식, 앞의 글, 283-285쪽).

187) 윤여준, 「르뽀 오늘을 사는 한국의 서민 6 트럭 운전사 權寧柱 씨」, 앞의 글, 284쪽.

188) 김병익, 앞의 글, 289쪽.

189) 심재호, 「르뽀 오늘을 사는 한국의 서민 31 관광지 사진사 李周永 씨」, 앞의 글, 283쪽.

190) 김종심, 「르뽀 오늘을 사는 한국의 서민 38 도장포 주인 김죽선 씨」, 앞의 글, 285쪽.

191) 김종심, 「르뽀 오늘을 사는 한국의 서민 47 이발사 최상중 씨」, 앞의 글, 283-284쪽.

192) 심재호, 「르뽀 오늘을 사는 한국의 서민 49 전공 강복남 씨」, 앞의 글, 283-284쪽.

193) 김대은, 「르뽀 오늘을 사는 한국의 서민 63 안경 연마공 이정환 씨」, 앞의 글, 262쪽.

194) 자신의 영향으로 동기간이 모두 자동차 기술 계통에 종사하는 것에 대해서도 그는 후회스럽고 마음에 차지 않아 한다. 그들의 사업이 성공하지 못했다고 생각하기 때문이다(김종심, 「르뽀 오늘을 사는 한국의 서민 75 자동차 정비사 배학영 씨」, 앞의 글, 261-262쪽).

195) "처음 시계 안을 들바다 보이 희안했심더. 쪼맨한 톱니들이 서로 물고 있는기 말이지. 처음 배움 때사 좋았지"라고 그는 말한다(정연주, 앞의 글, 249쪽).

196) 그는 인근에 양어장을 조성해놓고 일제 강점기 만주에서 배운 양어 기술에 전력을 기울여 새로운 돌파구를 찾고자 한다(정연주, 같은 글, 251-252쪽).

197) 「서민 연재」의 사례들 가운데 가업 전수를 긍정하는 경우는 석수 김삼득 한 건 정도다. 고등학교를 나온 그의 장남과 차남은 그에게 기술을 배워 전자는 서울에서, 후자는 온양 충무공 사당 공사에서 일하고 있다. 직업에는 귀

천이 없다는 신념과 석수 중에 무식자가 많아서 천대를 받으므로 석수의 질을 높이는 데도 도움이 된다는 생각에서였다(윤여준, 「르뽀 오늘을 사는 한국의 서민 27 석수 金三得 씨」, 같은 글, 284-285쪽). 그의 사례는 아들에 대한 기술 전수가 자기 일에 대한 자부나 애정과 연관되어 있다는 사실을 보인다. 이밖에도 『뿌리깊은 나무』에 소개된 화순의 대장장이 정창갑도 이 경우에 속한다. 그는 중학교를 졸업하고 "아버지 유업을 받아 대장장이가 되겠다고 성큼 나서준 아들놈을 대견"해 한다. 아들의 이러한 결정은 "자신의 팔자를 조금도 한탄하지 않"고 일에서 긍지와 보람을 느끼는 아버지와 "현청에서 무기를 만들었던 이름난 야장"이었던 윗대 조상에 대한 애정이나 자부심에서 기인한 것이다(문순태, 앞의 글, 142-146쪽).

198) 김영옥, 「그는 이렇게 산다—도공 조기정」, 앞의 글, 149쪽.

199) 설호정, 「숨어사는 외톨박이—놋그릇장이」, 앞의 글, 108쪽.

200) 강창민, 「숨어사는 외톨박이—한산 모시, 한이 맺힌 한올 한올」, 앞의 글, 140쪽.

201) 일이 지긋지긋해서 큰맘을 먹고 장도를 만드는 연장을 모두 고철값만 받고 엿장수에게 팔아버린 적도 세 번이나 된다(이성남, 「외롭잖은 외돌톨이—울산의 장도장 허균」, 앞의 글, 102-103쪽).

202) 이성남, 같은 글, 108쪽. 기사에는 나와 있지 않지만 아마도 그가 이 분야의 무형문화재로 지정되었더라면 양상은 달라졌을지도 모른다. 참고로 말하면 장도장은 1978년 2월에 중요무형문화재 제60호로서 전남 광양의 박용기가 기능 보유자로 지정되었다.

203) 설호정, 「숨어사는 외톨박이—통꾼, 한지를 뜨는 떠돌이」, 앞의 글, 122쪽.

204) 김병익, 앞의 글, 289쪽.

205) 심재호, 「르뽀 오늘을 사는 한국의 서민 31 관광지 사진사 李周永 씨」, 앞의 글, 283쪽.

206) 김대은, 「르뽀 오늘을 사는 한국의 서민 74 함석공 김진수 씨」, 앞의 글, 262쪽.

207) 이종석, 「르뽀 오늘을 사는 한국의 서민 85 제재공 이동해 씨」, 앞의 글, 277쪽.

208) 김광협, 「르뽀 오늘을 사는 한국의 서민 89 채석장 발파공 조성진 씨」, 앞의 글, 215쪽.

209) 허태홍, 「르뽀 오늘을 사는 한국의 서민 91 주물공 박상우 씨」, 앞의 글, 266-267쪽.

210) 면담자는 이 말이 "저 바다 속처럼 깊은 의미를 지니고 있는 것 같다"라고 논평한다(김동현, 「르뽀 오늘을 사는 한국의 서민 92 고래잡이 포수 이승길 씨」, 앞의 글, 267쪽).

참고문헌

1차 자료

1.《한국민중구술열전》(전47권)

김양섭, 『박상규 1922년 6월 30일생』(4), 눈빛, 2005.

김양섭, 『이종윤 1931년 7월 19일생』(21), 눈빛, 2007.

김양섭, 『이종근 1925년 3월 23일생』(37), 20세기민중생활사연구단, 눈빛, 2008.

김철호, 『김순현 1925년 2월 15일생』(36), 20세기민중생활사연구단, 눈빛, 2008.

나선하, 『나덕운 1929년 6월 6일생』(20), 눈빛, 2007.

나선하, 『서한금 1929년 10월 25일생』(43), 20세기민중생활사연구단, 눈빛, 2008.

노용석, 『박희춘 1933년 2월 26일생』(10), 눈빛, 2005.

문애리, 『하봉연 1929년 6월 29일생』(42), 20세기민중생활사연구단, 눈빛, 2008.

박경용, 『이두이 1925년 12월 25일생』(1), 눈빛, 2005.

박규택, 『김기홍 1927년 3월 15일생』(19), 눈빛, 2007.

박규택, 『최대봉 1921년 12월 20일생』(34), 20세기민중생활사연구단, 눈빛, 2008.

박이준, 『박남진 1922년 5월 25일생』(8), 눈빛, 2005.

서현정, 『임창봉 1935년 1월 21일생』(14), 눈빛, 2005.

서현정, 『최한채 1935년 1월 21일생』(15), 눈빛, 2005.

석달호, 『서석화 1920년 2월 9일생』(31), 20세기민중생활사연구단, 눈빛, 2008.

염철, 『이호영 1936년 6월 13일생』(28), 눈빛, 2007.

염철, 『전수원 1930년 1월 12일생』(44), 20세기민중생활사연구단, 눈빛, 2008.

윤택림, 『문대환 1921년 4월 20일생』(33), 20세기민중생활사연구단, 눈빛, 2008.

이경미, 『이기범 1933년 6월 1일생』(6), 눈빛, 2005.

이경미, 『조풍도 1933년 9월 8일생』(22), 눈빛, 2007.

이경미, 『김숙중 1921년 4월 16일생』(32), 20세기민중생활사연구단, 눈빛, 2008.

이경아, 『박민규 1922년 4월 20일생』(17), 눈빛, 2007.

이경아, 『홍영수 1934년 5월 15일생』(46), 20세기민중생활사연구단, 눈빛, 2008.

이균옥, 『김종상 1939년 5월 11일생』(12), 눈빛, 2005.

이균옥, 『나영래 1923년 2월 14일생』(35), 20세기민중생활사연구단, 눈빛, 2008.

이동아, 『이일용 1936년 3월 24일생』(27), 눈빛, 2007.

이수라, 『최채우 1929년 5월 19일생』(7), 눈빛, 2005.

이양호, 『여기원 1933년 10월 24일』(13), 눈빛, 2005.

이양호, 『황태순 1935년 11월 21일생』(26), 눈빛, 2007.

이양호, 『정해주 1926년 6월 9일생』(38), 20세기민중생활사연구단, 눈빛, 2008.

이은정, 『박지선 1918년 9월 3일생』(30), 20세기민중생활사연구단, 눈빛, 2008.

이은정, 『유춘성 1929년 6월 9일생』(41), 20세기민중생활사연구단, 눈빛, 2008.

이태우, 『홍성두 1933년 10월 12일생』(23), 눈빛, 2007.

임경희, 『성송자 1932년 5월 5일생』(5), 눈빛, 2005.

임경희, 『심재언 1921년 9월 13일생』(16), 눈빛, 2007.

임경희, 『권영섭 1904년 2월 18일생』(29), 20세기민중생활사연구단, 눈빛, 2008.

장성수, 『조석장 1928년 6월 20일생』(40), 20세기민중생활사연구단, 눈빛, 2008.

정은숙, 『김기송 1933년 11월 26일생』(2), 눈빛, 2005.

정형호, 『정원복 1923년 3월 17일생』(9), 눈빛, 2005.

정형호, 『김점칠 1935년 4월 1일생』(25), 눈빛, 2007.

정형호, 『윤정희 1931년 1월 18일생』(45), 20세기민중생활사연구단, 눈빛, 2008.

조성실, 『윤영국 1933년 10월 18일생』(24), 눈빛, 2007.

최경호, 『박현순 1945년 10월 23일생』(11), 눈빛, 2005.

한미옥, 『안성만 1928년 10월 12일생』(3), 눈빛, 2005.

한미옥, 『서순례 1927년 1월 23일생』(18), 눈빛, 2007.

한미옥, 『윤용호 1927년 11월 25일생』(39), 20세기민중생활사연구단, 눈빛, 2008.

혼마 치카게, 『스기야마 토미(杉山とみ) 1921년 7월 25일생』(47), 눈빛, 20세기민 중생활사연구단, 2011.

2. 《20세기 한국민중의 구술자서전》(전6권)

김일수 외, 『고향이 어디신지요─20세기 한국민중의 구술 자서전 5. 기타편』, 소 화, 2005.

서현정 외, 『장삿길, 인생길─ 20세기 한국민중의 구술 자서전 3. 상인편』, 소화, 2005.

이균옥 외, 『짠물, 단물─20세기 한국민중의 구술 자서전 1. 어민편』, 소화, 2005.

이태우 외, 『흙과 사람─ 20세기 한국민중의 구술 자서전 2. 농민편』, 소화, 2005.

장성수 외, 『징게맹갱외에밋들 사람들─20세기 한국민중의 구술 자서전 6. 기타 편』, 소화, 2005.

한미옥 외, 『굽은 어깨, 거칠어진 손─ 20세기 한국민중의 구술 자서전 4. 노동자 편』, 소화, 2005.

3. 《뿌리깊은 나무 민중자서전》(전20권)

강윤주 편, 『여보, 우리는 뒷간뺵에 갔다온 데가 없어─이광용』(16), 뿌리깊은나 무, 1991.

강윤주 편, 『시방은 안 해, 강강술래럴 안 해─최소심』(9), 뿌리깊은나무, 1992.

김명곤 편, 『어떻게 허먼 똑똑헌 제자 한놈 두고 죽을꼬?─신기남』(3), 뿌리깊은 나무, 1992.

김명곤·김해숙 편, 『물은 건너봐야 알고, 사람은 겪어 봐야 알거든─함동정월』

(15), 뿌리깊은나무, 1992.

김연옥 편, 『이 "계동 마님"이 먹은 여든살―이규숙』(4), 뿌리깊은나무, 1992.

김원석 편, 『두렁 바위에 흐르는 눈물―전동례』(1), 뿌리깊은나무, 1981.

김정호 편, 『칫다리 잡을라, 옹구 폴라, 밥해 묵을라―김우식』(19), 뿌리깊은나무, 1991.

김택춘 편, 『장돌뱅이 돈이 왜 구린지 알어?―유진룡』(5), 뿌리깊은나무, 1992.

김해숙·박종권·백대웅·이은자 편, 『내 북에 앵길 소리가 없어요―김명환』(11), 뿌리깊은나무, 1992.

목수현 편, 『밥해 먹으믄 바느질허랴, 바느질 아니믄 빨래허랴―한상숙』(18), 뿌리깊은나무, 1991.

박기웅 편, 『그 때는 고롱고롬 돼 있제―이봉원』(12), 뿌리깊은나무, 1992.

박미아 편, 『옛날엔 날 사공이라고 헀지―서영옥』(10), 뿌리깊은나무, 1992.

박주언 편, 『"에이 짠한 사람!"내가 나보고 그라요―채정례』(20), 뿌리깊은나무, 1991.

신경란 편, 『동래 사람은 팔만 올리도 춤이 덴다 캤어―문장원』(17), 뿌리깊은나무, 1991.

신경란 편, 『이부자리 피이 놓고 암만 바래도 안 와―성춘식』(8), 뿌리깊은나무, 1992.

신경란 편, 『대라, 틀어라, 박아라!―송문옥』(13), 뿌리깊은나무, 1992.

오성찬 편, 『사삼 사태로 반 죽었어, 반! - 김승윤』(14), 뿌리깊은나무, 1992.

오현주 편, 『나 죽으믄 이걸로 끄처 버리지―박나섭』(7), 뿌리깊은나무, 1992.

유시주 편, 『베도 숱한 베 짜고 밭도 숱한 밭 매고―김점호』(6), 뿌리깊은나무, 1992.

이상룡 편, 『이제 이 조선톱에도 녹이 슬었네―배희한』(2), 뿌리깊은나무, 1992.

4.《신동아 서민 시리즈》*

김광협, 「1 靑里驛長 朴仁泰 씨」, 『신동아』 1967년 1월호.

박동은, 「2 순회 미용사 李玉吉 여사」, 『신동아』 1967년 2월호.

유경현, 「3 우편집배원 金銀柱 씨」, 『신동아』 1967년 3월호.

문명호, 「4 방물장수 安鳳模 씨」, 『신동아』 1967년 4월호.

심재호, 「5 지서 순경 姜洪基 씨」, 『신동아』 1967년 5월호.

윤여준, 「6 트럭 운전사 權寧柱 씨」, 『신동아』 1967년 6월호.

최일남, 「7 국민학교 교사 李承喆 씨」, 『신동아』 1967년 7월호.

박웅칠, 「8 부두 노동자 李鍾述 씨」, 『신동아』 1967년 8월호.

조성숙, 「9 해수욕장 보트상 田祥秀 씨」, 『신동아』 1967년 9월호.

이정윤, 「10 면서기 裵曾用 씨」, 『신동아』 1967년 10월호.

김광희, 「11 서울운동장 직원 李年宰 씨」, 『신동아』 1967년 1월호.

심재호, 「12 호남선 기관사 韓基燮 씨」, 『신동아』 1967년 12월호.

문명호, 「13 어부 金仲敎 씨」, 『신동아』 1968년 1월호.

김병익, 「14 택시 운전사 朴性東 씨」, 『신동아』 1968년 2월호.

이정윤, 「15 과수 剪定士 曹永生 씨」, 『신동아』 1968년 3월호.

조성숙, 「16 간호원장 金姬順 씨」, 『신동아』 1968년 4월호.

박웅칠, 「17 소몰이꾼 尹鍾烈 씨」, 『신동아』 1968년 5월호.

이종석, 「18 기와장이 李淸雨 씨」, 『신동아』 1968년 6월호.

윤여준, 「19 鹽手長 金在順 씨」, 『신동아』 1968년 7월호.

이정윤, 「20 造船都木手 劉永魯 씨」, 『신동아』 1968년 8월호.

---

* 이 책에 인용된 르뽀의 목록임. 각 꼭지 연번 앞에 "르뽀 오늘을 사는 한국의 서민"이란 타이틀이 붙어 있다.

이준우, 「21 등산 안내인 李仁宣 씨」, 『신동아』 1968년 9월호.

정출도, 「22 대장장이 金東守 씨」, 『신동아』 1968년 10월호.

심재호, 「23 옹기장이 李良炫 씨」, 『신동아』 1968년 11월호.

문명호, 「24 해녀 金鑛蘭 씨」, 『신동아』 1968년 12월호.

이종석, 「25 신발 땜장이 柳志昌 씨」, 『신동아』 1969년 1월호.

이정윤, 「26 낙도의 여객선장 金俊植 씨」, 『신동아』 1969년 2월호.

윤여준, 「27 석수 金三得 씨」, 『신동아』 1969년 3월호.

조성숙, 「28 콩나물장수 林德順 씨」, 『신동아』 1969년 4월호.

정출도, 「29 사리 채반의 崔石順 씨」, 『신동아』 1969년 5월호.

김봉호, 「30 선반공 洪善鍾 씨」, 『신동아』 1969년 6월호.

심재호, 「31 관광지 사진사 李周永 씨」, 『신동아』 1969년 7월호.

권중현, 「32 간장장수 權衡純 씨」, 『신동아』 1969년 8월호.

서창식, 「33 整版工 李相億 씨」, 『신동아』 1969년 9월호.

이종석, 「34 땅꾼 崔南道 씨」, 『신동아』 1969년 10월호.

정출도, 「35 농민은 어떻게 살고 있나」(특집 농촌), 『신동아』 1969년 11월호.

조성숙, 「36 牧夫 韓相德 씨」, 『신동아』 1969년 12월호.

김종심, 「38 도장포 주인 김죽선 씨」, 『신동아』 1970년 2월호.

김봉호, 「39 개 훈련사 박해동 씨」, 『신동아』 1970년 3월호.

심재호, 「40 원예사 김기억 씨」, 『신동아』 1970년 4월호.

김담구, 「42 미장이 정원섭 씨」, 『신동아』 1970년 6월호.

조성숙, 「46 연초공장 여공 박진임 씨」, 『신동아』 1970년 10월호.

김종심, 「47 이발사 최상중 씨」, 『신동아』 1970년 11월호.

심재호, 「49 전공 강복남 씨」, 『신동아』 1971년 1월호.

김대은, 「51 크레인 운전사 김덕순 씨」, 『신동아』 1971년 3월호.

이정윤, 「54 측량사 민병천 씨」, 『신동아』 1971년 6월호.

김담구, 「55 유리공 최용배씨」, 『신동아』 1971년 7월호.

김봉호, 「56 구둣방 주인 홍성현 씨」, 『신동아』 1971년 8월호.

김종심, 「58 케이블전공 염기종 씨」, 『신동아』 1971년 10월호.

심재호, 「59 어선기관사 황치남 씨」, 『신동아』 1971년 11월호.

정영일, 「60 건구목수 정규하 씨」, 『신동아』 1971년 12월호.

김대은, 「63 안경 연마공 이정환 씨」, 『신동아』 1972년 3월호.

이종욱, 「64 도공 황금석 씨」, 『신동아』 1972년 4월호.

황명걸, 「68 제과공 정진호 씨」, 『신동아』 1972년 8월호.

이정윤, 「69 석기공 안진호 씨」, 『신동아』 1972년 9월호.

정영일, 「70 광부 김동진 씨」, 『신동아』 1972년 10월호.

김담구, 「71 양복 재단사 안종렬 씨」, 『신동아』 1972년 11월호.

김대은, 「74 함석공 김진수 씨」, 『신동아』 1973년 2월호.

김종심, 「75 자동차 정비사 배학영 씨」, 『신동아』 1973년 3월호.

심재호, 「76 기상기정 김용수 씨」, 『신동아』 1973년 4월호.

정홍열, 「77 병아리 감별사 최일생 씨」, 『신동아』 1973년 5월호.

허태홍, 「80 양조 기술자 하재후 씨」, 『신동아』 1973년 8월호.

정연주, 「82 시계 수리공 장용완 씨」, 『신동아』 1973년 10월호.

이정윤, 「83 극장 간판 화공 김순화 씨」, 『신동아』 1973년 11월호.

이종석, 「85 제재공 이동해 씨」, 『신동아』 1974년 1월호.

김언호, 「86 곡예사 홍만석 씨」, 『신동아』 1974년 2월호.

김영일, 「87 열차 검차원 이귀천 씨」, 『신동아』 1974년 3월호.

김광협, 「89 채석장 발파공 조성진 씨」, 『신동아』 1974년 5월호.

허태홍, 「91 주물공 박상우 씨」, 『신동아』 1974년 7월호.

김동현, 「92 고래잡이 포수 이승길 씨」, 『신동아』 1974년 8월호.

이정윤, 「95 도배공 최병철 씨」, 『신동아』 1974년 11월호.

김동현, 「97 엿공장 주인 황태상 씨」, 『신동아』 1975년 1월호.

허태홍, 「98 박제공 황긍엽 씨」, 『신동아』 1975년 2월호.

2차 자료(연구서 및 논문)

강인철, 「민중」, 『한국학 학술용어』, 한국학중앙연구원 출판부, 2020.

강인철, 『민중, 저항하는 주체: 민중의 개념사, 이론』, 성균관대학교출판부, 2023.

강인철, 『민중, 시대와 역사 속에서: 민중의 개념사, 통사』, 성균관대학교출판부, 2023.

강창민, 「숨어사는 외톨박이―한산 모시, 한이 맺힌 한올 한올」, 『뿌리깊은 나무』 제21호, 1977년 11월.

강창민, 「숨어사는 외톨박이―고래잡이, 그물 없는 어부」, 『뿌리깊은 나무』 제27호, 1978년 5월.

강창민, 「숨어사는 외톨박이―단소를 만드는 한량」, 『뿌리깊은 나무』 제33호, 1978년 11월.

강태호, 「기록 문학과 기록영화의 장르 특성 비교 연구―독일의 르포 문학과 르포 다큐멘터리를 중심으로」, 『독어교육』 제43집, 2008.

권보드래, 『연대의 시대―1920년대 초반의 문화와 유행』, 현실문화연구, 2003.

김경일, 『한국의 근대와 근대성』, 백산서당, 2003.

김경일, 『여성의 근대, 근대의 여성』, 푸른역사, 2004.

김경일, 「1970년대 민주노동운동의 쟁점―여성과 지식의 문제를 중심으로」, 『역사비평』 통권 73호(겨울호), 2005.

김경일, 「출세의 지식, 해방의 지식: 1970년대 민주노동운동과 여성노동자」, 『민주사회와 정책연구』 통권 9호, 2006.

김경일, 「1950년대 한국의 노동운동에서 대안적 전통」, 『역사비평』 통권 87호(여름호), 2009.

김경일, 「한국 산업화 시기 노동자의 생애와 사건: 기억의 재구성과 노동자 정체성의 형성」, 『사회와 역사』, 제85집, 봄호, 2010.

김경일, 『근대의 여성, 근대의 가족』, 푸른역사, 2012.

김경일, 『노동』, 소화, 2014.

김경일, 「1960년대 기층 민중의 가계와 빈곤의 가족 전략」, 『민주사회와 정책연구』 통권 제28호, 2015.

김경일, 「기록 서사를 통해 본 1960년대 기층 민중의 빈곤과 그 영향」, 김경일 외, 『1960년대 사회 변동과 자기 재현』, 한국학중앙연구원출판부, 2018.

김경일, 「산업화 시기 서민 생활에서 노동과 기술」, 김경일 외, 『1970년대 사회 변동과 자기 재현』, 한국학중앙연구원출판부, 2018.

김경일, 『근대 여성 12인, 나를 말하다』, 책과함께, 2020.

김경일, 『한국의 근대 형상과 한국학: 비교역사의 시각』, 한국학중앙연구원 출판부, 2020.

김경일, 『한국의 민주화 운동에서 노동과 여성: 노동의 서사와 노동자 정체성』, 한국학중앙연구원 출판부, 2021.

김귀옥, 「박순희 구술 녹취문(4)」, 『한국 산업노동자의 형성과 생활 세계 연구』, 성공회대학교 사회문화연구원 노동사연구소, 2004.

김귀옥, 「그 많던 새마을운동은 어디로 갔을까?―김영미의 그들의 새마을운동과 구술사 연구」, 『역사와 현실』 75, 2010.

김득중, 「1980년대 민중의 발견과 민중사학의 성과와 한계」, 『내일을 여는 역사』 24, 2006.

김명인, 「한국 근현대 소설과 가족 로망스―하나의 시론적 소묘」, 『민족문학사연구』, 2006.

김명학, 「쉬츠(徐遲)와 6·25전쟁 문학―1950년대 초의 르포르타주 작품을 중심으로―」, 『중국학논총』 제34집, 2011.

김성환, 「1970년대 논픽션과 소설의 관계 양상 연구―『신동아』 논픽션 공모를 중심으로」, 『상허학보』 32집, 2011.

김성환, 「『어둠의 자식들』과 1970년대 하층민 글쓰기의 양상」, 『한국현대문학연구』34집, 2011.

김성환, 「1970년대 노동수기와 노동의 의미」, 『한국현대문학연구』 37집, 2012.

김성환, 「새로운 글쓰기 양식이 이끈 인식 지평의 확대—1970년대 논픽션, 르포,
　　노동 수기」, 『실천문학』 108, 2012.

김수박, 『메이드 인 경상도』, 창작과비평사, 2014.

김순천, 「나는 왜 르포 문학을 하는가」, 『실천문학』 108, 2012.

김영옥, 「그는 이렇게 산다—도공 조기정」, 『뿌리깊은 나무』 제17호, 1977년 7월.

김오성, 「보고 통신문학 제문제」, 『문학비평』 1947년 6월호 (송기한·김외곤 편,
　　『해방공간의 비평문학 3』, 태학사, 1991.

김원, 「서발턴(Subaltern)의 재림—2000년대 르포에 나타난 99%의 현실」, 『실천
　　문학』 105, 2012.

김학동, 「6·25전쟁에 대한 장혁주의 현지 르포와 민족의식」, 『인문학연구』 76호,
　　2009.

노일영, 「마을을 떠도는 구비문학」, 『오마이뉴스』 2021년 10월 25일자.

대한조선공사 노동조합, 「정기대의원대회 사업보고서(회의자료)」, 1965, 1966,
　　1968, 1969, 1970.

문순태, 「숨어사는 외톨박이—화순 장터의 큰 대장과 작은 대장」, 『뿌리깊은 나
　　무』 제29호, 1978년 7월.

박경용, 「기술도 경력도 없으니까네, 가장 핫바리 일을 했는 지라 -다양한 직업을
　　경험한 이종철의 일과 삶」, 한미옥 외, 『굽은 어깨, 거칠어진 손— 20세기 한
　　국민중의 구술 자서전 4. 노동자편』, 소화, 2005.

박순은, 「실과 기계와 싸우는 工女」, 『여원』 1962년 10월호.

박정선, 「해방기 문화운동과 르포르타주 문학」, 『어문학』 제106집, 2009.

배석만, 「1950년대 대한조선공사의 자본축적 시도와 실패원인—자본축적과정에
　　서 귀속기업체의 역할분석」, 『역사와 경계』 25·6, 1994.

배석만, 「조선중공업주식회사의 전시경영과 해방 후 재편과정」, 『역사와 경계』

60, 2006.

배용광, 「인간 산맥의 저변을 가다②: 내일에 사는 습지의 주민들—대구시 신암동 5구의 빈민굴에 대한 실태조사보고」, 『세대』 제2권 통권 14호, 1964년 7월호.

백인빈, 「제본소 여공」, 『여원』 1965년 4월호.

백진기, 「수기와 르포의 운동역량을 위한 문제 제기」, 김병걸·채광석 편, 『민족, 민중 그리고 문학』, 지양사, 1985.

보건사회부 노동국, 『제3회 근로자 임금 및 생활비 실태조사 통계표』, 1957.

서영인, 「망루와 크레인, 그리고 요령부득의 자본주의—판타지와 르포르타주를 통해 본 우리 시대 문학의 난경」, 『실천문학』 108, 2012.

서정일, 「변신과 위장을 통한 사회 비판과 폭로—귄터 발라프의 르포 『가장 낮은 곳』」, 『브레히트와 현대연극』 22, 2010.

설호정, 「숨어사는 외톨박이—놋그릇장이」, 『뿌리깊은 나무』 제17호, 1977년 7월.

설호정, 「숨어사는 외톨박이—통꾼, 한지를 뜨는 떠돌이」, 『뿌리깊은 나무』 제21호, 1977년 11월.

손남훈, 「'리얼'을 향한 르포르타주의 글쓰기」, 『오늘의 문예비평』 78, 2010.

손승남, 「교육학적 전기연구와 구술적 면접법」, 『교육개발』 111권, 1998.

송기한·김외곤 편, 『해방공간의 비평문학 3』, 태학사, 1991.

신원철, 「기업별 노동조합과 고용관계—1960년대 대한조선공사의 사례」, 『사회와 역사』 60, 2001.

신원철, 「사내직업훈련제도의 전개—대한조선공사 사례를 중심으로」, 『사회와 역사』 85, 2010.

안대회, 『조선을 사로잡은 꾼들—시대를 위로한 길거리 고수 이야기』, 한겨레출판, 2010.

양영조, 「한국전쟁기 제8군 정보참모부(G-2) 정보보고서 자료 해제」, 『한국학논총』 34, 2010.

왕혜숙, 「사회적 공연으로서의 자서전 읽기-정주영 자서전에 나타난 기업인 정체성과 인정투쟁을 중심으로」, 『한국사회학』 제50권 5호, 2016.

유호식, 「자기에 대한 글쓰기 연구(2): 자서전과 성실성」, 『불어불문학연구』 86집, 2011.

윤구병, 「숨어사는 외톨박이―목수, 이제 이 조선톱에 녹이 슬었네」, 『뿌리깊은 나무』 제30호, 1978년 8월.

이봉범, 「잡지 미디어, 불온, 대중교양―1960년대 복간 『신동아』론」, 『한국근대문학연구』 27, 2013.

이성남, 「외롭잖은 외돌톨이―울산의 장도장 허균」, 『뿌리깊은 나무』 제49호, 1980년 3월.

이옥순, 『나 이제 주인되어』, 녹두, 1990.

이유생, 「전기 연구의 이론과 현대적 의미」, 『영미어문학』 제78호, 2006.

이정우 편, 『광주, 여성: 그녀들의 가슴에 묻어 둔 5.18 이야기』, 후마니타스, 2012.

이준영, 「해방 후 우익 학생운동 연구」, 『역사연구』 37, 2019.

이태호, 『불꽃이여 이 어둠을 밝혀라―한국 여성 노동자들의 투쟁』, 돌베개, 1985.

이희영, 「사회학 방법론으로서의 생애사 재구성―행위이론의 관점에서 본 이론적 의의와 방법론적 원칙」, 『한국사회학』 제39권 3호, 2005.

임순미, 「정치리더의 메타포―김대중 전 대통령의 자서전에 나타난 정치리더의 정체성」, 『국제정치연구』 제14권 1호, 2011.

장남수, 『빼앗긴 일터』, 창작과비평사, 1984.

장상철, 「1970년대 '민중' 개념의 재등장―사회과학계와 민중문학, 민중신학에서의 논의」, 『경제와사회』 제74호, 2007.

전한호, 「기술과 예술 사이: 『스케둘라 디버르사룸 아르티움 Schedula diversarum artium』에 나타난 예술가의 초상」, 『서양미술사학회논문집』 33집, 2010.

정명자, 「1분에 140보 뛰고 일당 870원」, 『내가 알을 깨고 나온 순간』, 공동체, 1989.

정선태, 「총력전 시기 전쟁문학론과 종군문학―『보리와 병정』과 『전선기행』을 중심으로」,『동양정치사상사』제5권 2호, 2006.

정연숙,「이런 일이 있었다─나는 오년 된 실 뽑는 기계」,『뿌리깊은 나무』제28
호, 1978년 6월호.

정지창,「귄터 발라프의 르포 문학」,『문예미학』1권, 1994.

제여매,「자서전의 이론과 변천─자서전에서 '자전적 소설'로」,『독어교육』67,
2016.

조영래,『전태일 평전』, 돌베개, 1983.

채광석,「진정한 새로움을 위하여」,『채광석전집 4』, 풀빛, 1989.

최경도,「자서전 연구의 성격과 전망」,『영미문학교육』, 제12집 1호, 2008.

최인택,「일제 시기 부산지역 일본인 사회의 생활사─경험과 기억의 사례연구」,
『역사와 경계』52, 2004.

탁선미,「에곤 에르빈 키쉬의 르포르타주 문학─1920년대 독일 저널리즘 논쟁을
배경으로」,『독일어문학』제30집, 2005.

한국구술사연구회,『구술사─방법과 사례』, 선인, 2005.

한국정신문화연구원,『한국민족문화백과사전』(제24권), 1991.

한국학중앙연구원,『옛사람들의 사랑과 치정』, 장서각 특별전 도록, 2017.

한민주,「일제 말기 전선 기행문에 나타난 재현의 정치학」,『한국문학연구』33집,
2007.

한우근 외,『역주 경국대전(번역편)』, 한국정신문화연구원, 1985.

함한희,「한국전쟁과 여성─경계에 선 여성들」,『역사비평』2010.

홍성식,「민중문학의 주체와 노동자 수기」,『한국문예비평연구』제26집, 2008.

홍성식,「서발턴의 생활글과 민족문학론의 재구성」,『한국문예비평연구』제38집,
2012.

辭海編輯委員會 編, 『辭海』, 上海: 上海辭書出版社, 1999.

朝鮮土木建築協會, 『朝鮮工事用各種勞働者實狀調』, 1928.

金炅一, 「植民地朝鮮における新女性, セクシュアリテイ, 戀愛」, 落合惠美子 外
編, 『セクシュアリテイとジェンダー』, 東京: 有斐閣, 2022.

佐伯順子, 「「戀愛」の前近代・近代・脱近代」. 『セクシュアリテイの社會學』. 東京:
岩波書店, 1996.

Blossfeld, Hans-Peter and Drobnič, Sonja (eds.), *Careers of Couples in Contem-
porary Society: From Male Breadwinner to Dual-Earner Families*, Oxford: Oxford
University Press, 2001.

Braverman, Harry, *Labor and Monopoly Capitalism: The Degradation of Work in the
Twentieth Century*, New York: Monthly Review Press, 1974.

Coser, Louis, *Masters of Sociological Thought: Ideas in Historical and Social Contest*,
Long Grove: Waveland Press, Inc., 1977 (신용하・박명규 역, 『사회사상사』,
한길사, 2016).

Crompton, Rosemary (ed.), *Restructuring Gender Relations and Employment: The
Decline of the Male Breadwinner*, Oxford: Oxford University Press, 1999.

Eagleton, Terry, *After Theory*, New York: Basic Books, 2004 (이재원 옮김, 『이
론 이후』, 길, 2010).

Engels, Friedrich, *Der Ursprung der Familie, des Privateigenthums und des Staats*, Hot-
tingen-Zürich: Verlag der Schweizerischen Volksbuchhandlung, 1884 (김
대웅 역, 『가족, 사유재산, 국가의 기원』, 두레, 2012).

Giddens, Anthony and Phillip W. Sutton, *Sociology* (8th Edition), Cambridge:
Polity Press, 2017 (김미숙 외 옮김, 『현대사회학』, 을유문화사, 2018).

Hanagan, Michael, "Artisan and Skilled Worker: The Problem of Definition,"

International Labor and Working-Class History no. 12, November, 1977.

Hochschild, Arlie Russel, *The Outsourced Self: What Happens When We Pay Others to Live Our Lives for Us*, New York: Metropolitan Books, 2012 (류현 역, 『나를 빌려 드립니다—구글 베이비에서 원톨로지스크까지, 사생활을 사고파는 아웃소싱 자본주의』, 이매진. 2013).

Hochschild, Arlie Russell, *The Managed Heart: Commercialization of Human Feeling*, Berkeley: University of California Press, 1983.

Kim, Keongil and Nam Hwasook, "Alternative Narratives of the 1980s South Korean Labor Movement: Worker Identities in the "Worker-Student Alliance,"" *Seoul Journal of Korean Studies* 25 no. 2, 2012.

Lee, Namhee, *The Making of Minjung: Democracy and the Politics of Representation in South Korea*, Ithaca: Cornell University Press, 2007 (이경희·유리 역, 『민중 만들기: 한국의 민주화운동과 재현의 정치학』, 후마니타스, 2015).

Nam, Hwasook, *Building Ships, Building a Nation Korea's Democratic Unionism Under Park Chung Hee*, Seattle: University of Washington Press, 2009.

Niesen, Henrik Kaare, "Identitaet und Erzaehlung," in Michael Grote et. al. (eds.), *Autobiographisches Schreiben in der deutschsprachigen Gegenwartsliteratur: Entwicklungen, Kontexte, Grenzgaenge*, Bd. 3, Muenchen: Ludicium, 2009.

Nora, Pierre, 「기억과 역사 사이에서: 기억의 장소들에 대한 문제 제기」, Pierre Nora, et. al., Les Lieux de mémoire, 7 vols. 1984, 1986, 1992 (김인중·유희수 외 옮김, 『기억의 장소』 제1권, 나남, 2010).

Nora, Pierre. "L'avènement mondial de la mémoire," 『프랑스사연구』 제14호, 2006.

Park, Sunyoung, "A Forgotten Aesthetic Reportage in Colonial Korea 1920s-1930s," *Comparative Korean Studies*, vol. 19 no. 2, 2011.

Safa, Helen I, *The Myth of the Male Breadwinner: Women and Industrialization in the*

Caribbean, New York: Westview Press, 1995.

Sang, Tze-lan Deborah. 1999. "Translating Homosexuality: The Discourse of Tongxing'ai in Republican China (1912-1949)," In Lydia H. Liu ed. *Tokens of Exchange: The Problem of Translation in Global Circulations*. Durham: Duke University Press.

Spender, Stephen, "Confessions and Autobiography," James Olney (ed.), *Autobiography: Essays Theoretical and Critical*, Princeton: Princeton University Press, 1980.

Steinberg, Ronnie J., "Social Construction of Skill: Gender, Power, and Comparable Worth," *Work and Occupations*, vol. 17 no. 4, 1990.

Thompson, Paul, *The Nature of Work: An Introduction to Debates on the Labor Process* (2nd Edition), London: Macmillan, 1989.

참고자료

〈별표1〉 1960년대 『신동아』 소재 논픽션 목록

박순동, 「모멸의 시대」(30만원고료 논획손 당선작 최우수작), 『신동아』 1965년 9월호.

이사례, 「순교보」(30만원고료 논획손 당선작 우수작), 『신동아』 1965년 10월호.

이기봉, 「장백산에서 임진강까지」(30만원고료 논획손 당선작 우수작), 『신동아』 1965년 11월호.

김웅, 「벽과 인간-어느 전향자의 수기」(30만원고료 논획손 당선작 우수작), 『신동아』 1965년 12월호.

이경식, 「졸장부의 일기」(30만원고료 논획손 당선작 우수작), 『신동아』 1966년 1월호.

박숙정, 「만세혼」(30만원고료 논·획손 우수작), 『신동아』 1966년 9월호.

강준희, 「나는 엿장수외다」(30만원고료 논·획손우수작), 『신동아』 1966년 10월호.

송홍섭, 「飛見島」(제2회 30만원 고료 논획손 우수작), 『신동아』 1966년 11월호.

김광수, 「화전민」(제2회 30만원 고료 논획손 우수작), 『신동아』 1966년 12월호.

채의석, 「33번 도로」(30만원고료 논·획손최우수작), 『신동아』 1967년 9월호.

홍정식, 「역사의 죄」(30만원 고료 논·획손 우수작), 『신동아』 1967년 10월호.

이범천, 「조맨한 기록」(30만원 고료 논·획손 우수작), 『신동아』 1967년 11월호.

이기봉, 「1950년의 여름과 가을」(30만원 고료 논·획손 우수작), 『신동아』 1967년 12월호.

김병노, 「출애급기」(30만원 고료 논·획손 우수작), 『신동아』 1968년 1월호.

정옥진, 「혼혈아학교」(제4회 30만원 고료 논획손 당선작 최우수작), 『신동아』 1968년 9월호.

박진관, 「田明雲傳」(제4회 30만원 고료 논픽숀 당선작 최우수작), 『신동아』 1968년 10월호.

신태원, 「카투사」(제4회 30만원 고료 논픽숀 우수작), 『신동아』 1968년 11월호.

김수천, 「내 조국은 서울이다」(제4회 30만원 고료 논픽숀 우수작), 『신동아』 1968년 12월호.

이석영, 「하세이리」(제4회 30만원 고료 논픽숀 우수작), 『신동아』 1969년 1월호.

박순동, 「암태도 소작쟁의」(제5회 60만원 고료 논픽숀 당선작 최우수작), 『신동아』 1969년 9월호.

박병재, 「맹아학교」(제5회 60만원 고료 논픽숀 당선작 최우수작), 『신동아』 1969년 10월호.

강정규, 「방화」(제5회 60만원 고료 논픽숀 당선작 우수작), 『신동아』 1969년 12월호.

〈별표2〉 1960년대 『신동아』 소재 르포 목록

신용순·박순재, 「이민백서」, 『신동아』 1965년 3월호

金致淅(김치석), 「르뽀 이색지대 고철부락」, 『신동아』 1965년 9월호.

김태선, 「르포 이색지대 계룡산」, 『신동아』 1965년 10월호.

조성숙, 「르포 이색지대 청운양로원」, 『신동아』 1965년 11월호.

권도홍, 「르포 이색지대 서산개척단」, 『신동아』 1965년 12월호.

박홍원, 「르뽀 이색지대 동란이 낳은 「자유의 마을」」, 『신동아』 1966년 1월호.

김광협, 「르뽀 제주도의 특산물들」, 『신동아』 1966년 2월호 (1966a).

한남규, 「르뽀 이색지대 오산소년촌」, 『신동아』 1966년 3월호.

최재욱, 「르뽀 이색지대 中峰里 고산마을」, 『신동아』 1966년 4월호.

한태열, 「르뽀 이색지대 대방동 재활용사촌」, 『신동아』 1966년 5월호.

황선필, 「르뽀 이색지대 울릉도」, 『신동아』 1966년 6월호.

권영자, 「르뽀 이색지대 대덕간척지」, 『신동아』 1966년 7월호.

송호창, 「르뽀 이색지대 용인 이상촌」, 『신동아』 1966년 8월호.

신현대 외, 「르뽀 이색지대 미군부대주변」, 『신동아』 1966년 9월호.

이준우, 「르뽀 모범농촌을 찾아서 愛蘭 신부가 일군 「이시돌」 목장」, 『신동아』 1966년 10월호.

조성숙, 「르뽀 모범농촌을 찾아서 둑을 쌓아 갱생한 모전리」, 『신동아』 1966년 10월호.

이근무, 「르뽀 모범농촌을 찾아서 협업으로 가난 이긴 운교리」, 『신동아』 1966년 10월호.

윤여준, 「르뽀 모범농촌을 찾아서 「가나안」농장과 농군학교」, 『신동아』 1966년 10월호.

김광협, 「르뽀 이색지대 강원도 탄광촌」, 「신동아』 1966년 11월호 (1966b).

윤여준, 「르뽀 이색지대 음성나환자정착장 나주 호혜원」, 『신동아』 1966년 12월호.

김광협, 「르뽀 유치원」, 『신동아』 1967년 2월호.

윤여준, 「르뽀 종합병원」, 『신동아』 1967년 4월호.

박응칠, 「르뽀 한국의 불교」, 『신동아』 1967년 6월호.

윤여준, 「르뽀 폐광촌」, 『신동아』 1968년 3월호.

정출도, 「르뽀 상수도 하수도」, 『신동아』 1968년 8월호.

이경문, 「르뽀 노동조합」, 『신동아』 1969년 3월호.

문명호·정출도, 「르뽀 철도」, 『신동아』 1969년 4월호.

정출도, 「르뽀 주택」, 『신동아』 1969년 6월호.

윤여준·서창식, 「르뽀 자선단체」, 『신동아』 1969년 8월호.

조성숙·정출도, 「르뽀 학교잡부금」, 『신동아』 1969년 9월호.

강인섭, 「르뽀 예술문화단체총연합회」, 『신동아』 1969년 10월호.

민병문·정구종, 「르뽀 물가」, 『신동아』 1969년 12월호.

〈별표3〉 1960년대 『신동아』 소재 기타의 기록 서사 목록

이경손, 「상해임정시대의 자전」, 『신동아』 1965년 6월호.

조중연(역주), 「배정자 實記」, 『신동아』 1966년 2월호.

정문기, 「漁藻同室記」, 『신동아』 1966년 3월호.

신상초, 「북한탈출기」, 「신동아」 1966년 3월호.

김명길, 「純貞孝황후를 모시고」, 『신동아』 1966년 4월호.

김성열, 「중남미 기행—절경·혹서·혼혈의 대륙」, 『신동아』 1966년 6월호.

고광순 외, 「적도하에 심은 코리아」(브라질이민현지좌담회), 『신동아』 1966년 6월호.

지재소, 「알콜중독투병기」, 『신동아』 1966년 6월호.

홍정식, 「「狂馬작전」 9일간」, 『신동아』 1966년 10월호.

김원재 외, 「생각던 것보다 안전한데요」, 『신동아』 1966년 10월호.

이덕우, 「황토가 지어준 그늘」, 『신동아』 1967년 5월호.

손충무, 「남태평양 주유기」, 『신동아』 1967년 9월호.

李智澤, 「尼港事變과 독립군」, 『신동아』 1968년 5월호.

양승본, 「북으로 가는 메아리」, 『신동아』 1969년 2월호.

박성화, 「일군 평양사단의 학병의거」, 『신동아』 1969년 4월호.

장재림, 「논휙숀 서독의 한국인 광부」, 『신동아』 1969년 5월호.

김연려, 「碧波艦長」, 『신동아』 1969년 6월호.

정광호, 「논휙숀 한룡운전」, 『신동아』 1969년 8월호.

한국의 얼굴 1, 「법조계 11인」, 『신동아』 1965년 1월호.

한국의 얼굴 2, 「연극배우 11인」, 『신동아』 1965년 2월호.

한국의 얼굴 3, 「빙상선수 11인」, 『신동아』 1965년 3월호.

한국의 얼굴 4, 「건축가 11인」, 『신동아』 1965년 4월호.

한국의 얼굴 5, 「무용가 11인」, 『신동아』 1965년 5월호.

한국의 얼굴 6, 「야구선수 11인」, 『신동아』 1965년 6월호.

한국의 얼굴 7, 「영화감독 11인」, 『신동아』 1965년 7월호.

한국의 얼굴 8, 「유행가수 11인」, 『신동아』 1965년 9월호.

한국의 얼굴 9, 「종교가 11인」, 『신동아』 1965년 10월호.

한국의 얼굴 10, 「동양화가 11인」, 『신동아』 1965년 11월호.

한국의 얼굴 11, 「간호부 11인」, 『신동아』 1965년 12월호.

한국의 얼굴 12, 「항해사 11인」, 『신동아』 1966년 1월호.

한국의 얼굴 13, 「명창 11인」, 『신동아』 1966년 2월호.

한국의 얼굴 14, 「조각가 11인」, 『신동아』 1966년 3월호.

한국의 얼굴 15, 「소설가 11인」, 『신동아』 1966년 4월호.

한국의 얼굴 16, 「의학자 13인」, 『신동아』 1966년 5월호.

한국의 얼굴 17, 「성악가 11인」, 『신동아』 1966년 6월호.

한국의 얼굴 18, 「은행가 11인」, 『신동아』 1966년 7월호.

한국의 얼굴 19, 「영화배우 11인」, 『신동아』 1966년 8월호.

한국의 얼굴 20, 「시인 11인」, 『신동아』 1966년 10월호.

한국의 얼굴 21, 「서양화 구상화가 11인」, 『신동아』 1966년 11월호.

한국의 얼굴 22, 「서양화 추상화가 11인」, 『신동아』 1966년 12월호.

한국의 얼굴 23, 「국악 명인 11인」, 『신동아』 1967년 1월호.

한국의 얼굴 24, 「알피니스트 11인」, 『신동아』 1967년 2월호.

한국의 얼굴 25, 「의상디자이너 11인」, 『신동아』 1967년 3월호.

한국의 얼굴 26, 「서예가 10인」, 『신동아』 1967년 4월호.

한국의 얼굴 27, 「물리학자 11인」, 『신동아』 1967년 5월호.

한국의 얼굴 28, 「피아니스트 11인」, 『신동아』 1967년 6월호.

한국의 얼굴 29, 「생물학자 11인」, 『신동아』 1967년 7월호.

한국의 얼굴 30, 「아나운서 12인」, 『신동아』 1967년 8월호.

한국의 얼굴 31, 「공예가 11인」, 『신동아』 1967년 9월호.

한국의 얼굴 32, 「화학자 11인」, 『신동아』 1967년 10월호.

한국의 얼굴 33, 「작곡가 11인」, 『신동아』 1967년 11월호.

한국의 얼굴 34, 「사회사업가 11인」, 『신동아』 1967년 12월호.

〈별표4〉 1960년대 『사상계』 소재 르포 목록

안병섭, 「현지 르포 강원도의 탄층을 가다―장성, 강원의 두 탄광을 가다」, 『사상
    계』 1960년 12월호.

김동준, 「현지 르포 눈내린 휴전선을 가다」, 『사상계』 1961년 1월호.

손세일, 「루뽀르따쥐 제주도 기행」, 『사상계』 1961년 5월호.

이문휘, 「르뽀르따쥐 빈농의 변동과 무지의 개발」, 『사상계』 1961년 11월호.

안병섭, 「계획과 참여 지역사회개발시범부락 탐방기」, 『사상계』 1961년 11월호.

한남철, 「두 독농가의 경우―순창과 진도」, 『사상계』 1961년 11월호.

신일철, 「르뽀르따쥐 부랑아들이 건설한 민주공화국」, 『사상계』 1962년 1월호.

전영창, 「르뽀르따쥐 혈액원을 찾아서―매마른 인정에 피가 없었다」, 『사상계』
    1962년 4월호.

이연호, 「현지조사 서울의 빈민지역―가난한 사람들을 찾아서」, 『사상계』, 1962년
    8월호.

남상규, 「『지남호』 인도양에 가다―처녀원양어업의 경험」, 『사상계』 1962년 10월호.

백옥빈, 「브라질 이민통신: 제4, 5, 6신 이민선 남인도양을 통과―고국의 향수를
    달래주는 두 장의 한국판 레코드」, 『사상계』 1963년 3월.

조광해, 「르뽀르따쥐 백운산농장 공동영농의 실험대―미래에 사는 사람들의 고
    장」, 『사상계』 1963년 6월호.

김재철, 「남태평양의 황파를 넘어(I)―원양어로선장의 일지」, 『사상계』 1963년 10월.

정연권, 「월남 현지 취재 낙수기―사꾸라 「중」과 관제데모와 마담·누」, 『사상계』

1963년 11월호.

김재철, 「남태평양의 황파를 넘어(II)—남태양어로기행(完)」, 『사상계』 1963년 11월호.

심형보, 「빈곤과 체념을 되씹으며(르뽀)—가난과 천재에 우는 농·어민들」, 특집 민생고와 경제위기의 일환임.

조광해, 「도시 르뽀르따쥐 광주시편 호남문화의 중심지 광주—무등산 아래 반농의 교육도시」, 『사상계』 1964년 7월.

오소백, 「일본 르뽀르따쥐 일본사회의 지하도—「전쟁에 지고 생활에 이긴 나라」(상)」, 『사상계』 1964년 9월호.

노종호, 「르뽀 한국 속의 이방지대—미군 주둔 지역의 생활 점묘」, 『사상계』 1965년 10월호.

김동준, 「르뽀 무운을 기원한다 —출발을 앞둔「맹호부대」를 찾아 보고」, 『사상계』 1965년 11월호.

노종호, 「르뽀 흙과 농민과 현실—충주지역 엽연초 수납장 주변의 농촌을 찾아」, 『사상계』 1966년 1월호.

유병덕, 「무악산 하의 종교(상·중·하)」, 『사상계』 1968년 12월, 1969년 7, 8월호.

〈별표5〉 1960년대 『세대』 소재 르포 목록

취재부, 「르뽀르따쥐 이색지대의 주민을 찾아서—걸인과 새 삶을 설계한 부산 문학소녀를 찾다」, 『세대』 제1권 제1호, 1963년 6월호.

이상백, 「인간 산맥의 저변을 가다①: 지하촌에 꿈틀대는 인간 산맥—윤락여성의 실태조사 보고」, 『세대』 제2권 통권 13호, 1964년 6월호.

배용광, 「인간 산맥의 저변을 가다②: 내일에 사는 습지의 주민들—대구시 신암동 5구의 빈민굴에 대한 실태조사보고」, 『세대』 제2권 통권 14호, 1964년 7월호.

하상락, 「인간 산맥의 저변을 가다④: 뒷골목의 생일 없는 소년들—불량소년에 대한 실태조사보고」, 『세대』 제2권 통권16호, 1964년 9월호.

이명흥, 「인간 산맥의 저변을 가다⑦: 현대가 낳은 문명병의 이창—정신병환자에 대한 사례연구보고」, 『세대』 제3권 통권19호, 1965년 2월호.

윤여덕, 「음지에 피는 독버섯—서울의 인육시장」, 『세대』 제3권 통권 제27호, 1965년 10월.

권영빈, 「현지 르뽀: 제염업계의 난맥상」, 『세대』 제4권 통권34호, 1966년 5월호.

박일송, 「현지 르포: 뽕나무 왕국을 가다」, 『세대』 제4권 통권35호, 1966년 6월호.

김은구, 「현지 르뽀: 천형의 고도소·록도」, 『세대』 제4권 통권37호, 1966년 8월호.

김정명, 「논·픽션: 철조망 속의 자유인」, 『세대』 제4권 통권41호, 1966년 12월호.

임승억, 「현지 르뽀: 한국 속의 리틀·타이거」, 『세대』 제5권 통권42호, 1967년 1월호.

김대수, 「이색단체 르뽀①: 한국경제인협회」, 『세대』 제5권 통권45호, 1967년 4월호.

임승억, 「② 르뽀: 대한민국재향군인회」, 『세대』 제5권 통권46호, 1967년 5월호.

「한국의 내막⑤: 소비시대의 한국 광고업계」, 『세대』 제5권 통권47호, 1967년 7월호.

「총선 격전지구 현지르뽀」, 『세대』 제5권 통권47호, 1967년 7월호.

김귀제, 「한국의 내막: 농업협동조합」, 『세대』 제5권 통권49호, 1967년 8월호.

이영석, 「한국의 내막: 돈 정치 국회의원」, 『세대』 제5권 통권50호, 1967년 9월호.

이상헌, 「루뽀: 복술업」, 『세대』 제6권 통권56호, 1968년 3월호.

임승억, 「루뽀: 부산부두」, 『세대』 제6권 통권56호, 1968년 3월호.

크리스토퍼·렌, 「아랍 게릴라전 르포: 텔아비브에서 만납시다 : 팔레스타인 실지 회복을 둘러싼 게릴라 현황」, 『세대』 제7권 통권71호, 1969년 6월호.

심재언, 「이색 체험 르뽀 작가가 살아온 근로자 합숙소—浮遊者의 행복을 증오한 다」, 『세대』 제7권 통권 77호, 1969년 12월호.

〈별표6〉 1960년대 『여원』 소재 르포 목록

「루뽀르따아쥬: 시골 驛長님」, 『여원』 1960년 1월호.

「루뽀르따아쥬: 쫑쫑 사랑의 가정」, 『여원』 1960년 2월호.

吳永壽, 「르뽀르따아쥬: 西部戰線 異狀없다」, 1960년 3월호.

「르뽀르따아쥬: 南海의 꿈에 잠긴 孤兒의 집」, 1960년 4월호.

金致彬, 「르뽀르따아쥬: 「다이알」——二番을 불러라」, 1960년 5월호.

「르뽀르따아쥬: 中學入試始 記」, 1960년 6월호.

「르뽀르따아쥬: 거리의 十圜짜리 冷物장사」, 1960년 7월호.

「르뽀르따아쥬: 돈놀이 하는 마담들」, 1960년 8월호.

「르뽀르따아쥬: 學園紛糾의 수렁길」, 1960년 9월호.

「르뽀르따아쥬: 로맨틱 하니문·카 蜜月旅行車」, 1960년 11월호.

「르뽀르따아쥬: 韓國의 映畵街」, 1961년 1월호.

「르뽀르따아쥬: 革命裁判」, 1961년 4월호.

編輯部記者, 「르뽀르따아쥬: 언제면 農村은 잘살까」, 1961년 5월호.

「수기 특집: 직업 여성의 기쁨도 슬픔도」, 『여원』 1961년 7월호.

「루뽀르따아쥬: 굶기를 밥먹듯 하여도, 가난과 주림이 흐르는 마을」, 『여원』 1961년
　9월호.

「르뽀르따아쥬: 革命一年의 발자취, 1962년 5월호.

박순은, 「실과 기계와 싸우는 工女」, 『여원』 1962년 10월호.

최희숙, 「서울의 어느 하늘밑 빈민 지대」, 『여원』 1962년 12월호.

「女性이 모르는 社會의 現地踏査: 르뽀르따아쥬」, 1962년 12월호.

윤석, 「아아 나는 식모, 하지만」, 『여원』 1963년 2월호.

「르뽀르따아쥬: 大學社會」, 1963년 7월호.

「가난과 병마의 孤島에 구원을(현지 르뽀르따아쥬)」, 『여원』 1963년 9월호.

전병순, 「신연재 르뽀르따아쥬 이름없는 성좌①: 노점에 벌려진 哀話의 보따리」,

『여원』 1963년 10월호.

田炳淳, 「連載 루쁘르따아쥬: 이름없는 星座③ 환락의 뒷골목에 피는 夜花」, 『여원』 1963년 12월호.

고광익, 「판자집에 깃든 운명」, 『여원』 1964년 4월호.

김수재, 「가난이 죄라야 하는가」, 『여원』 1964년 4월호.

「르쁘르따아쥬 特輯: 韓國의 靑春」, 『여원』 1964년 6월호.

千勝世, 「大學街의 情熱과 鬱憤」, 『여원』 1964년 6월호.

李興雨, 「내일을 向한 探究의 姿勢」, 『여원』 1964년 6월호.

宋肅暎, 「삘딩 안의 오피스·껄들」, 『여원』 1964년 6월호.

金宇鍾, 「논과 밭과 들에서 피는 靑春」, 『여원』 1964년 6월호.

金芝郷, 「機械와 制服에 싸인 女工들」, 『여원』 1964년 6월호.

李圭泰, 「郊外의 푸른 빛 분홍 빛」, 『여원』 1964년 6월호.

崔姫淑, 「악을 쓰는 젊은이의 陰地」, 『여원』 1964년 6월호.

姜龍俊, 「젊은이의 寄港地·軍人社會」, 『여원』 1964년 6월호.

「수기특집: 칠거지악으로 겪은 불행」, 『여원』 1965년 3월호.

윤청자, 「일하는 손의 시리즈①: 때묻은 이름 버스여차장」, 『여원』 1965년 4월호.

「특집 그들은 아직도 그늘에 있었다: 사회의 밑바닥에서 일하는 여성들의 실태」, (南廷賢, 「목욕탕 종업원」, 李祭夏, 「다방 레지」, 閔幾, 「뻐스 여차장」, 宋炳洙, 「식당 종업원」, 李秋林, 「백화점 여점원」, 白寅斌, 「제본소 여공」, 文明子, 「빈민굴을 찾아서」), 『여원』 1966년 3월호.

김인건, 「식모―이 변함없는 인권의 푸대접」, 『여원』 1966년 5월호.

김정애, 「절망을 극복한 여인들④ 행상으로 다짐한 인생의 보람」, 『여원』 1967년 9월호.

「인공가정도 즐겁다: 부산한국사전회 현지 르뽀」(화보), 『여원』 1968년 5월호.

「그늘에서 짓밟히는 나어린 생활인들: 버스걸의 생활」, 『여원』 1969년 11월호.

남정현, 「직장여성생활수기: 일속에 묻혀 꿈을 꾼다」, 『여원』 1969년 12월호.

박영숙, 「고아원 보모의 수기: 버드나무 밑의 인간가족」, 『여원』 1969년 12월호.

〈별표7〉 1960년대 『청맥』, 『명랑』, 『아리랑』 등의 잡지 소재 르포 목록

김경동, 「현지르포: 전근대사회의 편모—인도의 오늘」, 『청맥』 제2권 제4호, 1965
    년 5월호.

김성두, 「현지르뽀: 농민·농촌·실향—체념하다 절망도 잊어버린 농민」, 『청맥』
    제2권 제7호, 1965년 8월호.

임지운, 「가공루포: 우주인 지구에 내습: 화성인과의 대담기」, 『명랑』 1960년 5월호.

「루포 서울의 「이숲」(EASOP) 얘기: 코끼리도 하품하는 「동물원의 춘정」」, 『명랑』
    1960년 5월호.

「해외 루포: 세계 거짓말 구락부를 가다—그 유래와 거짓말선수들의 거짓말」, 『명
    랑』 1960년 11월호.

「이색루포 동물원의 춘정」, 『명랑』 1961년 4월호.

「이색루포: 미녀산실의 베일을 벗겨본다 : 정형외과를 거쳐간 미녀들이 흘리고
    간 여화백태」, 『명랑』 1961년 4월호.

박집현, 「금남의 집 여차장 합숙소—탐방」, 『명랑』 1965년 1월호.

李友範, 「그림루포②: 밤이 없는 異邦地帶에서」, 『명랑』 1966년 6월호.

李政文, 「漫畫루뽀: 밤의 南山을 가다 그늘속의 慾望」, 『명랑』 1966년 7월호.

「격전지 루뽀①: 狂馬作戰」, 『명랑』 1966년 9월호.

「격전지 루뽀②: 보급로를 끊어라」, 『명랑』 1966년 9월호.

李政文, 「漫畫 루뽀: 발가벗은 群像들」, 『명랑』 1966년 9월호.

李政文, 「漫畫 루뽀; 水魔가 할퀸 상처」, 『명랑』 1966년 10월호.

「베트남 격전지 르뽀: 7시간의 血戰」, 『명랑』 1966년 11월호.

「激戰地 르뽀 最大의 作戰: 푸카트山의 要塞」, 「在求 두 번째의 神話」, 『명랑』 1966년
　　12월호.

尹寅燮, 「그림 르뽀: 처녀의 寢室 잠깐 실례!」, 『명랑』 1967년 4월호.

「特別루뽀: 不遇의 詩人 韓何雲氏가 이룬 不毛地의 草原」, 『명랑』 1967년 7월호.

임정, 「전몰 미망인의 수기: 비록 가난에 울지라도」, 『명랑』 1968년 5월호.

「르포: 사랑의 집 돈보스코의 聖處女 : 파란 눈의 獨逸누나 「에르나」양」, 『명랑』
　　1969년 5월호.

孫忠武, 「現地루포: 平和線 800마일」, 『아리랑』 1965년 3월호.

夫石言 「루포: 112의 본고장」, 『아리랑』 1965년 3월호.

金聲泰, 「大也島 現地루뽀—고독한 落島에 담긴 사연들」, 『아리랑』 1965년 10월호.

金聲泰, 「大也島 現地루뽀—외로운 落島에 핀 적십자의 香氣」, 『아리랑』 1965년
　　10월호.

孫忠武, 「異邦地帶루뽀連載〈 4 〉: 壁 101番地」, 『아리랑』 1965년 11월호.

「그들의 인생 카르테 : 르뽀르따쥬 여기 이 여인들 : 쓰레기 통에서도 장미는 핀다:
　　三角地 梨泰院 일대의 洋부인들」, 『아리랑』 1966년 2월호.

「現地르뽀 顯陽院을 찾아서: 과거의 이름은 거지올시다」, 『아리랑』 1966년 3월호.

金龍煥, 「코주부 特別루포: 베트남을 가다」, 『아리랑』 1966년 6월호.

李大燮, 「르포: 疲困한 이브」, 『아리랑』 1966년 7월호.

「漫畵르뽀: 올림포스 호텔」, 『아리랑』 1967년 12월호.

尹寅燮, 「漫畵르뽀: 마이 카 時代여 오라」, 『아리랑』 1968년 3월호.

「異色루뽀: 나이트클럽」, 『아리랑』 1968년 5월호.

朴尙煥, 「立體現地르뽀／밤의 꽃: 淪落女性과 그 주변의 문제점」, 『아리랑』 1969년
　　7월호.

「企劃르뽀: 私設無許可 職業紹介所」, 『아리랑』 1969년 8월호.

「이달의 르뽀: 南山에 올라 숲속을 보니」, 『아리랑』 1969년 9월호.

「사랑의 손길을 기다리는 이들」, 『기독교사상』 제11권 3호, 1967년 3월호.

「서울의 외곽지대―넝마주이 마을을 찾아서」, 『기독교사상』 제11권 4호, 1967년
    4월호.

「동북 신도 학원」, 『기독교사상』 제13권 1호, 1969년 1월호.

〈별표8〉 중요무형문화재에서 공예기술 장(匠) 목록(49개)*

중요무형문화재 4호 갓일(갓일) 전국

중요무형문화재 10호 나전장(螺鈿匠) 전국

중요무형문화재 14호 한산 모시짜기(韓山모시짜기) 충남전역

중요무형문화재 22호 매듭장(매듭匠) 서울전역

중요무형문화재 28호 나주의샛골나이(羅州의샛골나이) 전남전역

중요무형문화재 31호 낙죽장(烙竹匠) 전남전역

중요무형문화재 32호 곡성의돌실나이(谷城의돌실나이) 전남전역

중요무형문화재 35호 조각장(彫刻匠)

중요무형문화재 42호 악기장(樂器匠) 전국

중요무형문화재 47호 궁시장(弓矢匠) 전국

중요무형문화재 48호 단청장(丹靑匠) 전국

중요무형문화재 53호 채상장(彩箱匠) 전남전역

중요무형문화재 55호 소목장(小木匠) 전국

중요무형문화재 60호 장도장(粧刀匠) 전남전역

중요무형문화재 64호 두석장(豆錫匠) 경남전역

───────────

* 지정번호와 문화재 종류, 보존 지역/기관의 순서임.

중요무형문화재 65호 백동연죽장(白銅煙竹匠) 전북전역

중요무형문화재 66호 망건장(網巾匠) 제주전역

중요무형문화재 67호 탕건장(宕巾匠) 제주전역

중요무형문화재 74호 대목장(大木匠) 전국

중요무형문화재 77호 유기장(鍮器匠) 전국

중요무형문화재 78호 입사장(入絲匠) 서울전역

중요무형문화재 80호 자수장(刺繡匠) 전국

중요무형문화재 87호 명주짜기(명주짜기) 경북전역

중요무형문화재 88호 바디장(바디匠) 충남전역

중요무형문화재 89호 침선장(針線匠) 서울전역

중요무형문화재 91호 제와장(製瓦匠) 전남전역

중요무형문화재 93호 전통장(箭筒匠) 경북전역

중요무형문화재 96호 옹기장(甕器匠) 전남전역

중요무형문화재 99호 소반장(小盤匠) 서울전역

중요무형문화재 100호 옥장(玉匠) 전남전역

중요무형문화재 101호 금속활자장(金屬活字匠) 충북전역

중요무형문화재 102호 배첩장(褙貼匠) 서울전역

중요무형문화재 103호 완초장(莞草匠) 인천전역

중요무형문화재 105호 사기장(沙器匠) 경북전역

중요무형문화재 106호 각자장(刻字匠) 서울전역

중요무형문화재 107호 누비장(縷緋匠) 경북전역

중요무형문화재 108호 목조각장(木彫刻匠) 전국

중요무형문화재 109호 화각장(華角匠) 인천전역

중요무형문화재 110호 윤도장(輪圖匠) 전북전역

중요무형문화재 112호 주철장(鑄鐵匠) 서울 서초구

중요무형문화재 113호 칠장(漆匠) 서울 도봉구

중요무형문화재 114호 염장(簾匠) 경남 통영시

중요무형문화재 115호 염색장(染色匠) 전남 나주시

중요무형문화재 116호 화혜장(靴鞋匠) 서울전역 마천동 190-37

중요무형문화재 117호 한지장(韓紙匠) 기타

중요무형문화재 118호 불화장(佛畵匠) 경기전역

중요무형문화재 119호 금박장(金箔匠) 경기전역

중요무형문화재 120호 석장(石匠) 경기전역

중요무형문화재 121호 번와장(翻瓦匠) 서울전역

찾아보기

수록 도판 크레디트

22쪽 6월항쟁 당시 서울시청 앞 보행로 독재 규탄 문구(1987, 서울역사아카이브 제공)

52쪽 농촌 근대화 공사 현장(1970, 국가기록원 제공)

57쪽 '빈민노동자'라는 제하의 국가기록원 자료사진(1961, 국가기록원 제공)

65쪽 조선기계제작소(현 대우중공업) 노동자들(1962, 국가기록원 제공)

68쪽 삼척탄광에서 선광 작업 중인 여성 노동자(1961, 국가기록원 제공)

75쪽 구두닦이 소년들(1952, 부산, 출처 공유마당)

84쪽 수색공민학교 천막 학교(1961, 서울역사아카이브 제공)

86쪽 대학 입시 광경(1954, 국가기록원 제공)

90쪽 나물 캐는 아이들(추정, 1963, 충남역사문화아카이브, 출처 공공누리)

97쪽 시장 풍경(1961, 국가기록원 제공)

111쪽 가족계획사업 계도(1960, 전라남도, 출처 공공누리)

113쪽 논산제2훈련소 병영 생활(1960, 국가기록원 제공)

124쪽 재건국민운동경기도지부 주최 효자·효녀·효부 표창(1963, 국가기록원 제공)

133쪽 도지사 초청 합동 회갑연(1962, 충청남도, 출처 공공누리)

138쪽 가내 수공업(1960, 충청남도, 출처 공공누리)

177쪽 장가가는 신랑(1971, 셀수스협동조합 제공)

186쪽 희망 합동결혼식(1967, 서울역사아카이브 제공)

206쪽 서낭당(국립민속박물관 제공)

219쪽 부활절 새벽 연합예배(1978, 국가기록원 제공)

231쪽 새마을운동 작업 모습(1973, 국가기록원 제공)

234쪽 새마을운동봉사단 아침 일터 가는 모습(1972, 국가기록원 제공)

248쪽 『사상계』 창간호(1953년 4월, 대한민국역사박물관 소장, 출처 이뮤지엄)

258쪽 『신동아』(1966년 1월, 국립한글박물관 소장, 출처 이뮤지엄)

265쪽 시장 풍경(1961, 국가기록원 제공)

268쪽 『세대』 창간호(1963년 6월, 국립한글박물관 소장, 출처 이뮤지엄)

268쪽 『여원』(1966년 4월, 대한민국역사박물관 소장, 출처 이뮤지엄)

281쪽 삼척탄광 광부(1976, 국가기록원 제공)

287쪽 시민들을 위한 공보부의 영화 상영(1961, 국가기록원 제공)

299쪽 대한조선공사 선박 건조 광경(1966, 국가기록원 제공)

304쪽 조선기계제작소(현 대우중공업) 노동자들(1962, 국가기록원 제공)

311쪽 여느 농촌의 모내기 광경(1968, 국가기록원 제공)

314쪽 해외수출공업단지 가발공장 작업 광경(1972, 국가기록원 제공)

326쪽 쌀 배급(1969, 제주도, 출처 공공누리)

329쪽 석산섬유공업주식회사 여공들(1956, 국가기록원 제공)

335쪽 조선기계제작소(현 대우중공업) 노동자들(1962, 국가기록원 제공)

346쪽 삼양염전(1977, 국가기록원 제공)

353쪽 삼풍제지공장(1958, 국가기록원 제공)

372쪽 동진강 수리간척사업 채석장 전경(1966, 국가기록원 제공)

535쪽 시국강연회 참석 인파(1965, 국가기록원 제공)

총서 ﹏ 知의회랑을 기획하며
arcade of knowledge

대학은 지식 생산의 보고입니다. 세상에 바로 쓰이지 않더라도 언젠가는 반드시 인류에 필요할 지식을 생산하고 축적하며 발전시키는 일을 끊임없이 해나갑니다. 오랫동안 대학에서 생산한 지식은 책이란 매체에 담겨 세상의 지성을 이끌어왔습니다. 그 책들은 콘텐츠를 저장하고 유통시키며 활용하게 만드는 매체의 차원을 넘어, 인간의 비판적 사유 능력과 풍부한 감수성을 자극하는 촉매의 역할을 충실히 해왔습니다.

이와 같은 '책을 읽는다'는 것은 단순히 지식과 정보를 습득하는 데 멈추지 않고, 시대와 현실을 응시하고 성찰하면서 다시 그 너머를 사유하고 상상함을 의미합니다. 그러므로 '세상의 밑그림'을 그리는 책무를 지닌 대학에서 책을 펴내는 것은 결코 가벼이 여겨선 안 될 일입니다.

이제 우리는 다양한 방식으로 존재하는 지식과 정보, 그리고 사유와 전망을 담은 책을 엮어 현존하는 삶의 질서와 가치를 새롭게 디자인하고자 합니다. 과거를 풍요롭게 재구성하고 미래를 창의적으로 기획하는 작업이 다채롭게 펼쳐질 것입니다.

대학의 심장부에 해당하는 도서관이 예부터 우주의 축소판이라 여겨져 왔듯이, 그곳에 체계적으로 배치된 다양한 책들이야말로 이른바 학문의 우주를 구성하는 성좌와 다름없습니다. 우리는 그 빛이 의미 없이 사그라들지 않기를, 여전히 어둡고 빈 서가를 차곡차곡 채워가기를 기대합니다.

앎을 쉽게 소비하는 시대를 살고 있지만, 다양한 앎을 되새김함으로써 학문의 회랑에서 거듭나는 지식의 필요성에 우리는 공감합니다. 정보의 홍수와 유행 속에서도 퇴색하지 않을 참된 지식이야말로 인간이 가야 할 길에 불을 밝혀줄 수 있기 때문입니다. 앞으로 대학이란 무엇을 하는 곳이며, 왜 세상에 남아 있어야 하는 곳인지 끊임없이 되물으며, 새로운 지의 총화를 위한 백년 사업을 시작하겠습니다.

총서 '知의회랑' 기획위원
안대회 · 김성돈 · 변혁 · 윤비 · 오제연 · 원병묵

총서 知의회랑 arcade of knowledge 총목록

출간 예정

위계와 증오 엄한진

조선시대 노장 주석서 연구 조민환

광장의 문학, 한국과 러시아문학 김진영

도시마을의 변화과정 한광야

일제 강점기 황도유학 신정근

서양 중세 제국 사상사 윤 비

'트랜스Trans'의 한 연구 변 혁

피식민자의 계몽주의 한기형

국가처벌과 미래의 형법 김성돈

지식의 제국과 동아시아 진재교

제국과 도시 기계형

고대 로마 종교사 최혜영

J. S. 밀과 현대사회의 쟁점 강준호

문학적 장면들, 고소설의 사회사 김수연

조선 땅의 프로필 박정애

제주형 지역공동체의 미래 배수호

제국의 시선으로 본 동아시아 소수민족 문혜진

루쉰, 수치와 유머의 역사 이보경

식민지 학병의 감수성 손혜숙

계몽시대 여성담론 및 여자교육 김경남

플라톤의 『테아이테토스』 연구 정준영

출토자료를 통해 본 고구려의 한자문화 권인한

지은이 김경일

한국학중앙연구원 명예교수. 서울대학교 사회학과와 동 대학원을 졸업하고, 박사학위를 받았다. 덕성여자대학교 교수를 거쳐 한국학중앙연구원 사회과학부에서 정년을 맞았다. 뉴욕주립대(빙햄턴)와 파리 인간과학연구소(Maison des Sciences de L'Homme)에서 수학했고(박사후과정), 도쿄대학 경제학부 객원연구원, 캘리포니아대학(버클리)과 워싱턴대학 교류교수 등을 역임했다. 긴 시간 한국 사회사, 사회사상, 역사사회학, 동아시아론 등에 관심을 기울여왔다.

주요 저서로 『일제하 노동운동사』, 『이재유 연구』, 『지역 연구의 역사와 이론』, 『한국의 근대와 근대성』, 『동아시아의 민족 이산과 도시: 20세기 전반기 만주의 조선인』(공저), 『한국노동운동사 2, 일제 하의 노동운동: 1920-1945』, 『한국 근대 노동사와 노동운동』, 『여성의 근대, 근대의 여성』, *Pioneers of Korean Studies*(편저), 『이재유, 나의 시대 나의 혁명』, 『제국의 시대와 동아시아 연대』, 『근대의 가족, 근대의 결혼』, 『노동』, 『한국 근대 여성 63인의 초상』(공저), *Modern Korean Labor: A Sourcebook*(공편), 『신여성, 개념과 역사』, *Korean Women: A Sourcebook*(공편), 『동아시아 일본군 위안부 연구』(공저), 『근대 여성 12인, 나를 말하다: 자서전과 전기로 본 여성의 삶과 근대』, 『한국의 근대 형상과 한국학: 비교 역사의 시각』, 『한국의 민주화 운동에서 노동과 여성: 노동의 서사와 노동자 정체성』 등이 있다.

知의회랑
arcade of knowledge
044

민중은 이야기한다
20세기 한국 민중 서사

1판 1쇄 인쇄 2024년 8월 10일
1판 1쇄 발행 2024년 8월 15일

지 은 이   김경일
펴 낸 이   유지범
책임편집   현상철
편   집   신철호·구남희
마 케 팅   박정수·김지현

펴 낸 곳   성균관대학교출판부
등   록   1975년 5월 21일 제1975-9호
주   소   03063 서울특별시 종로구 성균관로 25-2
전   화   02)760-1253~4 팩스 02)762-7452
홈페이지   http://press.skku.edu

ISBN 979-11-5550-638-7 93300